KB036345

18세기 조선 지식인의 발견

18세기 조선 지식인의 발견

정민 지음

휴머니스트

일러두기

이 책에 실린 논문의 수록 당시 원출전과 본래 제목은 다음과 같다. 일부 원고는 제목과 내용을 부분적으로 수정 또는 첨삭하였다. 학술 자료로 인용할 경우 이 책에 따라주기 바란다.

1 〈서설: 18세기의 미친 바보들〉, 《조선일보》 2005년 7, 8월 연재 원고.

2 〈18세기 문화 개방과 조선 지식인의 세계화 대응〉, 2006년 10월 25일, 경기문화재단·신규장각 컨퍼런스, 〈문화콘텐츠, 실학에서 길을 찾다〉 주제 발표문.

3 〈18세기 조선 지식인의 '벽'과 '치' 추구 경향〉, 《18세기연구》 제5·6호(한국18세기학회, 2002. 8), 5~29쪽. 이 논문은 《日本18世紀學會年報》 제18호(2003.6), 15~26쪽에 일본어로 수록되었다.

4 〈18세기 조선 지식인의 자의식 변모와 그 방향성〉. 이 논문은 2005년 4월 14~16일, 미국 컬럼비아 대학에서 개최된 조선후기 문화 이미지를 주제로 한 컨퍼런스에서 〈Representation of the Self in Paratextual Space: New discourses of 'Self' among Korean literati in the Eighteenth century〉란 제목으로 발표한 영문 원고임.

5 〈18, 19세기 조선 문인지식인층의 통변인식과 그 경로〉. 이 논문은 〈18, 19世紀朝鮮文人知識階層 的通變認識及其歷程〉이란 제목으로 《中國語文學誌》 제16집(중국어문학회, 2004. 12), 319~331쪽에 中文으로 수록된 원고임.

6 〈18세기 산수유기의 새로운 경향〉, 《18세기연구》 제4호(한국18세기학회, 2001. 8), 95~125쪽. 원래 원고에는 2장에 '18세기 소품문의 '癖'과 '趣' 추구'란 챕터가 포함되었으나, 이보다 나중에 쓴 〈18세기 조선 지식인의 '벽'과 '치' 추구 경향〉에서 논의가 발전적으로 확장되었으므로, 수록본에서는 중복을 피해 이 부분을 삭제하였음.

7 〈18, 19세기 문인지식인층의 원예 취미〉, 《한국한문학연구》 제35집(한국한문학회, 2005. 6), 35~77쪽 수록.

8 〈18세기 지식인의 완물 취미와 지적 경향〉, 《고전문학연구》 제23집(한국고전문학회, 2003. 6), 327~354쪽 수록.

9 〈화암구곡의 작가 유박(1730~1787)과 《화암수록》〉, 《한국시가연구》 제14집(한국시가학회, 2003. 8), 101~133쪽 수록. 이 책에서는 〈18세기 원예 문화와 유박의 《화암수록》〉으로 제목을 바꾸었음.

10 〈이덕리 저, 《동다기》의 차문화사적 자료 가치〉, 《문헌과해석》 2006년 겨울호(문헌과해석사, 2006. 11), 297~330쪽 수록.

11 《동사여담》에 실린 이언진의 필담 자료와 그 의미〉, 《한국한문학연구》 제32집(한국한문학회, 2003. 12), 87~123쪽 수록.

12 〈18세기 시단과 일상성의 시세계〉, 《혜환 이용휴 시전집》(소명출판, 2002) 해제, 6~18쪽 수록.

13 〈18세기 우정론의 맥락에서 본 이용휴의 생지명고〉, 《한국학논집》 제34집(한양대학교 한국학연구소, 2000), 301~325쪽 수록.

18세기는 우리 문화사에서 아주 매력적이고 생동감 넘치는 시기다. 나는 지난 10여 년간 박지원·이덕무·박제가 등에 관한 공부를 계속해 왔다. 그 과정에서 이전 시기와는 전혀 다른 문화 현상들이 도처에서 포착되었다. 무어라 설명할 수 없는 격정과 열망이 이들의 글 저변에 이글거리고 있었다. 도대체 이 시기에 무슨 일이 일어났던 걸까? 시야를 좀더 넓혀 18세기의 문화 전반에 대해 천착해 보아야겠다고 생각했다.

18세기는 조선뿐 아니라 세계사적으로도 특별한 세기였다. 유럽의 계몽주의 학자들이 중세의 억압에서 벗어나 지식의 재배치와 백과전서적 저작에 몰입하고 있을 때 조선의 지식인들도 주자학 일변의 문화자장을 이탈하여 새로운 방식의 지식 경영에 몰입하고 있었다.

이 책은 이러한 18세기 문화 변동기의 문화 현상을 다룬 13편의 논문으로 이루어졌다. 지난 2001년부터 최근까지 6년간 18세기에 대한 내 탐구의 중간결산인 셈이다.

개인적으로 이 시기에 한국18세기학회와의 인연이 연구의 중요한 계기가 되었다. 2002년에는 일본18세기학회의 초청으로 홋카이도에서 〈18세기 조선 지식인의 벽과 치 추구 경향〉을 발표했다. 뒤이어 2003년 미국 UCLA에서 열린 18세기학회 세계대회에서 〈18세기 조선의 새로운 지식인들〉을 발표했다. 전 세계 18세기 학자들이 4년에 한 번씩 모여 개최하는 이 세계대회는 발표논문만 수백 편에 달하는 학술 올림피아드였다. 2004년에는 미국 컬럼비아 대학에서 열린 조선후기 문화 이미지를 주제로 한 컨퍼런스에서 〈18세기 조선 지식인의 자의식 변모와 그 방향성〉을 발표했다. 이러한 일련의 국제 학술 교류와 발표 과정에서 나는 18세기 연구의 중요성과 필요성을 더욱 절감했다. 18세기에는 전 세계적으로 비슷한 문화 현상들이 누가 먼저랄 것도 없이 동시다발적으로 일어났다.

18세기는 파고들면 파고들수록 흥미진진했다. 줄기를 당기면 주렁주렁 매달려 올라오는 감자처럼 이런저런 의문들이 꼬리를 물고 일어났다. 이 책에 실은 논문들은 나름대로 이러한 생각의 궤적을 보여준다. 시각을 바꿔 보니 뜻밖에도 너무나 풍부한 자료들이 도처에 널려 있었다. 그 사이 논문으로 다루기 어려운 주제들은 따로 단행본으로 묶었다. 《미쳐야 미친다》(푸른역사, 2004)와 《다산선생 지식경영법》(김영사, 2006)이 그것이다.

책은 모두 3부로 구성했다. 서설에서는 18세기의 특징적 문화 현상을 개관했다. 1부는 〈18세기 조선 지식인의 자의식과 세계 인식〉이란 제목 아래 총론에 해당하는 4편의 글을 실었다. 2부는 〈18세기 조선 지식인의 지적 경향〉이란 묶음으로 5편의 글을 모았다. 이 시기 지식인들의 지적 편력과 취미 생활, 지식 경영법 등을 다루었다.

3부는 〈18세기 조선 지식인의 내면 행간〉이란 제목으로 3편의 글을 묶었다.

이 책에는 새로운 자료의 발굴과 소개도 실려 있다. 우리나라 원예 문화사에서 손꼽을 저작인 《화암수록(花庵隨錄)》의 작자를 유박(柳璞)으로 확정하고 그 자료 가치를 소개했다. 또 일부 내용만 전해지던 《동다기(東茶記)》(《기다(記茶)》) 전문을 발굴하여 그 내용과 함께 작자가 이덕리(李德履)임을 최초로 밝혔다. 이는 차 문화사를 새로 써야 할 만큼 소중한 자료다. 일본 기록 《동사여담(東槎餘談)》에 실린 이언진 관련 자료를 처음으로 소개한 일도 학자로서 보람을 느낀다.

긴 시간에 걸쳐 쓴 글을 한자리에 모으고 나니 일부 중복되는 논의나 인용이 자꾸 눈에 거슬렸다. 하지만 생각이 발전되어간 궤적을 보여주는 점도 없지 않아 중복을 알면서도 그대로 둔 것도 있고, 간추리거나 삭제한 것도 있다.

18세기 문화 현상에 관한 나의 탐구는 앞으로도 당분간 더 지속될 것 같다. 2002년 우리 도교문화와 관련된 연구성과를 정리해 휴머니스트에서 《초월의 상상》을 펴냈다. 다시 이곳에서 한 권의 학술서를 간행한다. 이렇게 한 시기를 구획 짓고 새로운 시작을 준비하게 되어 기쁘다.

2007년 새봄 행당서실에서

정 민

차례

2부

18세기 조선 지식인의 지적 경향

18세기의 미친 바보들

18세기 조선에서는 갑자기 '벽(癖)' 예찬론이 쏟아져나온다. 일종의 마니아 예찬론이다. 무언가에 미친다는 뜻의 '벽'이란 말은 이 시기 지식인의 한 경향을 압축적으로 보여준다. 박제가(朴齊家, 1750~1805)는 "벽이 없는 인간은 쓸모없는 인간"이라고 공공연히 말했다. 지금은 낭비벽, 도벽 등 좋지 않은 어감으로 쓰는 이 말이 이때는 긍정적 의미로 쓰였다.

또 '치(癡)', 즉 바보, 멍청이를 자처하고 나서는 경향도 생겨났다. 관습적 기준에서 볼 때 미쳤다는 의미를 지닌 '벽'이 사회적 통념으로는 '치', 즉 바보 멍청이로 인식되었다. 이 시기 설치(雪癡)·치재(癡齋)·매치(梅癡)·간서치(看書癡)·석치(石癡) 등 치 자가 들어간 이름이나 호가 부쩍 많아지는 건 그 반영이다.

이들은 미쳤다거나 바보 같다는 말을 오히려 명예롭게 여겼다. 미치지도 못하고 그럭저럭 욕 안 먹고 사는 건 죽느니만 못하다고 생각했다. 이 지점에서 근대의 에너지가 뿜어져나온다. 지식의 패턴이 달라지고 정보의 인식이 바뀌었다. 삶의 목표 또한 궤도 수정이 불가피했다.

편집광적인 정리벽, 종류를 가리지 않는 수집벽, 사소한 사물에까지 미친 애호벽이 동지적 결속 아래 열광적 지지를 받았다. 성현의 도를 실현하는 군자적 삶의 이상은 시정(市井)의 목소리에 점차 파묻혔다. 서울과 지방의 문화 격차는 하루가 달리 현격하게 벌어졌다. 정조가 문체반정(文體反正)이란 사정(司正)의 칼날을 빼들지 않을 수 없었으리만치 그 파급력은 대단했다. 지방의 지식인들에게 서울 문화계의 이런 풍조는 그저 해괴한 망국의 조짐으로밖에 비쳐지지 않았다.

18세기의 이러한 변화를 가능케 한 힘은 정보화에 있다. 이때 와서 정보 처리 방식과 정보의 유용성에 대한 판단 근거가 바뀌었다. 물적 토대의 변화도 한몫했다. 이에 힘입어 전에 보지 못한 괴상한 지식인들이 출현했다. 그들은 누구인가? 그들은 무엇에 미쳤던가?

정보 검색의 대가들 — 새로운 경(經)의 탄생

수집벽, 정리벽은 이 시기 지식인들을 특징짓는 중요한 표징이다. 그들은 낯선 것이 보이면 자료를 수집했고, 궁금한 것이 생기면 참지 못하고 전적을 뒤졌다. 그렇게 모은 자료를 꼼꼼히 차례 매겨 정리하고 기록으로 남겼다. 이들은 꽃·새·벼루·골동품·칼·책·여행·수학·그림·물고기·무예·출판·표구·글씨 등에 미쳐 마침내 그 분야에서 일가를 이루었다.

이서구(李書九, 1754~1825)가 연경에서 초록 앵무새 한 마리를 들여왔다. 그는 앵무새를 새장에 기르며 관찰한 내용과 관련 자료를 찾아 꼼꼼히 정리했다. 완성된 초고를 이덕무(李德懋, 1741~1793)와 유득공(柳得恭, 1748~1807)에게 보였다. 두 사람은 더 많은 자료를 뒤져 앵무새에 관한 새로운 기록들을 찾아냈다. 초고가 그에게 되돌아왔을 때, 분량이 두 배가량 늘어났다. 이서구가 17세 때의 일이다. 박지원(朴趾源, 1737~1805)이 《녹앵무경(綠鸚鵡經)》이라 이름 붙이고 서문을 써줌으로써 책은 완성되었다.

이들의 집체(集體) 작업은 몹시 흥미롭다. 행세하는 양반가의 자제가 성현의 말씀을 익힐 시간에 앵무새 사육에 몰두하여 그 내용을 책으로 쓰려 했다. 그러자 곁에서 함께 거들어 앵무새에 관한 고금의 기록을 금세 한자리에 다 모았다. 마치 정보 검색 능력을 두고 한바탕 경쟁이라도 벌인 형국이다.

이서구만 그런 것이 아니다. 유득공은 관상용 집비둘기를 사육하면서 자신의 체험과 정보를 종합해 《발합경(鵓鴿經)》을 썼다. 2002년 미국 버클리 대학의 아사미 문고에서 발견된 이 책은 집비둘기 사육에 관한 모든 것을 담고 있다. 23종의 비둘기를 생김새와 특징에 따라 나누고 각각의 이름을 붙였다. 좋은 비둘기 판별법, 품종 간의 교배 방법, 비둘기의 성질과 집 만들기, 잡는 그물에 이르기까지 없는 내용이 없다. 이 책만 있으면 시청 앞 광장의 비둘기 이름을 품종별로 다 붙일 수 있다. 이 밖에도 그는 호랑이에 관한 내용을 검색해서 정리한 《속백호통(續白虎通)》이란 책도 썼다.

2003년 영남대 도서관에서 이옥(李鈺, 1760~1815)이 친필로 쓴 《연경(烟經)》이 발견되었다. 《연경》은 연초, 즉 담배에 관한 책이다.

장절(章節)을 나누어 담배 농사의 단계별 주의 사항을 적는 한편, 담배의 문화사적 정리까지 시도했다. 가짜 담배 식별법부터 담배에 얽힌 전설, 심지어 담배를 맛있게 피우는 법까지 소개했다. 담배 피울 때 쓰이는 12종의 도구도 하나하나 설명했다. 애연가들의 눈이 번쩍 뜨일 만하다.

그는 우리나라에 담배가 들어온 지 200년이 넘었고, 온 나라 백성이 즐기는 기호품인데도, 정작 담배에 대한 저술이 하나도 없어 이 책을 썼노라고 했다. 자신은 담배에 벽이 있어, 남의 비웃음도 아랑곳하지 않고 이 작업을 한다고 적었다.

이옥은 《백운필(白雲筆)》이란 저술도 남겼다. 새·물고기·짐승·벌레·꽃·곡식·과일·채소·나무·풀 등 모두 10개 부문에 걸쳐 164항목의 기사를 소개한 책이다. 자신이 직접 견문한 정보를 광범위하게 채록한 것으로, 그의 관심 폭이 얼마나 다양했는지를 알기에 충분하다. 꽃의 경우만 보더라도, 당시 서울 지역 원예의 활황과 꽃시장의 존재부터 각종 화훼의 품종과 재배 방법까지 상세히 적어놓았다.

그는 늘 이런 종류의 글만 썼다. 정조는 문체반정의 와중에 특별히 그의 문체를 불온하다고 지목하여, 그의 과거 합격을 취소하고 멀리 부산의 기장으로 군역(軍役)을 보내기까지 했다. 말하자면 체제의 검열에 걸렸던 것이다. 그는 귀양 가는 길에도 가만있지 못하고 경상도 사투리의 특징, 주택의 구조, 특산물, 도중에 만난 고적(古蹟) 등을 특유의 발랄한 문체로 정리했다.

한편 이덕무는 밀랍으로 매화를 만드는 데 일가견이 있었다. 잎은 도장 돌에 잎사귀 모양을 파서 종이를 눌러 말린 뒤 호호 불어 떼어내 가위로 오려냈다. 꽃은 밀랍으로 만들었다. 그는 제작의 전 과정을 도판 설명까지 보태서 《윤회매십전(輪回梅十箋)》이란 소책자로 꾸몄다. 연암 박지원도 이 기술을 전수 받아, 자신이 직접 만든 조매(造梅)가 어느 한구석이라도 부족하면 받은 돈을 환불해주겠노란 보증서까지 얹어 돈을 받고 팔았다. 유득공은 밀랍 매화를 만드는 집이라 하여 납매관(蠟梅館)이란 편액까지 내걸었다.

이전 같으면 완물상지(玩物喪志), 즉 쓸데없는 데 정신을 판다고 크게 야단 들었을 일을 이들은 거리낌 없이 했다. 담배나 앵무새, 비둘기 같은 미물에다 불경스럽게도 '경(經)'이란 말을 붙였다. 이전 시기까지 경은 성인의 말씀에만 붙일 수 있는 표현이었다. 이들의 관심은 물고기와 곤충과 채소, 방언과 속담에까지 확산되었다. 세상이 크게 바뀐 것이다.

하지만 이들의 새로운 '경'은 자체 검열로 숨어지고, 후손들의 염려로 걸러져 정작 자신의 문집에조차 실리지 못했다. 남은 것도 서문만 전하거나, 저자도 잊힌 채 필사본으로 떠돌다가 운 좋게 생존한 것뿐이다.

그들이 했던 일은 오늘날도 아무도 하려 들지 않는다. 누가 지금 판매되는 담배의 종류와 각각의 맛과 가격, 어떤 사람들이 어떤 종류의 담배를 피우며, 상표는 어떻게 변해왔는지를 책으로 쓰겠는가? 성냥과 라이터의 종류와 재떨이의 각종 생김새를 그림과 글로 정리하려 하겠는가? 금연운동에 대항하는 요령과 애연가 클럽을 소개하고, 담배를 맛있게 피우는 법을 정리하려 들겠는가?

나는 강남의 술집에서 나눠주는 술집 광고 전단을 여러 해째 모으는 사람을 알고 있다. 그는 이것도 나중에는 훌륭한 풍속사 자료가 되리라고 했다. 서울과 부산과 대구의 광고 방식이 같지 않다는 점도 강조했다. 하지만 실망스럽게도, 여러 해 모은 자료를 아내가 상자째 내다버림으로써 그 작업은 무위로 끝났다. 하지만 18세기의 지식인들은 이런 일을 아무렇지도 않게 했다. 지금 보더라도 그들의 방식은 참으로 신선하다. 확실히 전대의 지식인과는 정보에 접근하는 마인드 자체가 달랐다.

좋아하는 것에 목숨을 건다

참판을 지낸 이의준(李義駿, 1738~1798)은 《옥해(玉海)》란 책에 벽이 있었다. 《옥해》는 송나라 때 왕응린(王應麟)이 펴낸 200권에 달하는 총서다. 21문(門) 240여 항목에 걸쳐 천문, 지리에서 길상선사(吉祥善事)에 이르기까지 온갖 내용을 모은 책이었다. 그는 평생 이 책만 아껴, 단 하루도 손에서 놓지 않았다. 밥 먹을 때도, 변소 갈 때도 반드시 이 책만은 지니고 갔다. 밖에 나들이 갈 때도 그랬다. 젊어서도 그랬고 늙어서도 그랬다.

그가 말년에 황해도관찰사로 나갔다. 어느 날 밤 관아에 불이 났다. 잠이 덜 깬 채 뛰쳐나온 그는 뒤늦게야 《옥해》 전질을 방에 두고 나왔음을 알았다. 큰 소리로 "내 옥해! 내 옥해!" 하고 외치며 주변의 만류를 뿌리치고 연기 속에 뛰어들었다가 질식해 죽었다.

홍한주(洪翰周, 1798~1866)는 《지수염필(智水拈筆)》에서 벽을 "남들이 즐기지 않는 것을 지나치게 즐기는 것"이라고 정의한 뒤 이 일화를 소개했다. 그는 이 일을 두고 "벽이 제 몸 죽는 것도 미처 깨닫지 못하게 하기에 이른 것"이라고 했다. 이어 그는 판서 윤양래(尹陽來, 1673~1751)의 상복벽(喪服癖)을 소개했다.

윤양래는 상주의 상복과 두건을 모으는 벽이 있었다. 친척이나 벗이 탈상(脫喪)하는 날을 기억해두었다가 그날 아침 일찍 사람을 보내 상주가 입던 상복을 달라고 해서 가져왔다. 이렇게 모은 상복과 두건이 백 벌이 넘었다. 비가 와서 손님이 뜸한 날만 되면 그간 모아둔 상복을 방과 마루에 잔뜩 늘어놓고 이리저리 배회하고 손으로 어루만지며 더없이 즐거워했다. 벽치곤 해괴한 벽이다.

중국에 사신으로 갔던 신위(申緯, 1769~1847)는 돌아오는 수레에 기석(奇石)만 싣고 왔다. 표면에 이끼가 낀 돌, 구멍이 숭숭 뚫린 돌 등을 수레에 가득 실어, 수레의 주인이 돌인지 사람인지 모를 지경이었다. 그는 이 희한한 광경을 동행한 화가에게 그림으로 그리게 하고 자신은 시로 지어 노래했다. 이름하여 재석도(載石圖)다. 그는 돌에 벽이 있어 가는 곳마다 돌 줍느라 바빴다. 심지어 근처 나무꾼까지 이상한 돌만 보면 그에게 가져다줄 정도였다.

이유신(李維新)이란 화가가 있었다. 그도 괴석에 미친 사람이었다. 그가 정초에 새배 드리러 신위의 집을 찾았다가 책상에 놓인 괴석을 보았다. 절하는 것도 잊은 채 괴석을 만지작거리며 차마 손에서 내려놓지 못했다. 하도 좋아하니 신위가 종을 시켜 그 돌을 가져다주게 했다. 그는 환호작약하며 천하를 얻은 듯이 기뻐했다. 그의 호는 석당(石堂)이었다.

김억(金檍)은 영조 때 음악가다. 중국에서 들여온 양금(洋琴)을 처음으로 제대로 연주했던 사람이다. 그는 칼 수집에 벽이 있었다. 칼마다 진주와 자개를 박아 방 안에 걸어놓고, 날마다 한 자루씩 바꿔 찼다. 1년 내내 바꿔 차도 끝이 없었다는 전언(傳言)이다.

정철조(鄭喆祚, 1730~1781)는 벼루에 미쳤던 사람이다. 돌에 미친 바보라 해서 호도 아예 석치(石癡)라고 지었다. 주머니에 칼을 넣고 다니며 돌만 보면 즉석에서 벼루를 깎았다. 그러고는 벗들에게 그저 나눠주었다. 그는 엄연한 벼슬아치였다. 벼루를 깎아 돈을 벌려 한 것이 아니라 그 일 자체가 기쁘고 즐거워서 했다. 당시 사대부로 그가 깎은 벼루 하나쯤 갖지 못하면 수치로 알 정도였다.

김석손(金祏孫)은 매화시에 벽이 있었다. 집에 수십 그루 매화를 심어놓고, 시에 능하다는 사람이면 신분을 가리지 않고 찾아가 매화시를 받았다. 그렇게 모은 매화시 두루마리가 소 허리통보다 굵었다. 사람들은 그를 매화시전(梅花詩顚), 즉 매화시 미치광이라고 불렀다.

이렇게 18세기에는 무언가에 단단히 미친 사람이 많았다. 이런 비정상적인 몰두와 집착을 그들 스스로는 몹시 자랑스럽게 여겼다. 벽이 없는 인간과는 사귀지도 말라고 했고, 벽이 없는 인간은 쓸모없는 인간이라고 생각했다. 벽은 확실히 이 시기 지식인들을 특징짓는 중요한 코드였다.

화가 김덕형(金德亨)은 꽃 그림에 미쳤다. 그는 1년 내내 아침부터 저녁까지 꽃밭에서 살았다. 계절 따라 피고 지는 꽃과 잎새의 모습을 하나하나 사생(寫生)하여 세상에 단 하나뿐인《백화보(百花譜)》란 꽃 그림책을 펴냈다. 꽃밭에 나가 있을 때는 손님이 와도 말한마디 하지 않았다. 사람들은 그를 미친놈이라 비웃었다.

박제가와 유득공이 이 미친놈에게 서문을 써주었다. 박제가는 이렇게 썼다. "독창적인 정신을 갖추고 전문의 기예를 익히는 건 벽이 있는 사람만 가능하다. 아아! 저 벌벌 떨고 빌빌대며 천하의 큰일을 그르치면서도 스스로 지나친 병통이 없다고 여기는 자들은 이 책을

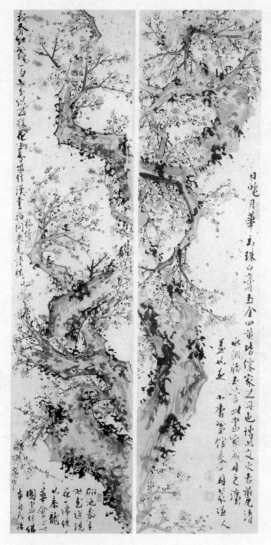

조희룡(趙熙龍)의 〈홍매도(紅梅圖)〉
추사의 제자였던 조희룡은 매화에 벽이 있어 꿈속에 나타난 매화의 정령과
대화를 나누었을 정도다. 수많은 매화 그림을 남겼다. 개인 소장.

신명연(申命衍)의 〈옥잠화〉

돌에 벽이 있었던 신위의 아들 신명연은 꽃 그림에 벽이 있어 아름다운 사생화 연작을
남겼다. 국립중앙박물관 소장.

보고 경계로 삼을진저." 벽도 없이 무언가에 미칠 줄도 모르면서, 나는 저런 멍청이가 아니어서 참 다행이라고 기뻐하는 자들에게 이 책을 보고 부끄러운 줄 좀 알라고 일갈한 것이다. 그는 문화의 위대한 성과가 언제나 이런 미치광이들에게서 나왔다는 말을 덧붙였다.

세상이 이렇게 바뀌자 기예를 지닌 장인에 대한 대접도 달라졌다. 최천약(崔天若)은 영조 때 평민으로, 조각에 벽이 있었다. 쇠붙이건 나무건 돌이건 가리지 않고 조각을 했다. 최천약이 무과에 응시했다가 낙방하고는 노자가 떨어져 약방 앞에서 쉬고 있었다. 마침 약방에서 좀먹은 천궁(川芎) 뿌리를 내버렸다. 심심하던 차에 무심코 뿌리에 용을 새겼다. 기막힌 솜씨에 크게 놀란 약방 주인이 그를 이요(李橈) 대감에게 소개했다. 그 길로 그는 세상을 놀래는 장인이 되었다. 그는 영조 앞에까지 불려가 고장 난 자명종을 고쳤다. 나중에는 아예 그 구조를 살펴 우리나라에서 처음으로 자명종을 만들어버렸다. 그는 이 재주로 무공(武功) 2품직에 발탁되었다.

편집광들, 세계의 질서를 편집하다

정조 때 일이다. 사도세자를 모신 화성 현륭원에 해마다 나무 심은 장부가 수레에 실을 만큼 많은데도, 정작 몇 그루의 나무를 심었는지조차 파악할 수 없었다. 답답해진 정조는 정약용(丁若鏞, 1762~1836)에게 그 많은 문서를 일일이 점검하여 한 권을 넘지 않게 간추려 오라고 명했다. 다산은 나무를 심은 시기와 장소별로 구분하여 가로 12칸, 세로 8칸의 도표로 만들어, 12,009,712그루를 단 한 장의 보고서로 압축해 임금께 올렸다.

내가 아는 한 다산 정약용은 우리나라 최고의 편집자요, 지식 경영의 귀재다. 그는 정보를 다루는 방법을 알았다. 40세에서 57세까지 18년간의 강진 유배 생활 중 5백여 권의 저술을 남길 수 있었던 것도 그의 탁월한 편집 역량 때문이다.

《목민심서(牧民心書)》만 해도 그렇다. 이 책은 자신의 경험을 토대로, 23사와 역대 문집 등에서 백성을 다스리는 목민관의 일과 관련된 사례를 가려 뽑고 해설을 덧붙인 것이다. 역대 문헌에서 추려낸 카드의 양이 우선 엄청나다. 전체 목차를 보면, 부임에서 이임까지의 단계를 12항목으로 나누어 사례를 정리했다. 물론 이 엄청난 작업을 그 혼자 한 건 아니다. 강진의 제자들이 역할을 분담하여 1차 자료를 선별해 베껴 쓰고 분류했다. 다산은 이 모든 작업을 진두지휘한 총기획자요 편집자였다. 그의 손을 한번 거치면 서 말 구슬이 단번에 한 꿰미로 꿰어졌다.

다산은 6남 3녀를 낳아 4남 2녀를 대부분 마마로 잃었다. 그는 이 기막힌 심정을 담아 《마과회통(麻科會通)》을 편집했다. 모두 63종의 의서(醫書)에서 천연두 관련 내용만 추려내, 예방법과 치료법을 내용별로 정리했다. 분류 방식은 《목민심서》와 다를 것이 없다. 예방법과 초기 증세, 유사 증세, 진단과 처방, 속방(俗方) 등을 항목별로 정리하고, 부록에서는 제너의 종두법을 소개했다. 병에 대해 잘 몰라 여러 자식을 속수무책으로 떠나보낸 절통한 심정이 행간에 묻어난다. 자신이 겪은 고통을 다른 부모들은 겪지 않게 하려는 거룩한 마음까지 담겨 있다.

다산의 다른 저술인 《경세유표(經世遺表)》, 《흠흠신서(欽欽新書)》, 《아방강역고(我邦疆域考)》, 《대동수경(大東水經)》 등 대부분도 모두,

기존 정보들을 검색하고 재배열해 여기에 자신의 견해를 종합하여 편집한 것이다.

그에게서 훈련 받은 제자들도 훌륭한 편집자요 학자로 성장했다. 다산이 우리나라의 속담을 분류하여 《이담속찬(耳談續纂)》을 펴내자, 이강회(李綱會)는 이를 보충해 《방언보(方言補)》를 썼다. 정약전(丁若銓)이 미완성 필사본으로 남긴 《현산어보(玆山魚譜)》는 그 후 다산이 제자 이청(李晴)을 시켜 수많은 문헌 자료를 찾아 보충하여 완성했다. 엄밀히 말해 《현산어보》는 정약전과 이청의 공저다.

2004년 신안군 우이도에서 필사본으로 발견된 이강회의 《유암총서(柳菴叢書)》에는 당시 현안이었던 배와 수레 만드는 법과 개선 방안에 관한 분석적 논문들이 실려 있다. 이들은 모두 스승의 구술을 받아 적고, 문헌 속에서 관련 정보를 찾아내던 강진 시절의 제자이다. 강진 시절의 모든 성과는 이런 시스템이 만들어낸 집체 작업의 결과다.

서유구(徐有榘, 1764~1845)의 《임원경제지(林園經濟志)》는 모두 16항목으로 나누어진 백과전서적 농서(農書)다. 채소, 화훼 재배에서 음식 조절 방법, 의약과 의례, 선비의 취미생활, 주거와 경제활동에 이르기까지 삶의 질을 향상시키는 데 필요한 모든 내용이 총망라되어 있다. 한마디로 말해 18세기적 웰빙 교과서다. 한 사람이 취급한 정보의 양치고는 너무 엄청나서, 경이롭다 못해 어안이 벙벙해질 정도다.

이 시기에는 이렇듯 백과전서적 지식 경영이 크게 성행했다. 주제와 목표만 정해지면 이들은 모든 정보를 조직화하고 편집해냈다. 일본에 한번도 가본 적이 없는 이덕무는 각종 서적에서 정보를 모아 일본 입문서인 《청령국지(蜻蛉國志)》를 펴냈다. 유득공이 《발해고

(渤海考)》를 정리한 것 역시 같은 방식으로 이루어졌다.

24반 무예를 도해(圖解)한 《무예도보통지(武藝圖譜通志)》는 무려 148종의 국내외 무예서를 참고해 편집한 종합 무예 교과서다. 무예를 몰랐던 이덕무와 박제가가, 같은 서얼인 장용영(壯勇營) 군관 백동수(白東修)와 함께 각종 무기의 운용 동작과 실기 자세를 도해하여 펴냈다. 도화서(圖畫署)의 화공들이 동원된 비주얼한 도판 자료는 24반 무예의 복식과 동작을 현대적으로 복원·재현할 수 있을 정도로 치밀하고 꼼꼼했다.

이런 작업이 가능했던 것은 무엇보다 정보량의 폭발적 증가를 꼽지 않을 수 없다. 제한된 정보가 독점적으로 유지되던 이전 시기와 달리, 중국에서 쏟아져 들어온 백과전서류 전집들과 총서류 저작들은 정보의 독점적 권위를 한순간에 무너뜨렸다. 이들은 한 질이 수백 권에 달하는 방대한 분량을 자랑했다. 만권루(萬卷樓)의 장서가들이 연이어 등장했고, 서적 유통이 활성화되었다.

18세기는 정보 자체가 아니라 정보의 질이 문제되는 시대였다. 산만하고 무질서한 정보들이 우수한 편집자의 솜씨를 거쳐 새로운 저작으로 재탄생했다. 정보의 가치를 판단하는 기준도 달라졌다. 일상의 허접스런 놀이나 풍습, 시정(市井)의 이야기도 중요하다고만 생각되면 지체없이 편집되었다. 모든 지식이 편집되고 재배열되었다.

편집된 내용의 층위도 다채로웠다. 앵무새나 비둘기, 담배 같은 개인적인 취미 차원부터 천연두나 수레나 배 만드는 법, 무예 실기 등 사회 현안이나 민생 또는 국가와 관련된 유용한 정보 분야까지 그 내용이 확장되어 갔다. 다룬 층위는 달라도 지식과 정보를 재배열하여 일목요연하게 정리해내던 편집의 원리는 한결같았다.

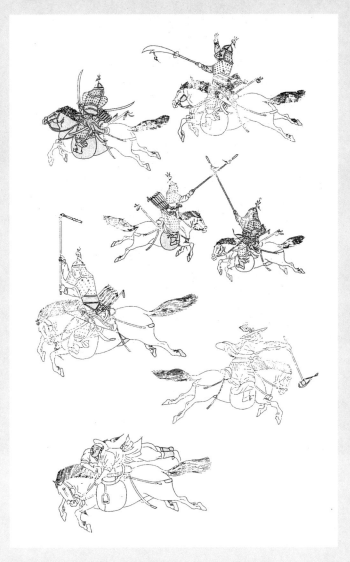

왕명으로 이덕무·박제가·백동수 등이 펴낸 종합 무예 교과서 《무예도보통지》

각종 무기와 무술 동작이 세밀하게 도해되어 있다.

조선시대의 〈책가도(冊架圖)〉 8폭 병풍

서적의 폭발적 증가는 정보에 대한 태도의 변화를 가져왔다. 구라키시 민예관 소장.

나는 나다

　18세기 들어 지식인의 자의식은 제도와의 갈등 속에 부쩍 비대해
진다. '그때 저기'의 도(道)를 추구하던 가치관은 '지금 여기'의 진
실 쪽으로 방향을 틀었다. 의식은 빠르게 변해간 반면, 제도는 조금
도 바뀌지 않았다. 여기서 갈등이 증폭되었다. 생각은 바뀌었는데
이를 뒷받침해줄 인프라가 구축되지 않았던 것이다.

　이 시기 문인들의 호나 문집 이름에는 시대와의 불화로 인해 증폭
되는 자의식을 암시한 것이 많다. 최근 발견된 이서구의 젊은 시절
문집 제목은《자문시하인언(自問是何人言)》이다. 풀이하면 '이것이
누구의 말인지 자문한다'는 뜻이다. 심능숙(沈能淑, 1782~1840)은
자기의 문집 표제를《후오지가(後吾知可)》라 했다. '훗날의 내가 알
아주면 그뿐'이란 말이다. 남이 알아주고 알아주지 않고에는 아예 신
경 쓰지 않겠다고 했다. 박지원이 서문을 써준 역관 이홍재(李弘載)
의 문집명은《자소집(自笑集)》이다. 남에게 보여주자고 쓴 것이 아니
라 그저 혼자 보고 웃자고 쓴 글이라 했다. 자못 포스트모던한 명명
들이다.

　용에게 여의주가 소중하듯이 말똥구리에게는 말똥이 소중하다.
사람들은 여의주만 귀하게 보고 말똥은 우습게 안다. 하지만 나는
내 말똥을 더 귀하게 여기겠다. 유금(柳琴)은 이런 취지에서 자신의
문집 제목을《낭환집(蜋丸集)》이라 했다. 말 그대로 '말똥구리 문집'
이다. 이덕무는 어린아이의 천진함과 처녀의 순수함을 닮겠다는 뜻
으로 문집 이름을《영처집(嬰處集)》이라 지었다.

　신의측(申矣測)은 '나에게로 돌아가겠다'는 의지를 담아 자를 환

아(還我)라 지었다. 이용휴(李用休, 1708∼1782)가 그를 위해 〈환아
잠(還我箴)〉을 지었다. 거짓 나를 쫓느라 잃어버린 참 나를 되찾아,
다시는 '나'를 떠나지 않는 주체적 삶을 살라고 권면(勸勉)했다. 그의
자는 엉뚱하게도 하사(何事)였다. 말 그대로 풀면 '뭔 일'쯤 된다. 이
덕무는 흔해 빠진 명숙(明叔)이란 자를 무관(懋官)으로 바꾸었다. 이
름은 남과 나를 구분하기 위한 것, 나는 나만의 이름을 가져 내 목소
리를 내겠다고 다짐했다. 모두 이전에는 찾아보기 힘든 현상이었다.

　스스로 아는 것이 없는 줄을 안다 해서 별호를 '자지자불지선생
(自知自不知先生)'이라 짓는가 하면, 깔깔대며 웃는 사람이란 뜻의
가가생(呵呵生)이나, 멍청이란 의미의 우부(愚夫), 들판에서 굶주리
는 사람이라 하여 야뇌(野餒)니 하는 이상한 이름들을 즐겨 지었다.
신분이 천했던 시인 이단전(李亶佃)은 호가 필재(疋齋)였다. 단전(亶
佃)은 '진짜 종놈'이란 뜻이다. 필재(疋齋)의 필(疋) 자는 파자(破字)
하면 하인(下人)이다. 나는 진짜 종놈, 하인에 불과하다고 그는 큰소
리로 외쳤다. 이름으로 세상을 조롱한 것이다.

　그들의 자의식이 지향하는 가치는 옛날이 아니라 지금이었다. 중
국이 아니라 조선, 관념적 도덕이 아니라 눈앞의 진실이었다. 이덕
무는 자신의 시에서 "나는 지금 사람이라 또한 지금 것을 좋아한다
(我是今人亦嗜今)"고 했다. 옛것을 따르느라 참됨을 잃기보다, 눈앞
의 진실을 따르겠다는 의미다. 그러자 정약용이 "나는 조선 사람이
니 즐겨 조선의 시를 짓겠다(我是朝鮮人, 甘作朝鮮詩)"고 화답했다.
박지원은 조선 사람은 조선풍(朝鮮風)의 시를 짓는 것이 마땅하다고
목청을 높였다.

　홍길주(洪吉周)는 사마천이 명나라 때 태어났더라면 《사기》를 쓰

지 않고 《삼국지연의》나 《수호지》를 썼을 것이고, 지금 조선에 태어
났더라면 《향랑전(香娘傳)》 같은 소설을 썼을 것이라고 했다. 전 같
으면 함부로 할 수 없는 이야기였다. 입만 열면 요순의 정치를 말하
고, 정주(程朱)의 학문을 추종하며, 이백과 두보의 시를 추수(追隨)
하던 때와 얼마나 다른가? 세상의 변화는 필연적이고, 변치 않을 모
범이란 세상 어디에도 없다. 남의 떡이 제아무리 커 보여도 내게 맞
지 않으면 그저 그림의 떡일 뿐이다.

박지원이 들려주는 재맹아(再盲兒) 설화는 의미심장하다. 길 가다
보니 웬 젊은이가 울고 섰다. 왜 우느냐고 물었다. 원래 어려서 장님
이 되어 20년을 그렇게 살아왔는데, 갑자기 길 가다 눈이 떠졌다. 너
무 기뻐 집으로 가려 하니 골목은 갈림길이 많고 대문은 다 같아 제
집을 못 찾아 운다고 했다. 처방은 이렇다. "도로 네 눈을 감아라."
장님은 기뻐하며 지팡이를 더듬어 문제없이 제집을 찾아갔다.

너는 그저 장님 주제로 살란 말이 아니다. 한번 떠진 눈은 다시 감
기지 않는다. 문제는 집에서 눈 뜨지 않고 도중에 눈 뜬 데 있다. 그
래서 눈을 뜨는 순간 다시 눈이 멀고 말았다. 박지원의 생각에 눈 뜬
장님은 당시 조선의 지식인들이었다. 눈만 뜨면 뭣 하는가? 정작 자
아의 주체를 세울 수 없다면 눈을 뜬 기쁨은 새로운 비극의 시작일
뿐이다. 길 잃고 헤매지 않으려거든 도로 눈을 감아라. 본래의 자리
로 돌아가라. 좌표축을 세워 출발하라. 확장된 세계, 혼돈스런 정보
앞에서 주체의 확립보다 절박한 건 없다. '나' 없는 세계는 카오스일
뿐이다. 이 점은 인터넷 시대라고 다를 게 없다.

한편 자각적 주체들의 동지적 연대감도 한층 커져갔다. 이규상(李
奎象, 1727~1799)의 《병세재언록(幷世才彦錄)》이나 윤광심(尹光心,

1751~1817)의 《병세집(幷世集)》은 모두, 동시대를 살아가는 이들의 기록이나 작품을 모았다. 이른바 '병세(幷世)'의식, 즉 동시대를 살고 있다는 집단의식의 공감대가 형성되었다. 이 흐름은 확산되어 이후 《이향견문록(里鄕見聞錄)》, 《호산외사(壺山外史)》 등 당대 시정속 문인 예술가 및 일민(逸民)들의 생생한 삶을 정리하는 노력으로까지 이어졌다.

꽃에 미쳐 정원을 꾸미다

겸재(謙齋) 정선(鄭敾, 1676~1759)의 《경교명승첩(京郊名勝帖)》 가운데 〈독서여가(讀書餘暇)〉란 작품이 있다. 여름날 부채를 든 선비가 툇마루로 나와 앉았다. 마당에는 고급스런 도자기 화분 둘이 받침대 위에 놓였다. 그는 비스듬히 기대앉아 고급 도자기 화분에 핀 난초와 작약을 감상한다. 한편 국립중앙박물관 소장의 〈태평성시도(太平城市圖)〉에는 고급 화분에 담긴 화훼를 파는 상점, 삼층으로 틀어올린 분재송(盆栽松), 괴석을 가마에 싣고 부지런히 어디론가 달려가는 사람들이 나온다.

18세기 들어 화훼 재배와 정원 경영이 웰빙 붐을 타고 크게 성행했다. 오창렬(吳昌烈)이 〈간화편(看花篇)〉이란 시에서 "나는 어린 꽃 기르길 어린 자식 기르듯 했고, 이름난 꽃 아끼기를 명사 아끼듯 했다(我養穉花如穉子, 我愛名花如名士)"고 한 것은 조금도 과장된 말이 아니다.

당시에는 꽃에 미친 사람이 참 많았다. 승지 박사해(朴師海)는 매화에 벽이 있었다. 안채에서 자는데 눈보라가 크게 몰아쳤다. 매화

정선의《경교명승첩(京郊名勝帖)》중〈독서여가(讀書餘暇)〉
받침 위에 놓인 고급 도자기 화분에 작약과 난초가 심어져 있다. 간송미술관 소장.

작자 미상의 〈태평성시도〉
병풍 제5폭에 보이는 화훼상점과, 괴석에 매화를 붙인 화분을 두 사람이 가마에 얹고서 배달하러
분주히 달려가는 모습이 앞뒤로 보인다. 국립중앙박물관 소장.

작자 미상의 〈풍속도병(風俗圖屛)〉 중 〈만절쟁경(晩節爭卿)〉
가을날 후원에서 벌어진 승경도(升卿圖) 놀이의 한 장면을 그렸다. 둘레에
탐스럽게 핀 각종 국화가 화분에 심어진 채 둘러서 있다. 담 밑에는 양옆으로
역시 고급 분에 담긴 괴석과 국화 그리고 석류나무가 보인다. 화분 바로
뒤에는 당시 집에서 사육하던 관상용 비둘기 두 쌍이 있다. 유득공의
《발합경》에는 이 비둘기의 이름이 자허두(紫虛頭)와 흑허두(黑虛頭)로
나온다. 값비싼 고급 품종이다. 파리 기메 미술관 소장.

가 얼까 봐 걱정이 된 그는 덮고 있던 하나뿐인 이불로 매화를 칭칭 둘렀다. 그리고 벌벌 떨며 아내에게 이렇게 말했다. "이젠 안 춥겠지?" 당시 문인들의 화훼벽이 잘 나타난 유명한 일화다. 승지라면 지금으로 쳐서 청와대 비서관이다.

원예에 대한 수요가 폭발적으로 증가하자, 자연스레 이를 공급하는 화훼 상인들이 생겨났다. 필운대 아래 누각동과 도화동 청풍계 등에는 아전으로 있다 물러난 뒤 분재나 화훼 재배로 생계를 꾸려가는 사람이 적지 않았다. 기이한 등걸에 접붙인 매화나 괴석에 뿌리를 내린 소나무 분재, 층층이 꼬아올려 높은 곳에 열매가 달리게 한 층석류(層石榴), 화분 하나에 서너 가지 빛깔의 꽃을 피운 국화 등이 특히 인기가 높았다.

조수삼(趙秀三, 1762~1849)의 문집에는 분송(盆松)만 전문적으로 취급하는 조팔룡(趙八龍)이란 사람의 이야기가 나온다. 그는 도화동 어귀에 살며 분에 담긴 온갖 기이한 형상의 소나무를 팔았다. 그의 소나무 분재는 장안의 부잣집에서 값을 아끼지 않고 사갔다. 사람들은 그를 애송노인(愛松老人)이라 불렀다.

호남에서 조운선(漕運船)이 쌀을 싣고 올라올 때면 치자와 석류, 동백과 영산홍, 백일홍과 종려, 왜철쭉, 유자 같은 남방의 화훼들이 가득 실려와 불티나게 팔려나갔다.

국화 재배도 크게 성행했다. 백학령(白鶴翎)이니 취양비(醉楊妃)니 하는 외래 품종 국화의 이름은 이 시기 여러 문인의 문집에 수도 없이 나온다. 백운타(白雲朶) 같은 일본 품종이 새로 들어와 장안의 화제가 되기도 했다. 양수리 위 벽계(檗溪) 북쪽 미원촌(薇源村)에 은거했던 심석구(沈錫龜) 같은 사람은 혼자서 무려 48종의 국화를 재배하여 유명했다. 신위(申緯)의 시에 보면, 국화꽃 파는 소리가 온 거리에 가득한데, 해마다 다른 품종이 나와 품형(品形)을 다툰다고 했다.

강이천(姜彝天, 1769~1801)의 기록에는 국화 재배 전문가인 김 노인의 이야기가 나온다. 그는 손톱만 한 것부터 한 자 남짓 큰 것까지 국화꽃을 자유자재로 피워냈고, 심지어 검은 빛깔의 국화까지 피워냈다. 꽃 피는 시기도 마음대로 조절했고, 한 가지에서 서로 다른 색깔의 꽃을 피워내기까지 했다. 그는 그 방법을 비밀에 부쳐 이것으로 먹고살았다.

내가 궁금해 찾아보니 서유구의《예원지(藝畹志)》에 한 줄기에서 여러 빛깔의 꽃을 피우는 비법이 실려 있었다. 붉은 꽃을 희게 만들려면 유황을 태운 연기를 꽃받침에 쐬어 탈색시켜야 했다. 검은 꽃은 흰 꽃이 막 피려 할 때 진한 먹을 기름 한두 방울에 섞어 꽃잎에 떨어뜨리거나, 먹물을 젖에 적신 뒤 칫솔로 몇 차례 뿌려 먹물이 꽃잎에 스며들게 해서 만들었다. 한마디로 경쟁력 있는 화훼 상품을 출시하기 위해 별짓을 다했다.

정약용도 서울 집에서 18종의 국화 화분과 여러 종류의 화훼를 재배했다. 강진 시절 제자인 황상(黃裳)에게 써준 글에선 뜰 앞에 울림벽[響牆]을 하나 세워 석류·치자 등 갖은 종류의 화분을 품격을 갖춰 마련하되, 국화의 경우 48종은 되어야 구색을 갖추었다 할 만하다고 말하기도 했다.

중국에 사신으로 갔던 사람들이 수선화 알뿌리를 가져오면서 수선화 재배 붐도 일었다. 너나없이 가져오는 바람에 나중에는 국법으로 수선화 반입을 금지해야 했을 정도였다. 남국의 식물인 파초도 사대부의 집안에서 재배했다. 이 시기 문사들의 정원을 그린 그림에는 으레 파초가 그려져 있다. 온실 장치까지 갖춘 집도 적지 않았다.

원예 붐이 이렇듯 경쟁적으로 조성되다 보니 정원 조경에 대한 관심도 커졌다. 당시 문집에서 정원의 구체적 배치를 묘사한 글을 찾아보는 건 어렵지 않다. 실제 18세기 문집에서 주인의 성씨를 따거나 고유한 이름이 붙은 정원은, 필자가 직접 확인한 것만도 수십 개가 넘는다. 물론 이는 경제적 여유가 있어야만 가능했다. 정원을 경영할 여력이 없을 경우에는 의원(意園)·오유원(烏有園)·장취원(將就園) 등 상상 속의 정원을 꾸며 글로 남기는 일도 유행처럼 번졌다.

정원 조성 붐을 타고 괴석에 대한 수요도 부쩍 늘어났다. 앞서 신위가 중국에 사신으로 갔다 돌아오는 길에 괴석만 잔뜩 싣고 온 일을 말했지만, 이희천(李羲天, 1738~1771) 같은 이는 집에 만 점의 수석을 갖춰두고 당호를 아예 만석루(萬石樓)라고 지었을 정도였다.

유박(柳璞, 1730~1787)이 황해도 배천에서 경영한 백화암(百花庵)은 당대 내로라하는 문인들이 모두 기문과 시를 써주었을 만큼 유명했다. 그는 자신의 화훼 재배 경험과 철학을 담아《화암수록(花庵隨錄)》이란 인상적인 책을 남겼다. 어느 집에 기이한 화훼가 있다는 말을 들으면 천금을 주고라도 반드시 구해왔고, 중국을 왕래하는 배편에 부탁하여 외국의 화훼를 구해오기까지 하였다.

지식 시장의 확대와 도서 유통

1771년(영조 47) 5월 26일《조선왕조실록》에는 이희천과 책주름 배경도(裵景度)를 조리돌려 목을 벤 후 청파교에 사흘간 효시하고, 그 처자는 흑산도로 보내 영영 관노비로 삼으라는 기사가 실려 있

작자 미상의 〈옥호정도(玉壺亭圖)〉의 부분
19세기 당시 사대부가의 정원 구성을 잘 보여준다. 바깥 행랑에서 계단을 올라오면
취병(翠屛)이 있다. 입구에는 느티나무 한 그루가 서 있다. 마당에는 얕은 울림벽을 두고,
담장 아래 수조에 심은 연꽃과 화분에 심어진 뒤틀린 분송(盆松), 파초와 층석류 등이
줄지어 늘어선 모습을 볼 수 있다. 개인 소장.

다. 이희천은 당대 이름을 날리던 문인 이윤영(李胤英, 1714~1759)의 아들로, 명망 높은 명문가의 후손이었다.

그는 왜 이렇게 참혹한 형벌을 받았을까? 국가에서 금하는 서책을 소지했다는 게 그의 죄목이었다. 청나라 주린(朱璘)의《강감회찬(綱鑑會纂)》이란 책에 태조 이성계와 인조를 모독하는 내용이 일부 실려 있었다. 이를 들은 영조는 격분하여, 우의정 김상철(金相喆)을 청나라에 사신으로 보내 주린을 처벌할 것과《강감회찬》을 훼판(毁板)한 뒤 소각할 것을 요구하고, 이 책을 수입해온 세 사신을 삭직하는 조처를 취했다. 또 민간에 소장된《강감회찬》을 자진 헌납케 했다.

당시 자진 헌납자는 영의정을 비롯한 3정승과 판서 등 무려 75명에 이르렀다. 이들이 바친 책 이름도 다양해서 10가지가 넘었다. 그리 유명하지도 않은 저자의 문제의 책이 당시 내로라하는 조선 사대부의 서가마다 대부분 꽂혀 있었던 셈이다. 같은 책이라도 완질과 축약본이 있었고, 명칭 또한 다양하게 유통되었던 사정까지 알 수 있다.

영조는 이 책의 유통 과정에 개입된 책주름들을 체포하여 처벌했다. 이희천은 단지 이 책을 소지하고 있었다는 이유만으로 시범 케이스로 극형을 당해 죽었다. 이 일과 연좌되어 10여 명의 책주름이 처형당하거나 변방으로 유배되었다. 그의 친한 벗이었던 박지원은 이 일로 큰 충격을 받아 한동안 바깥과 일절 왕래를 끊었을 정도였다.

이 사건은 역설적으로 당시 서적 유통시장의 규모와 서쾌(書儈)라고 불리던 책주름들의 존재를 강렬하게 부각시킨다. 책주름이란 요즘 말로 하면 도서 영업사원이다. 당시 서책의 활발한 유통에는 이들의 종횡무진한 활약이 있었다. 책주름들의 역량은 희귀본과 신간을 얼마나 많이 확보해 고객의 요청에 신속히 부응할 수 있느냐에 따라 결정되었다.

이 시기 책주름 중 단연 독보적인 존재는, 이름을 알 수 없는 조신 선(曺神仙)이란 인물이다. 정약용과 조수삼, 조희룡(趙熙龍, 1789~ 1866) 같은 쟁쟁한 문인들이 그의 전기를 세 편이나 따로 남겼다. 조 신선은 이들과 직접 왕래한 세월만도 50년에 가까웠다. 처음 만날 당시 그는 이미 40, 50세가 넘었으므로, 실제 그는 백 살이 넘어서까 지 책 거간으로 생계를 유지했던 전설적인 인물이다. 그런데도 처음 만났을 때와 하나도 달라진 것이 없어 조신선으로 불렸다.

책주름은 책의 내용도 어느 정도 알아야 했다. 조신선 같은 이는 이 밖에도 어느 집에 어느 해에 어떤 책이 들어갔는지 하는 정보를 손금 보듯 훤히 꿰고 있었다. 책 이름만 대면 저자와 권수를 줄줄이 읊을 수 있었다. 이 밖에 필방이나 서점을 돌아다니며 책 거간으로 겨우 입에 풀칠이나 하며 지냈던 홍윤수(洪胤琇) 같은 이의 존재는 당시 몰락한 양반들까지 서책 거간에 뛰어든 사정을 알게 해준다. 책 주름들은 연경 갔던 사신행차 편에 대량으로 들어온 서적을 유통시 키는 중간상인이었다. 이들은 정치적 실각 등으로 몰락한 집안에서 흘러나온 장서들을 다른 집안에 되파는 방식으로도 이문을 챙겼다.

18세기의 만권당(萬卷堂)을 일컫던 장서의 규모는, 19세기로 넘어 가면서는 3만, 4만 권을 헤아리는 엄청난 규모의 장서로 확장되었 다. 심상규(沈象奎, 1766~1838)는 아버지 심념조(沈念祖, 1734~1783) 때부터의 엄청난 장서를 이어받아, 그의 서재인 가성각 (嘉聲閣)에 무려 4만 권의 각종 선본(善本)과 희귀본을 소장하고 있 었다. 가성각이란 편액은 옹방강(翁方綱)이 80세 때 써준 글씨였고,

네 채의 부속 건물에 4만 권의 장서를 경사자집(經史子集)으로 나누어 수장하였다. 가히 공공도서관 규모의 방대한 장서였다. 실내장식도 호화의 극을 달려, 상아로 만든 책상과 벽을 채운 전면 거울, 그밖에 온갖 화려한 조각과 장식으로 꾸며졌다.

중국에 간 사신행차의 중요한 일은 서책 구입이었다. 역관은 물론 사행원과 비공식 수행원 들은 북경의 서점가인 유리창(琉璃廠)의 서사(書舍)를 전전하면서, 구입하고자 하는 서목(書目)을 들고 다니며 값을 아끼지 않고 희귀본과 신간 서적을 싹쓸이했다. 어떤 때는 거질의 도서를 구입해오라는 왕명이 내리기도 했다. 그들은 날마다 유리창의 서점에서 엄청난 양의 책을 구입했고, 이곳에서 만난 중국의 지식인들과 필담을 주고받으며 견문을 넓혔다. 중국의 서적상들에게 조선의 지식인들은 결코 무시할 수 없는 단골 고객이었다.

영의정까지 지낸 이상황(李相璜, 1763~1841)은 패설(稗說)에 벽이 있었다. 신간 소설책을 반드시 구해 읽으니, 연경 가는 역관들이 다투어 구해 바쳐 이야기책만 수천 권을 소장했다. 그는 특히 《서상기(西廂記)》를 좋아하여, 밥 먹을 때나 변소에 갈 때나 손에서 놓지 않아 서상벽(西廂癖)이 있다는 말을 들었다. 이 시기에 오면 장서도 취향에 따라 성격의 분화가 이루어졌던 셈이다.

역관 이상적(李尚迪, 1804~1865)이 청나라의 신간 서적을 멀리 제주도까지 실어 보내자 스승인 추사(秋史)는 〈세한도(歲寒圖)〉를 그려주어 고마운 뜻을 표했다. 귀양 죄인이 제주도에 앉아서 외국의 신간 서적을 받아보았을 정도로, 당시 도서 유통의 속도나 규모는 대단했다.

서적이 활발히 유통되면서 지식산업 시장에도 큰 변화가 일어났

북경 유리창 거리의 옛 모습
수십 개의 서점마다 수만 권의 서적이 사다리를 타고 올라가야 할 정도로 가득가득 쌓여
있었다. 이곳은 각종 골동품과 재화의 집산지이기도 했다. 20세기 초 유리창 서사의
내부와 노점 서사의 모습.

다. 중국의 서책을 벤치마킹한 새로운 형태의 지식 경영이 유행했다. 물적 토대의 변화가 지식의 패러다임을 바꾸어나갔던 것이다.

나는 존재한다. 고로 기록한다

박지원의 《열하일기(熱河日記)》를 읽다보면, 말 위에서 외무릎을 세우고 빈 공책에 수시로 메모하는 그의 모습이 떠오른다. 하루 일정을 마치고 객관(客館)에 들면, 그는 그날 보고 들은 내용을 메모하고 정리하느라 무척 바빴을 것이다.

〈환희기(幻戲記)〉 같은 글은 중국에서 본 요술 공연을 기록한 것인데, 무려 20가지의 요술 레퍼토리가 마치 눈앞에서 보듯이 상세히 묘사되어 있다. 지금 같으면 캠코더로 촬영하여 온다고나 하지만, 당시 20가지나 되는 레퍼토리를 하나하나 상세히 묘사해낸 것을 보면, 공연 현장에서도 그의 눈과 손은 동시에 바빴을 듯하다.

홍대용(洪大容)이나 박지원을 비롯하여, 중국과 일본에 사신으로 간 사람들의 필담 기록은 말 그대로 한 편의 온전한 녹취록이다. 두 사람은 양편에 종이를 수북이 쌓아놓고 필담을 시작한다. 대화에 따라 종이가 오가다 보면, 나중에는 내 앞에 있던 종이는 상대에게 가 있고, 상대의 종이는 내 앞에 쌓인다. 대화가 끝나면 서로 적은 것을 맞바꿔 한 벌씩 베껴 적는다. 나눠 가지면 두 벌의 완벽한 녹취록이 완성된다. 그러면 그 기록을 가지고 돌아와서 문답에 맞춰 꼼꼼히 기록해두었다. 지금 남아 있는 수많은 연행록은 모두 이런 꼼꼼한 기록정신의 산물이다. 그들이 무슨 기억력의 대가여서 훗날에 기억해낸 것이 아니다.

이전 시기에도 《미암일기(眉巖日記)》나 《난중일기(亂中日記)》가 있었지만, 18세기의 일기문학은 이 시기의 잡식성 지식 경영을 단적으로 보여준다. 유만주(兪晩周, 1755~1788)의 《흠영(欽英)》은 그가 21세 나던 1775년부터 죽기 한 해 전인 1787년까지 13년간 매일 써내려간 일기로, 모두 24책 156권의 거질이다. 황윤석(黃胤錫, 1729~1791)의 《이재난고(頤齋亂藁)》 또한 평생에 걸쳐 쓴 일기로, 52권에 달하는 방대한 분량이다.

이들 일기는 한마디로 18세기 생활사 자료의 보고다. 경제 활동과 문화예술 활동, 독서 편력과 과학사 관련 자료, 시정의 풍습까지 없는 게 없다. 유만주는 60년간 일기를 쓸 것으로 생각하여 60부, 1천 권에 달하는 방대한 저술을 계획했다. 그는 일기에 고금아속(古今雅俗)을 막론하고 듣고 보고 느낀 것을 다 적었다. 제사 때 올린 과자와 고기의 종류부터 아픈 데 쓴 약의 종류, 언제 옷을 갈아입었으며, 당시 곡식의 값이 어떠했는지에 대한 내용까지 시시콜콜 다 적었다.

이들은 일기를 단순히 나날의 기록으로 생각하는 대신 한 질의 백과전서적 전작으로 인식했다. 18세기 백과전서적 지식 경영의 실상이 이 일기 속에 고스란히 녹아 있다. 유만주는 "《흠영》이 없으면 나도 없다"고 했을 만큼, 자신의 생애를 걸고 이 일기를 써내려갔다.

그들은 사소한 일상의 기록 하나도 허투루 버리지 않았다. 쉴 새 없이 메모하고 틈만 나면 정리했다. 이덕무의 《이목구심서(耳目口心書)》도 말 그대로 듣고 보고 말하고 생각한 것을 적어둔 비망록이다. 나를 거쳐간 생각과 정보는 모두 기록으로 남겼다. 편지를 보낼 때도 반드시 부본(副本)을 한 부씩 남겨두었다. 이덕무가 세상을 뜬

박지원이 면천군수로 있으면서 아들에게 보낸 편지 중 한 통
첫 손주의 생김새가 어떠한지 따져묻는 내용으로 시작해서 "전후로
보낸 쇠고기 볶음은 잘 받아서 아침 저녁 찬거리로 하였느냐? 어째서
한번도 좋다는 뜻을 보여주지 않느냐? 답답하구나. 나는 육포나 장조림
등의 반찬보다 나을 거라고 생각한다. 고추장도 내가 손수 담근 것이니,
맛이 어떤지 자세히 알려다오"와 같은 곰살궂은 내용이 담겨 있다.
서울대학교 박물관 소장.

후, 이서구는 평생 그가 자신에게 보낸 편지글을 한 장 한 장 펴서 배접한 뒤 책으로 만들어 그의 아들에게 보내주었다. 문집에 실린 수십 통의 편지는 그렇게 해서 온전하게 전해질 수 있었다. 최근 서울대박물관에서 발견된 연암 박지원의 편지첩은 안의현감과 면천군수 시절 그가 집으로 보낸 30여 통의 편지를 날짜순으로 정리해둔 것이다.

기록과 정리에 대한 광적인 집착과, 다양한 지식 경영 노하우의 축적은 총서(叢書) 편찬 열기로도 이어졌다. 중국에서《한위총서(漢魏叢書)》,《소대총서(昭代叢書)》,《설부(說郛)》,《단궤총서(檀几叢書)》같은 총서류 저작이 쏟아져 들어오면서 우리도 한번 해보자는 오기가 발동했다. 그들이 한 일을 우리라고 못 할 것 없다는 자신감의 발로였다.

박지원은《삼한총서(三韓叢書)》를 기획했다. 중국과 우리 옛 문헌에서 우리나라와 외국의 교섭 관련 기록을 가려 뽑아 한 질의 총서로 만들려고 했다. 현재 남아 있는 목록에는 모두 178종의 서책이 나열되어 있는데, 이는 당초 계획의 10분의 1이나 2에 불과한 분량이다. 이 책이 완성되었더라면 고대부터 근세까지의 한중 교섭사가 일목요연하게 정리될 수 있었을 것이다.

유만주는《해내총서(海內叢書)》와《해외총서(海外叢書)》를 동시에 기획하고 그 서목을 정리했다. 중국에는《한위총서》가 있는데 천 년이 넘는 문헌의 역사를 가진 우리가 흩어져 있는 그 많은 문헌을 하나로 정리하지 못하고 있어《해내총서》를 기획하게 되었다며, 문헌을 시대별로 분류해 384종의 목록을 정리했다. 뿐만 아니라 중국의《설부》를 본떠《통원설부(通園說郛)》를 엮었다. 통원은 그의 호다.

모두 28목(目)으로 구분하여, 우리나라의 온갖 기이하고 희한한 이야기를 가려 모았다. 《설부》의 조선 버전을 엮은 것이다.

서유구는 《소화총서(小華叢書)》를 기획했다. 이는 《삼한총서》와 달리 역사와 문화, 학술을 아우르는 방대한 종합 총서였다. 우리나라의 저술을 경익(經翼)·별사(別史)·자여(子餘)·재적(載籍)의 4부로 나누어 경전 해석과 관련된 저술, 역사와 관련된 저술, 그 밖의 경세 실용서들을 망라하고자 했다. 체재는 《한위총서》를 본떴다.

애초에 이 같은 방대한 총서의 기획은 개인의 힘으로 할 수 있는 게 아니었다. 하지만 이들은 자신들이 평생에 걸쳐 모은 방대한 장서와 의욕적인 독서, 주변 동지들의 협조를 믿고 이 작업에 착수했다. 결국 모두 힘에 부쳐 완성을 보지는 못했지만, 당시 이들의 고양된 문화적 자신감이 어떠했는지를 알 수 있다.

다시 18세기를 위하여

정조대의 천재적 천문학자 김영(金泳)은 《중성기(中星記)》와 《역상계몽(易象啓蒙)》 등 수많은 천문학·역학 관련 저술을 남겼다. 그는 구면기하학의 원리를 꿰뚫어, 황도와 백도 상의 해와 달의 운행 각도까지 정확하게 계산해낼 수 있었다. 이러한 그의 눈에, 평평하고 네모난 땅을 몇 겹의 둥근 하늘이 에워싸고 있다고 믿었던, 송나라 주희(朱熹)나 소옹(邵翁) 같은 대학자의 천문에 관한 장황한 설명은 도대체 터무니가 없었다. 이렇듯 초보적이고 오류투성이의 설명을 금과옥조(金科玉條)로 알고 배우다가 새로운 지식 체계를 접하면서 성현(聖賢)의 권위는 속수무책으로 허물어진다.

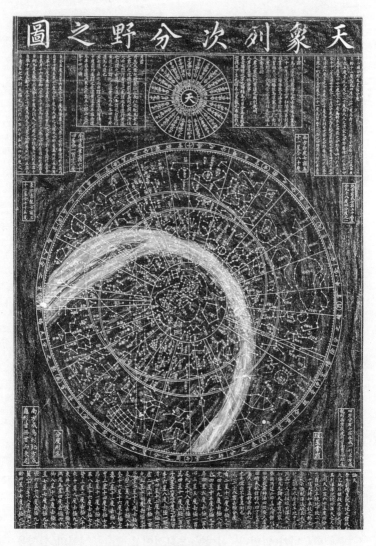

조선시대 천문도인 〈천상열차분야지도(天象列次分野之圖)〉
전통적 방식으로 분야(分野)를 구분한 천문도다. 탁본 채색.

중국에서 별자리의 방위에 따라 자신의 영토를 분야(分野)로 나눈다고 해서 우리가 그들을 따라할 것이 아니라, 우리의 땅덩어리에 맞춰 새로 분야를 나누어야 한다고 김영은 생각했다. 이러한 이유로 그는 《동국분야기(東國分野記)》의 집필에 매달렸다.

정약용은 중국의 지리서 《수경(水經)》을 읽다가 아예 《대동수경(大東水經)》을 지었고, 이재운(李載運)은 《사기(史記)》〈화식전(貨殖傳)〉을 읽고서 《해동화식전(海東貨殖傳)》을 지었다. 너희가 있는 데 우리라고 없겠느냐 하는 생각이 바탕에 깔려 있다. 주체에 대한 각성은 이렇게도 왔다. 교통의 발달과 도로망의 확충은 자연스레 경험의 확대를 가져왔다. 그저 음풍영월을 옮겨 적던 여행기가 이제는 여러 가지 알차고 유용한 정보를 담은 기행문학으로 거듭났다. 이른바 국토산하의 재발견 붐이 일어난 것이다. 화가들도 중국풍의 관념산수를 던져버리고 사방의 진경산수를 그리기 시작했다.

어려서부터 북벌을 국시로 알고 '무찌르자 오랑캐'를 외치며 자란 지식인들은 중국에 사신으로 가서 사통팔달로 쭉쭉 뻗은 길과 으리으리한 벽돌집 그리고 쉴 새 없이 오가는 우마차를 보고는 그만 기가 질려버렸다. 북벌은 어느 순간 문득 북학(北學)으로 대체되었다. 위정자의 입장에서 보면 이는 여간 심각한 상황이 아닐 수 없었다.

연암이 중국에 가서 본 장관을 꼽으면서, 진짜 장관은 똥 덩어리와 벽돌에 있더라고 말할 때 변화는 이미 시작되었다. 우물 안에만 있다 넓은 세상에 나가 상대를 보고 나니 나의 객관적 실체가 비로소 눈에 들어왔다. 그래서 정신을 차리자고 지은 소설이 〈허생전〉이다. 경험의 확장이란 이런 것이다. 한번 떠진 눈은 다시 감을 수 없다. 각성된 의식은 잠재워지지 않는 법이다.

한꺼번에 쏟아져 들어온 변화 앞에 18세기 조선 사회는 휘청했다. 한쪽에서 이용후생(利用厚生)과 경세치용(經世致用)을 외칠 때, 다른 한쪽에서는 중국제 물건이라면 사족을 못 쓰는 호화사치 풍조도 만연했다. 박제가는《북학의(北學議)》를 지어 중국을 배워야 하는 까닭을 설파했지만, 중국제에 환장 들렸다 하여 당벽(唐癖), 당괴(唐魁)의 비난도 동시에 들어야 했다.

18세기에는 한마디로 설명할 수 없는 변화가 동시다발적으로 일어났다. 18세기는 세계사적으로 볼 때도 확실히 특별했다. 지식의 패러다임이 변화하면서 세계와 인간에 대한 해석의 틀도 바뀌었다. 근대의 조짐은 서양에서만 일어난 것이 아니라 18세기 조선에서도 똑같이 일어났다. 역사가들이 '거대한 모순의 용트림'이라고 표현하는 18세기의 변화는 전 세계적이고 누가 먼저랄 것도 없었다.

18세기 들어 서구 중세의 형이상학적 관념이성은 합리주의적 계몽철학에 자리를 내준다. 이들은 삶과 세계의 질서를 과학적 질서로 재편하고자 했다. 종교의 속박, 이념의 굴레를 박차고 나와 세속적 행복을 추구하고, 구원의 미명 아래 자행된 온갖 우상과 폭력을 해체하기 시작했다. 기독교의 자리에 주자주의(朱子主義)를 두면 조선의 상황도 별반 다를 바 없었다.

서구 계몽주의가 합리적 이성과 함께 정열적(passion) 인간을 지향할 때, 18세기 조선은 주자학의 세례를 벗어던지고 실사구시(實事求是)의 합리성과 동시에 벽(癖)과 치(癡)의 미친 열정을 옹호했다. 디드로가《철학적 사고》에서 "사람들은 왜 정열에 대해 우호적으로 말하면 이성을 모욕하는 일로 생각하는지 모르겠다. 하지만 인간의 영혼을 위대하게 고양시킬 수 있는 건 위대한 정열뿐이다"라고 투덜

댈 때, 박제가는 "세상에 무언가에 미치지 않은 인간이 할 수 있는 일이란 아무것도 없다"고 목청을 높였다.

볼테르가 계몽철학의 대표적 저작으로 꼽는 《백과전서》를 '인간 정신 진보의 기념비'라고 하며, 세상의 모든 사물을 항목화하여 알파벳 순서에 따라 배열하고 설명할 때, 조선의 지식인들도 백과전서적 성격의 총서 저작에 정열을 쏟았다. 이것은 종교에서 과학을 분리하고, 이념에서 인간의 삶을 해방하는 권력의 재배치 과정이기도 했다.

서양에서 위선과 강요된 경건함의 세월이 지나고 쾌락의 옹호와 관능의 광기가 휩쓸 때, 조선에서도 웰빙의 미명 아래 온갖 골동품 수집을 비롯하여 호화사치 풍조와 풍속의 타락이 자행되었다. 어디서나 하층 백성들의 삶은 여전히 참혹한 것마저 꼭 같았다.

도덕론자들이 볼테르, 디드로, 루소 등을 감옥에 가두고 억압한 것처럼 박지원, 김려, 이옥 등은 불온한 문체로 불온한 사상을 전파한다 하여 반성문 제출을 요구받고 과거 합격이 취소되었으며, 반체제 인물로 낙인 찍혀 음습한 그늘에 묻혀 있어야 했다.

18세기에서 우리는 그동안 그렇게 찾아 헤맸던 자생적 근대화의 가능성을 본다. 그런데 산업혁명으로 이어진 서구와 달리, 어째서 우리에게 근대는 여전히 타자로 남아 있었던 걸까? 그들과 우리가 공유했던 문제의식은 어느 순간 우리에게는 하나의 에피소드, 또는 미완의 가능성으로 끝나고 말았다. 이는 근대에 대한 일본과 조선의 차이, 정조와 메이지(明治)의 차이만으로는 설명할 수 없다. 보다 근본적이고 면밀한 시야를 마련할 필요가 있다. 19세기에 대한 연구도 가일층 박차를 가해야 한다. 어차피 해답은 거기에 있을 테니까.

1 부

18세기 조선 지식인의
자의식과 세계 인식

18세기의 문화 개방과
조선 지식인의 세계화 대응

최근 들어 18세기 조선 문화에 관한 담론이 부쩍 활발해졌다. 그간 실학 공간으로 규정되어온 이 시기 학술 문화계의 지적 풍토는 새로운 자료들이 속속 발굴되면서 그 청사진이 많이 달라졌다. 그간의 실학담론은 다소 편향적이었다. 토지제도 개선, 행정제도 쇄신, 조세제도 혁신 등 경세제민의 이데올로기나, 북학으로 대변되는 이용후생의 신지식만이 이 시기 지식인들을 압도했던 관심사는 아니었다.

중국과 일본의 해외 체험이 가져온 문화 충격은 문화의 다양성을 수용하는 세계화 담론을 촉발했다. 청대 《사고전서(四庫全書)》의 간행을 전후로 해서 쏟아져 들어온 백과전서들과 이에 따른 정보의 범람은 정보 가치의 우선순위를 일거에 바꿔놓았다. 제한된 정보가 독점적으로 유지되던 이전과는 달리, 중국에서 쏟아져 들어온 백과전서류 전집들과 총서류 저작들은 정보의 독점적 권위를 한순간에 무너뜨렸다. 이들은 한 질이 수백 권에 달하는 방대한 분량을 자랑했다. 각종 문화 콘텐츠에도 다양화와 세계화의 붐이 일었다. 전과는 뚜렷이 구분되는 18세기 지식인의 새로운 지식 경영 방식은 오늘날 정보화·세계화의 관점에서 보더라도 매우 흥미롭다.

18세기 문화 콘텐츠의 변화와 실학 코드

'무찌르자 오랑캐'의 북벌을 국시로 하던 세상에서 살다가 처음 북경에 도착한 조선의 젊은이들이 받은 문화적 충격은 실로 엄청났다. 사방으로 죽죽 뻗은 넓은 도로에 넘쳐나는 재화, 으리으리한 건축물들, 거리를 가득 메운 서점마다 사다리를 타고 올라가야 할 정도로 쌓여 있는 서책들, 고딕식 서양 성당과 서구 과학기술 정보들까지 있었다. 그들이 직접 목격한 청나라는 애초에 조선이 무찌를 수 있는 대상이 아니었다. 그들이 목숨만큼이나 소중하게 지켜왔던 성현의 이념가치들이 청나라에서는 이미 철 지난 유행가였다. 북벌의 강고한 이데올로기는 어느 순간 북학(北學)으로 방향을 선회한다.

이들과 함께 각종 서적과 사치성 소비재들이 서울로 흘러들어 소비유흥 문화를 만연시켰다. 외국 문물에 대한 막연한 동경과 우리 것에 대한 자기혐오가 동시에 일어났다. 꽃에 미쳐 꽃 그림만 그리거나 여행 또는 글씨, 바둑, 음악 등 어느 한 분야에 광적으로 몰두하여 일가를 이루는 마니아층도 대거 출현하였다. 이들은 '치(癡)' 또는 '벽(癖)'을 표방하면서 자신들의 맹목적 몰두의 즐거움을 예찬했다.

서울의 광통교(廣通橋) 일대에는 지금의 인사동처럼 싸구려 중국제 골동 서화들이 차고 넘쳤다. 골동품 수집으로 전국적인 이름을 얻은 사람들의 존재도 여럿 확인된다. 사대부들은 중국제 모조품 골동 서화로 집 안을 꾸며놓고 벗들을 불러 감상회를 열었다. 주거 환경마저 중국풍을 흉내 내서 의자와 탁자를 벌여놓았다. 마당에는 으레 중국에서 들여온 괴석과 남방 식물인 파초를 심어놓고, 중국제 차화로에 중국차를 끓여 마시며 모임을 가졌다. 심상규(沈象奎) 같은 이는 저택을 아예 중국식으로 지어놓고, 중국제 수입물품과 4만 권의 수입 장서로 집 안을 가득 채웠다.

　원예 문화도 전에 없이 활성화되었다. 중국에서 다투어 수입된 정원이나 화훼 관련 책자와 물품의 영향으로 아름다운 정원을 꾸미는 경향이 생겨났다. 소비자의 수요가 증가하자 화훼 시장도 급격히 팽창했다. 해마다 봄이면 남쪽 지역에서 엄청난 수량의 분재가 서울로 올라왔다. 일본과 중국에서 화훼를 수입하는 경우도 부쩍 늘어났다. 혼자서 46종의 국화를 재배한 사람도 있었고, 화분 하나에서 네 가지 다른 빛깔의 국화를 피워내기도 했다. 심지어는 한 가지에서 두 색깔의 국화꽃을 피워내는 기술까지 있었다. 전문적으로 분재를 만들어 파는 사람들도 생겨났다. 신위(申緯)는 중국에 사신으로 갔다가 돌아오면서 수레 하나에 수석과 정원석을 가득 실어오기도 했다. 정원을 꾸밀 경제적 여유가 안 될 경우, '의원(意園)'·'장취원(將就園)'·'오유원(烏有園)' 등 상상 속의 정원을 꾸미며 이를 기록으로 남겼다.

　당시 북경의 유리창(琉璃廠)에서 들여온 서책들은 겉으로는 전통적인 성리학 서적이 많았지만, 실제로는 패관소품과 백과전서적 총

이인문(李寅文)의 〈누각아집도(樓閣雅集圖)〉
건물 안에는 중국식으로 의자에 앉아 탁자 위에 두루마리를 펼쳐놓고 서화를 감상하는 사람과,
집 밖으로 흘러가는 냇물을 바라보는 사람들이 보인다. 난간 바깥쪽에는 동자가 차를 끓이고 있다.
주거 공간과 생활 소품의 중국화는 이 시기 회화의 한 특징이다. 국립중앙박물관 소장.

서류 서적들이 더 많이 쏟아져 들어왔다.《고금도서집성(古今圖書集成)》이나《소대총서(昭代叢書)》,《단궤총서(檀几叢書)》같은 방대한 총서들이 들어오면서 이를 본뜬 저작들이 만들어졌다. 예전에는 완물상지(玩物喪志)라 하여 금기시되었던 사물에 대한 관심은 어느새 격물치지(格物致知)의 자리로 위치가 격상되었다. 이전까지 사물은 마음 공부와 이치 탐구의 수단에 불과했다. 하지만 이제는 그 자체가 탐구의 대상으로 승격되었다.

편집광적인 정리벽, 종류를 가리지 않는 수집벽, 사소한 사물에까지 미친 애호벽은 이 시기 지식인들을 특징짓는 중요한 표징의 하나였다. 성현의 도를 실현하는 군자적 삶의 이상은 시정의 목소리에 점차 파묻혔다. 서울과 지방의 문화 격차는 하루가 다르게 벌어졌다. 이들은 무엇이건 관심이 생기면 모으고 정리하고 편집했다. 하지만 무턱대고 모은 것이 아니라 목차와 범례를 세워놓고 단계를 밟아 작업을 진행했다. 이들의 문제제기나 접근방식은 이전과는 확실히 달랐다.

18세기의 이러한 변화를 가능케 한 힘은 정보화·세계화에 있다. 문화의 개방과 소통에 따라 취급할 수 있는 정보의 양이 폭발적으로 늘어난 것이다. 이에 따라 정보 처리 방식과 정보의 유용성에 대한 판단 근거도 바뀌었다. 물적 토대의 변화도 한몫했다. 이에 힘입어 전에 보지 못한 괴상한 지식인들이 출현했다. 국가가 사정의 칼날을 빼들지 않을 수 없었으리만치 그 파급력과 영향력은 대단했다. 지방의 지식인들에게 서울 문화계의 이런 풍조는 그저 해괴한 망국의 조짐으로밖에 비쳐지지 않았다.

지식인층의 동요와 소비유흥 문화의 만연이 당시 조선 국왕을 비

롯한 지배층에게 심각한 위기의식을 불러왔을 것은 자명하다. 지식
인들이 성현의 말씀이 담긴 사서삼경을 외면하고 패관소설에 몰두
하거나, 경박한 소비문화에 길들여져 떳떳한 도리에서 멀어지는 풍
조는 조선의 정체성을 일거에 허물어뜨릴 수 있는 위험한 현상임에
틀림없었다. 국가는 뒤늦게 불온서적 반입과 사치성 소비재 수입을
금했다. 정조는 문체반정을 통해 새로운 지식정보에 환호하는 젊은
이들의 성향을 원천적으로 되돌리려 했다.

　하지만 제도의 제약만으로 이러한 현상을 바로잡을 수는 없었다.
갑작스레 밀려들어온 선진문물 앞에서 주체를 확립하여 제정신을
차리기는 어려웠다. 박지원은 '눈 뜬 장님'의 유명한 비유를 들어 문
화종속에 따른 주체의 실종을 경고했다. 장님이 눈을 뜨는 건 좋은
일이지만 집에서 뜨지 않고 길 가는 도중에 뜨게 되면 오히려 제집
을 잃고 길에서 울게 되니, 집을 찾아가려면 도로 눈을 감아야 한다
고 했다.

　이러한 변화는 불과 몇십 년 만에 이루어졌다. 18세기의 각종 문
화현상을 단순히 실학 코드만으로는 설명하기 어렵다. 학계에서 한
동안 실학을 잠시 밀쳐두고 경화세족(京華世族)들의 문화현상에 몰
두했던 건 관념과 현실, 당위와 실제의 불일치에 대한 고민 때문이
었다. 경세제민·이용후생의 실학담론과 사치성 소비문화에 바탕을
둔 경화세족의 문화활동은 서로 다른 뿌리에서 나온 것이 아니었다.
18세기 조선 지식인의 세계화 체험이 가져온 문화 충격과 지식 재배
치 과정에서 빚어진 다기한 현상 가운데 하나였을 뿐이다.

편집되는 정보들 그리고 집체 작업

18세기는 정보 자체가 아니라 정보의 질이 문제가 되는 시대였다. 산만하고 무질서한 정보들이 우수한 편집자의 솜씨를 거쳐 새로운 저작으로 재탄생했다. 정보의 가치를 판단하는 기준도 달라졌다. 일상의 허접스런 놀이나 풍습, 시정의 이야기도 수요와 공급의 원리에 따라 편집되었다. 모든 지식이 새롭게 편집되고 재배열되었다.

이렇듯 이 시기 저작들은 정보화·세계화에 따른 문화 대응 방식의 변화와 관련이 있다. 현실 생활에서 요구되는 가치 있는 정보를 발빠르게 편집하여 소비자의 욕구에 부응한다는 수요와 공급의 원리가 작동되고 있었다. 18세기 새로운 지식 경영에 의한 저작들 중에는 한 작가 안에도 실학이라는 이름에 걸맞은 것과 정면으로 배치되는 것이 공존한다. 실학 코드만으로 이 시기 지식시장을 관통하는 원리를 설명하기가 어렵다는 뜻이다. 하지만 이들 저작을 관통하는 저술 원리는 한 가지다. 널려 있는 정보를 수집 배열해서 체계적이고 활용 가능한 지식으로 탈바꿈한다는 것. 이것은 실학의 범주 구분을 넘어서는, 이 시기 지식시장의 가장 강력한 원리요 기본원칙이었다. 당시의 지식정보사회가 정보의 양보다 질을 중시하는, 규모의 경제에서 속도의 경제를 추구하는 패턴으로 바뀌어가고 있음을 의미한다. 이전 시기 성인의 말씀에만 붙일 수 있었던 '경(經)'이란 표현을 이들은 '불경(不經)'스럽게도 비둘기와 앵무새 같은 사물의 이름 뒤에 서슴없이 붙였다.

편집된 내용의 층위도 다채로웠다. 앵무새나 비둘기, 담배 같은 개인적인 취미의 차원부터 천연두나 수레나 배 만드는 법, 무예실기 등 사회 현안이나 민생 또는 국방과 관련된 유용한 정보 분야까지 확장되어갔다. 다룬 층위는 달라도, 지식과 정보를 재배열하여 일목요연하게 정리해내던 편집의 원리는 한결같았다.

일본에 한번도 가본 적이 없던 이덕무(李德懋)는 각종 서적에서 모은 일본 관련 정보를 편집해《청령국지(蜻蛉國志)》를 펴냈다. 성대중(成大中)과 원중거(元重擧)도 각각《일본록》과《화국지(和國志)》를 경쟁적으로 엮었다. 이는 당시 지식인들 사이에 일본에 대한 정보 요구가 폭발적으로 늘어난 사정을 짐작케 한다. 박지원(朴趾源)의《열하일기(熱河日記)》와 박제가의《북학의(北學議)》에는, 무찔러야 할 오랑캐가 아닌 문화강국으로서 중국을 제대로 알아야겠다는 의지가 곳곳에서 드러난다. 이 책에는 각종 관련 서적에서 편집해 단순 재배열한 정보들이 수두룩하다.

《무예도보통지(武藝圖譜通志)》는 무려 148종의 국내외 무예서를 참고해서 편집한 종합 무예 교과서다. 흑산도에 귀양 갔던 정약전(丁若銓)은 물고기에 관한 정보를 정리해서《현산어보(兹山魚譜)》를 펴냈다. 김려(金鑢)도 진해 앞바다의 물고기를 관찰해《우해이어보(牛海異魚譜)》를 엮었다. 뒤에 영의정을 지낸 이서구(李書九)는 젊은 시절 북경에서 들여온 앵무새를 기르다가, 내친 김에 앵무새에 관한 정보를 모아《녹앵무경(綠鸚鵡經)》을 썼다. 유득공(柳得恭)은 관상용 비둘기 사육에 취미가 있어 아예《발합경(鵓鴿經)》을 지었다. 이 책에 따르면 지금 시청 앞 광장의 비슷비슷한 비둘기에 모두 다른 이름을 붙여줄 수가 있다. 그는 고금의 문헌을 뒤져 호랑이 이야기만을 모아《속백호통(續白虎通)》이란 책도 편집했다. 시대정신에 반하는 불온한 문체를 쓴다고 과거 합격이 취소되고 귀양까지 갔던 이옥(李鈺)은 담배에 관한 정보를 한자리에 모아 《연경(烟經)》을 엮었다. 그는 귀양 가는 도중에도 호기심을 참지 못하고 경상도 방언을 모아 정리하고, 도중에 본 지역별 특산물과 노정을 꼼꼼히 기록해 글로 남겼다. 이들 중 상당수가 경세제민과는 아무 상관도 없는 소비문화에 관한 것이었다.

이들은 모두 최고의 편집자였고 지식 경영가였다. 토론과 돌려 읽기를 통해 정보를 확충하고 관점을 조정해나가는 방식으로 작업이 진행되었다. 이서구의 《녹앵무경》은 박제가와 유득공, 이덕무 등의 윤독을 거치는 동안 당초의 분량이 배 이상으로 늘어났다. 이들은 마치 정보사냥 대회라도 하듯이 앵무새에 관한 고금의 정보들을 경쟁적으로 찾아내 저술의 부피를 늘리고 체제를 다듬어나갔다. 또 본문 아래 평을 달아 자신의 생각을 보탰다. 좌장이었던 박지원이 서문을 얹음으로써 이 책은 한 권의 새로운 지식 경영서로 탄생했다.

이덕무와 박제가, 유득공은 규장각의 검서관(檢書官)이었다. 국가가 그들에게 맡긴 소임이 다름 아닌 정보 검색이었던 것이다. 그들은 상부의 지시에 따라 규장각 안에 가득 찬 서책 속에서 그때그때 필요한 정보를 검색해 편집하는 일을 담당했다. 날마다 수백 권의 책을 뒤져 수천 자씩 베껴 쓰는 것이 그들의 일과였다.

집체 작업에 의한 편집서들이 많이 나타나는 것은 이 시기 지식시장의 성격 변화를 단적으로 보여준다. 20년 귀양살이 동안 제자들과 함께 500권에 이르는 각종 저작을 펴낸 정약용(丁若鏞)의 작업이 그 대표적인 예이다. 그들에게 정보는 새롭게 만들어지는 것이 아니라, 안목을 세워서 기존에 있는 걸 편집하는 것에 불과했다. 대부분의 작업은 제자들과의 집체 작업으로 이루어졌다. 많은 경우 다산은 작업 목표와 편집 지침만 내렸다. 정리가 끝나면 다산은 그 내용을 감수하고 서문을 얹어 책으로 묶었다. 문제의 핵심은 지식을 편집하고 경영하는 안목에 있었다. 실무 작업 과정에서 스승은 지식 경영의 실제를 가르쳤고, 제자들은 공부법을 배웠다. 결국 나중에는 제자들도 스스로 자신의 관심에 따라 독자적인 저술을 펴냈다.

다산의 현손인 정규영(丁奎英)이 1921년에 정리한 〈사암선생연보(俟菴先生年譜)〉에 나오는 다음 대목은 다산초당에서 진행된 집체 작업의 현장을 너무나도 생생하게 증언한다. 그 엄청나고 방대한 작업량의 비밀이 이 글을 통해 확연하게 드러난다.

공이 20년 가까이 고독하고 우울하게 지낼 때 다산초당에서 연구와 저술에 마음을 쏟아 여름 무더위에도 쉬지 않았고, 겨울 밤에는 닭 우는 소리를 들었다. 제자 중에 경서와 사서(史書)를 부지런히 열람하고 살펴보는 사람이 두어 명, 부르는 대로 받아쓰며 붓을 나는 듯 내달리는 사람이 두어 명이었다. 손을 바꿔가며 수정한 원고를 정서하는 자가 두세 명, 옆에서 거들어 줄을 치거나 교정·대조하거나, 책을 매는 작업을 하는 자가 서너 명이었다. 무릇 책 한 권을 저술할 때에는 먼저 저술할 책의 자료를 수집하여 서로서로 대비하고 이것저것 훑고 찾아 마치 빗질하듯이 정밀을 기했던 것이다. 《시경》·《서경》에 관한 책을 저술할 때에는 먼저 《시경》·《서경》에 관한 자료를 모으고, 《춘추》를 고징(考徵)할 때에는 먼저 《춘추》에 관한 자료들을 모았다. 그러므로 저술한 책의 경지(經旨)는 구름을 헤치고 햇빛을 보는 것 같아서 조금이라도 희미하고 흐린 기운을 띤 것이 없었다.

1년 내내 초당은 풀가동되고 있었다. 제자들은 역량에 따라 카드 작업하는 사람, 베껴 쓰는 사람, 교정보는 사람, 제본하는 사람 등으로 역할을 나누어 일사불란하게 작업을 진행했다. 작업 목표가 정해지면 가장 먼저 관련 정보를 수집했다. 정보가 모이면 각각의 정보를 하나하나 교차 대조했다. 정보의 우열과 정오(正誤)를 판단하고, 스승이 내려준 구체적이고도 상세한 지침에 따라 분량을 나누어 작업했다. 이들의 1차작업이 끝나면 다산이 이를 총괄하여 점검하고, 부족한 부분을 보완하고 잘못된 곳을 수정 검토했다.

《목민심서(牧民心書)》의 편찬 과정을 이에 비추어 추정해보면 이렇다. 다산은 먼저 자신의 경험을 바탕으로 목민관의 부임에서 이임까지의 과정을 12단계로 나눠, 단계별로 각 6조항씩 72개 항목을 설정했다. 이 목차와 범례에 따라 다산은 중국의 23사와 우리나라 역사 기록 및 역대 문집에서 목민관의 사례를 가려 뽑는 작업을 시작했다. 제자들마다 능력에 맞게 적절한 분량의 작업이 할당되었다. 제자들은 주어진 지침에 따라 초서(鈔書), 즉 카드 작업에 돌입했다.

당시 초당은, 좁은 공간에 여럿이 들어앉아 이따금 책장 넘기는 소리, 한쪽에서 먹 가는 소리, 웅얼거리며 책 읽는 소리만 들려오는 기이한 광경이었을 것이다. 이렇게 계절이 바뀌고 해가 갈리는 동안, 각종 서적에서 뽑아낸 작업 카드는 방 한쪽에 차곡차곡 쌓여갔다. 다산은 끊임없이 카드를 검토하며 항목의 타당성을 중간 점검하고 전체 작업을 독려했다. 다산은 실제로 이 모든 과정을 진두지휘한 야전사령관이었고, 총괄기획자였으며, 책임편집자였다. 달리 유

서명 \ 연도	1801	1802	1803	1804	1805	1806	1807	1808	1809	1810	1811	1812	1813	1814	1815	1816	1817	1818
소학보전(小學補箋)	●																	
삼창고훈(三倉詁訓)	●																	
이아술(爾雅述)	●																	
기해방례변(己亥邦禮辨)	●																	
아학편훈의(兒學編訓義)				●														
주역사전(周易四箋)				●	●	●	●	●										
단궁잠오(檀弓箴誤)			●															
상례외편(喪禮外編)	●	●	●	●	●													
예의문답(禮疑問答)				●														
제례고정(祭禮考訂)								●										
다산문답(茶山問答)								●										
가례작의(嘉禮酌儀)									●									
상례사전(喪禮四箋)			●	●	●	●	●	●	●	●	●							
시경강의(詩經講義)									●									
시경강의보(詩經講義補)										●								
상서고훈수략(尙書古訓蒐略)										●								
매씨서평(梅氏書平)										●								
소학주천(小學珠串)										●								
아방강역고(我邦疆域考)		●	●	●	●	●	●	●	●	●	●							
상서지원록(尙書知遠錄)											●							
민보의(民保議)												●						
춘추고징(春秋考徵)								●	●	●	●							
역학서언(易學緖言)								●	●	●	●	●	●	●	●			
논어고금주(論語古今注)													●					
맹자요의(孟子要義)														●				
대학공의(大學公儀)														●				
중용자잠(中庸自箴)														●				
중용강의보(中庸講義補)														●				
대동수경(大東水經)														●				
소학지언(小學枝言)															●			
심경밀험(心經密驗)															●			
악서고존(樂書孤存)																●		
상의절요(喪儀節要)																	●	
경세유표(經世遺表)																		●
목민심서(牧民心書)																		●
국조전례고(國朝典禮考)																		●

1801년부터 1818년까지의 강진 유배 기간 중 다산의 연도별 작업 내용을 정리한 표

례를 찾을 수 없이 엄청난 양의 작업이 동시다발적으로 진행될 수 있었던 비밀이 바로 여기에 있다. 핵심가치를 잊지 않는 명확한 목표 관리와 체계적인 단계 수립, 여기에 효율적인 작업 진행과 조직적인 역할 분담이 더해졌다. 이러한 편집의 성격을 강조하여 《목민심서》의 첫 장에 다산은 '정약용 저(著)'라 하지 않고 '정약용 편(編)'이라고 분명히 적어놓았다.

34세 나던 1795년 정쟁에서 밀려 금정찰방으로 쫓겨나 있을 때에도 다산은 온양 봉곡사에서 열흘 동안, 이삼환(李森煥)을 좌장으로 남인 선비 십여 명과 함께 집체 작업으로 성호(星湖) 선생의 《가례질서(家禮疾書)》를 교정하고 편집한 일이 있었다. 오늘날로 치면 성호 선생 학술 세미나쯤 되었을 이 성대한 모임의 전후 사정과 작업 내용은 다산의 〈서암강학기(西巖講學記)〉 속에 꼼꼼히 정리되어 있다. 이 집체 작업의 결과, 그간 정리되지 않은 초고 뭉치에 불과했던 《가례질서》가 편집 체제를 갖춘 본격 저작으로 재탄생할 수 있었다.

여기서 다산이 어떤 작업을 어떻게 동시에 병행하여 진행했는지 잠깐 살펴보기로 한다. 앞의 표는 연보와 선학들의 연구를 바탕으로 하여, 강진 유배기인 1801년부터 1818년까지의 작업 내용을 정리한 것이다.

이것이 강진 유배 기간에 다산이 이룩한 학문적 성과의 대강이다. 《목민심서》와 《경세유표(經世遺表)》만 하더라도, 표에서 표시된 것처럼 1년 만에 완성될 수 없는 것이고 보면, 연도별로 표시된 검은 표지의 수는 훨씬 더 늘어나야 할 것이다. 이 표를 통해 볼 때, 다산은 늘 동시에 적어도 대여섯 가지 이상의 작업을 병행하고 있었음을 알 수 있다. 사서삼경 관련 저술에 몰두하던 그때에도 한편에선 《아방강역고(我邦疆域考)》 같은 역사지리서의 편찬을 동시다발적으로 진행하고 있었다.

1810년에는 무려 아홉 가지 작업을 동시에 진행하여 마무리해냈다. 다산초당으로 옮겨 세 해째 되던 때였다. 그간 훈련시킨 제자들의 작업 능률과 시스템이 최고조에 달해 있었던 것이다. 하지만 이 해의 과도한 작업량은 다산에게 풍증(風症)을 안겨다주어, 손발이 마비되는 증세가 있었다. 정신이 혼미한 와중에도 다산은 제자 이청에게 구술을 받아쓰게 하면서 《시경강의보(詩經講義補)》 작업에 매달렸다.

집체 작업의 효율성을 바탕으로 복수의 과제를 동시에 소화해낼 수 있는 역량을 다산과 그의 제자들은 이미 갖추고 있었다. 문화 개방으로 촉발된 18세기 정보화시대의 지식산업은 이제 공장에서 컨베이어 벨트를 따라 제품이 생산되듯 집체 공정으로 생산되는 단계에까지 돌입한 것이다.

다산의 위대성은 그의 작업량이 아니라 작업의 성격에서 찾을 수 있다. 자칫 잡학적 호사 취미에 빠지기도 했던 다른 지식인들과 달리, 그는 한 가지 편집 원리로 경학과 경제의 핵심 주제들을 관통하는 작업을 해냈다. 그 저변에 깔린 정신은 위국애민 네 글자뿐이다. 그는 고리타분한 경학 주제를 다루면서도 실제의 쓰임을 최우선 순위에 두고 작업했다. 그는 이론을 위한 이론, 논쟁을 위한 논쟁을 극도로 혐오했다. 효자나 열녀와 같은 허위 이데올로기에 대한 그의 격렬한 분노는 어찌 보면 도가 지나치다고 여겨질 정도다. 기성 학계를 향한 날이 선 비판은 당대 학자들의 강력한 거부반응을 불러일으켰다. 하지만 비난이 빗발치고 논쟁이 격렬해져도 다산은 조금도

타협하지 않았다. 원리원칙을 벗어난 작업은 결코 용납하지 않았다.

세계화의 경쟁력, 우리 것에서 찾는다

국가적 차원의 전면개방은 아니었지만 문화시장의 개방이 활성화되면서 조선의 지식인들도 문화의 다양성에 대해 점차 눈을 떴다. 낯선 것, 새로운 것에 대한 호기심이 커가고, 호기심은 동경과 선망으로 바뀌어갔다. 처음 단계는 모방에서 출발했다. 그들이 하던 방식을 본떠 비슷한 작업을 했다.

정약용은 신유한(申維翰)의 일본 여행기《해사문견록(海槎聞見錄)》에 얹은 발문에서, 그저 문화적 우월감에만 젖어 저들에게서 배울 것은 하나도 취해오지 않는 신유한의 집필 태도를 맹렬하게 나무랐다. 당시 우리나라 어부들이 일본으로 표류해 들어가면 그들은 배를 새로 건조해서 돌려보내 주었다. 그 배에서 본받을 점이 한두 가지가 아니었는데, 우리 어부들은 일본 배라며 도착 즉시 배를 부숴버리기에 바빴다. 정약용은 이런 예들을 쭉 열거하며, 세계화의 경쟁력을 갖추려면 무조건 열린 마음으로 좋은 것을 취해 배우고, 우리에게 맞지 않는 건 고쳐서 쓸 수 있어야 한다고 역설했다.

그 실례가 하나 있다. 정약용은 화성 축성 당시 임금이 참고자료로 내려준 서양 선교사 테렌츠(Jean Terrenz)의《기기도설(奇器圖說)》을 참고해서 기중가(起重架)를 발명했다. 그가 기중가 제작에 참고했다고 한 원래 도면을 다산이 만든 기중가와 비교해보니 조금도 같은 구석이 없었다.《기기도설》에 실려 있는 기중가는 주로 기어를 맞물려 동력을 구동하는 방식이었다. 다산의 생각에, 당시 조선의 기술력으로는 구리로 된 기어 장치를 제작하는 것이 불가능했다. 가장 중요한 기어 장치를 포기하고 나면 남는 건 도르래 장치뿐이었다. 다산은 복잡한 역학 계산을 거쳐, 원도에는 있지도 않은 도르래 장치의 효능을 극대화한 조선형 기중가 모델을 만들어냈다. 그 성능과 위력은 기어 장치로 된 서양의 기중가 못지않았다. 정조는 다산이 만든 기중가 덕에 경비 사만 냥을 절감할 수 있었다며 흐뭇해했다.

이 시기 지식인들은 끊임없이 외부로 눈길을 돌리면서 객관적 시선으로 세계를 바라보기를 요구했다. 대부분의 연행록들이 여전히 청나라를 오랑캐로 여기며 그들의 선진문물은 외면한 채 과거의 유산에만 주목하고 있을 때, 박지원은 《열하일기》에서 중국의 진정한 장관은 똥 덩어리와 벽돌에 있다고 외치고 나서 젊은 층의 열광적 지지를 받았다. 연암이 보기에 진짜 오랑캐는 청나라가 아니라 소중화(小中華)를 자부하던 조선이었다. 그래서 《열하일기》 속에 〈허생전〉을 실어, 당시 조선의 물화 유통구조의 취약성을 비판했다. 변 부자에게 돈 만 냥을 빌려 매점매석의 방법으로 나라 경제를 독점하고, 북벌의 상징인 이완 대장의 허위의식을 준열하게 나무라는 허생의 이야기에서 당시의 지식인들은 말할 수 없는 카타르시스를 느꼈을 법하다. 또 지식인의 가식적 행태를 고발한 〈호질(虎叱)〉 같은 작품이 중간 중간 삽입된 것은 모두 치밀하게 계산된 의도적 배치였다. 벽돌 예찬론을 장황하게 펼치는가 하면, 답답한 조선을 벗어나 요동벌로 접어들면서 새로운 문명을 만나는 감격을 〈호곡장론(好哭場論)〉의 일장 논설로 펼쳤다. 똑바로 보고 제대로 보아야 저들을 이길 수 있다는 정연한 논리가 해학과 풍자와 뒤섞이면서, 이 책은 완성되기도 전에 다투어 베껴 읽는 베스트셀러가 되었다.

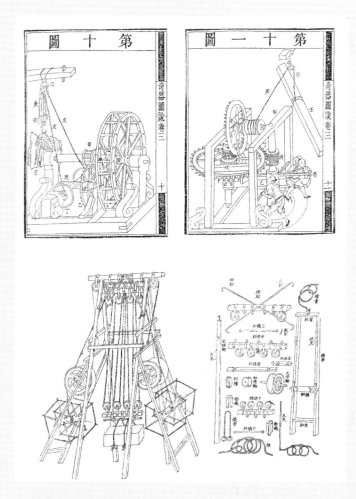

《기기도설(奇器圖說)》에 실린 기중가(起重架)와 이것을 참고해 다산이 만든 기중가

원래 것(위)은 기어 장치로 동력을 전달하는 방식임에 비해, 다산이 만든 기중가(아래)는 도르래 장치를 여덟 개나 연동시켜 구동하는, 전혀 다른 방식으로 되어 있다.

밖으로만 향하던 시선이 내부로 향하면서 우리 것에 대한 탐구에도 불이 붙었다. 모방은 어느새 창조의 에너지로 점화되었다. 박지원은 이덕무의 문집에 써준 서문에서 "이덕무는 조선 사람이다. 산천의 풍기(風氣)는 중국과 다르고, 언어와 노래의 습속은 한나라, 당나라 때와 같지 않다. 그런데도 중국의 법만 본받고 한나라, 당나라 때의 체재만 답습한다면, 나는 그 법이 높아지면 높아질수록 담긴 뜻은 실로 낮아지고, 체재가 비슷하면 비슷할수록 말은 더욱 거짓이 될 뿐임을 알겠다"고 적었다. 또 "만약 성인으로 하여금 중국에서 일어나 여러 나라의 노래를 살피게 한다면,《영처고(嬰處稿)》를 살펴보아 삼한의 새와 짐승, 풀과 나무의 이름을 많이 알게 될 것이요, 강원도 사내와 제주도 아낙의 성정을 살펴볼 수 있을 터이니, 비록 이를 조선의 노래라고 말하더라도 괜찮을 것이다"라고도 했다. 이것이 그 유명한 '조선풍(朝鮮風)'의 천명이다. 정약용은 "나는 조선 사람, 조선의 시를 즐겨 지으리"라고 한 '조선시' 선언을 남겼다. 중국을 흉내 내서 비슷한 가짜가 되느니, 촌스럽더라도 진짜 내 가슴에서 우러나오는 소리를 하는 게 값있다고 이들은 한결같이 외쳤다. 화가들도 여기에 호응하여 화보에 등장하는 중국적 관념산수의 복제를 버리고, 조선의 진경을 그리기 시작했다. 문화계 전반에서 주체에 대한 자각의 붐이 일어난 것이다.

　이러한 주체의 각성과 발맞추어 중국의 책이름 앞에 '해동(海東)' 또는 '동국(東國)'을 얹어 이른바 오리지널 내용의 조선 버전을 표방한 책들이 쏟아져나왔다. 말하자면 저들의 지식 경영 방법을 가져다가 우리 쪽 콘텐츠로 채우는 방식이었다. 생각의 방향을 바꾸니 모든 것이 다 전인미답의 경지였다. 너희가 있는 데 우리라고 없겠느냐는 사고도 바탕에 깔려 있다. 예를 들어 김려 등이 《우초신지(虞初新志)》의 대단한 인기몰이를 보고, 조선의 이야기만 모아 따로 《우초속지(虞初續志)》를 엮으려 한 시도 같은 것이다. 처음 시작은 그랬다. 중국의 《수경(水經)》을 보고 정약용은 《대동수경(大東水經)》을 지었고, 명나라 모원의(茅元儀)가 지은 《무비지(武備志)》에서 착안하여 《동국비어고(東國備禦攷)》를 편집했다. 저쪽 저술의 지나치게 방만한 것을 추려내고, 좀더 요령 있게 우리의 내용으로 채웠다. 다산은 이런 편집에서 타의 추종을 불허하는 최고의 편집자였다.

《사기(史記)》〈화식전(貨殖傳)〉을 읽고 이재운(李載運)은 《해동화식전(海東貨殖傳)》을 썼다. 《역사(繹史)》에서 한치윤(韓致奫)의 《해동역사(海東繹史)》가 나왔다. 《아방강역고》·《대동여지도(大東輿地圖)》·《동국산수기(東國山水記)》·《동국지리변(東國地理辨)》·《동국지리지(東國地理誌)》·《동국명산기(東國名山記)》 등의 책도 그 맥락이 모두 같다.

서유본(徐有本)은 천문학자 김영(金泳)에게 《동국분야기(東國分野記)》의 집필을 주문했다. 중국에서 별자리의 방위에 따라 각 지역을 분야(分野)로 나누었다면, 우리도 마땅히 조선의 땅을 기준으로 해 새롭게 우리만의 분야를 나누어야 한다고 생각했다. 이 경우 조선은 더 이상 중국의 동북방 한 귀퉁이에 해당하는 기미성(箕尾星)의 분야에 속한 변방이 아니라, 세계의 중심으로 다시 자리매김되는 것이다. 주체에 대한 각성은 이렇게도 왔다.

발해에 관한 기록을 갈무리해 정리한 유득공의 《발해고(渤海攷)》는 조선에서보다 중국에서 더 각광을 받았다. 당시 《사고전서》 편찬에 몰두해 있던 중국의 지식인들은 오히려 이와 같은 가장 조선적인 저술에 환호했다. 자신감을 얻은 유득공은 《이십일도회고시주(二十一都懷古詩註)》를 잇달아 선보였다. 우리 역사상 21개 도읍지의 사적을 시로 읊고 각주로 관련 내용을 적은 책이었다. 추사(秋史)가 전국 각지의 비석을 탑본해서 중국으로 보낸 금석문은 오히려 중국인에 의해 《해동금석원(海東金石苑)》으로 간행되었다. 중국의 학자들은 사신행차에 참여해 북경을 밟은 조선의 지식인들에게, 중국의 아류가 아닌 좀더 조선적인 저작을 요구했다. 이들은 이 과정을 거쳐, 진정한 경쟁력은 중국의 모방에서 나오는 것이 아니라 콘텐츠의 독자성에서 나오는 것임을 점차 절감하였다.

이런 흐름 속에서 우리 것에 대한 관심을 표제에 내건 저작들이 부쩍 늘어났다. 인삼 재배법을 설명한 《종삼보(種蔘譜)》, 제주도의 귤에 대해 정리한 정운경(鄭運耕)의 《탐라귤림보(耽羅橘林譜)》, 변방인의 삶을 르포 형식으로 적은 《삭방풍토기(朔方風土記)》, 서울의 풍속을 기록한 《경도잡지(京都雜志)》, 한사군 지역의 관련 기록을 정리한 《사군지(四郡志)》, 속담을 채록한 《백언해(百諺解)》와 《이담속찬(耳談續纂)》 같은 책도 나왔다. 심지어 한재락(韓在洛) 같은 이는 수십 명의 평양 기생을 인터뷰해 그들의 인생 역정을 꼼꼼히 기록한 《녹파잡기(綠波雜記)》란 책까지 남겼다. 《순패(旬稗)》는 민요와 민속, 방언과 속기(俗技), 종이연의 계보, 아이들의 수수께끼를 목차로 나누어 정리했다. 정운경 같은 이는 위에 든 《탐라귤림보》 외에도 《탐라기(耽羅記)》·《순해록(循海錄)》·《탐라문견록(耽羅聞見錄)》 등을 남겨, 지역학으로까지 발전할 수 있는 연구 모델을 제시했다.

이런 다양한 저작들이 18세기에 쏟아져나왔다. 많은 경우, 제목만 전하고 실물이 없는 게 유감이지만, 우리 것에 대한 자각이 어느 문제적 개인의 일과성 문제제기가 아니라, 전반적인 의식의 자각과 주체의 고양에서 비롯된 것임을 여실하게 보여주는 예들이다. 이는 이전 같으면 생각하기 힘든 작업이었다.

기록과 정리에 대한 광적인 집착과 다양한 지식 경영 노하우의 축적은 더 나아가 우리나라와 관련된 총서 편찬 열기로 이어졌다. 중국의 《한위총서(漢魏叢書)》나 《소대총서》 또는 《설부(說郛)》, 《단궤총서》 등을 벤치마킹한 총서들이 여러 사람에 의해 기획되고 진행되었다.

박지원은 《삼한총서(三韓叢書)》를 기획했다. 중국과 우리 옛 문헌에서 중국과 조선의 외교 교섭과 관련된 기록만 간추려 한 질의 총서로 묶으려 했다. 현재 남아 있는 목록에는 모두 178종의 서책이 나열되어 있다. 이는 당초 계획의 10분의 1이나 2에 불과한 분량이다.

서유구(徐有榘)는 《소화총서(小華叢書)》를 기획했다. 《한위총서》의 체재를 본떠 우리나라의 저술을 경익(經翼)·별사(別史)·자여(子餘)·재적(載籍)의 4부로 나누어 경전 해석과 관련된 저술, 역사와 관련된 저술, 그 밖의 경세 실용서들을 망라하고자 했다.

유만주(兪晩周)는 《해내총서(海內叢書)》와 《해외총서(海外叢書)》를 동시에 기획하고 그 서목을 정리했다. 천 년의 문헌이 흩어진 채 하나로 정리되지 못하고 있는 현실을 개탄하면서 중국의 《한위총서》를 모델 삼아 시대별로 384종의 서책을 망라했다. 또 당시에 인기가 높았던 중국의 《설부》를 본떠 《통원설부》도 기획했다. 자신의 호를 표제에 내세워 모두 28목(目)으로 구분하여, 우리나라의 온갖 기이하고 희한한 이야기를 집대성할 생각이었다. 《설부》의 조선 버전을 엮으려 했던 것이다.

유만주 외에도 설화를 수집 정리한 방대한 총서들이 여러 차례 기획되어 실제 완성을 보았다. 김려의 《한고관외사(寒皐觀外史)》(70책)와 《창가루외사(倉可樓外史)》(74책), 《대동패림(大東稗林)》(125책), 《패림(稗林)》(133책), 《광사(廣史)》(200책) 등 거질의 야사총서(野史叢書)가 속속 엮였다. 국가에서 그토록 금하려 했던 패관소설마저 급기야 총서로 묶이기 시작한 것이다.

이러한 기획 속에서 우리는 당시 이들의 고양된 주체적 문화의식을 살필 수 있다. 이들이 엮으려 했던 총서 기획은 오늘날 다시 기획되어도 충분히 가치 있는 작업이다. 그 목록이 그대로 남아 있으니 안 될 것도 없다. 이른바 신실학 시대의 문화 콘텐츠는 이런 기획에서 시작되어도 좋을 것이다.

대변혁의 시대, 변해야 남는다

18세기 지식인 그룹은 다양하게 분파되었다. 이 가운데 특히 연암 그룹과 다산 학단의 존재감이 뚜렷하다. 연암 그룹은 북학의 코드로 대변된다. 이들은 중국의 선진문물을 과감히 받아들여 우리 삶의 질을 높여야 한다는 이용후생의 주장을 펼쳤다. 오늘로 치면 웰빙 주장이었던 셈이다. 다산 학단은 위대한 스승의 리더십에 따라 국가 경영에 초석이 될 경세제민의 정보를 정리하고, 기존의 경학 이해에 획기적 진전을 가능하게 하는 정보화 작업을 완수해냈다. 이들은 성향 면에서 확연히 다르고, 성취의 방향도 전혀 달랐다. 하지만 문화 개방의 시대, 정보화의 변화에 발맞추어 기존의 정보를 재배열하고 편집하여 유용한 지식으로 가공해낸 점에서는 다를 바가 없다. 상황의 변화를 이해하고 변화의 당위를 긍정한 점도 18세기 지식인의 전반적 경향과 맥을 같이한다.

이들은 당시 주류의 위치에 있지 않았다. 연암은 젊은 시절 우울증에 걸릴 정도로 시대를 향한 근심이 깊었다. 뒤늦게 벼슬길에 올랐지만 고작 몇 고을의 수령 노릇에 그쳤다. 중국 사신행차에 합류하여 《열하일기》를 썼지만, 국가에서 임명하는 직분을 띤 것이 아니라 자제군관이라는 수행원 신분으로 따라갔던 것이다. 이덕무, 박제가, 유득공은 모두 서얼이었다. 그들은 상부의 지시에 따라 정보를 검색하느라 뛰어난 역량을 다 소모했다. 자신의 목소리를 내볼 기회는 그리 많지 않았다. 다산의 엄청난 작업은 그가 죄인의 신분으로 귀양 가 있던 시기에, 아무도 알아주지 않던 시골의 제자들을 데리고 해낸 것이었다. 그들의 작업은 이후로도 중앙 학계에 제대로 선보이지도 못한 채 잊혀 있었다.

이 밖에 앞서 살펴본 많은 의미 있는 저작들은 대부분 없어져 제목만 남았거나, 아니면 필사본으로 옛 서책의 틈에 끼어 있다가 최근 몇 년 사이에 발굴되었다. 대부분의 서책은 여전히 성리학의 해묵은 논쟁들을 앵무새처럼 답습하고 있었고, 시인들은 음풍영월의 풍류에 흡족해했다. 국가는 각종 검열장치를 동원해서 이들에게 제재를 가했다. 헤게모니를 쥔 지배계층은 여전히 기득권의 그늘 아래서 향락적인 소비문화에만 탐닉했다. 이들에게 실학의 건강성은 찾아볼 수 없었다. 민족문화의 주체성과 외래문화의 건강한 결합을 모색했던 지식인들은 양지로 나오지 못하고 익명성의 그늘 아래서 잊혀져 갔다. 여기에 우리 18세기의 비극이 있다.

모두들 '그때 저기'의 유령에 홀려 있을 때 이들은 '지금 여기'의 가치가 더 중요하다고 목청을 높였다. 옛날은 그때의 '지금'일 뿐이니 옛날을 흉내 내면 안 되고, 오직 지금에 충실할 때 훗날에 '옛날'로 자리매김될 수 있다고 박지원은 갈파했다. '옛날'이 되려면 '지금'에 힘써야 하고, 변치 않으려면 변해야 한다고 했다. 박제가는 무언가에 미치는 맹목적인 몰두 없이 이룰 수 있는 건 아무것도 없다고 외쳤다. 자기가 좋아하는 분야에 미친 듯이 몰두하는 전문가 정신을 요구했다. 정약용은 남의 것이 아무리 좋아 보여도 우리에게 맞지 않으면 아무 소용이 없으니, 적극적으로 배워오되 주체적으로 수용하는 태도가 중요함을 누차 강조했다. 변화의 당위에는 누구나 공감했다. 하지만 변화의 방향을 두고는 생각과 노선이 저마다 달랐다. 이러한 다양성은 노선의 갈등을 일으키는 대신 문화에 활력을 불어넣어 주었다.

자고 나면 모든 것이 바뀌어 있는 이 문명사적 전환의 시대에 우리는 지금까지 살펴본 18세기 지식인들의 지식 경영에서 여전히 배울 것이 많고 반성할 점도 많다. 이제 지금까지의 논의 위에 현재적 전망을 얹으며 이 글을 맺는다.

첫째. 18세기 지식인들은 정보가치의 우선순위를 바꿔 지식 경영의 중요성을 강화했다. 그것은 실용과 수요에 기초를 둔 정보의 재배치로 나타났다. 18세기 지식인들이 선보였던 다양한 지식 경영의 예들은 오늘날에도 여전히 유효한 관점을 제시한다. 세상의 변화는 정보가치의 변화와 함께 이루어진다. 지금까지 중요하게 여겨져온 가치들이 어느 순간 쓸모없게 된다. 새로운 가치가 급부상한다. 이때 변화의 맥락을 읽어내는 정확한 안목이 중요하다. 바꿔야 할 것을 과감히 바꾸고 바꿔선 안 될 것을 지켜나가야 한다. 이 둘을 혼동

할 때 변화는 곧 파국을 의미한다. 무조건 바꾸고 보자는 식의 변화 지상주의는 오히려 회복 불능의 상태로 사태를 악화시킬 수 있다. 이 판단을 바르게 하기 위해 이들은 집체 작업을 마다하지 않았고, 토론과 비판의 채널을 상시 가동하였다. 콘텐츠에 우선하는 기술에 대한 무조건적 맹신도 위험하다. 인문적 가치의 토대를 말살하면서 기술 투자의 중요성만 강조하는 따위의 가치 혼동은 지금도 대학을 위시해 사회 곳곳에서 자행되고 있다. 이는 목적과 수단을 혼동하고 핵심가치의 소재를 상실한 데서 빚어진 결과다.

둘째, 18세기의 지식인들은 외국문화를 개방된 자세에서 주체적으로 수용했다. 지식인들 대부분이 일본에 대한 근거 없는 우월의식에 들떠 있을 때, 몇몇 학자들이 보여준 냉철한 진단과 탐구는 새롭게 검토해볼 필요가 있다. 맹목적인 적개심에 불타 현실을 굳이 외면하던 당시, 중국에 대한 북학파 학자들의 섬세한 관찰과 과감한 개방 수용 주장은 오늘날에도 여전히 유효한 처방이다. 이때 중요한 건 개방성이 아니라 주체성이다. 제대로 하고 나대로 하고 나름대로 해야지, 멋대로 하고 덩달아하고 따라해선 얻을 수 있는 게 아무것도 없다. 근거 없는 우월의식과 맹목적인 적개심은 오늘날도 우리의 바른 판단을 저해하는 걸림돌이다. 외래문화에 대한 우리의 이해는 여전히 아전인수격이고 몰주체적이며 다분히 감정적이다. 일본의 독도 문제나 중국의 동북공정 그리고 미국의 한반도 정책에 대한 부족한 이해와 졸렬한 대응에 이르기까지 그때와 지금의 상황은 조금도 다르지 않다.

셋째, 18세기 지식인들은 그들이 경험했던 정보화사회에서 지식 경영의 다양한 모델을 실천적으로 제시했다. 이들은 앵무새와 비둘기부터 국가 경영에 이르기까지 복잡한 현상과 정보 들을 갈래 짓고 틀을 세워 필요에 맞추어 일목요연하게 정리해낼 줄 알았다. 비난과 비판을 혼동하거나, 유아독존의 아집에 사로잡혀선 새로운 모델을 제시할 수 없다. 가짜 정보, 복제 정보 들이 판을 치는 인터넷 시대에도, 틀을 세워 정보를 선별하고 토론과 적용을 거쳐 목표에 도달하는 이들의 작업 방식은 귀감으로 삼을 만하다. 지식 경영의 이상적 모델은 어쩌다 우연히 만들어지는 것이 아니라 필연적인 과정의 결과여야 한다. 비슷한 가짜들은 한두 번은 먹혀도 그 이상은 안 된다. 과정을 검토하고 목표를 점검해서 방향을 잃지 않아야 한다.

넷째, 18세기 지식인들은 다양한 문화 콘텐츠를 개발하여 주체적 문화역량을 강화했다. 이들은 가장 조선적인 것이 오히려 가장 세계적일 수 있다는 점을 분명히 알았다. 경쟁력은 주체 역량의 강화에서 나오는 것이지, 힘의 우위에 따른 줄 서기나 따라하기에서 나오는 것이 아님을 짚고 있었다. 중국을 그대로 흉내 낸 건 중국에서 전혀 먹혀들지 않았다. 오히려 우리의 정보를 요령 있게 정리한 소박한 내용 앞에 저들은 주목했다. 우리가 대수롭지 않게 보아 넘긴 것에 그들은 환호했다. 오늘날의 한류(韓流) 열풍도 어찌 보면 그런 것 아니겠는가? 세계화란 우리 것을 버려 남을 따르는 데서 성취되는 것이 아니다. 우리만의 색깔과 개성을 지닐 때에만 가능하다는 것을 알아야 한다.

역사는 되풀이된다. 어제도 오늘과 같다. 문화는 변화할 뿐 발전하는 것이 아니다. 기술의 진보가 반드시 인간 삶의 제반 조건을 향상시키는 것도 아니다. 18세기는 어찌 보면 우리의 '오래된 미래'다. 지난날 그들의 창조적 열정 위에 행해졌던 구조적 폭력은 오늘도 되풀이되고 있다. 지나간 과거를 반복할 것인가? 거기서 새로운 가능성을 찾아 새 길을 열 것인가? 우리는 다시 이 첫 물음 앞에 선다.

18세기 조선 지식인의 '벽'과 '치' 추구 경향

   이 글은 18세기 조선 지식인 집단의 내부에서 발견되는 '벽(癖)' 과 '치(癡)'를 추구하는 경향을 살피는 데 목적을 둔다. 조선의 18세 기는 사회 내부의 급격한 변화와 함께 외국과의 활발한 문화 교류를 통해, 이전까지 지배담론이었던 성리학의 권위가 급격히 쇠퇴하고, 생동하는 도시 문화가 급속도로 보급되었다. 이에 따라 이전 시기에 는 찾아볼 수 없던 지식인 집단의 새로운 동향이 사회 문화 여러 면 에서 감지된다. 군자로 표상되던 획일화된 도덕적 표준 대신, 새로 운 유형의 지식인 집단이 대두하였던 것이다.

   이 시기 지식인의 글에는 실존에 짓눌리며 과잉된 자의식을 주체 하지 못하는 번민이 자주 토로된다. 또 동류의식을 갖는 집단 내부 의 결속을 다짐하는 우정에 대하여 활발한 토론이 이루어졌다.[1] 이 글은 18세기 조선 지식인의 자의식과, 여기에서 비롯된 우정론의 의 미를 간략히 짚어보고, 나아가 '벽'과 '치'의 추구로 환기되는 새로 운 인간형의 출현에 대해 살펴보기로 한다.

18세기 지식인의 자의식과 집단의식

연암 박지원의 〈염재기(念齋記)〉는 이렇게 시작된다.

송욱이 취해 자다가 아침에야 술이 깼다. 드러누워 듣자니 문
밖에서 벌어지는 일은 하나도 모를 것이 없는데, 유독 제 소리
만은 없는 것이었다. 이에 그만 멍해져서 말하였다. "집안 사람
들은 모두 있는데, 어째서 나 혼자만 없는 걸까?" 눈을 돌려 살
펴보니, 저고리와 바지는 옷걸이에 있고, 모자는 벽에 걸려 있
고, 허리띠는 옷걸이 끝에 매달려 있었다. 책상 위엔 책이 얹혀
있고, 거문고는 옆으로 놓이고, 비파는 세워져 있었다. 거미줄
은 들보에 얽혀 있고, 파리는 창문에 붙어 있었다. 무릇 방 안
의 물건도 모두 그대로 있지 않은 것이 없는데 유독 자기만 보
이지 않았다. 급히 몸을 일으켜 자던 곳을 살펴보니, 베개를 남
쪽으로 놓고 자리를 폈는데 이불은 속이 들여다보였다. 이에
송욱이 발광 나서 벌거벗은 몸으로 나갔구나 하며 몹시 슬퍼하
고 불쌍히 여겨, 나무라고 또 비웃다 마침내 그 의관을 끌어안
고, 가서 옷을 입혀주려고 길에서 두루 찾아다녔지만 송욱은
보이지 않았다.[2]

카프카의 〈변신〉에 나오는 그레고르 잠자를 생각나게 하는 글이
다. 어느 날 아침 술에서 깨고 보니 세상은 그대로인데 내가 나를 찾
을 수 없다. 나는 어디 있는가? 이 글에서 우리는 자못 심각한 자아
분열의 현장을 목도한다. 이 글은 자의식의 과잉으로 자기정체성을

상실한 인간이 절망적 현실 앞에서 급기야 미쳐버린 이야기를 다루고 있다. 그는 과거 시험장에 들어가 자신의 답안지를 자기가 채점하여 높은 등수를 써놓고 나오곤 한다. 이에 대해 작가는, "미치긴 미쳤지만 선비로구나! 이것은 과거에 나가기는 해도 과거에 마음이 없는 것이다"라고 평가한다. 이미 부정으로 얼룩져서 공정성을 잃은 인재 등용제도에 대한 불신과 불만을 우회적이지만 강렬하게 토로한 것이다.[3]

이 글을 쓴 박지원 자신도, 주변에서 억지로 권하는 바람에 하는 수 없이 과거 시험을 보러가기는 했지만, 번번이 답안지를 제출하지 않고 나왔다. 지식인이 세상에 나서서 자신의 경륜을 펼칠 수 있는 상황이 아니라고 판단한 것이다. 이러한 부정적 현실 인식은 이들을 더욱 국외의 방관자로 내몰았다.

그 대신 이들 사이의 동지적 결속은 한층 강조되었다. 이 시기에 전에 없이 활발하게 전개되는 우정론은 이러한 동지적 결속의 중요한 표징이다. 박지원의 벗인 이덕무가 지기(知己)에 대해 쓴 다음 글은 아주 인상적이다.

만약 한 사람의 지기(知己)를 얻게 된다면 나는 이렇게 하겠다. 십 년간 뽕나무를 심고, 일 년간 누에를 쳐서 손수 오색 실을 물들이겠다. 열흘에 한 색깔씩 물들여 50일 만에 다섯 색을 물들이겠다. 이것을 따뜻한 봄볕에 쬐어 말린 뒤, 어린 아내에게 부탁하여 백 번 단련한 금침으로 내 친구의 얼굴을 수놓게 하겠다. 그리고 나서 귀한 비단으로 표구하여 오래된 옥으로 축을 달겠다. 우뚝이 높은 산, 아득히 흘러가는 강물 사이에 그

그림을 펼쳐놓고 마주 보며 말없이 있다가, 저물녘 품에 안고
돌아오겠다.[4)]

암담한 현실 앞에서, 진정으로 마음 나눌 수 있는 그 한 사람의 벗
을 이토록 간절하게 그리워했던 것이다. 박지원도 여러 글에서 벗에
대한 자신의 생각을 피력했다. 친구를 잃은 슬픔에 대해 토로한 다
음 편지를 보면, 그들이 우정의 문제를 어떻게 생각했는지 잘 알 수
있다.

> 아아! 슬프다. 나는 일찍이 벗을 잃은 슬픔이 아내를 잃은 아픔
> 보다 심하다고 말한 적이 있다. 아내를 잃은 자는 오히려 두
> 번, 세 번 장가 들어 아내의 성씨를 몇 가지로 하더라도 안 될
> 것이 없다. 이는 마치 옷이 터지고 찢어지면 깁거나 꿰매고, 그
> 릇과 세간이 깨지거나 부서지면 새것으로 바꾸는 것과 같다.
> 혹 뒤에 얻은 아내가 앞서의 아내보다 나은 경우도 있고, 혹 나
> 는 비록 늙었어도 저는 어려, 그 편안한 즐거움은 새 사람과 옛
> 사람이 다를 것이 없다. 벗을 잃는 아픔에 이르러서는, 다행히
> 내게 눈이 있다 해도 누구와 더불어 함께 보며, 귀가 있다 해도
> 누구와 더불어 함께 들으며, 입이 있더라도 누구와 더불어 함
> 께 맛보며, 코가 있어도 누구와 더불어 함께 냄새 맡으며, 내게
> 생각이 있다 해도 장차 누구와 더불어 나의 지혜와 깨달음을
> 함께하겠는가?[5)]

그들의 내면에서 우정이 갖는 비중을 강조하기 위한 수사가 다소

과도한 느낌이 들 만큼 강렬한 인상을 남긴다. 비록 내게 눈과 귀가 있고, 입과 코가 있어도, 그것을 함께 나눌 벗이 없다면 내가 이목구비의 오감으로 느끼는 모든 게 아무 의미가 없다고 했다. 또 〈회성원집발(繪聲園集跋)〉에서는 이렇게 말한다.

옛날에 벗을 말하는 자는 벗을 두고 '제2의 나〔第二吾〕'라고도 하고, '주선인(周旋人)'이라고도 하였다. 이런 까닭에 글자를 만든 자가 '우(羽)'자에서 빌려와 '붕(朋)'자를 만들고, '수(手)'자와 '우(又)'자로 '우(友)'자를 만들었으니, 새에게 두 날개가 있고 사람에게 양손이 있는 것과 같음을 말한 것이다. 그러나 말하는 자는 '천고의 옛날을 벗 삼는다'고 한다. 답답하구나, 이 말이여! 천고의 사람은 이미 화하여 흩날리는 티끌이나 서늘한 바람이 되었는데, 장차 누가 나를 위해 제2의 나가 되며, 누가 나를 위해 주선한단 말인가?[6]

여기서는 벗을 두고 '제2의 나' 혹은 '주선인'이라 했다. 직접 교감을 나눌 수 없는 상우천고(尙友千古)의 허망함을 일깨우기 위해 한 말인데, 이럴 때 벗은 곧 나의 분신이며, 내 일을 자기 일처럼 생각하는 동지인 셈이다. 〈예덕선생전(穢德先生傳)〉에서는 벗을 '불실이처(不室而妻)' 즉 한 집에 살지 않았을 뿐인 아내나, '비기지제(匪氣之弟)' 곧 피를 나누지 않았을 뿐인 형제라고까지 했다. 18세기 문인들의 글 속에서 이러한 우정과 관련된 담론을 찾아보기란 그리 어려운 일이 아니다.

또 이 시기 국외적 입장에 놓여 있던 남인 지식인들 사이에 유행했던 생지명(生誌銘)이나 자찬묘지명(自撰墓誌銘) 제작 풍조도 이런 맥락에서 이해할 수 있다. 묘지명은 사람이 죽은 뒤에 그를 기려 짓는 글이다. 생지명이란 당사자가 아직 살았을 때 자신을 잘 아는 친구에게 부탁하여 미리 지어둔 묘지명을 말한다. 이는 통상적인 관례를 벗어나는 것으로, 이전 같으면 금기시되던 일이었다. 자신의 사후에 묘지명을 받지 못해 자신의 자취가 흔적 없이 사라질 것을 염려한 때문이다. 또 미리 글을 지어 지은이의 문집 속에 자신의 행적이 남기를 희망했던 까닭이다.[7] 이것이 여의치 않을 때는 아예 자신의 묘지명을 직접 짓기도 하였다.

이광사(李匡師, 1705~1777)는 글씨를 쓸 때, 노래하는 사람을 곁에 세워두고 노랫가락이 우조(羽調)일 경우에는 글씨도 우조의 분위기로 썼고, 평조(平調)일 때는 글씨도 평조로 썼다고 하는 명필이다. 그런 그가 신지도(薪智島)로 귀양 가서 남긴 다음 일화는 이 시기 불우한 지식인들의 자의식 표출의 일단을 잘 보여준다.

내가 들은 이야기다. 이광사는 섬에 귀양 살면서 박을 심었는데, 그것이 다 익으면 손수 자기가 지은 글을 그 속에 집어넣고 밀랍으로 주둥이를 봉해 파도 앞에 흘려 보내며 이렇게 말했다. "같은 글을 쓰는 땅에서 얻어 보는 자가 있어 바다 동쪽에 이광사가 있음을 알게 하면 족하다." 그 마음이 진실로 괴로웠다 할 만하다. 이름에 대한 집착을 여태도 능히 스스로 놓지 못했던 것이다.[8]

심노숭(沈魯崇, 1762~1837)의 〈산해필희(山海筆戲)〉 속의 한 단

락이다. 호남의 신지도에 귀양 갔던 이광사는 결국 그곳을 벗어나지 못하고 세상을 떴다. 당파 싸움에 휘말려 그 끔찍한 세월을 절해고도에서 보냈다. 그에게는 하루하루를 살아간다는 자체가 숨막히는 끔찍한 형벌이었을 것이다. 정성껏 박을 길러, 조심조심 그 속을 파낸 뒤 써넣은 글은 과연 어떤 내용이었을까? 그는 박 속에 종이를 접어넣은 뒤, 물이 새지 않도록 밀랍으로 주둥이를 봉해, 파도 위에 띄워 보냈다. '동문지지(同文之地)', 즉 같은 문자를 쓰는 중국에라도 흘러가, 해동에 이광사란 사람이 살다 갔음을 기억해주는 이가 단 하나라도 있으면 그걸로 족하다고 했다. 심노숭은 이를 두고, 그가 아직 이름에 대한 집착에서 벗어나지 못한 것이라고 나무랐다. 하지만 그의 이런 행동은 실제 명예를 탐한 것이라기보다 아무도 자신의 존재를 알아주지 않는 현실에 대한 절망감의 다른 표현으로 보인다. 그는 미치도록 사람이 그리웠던 것이다.

이들은 이렇듯 부조리한 현실 앞에서 비대해진 자의식을 주체하지 못하고 스스로 국외자의 길을 걸었다. 이 과정에서 뜻을 같이하는 집단 간의 교호와 유대는 더욱 깊어져, 18세기만의 독특한 우정론에 바탕을 둔 집단의식을 낳았다.

18세기 지식인의 '벽'과 '치' 추구 양상

이러한 국외적 입장에서 동지적 교호감을 공유하고 있던 집단 속에서 공통적으로 '벽'과 '치'의 추구가 나타나는 점은 아주 흥미롭다. '벽'이나 '치'는 모두 병들어 기댄다는 뜻의 '녁(疒)'자를 부수로 하는 글자이다. 이 밖에 비슷한 의미의 '비(疪)'·'비(痞)'·'고

(痼)' 같은 어휘도 자주 사용되었다. '벽'은 의학적으론 오른쪽 갈비뼈 아래 비장(脾臟)에 나쁜 기운이 쌓여 있는 상태를 말한다.[9] 하지만 일반적으로는 낭비벽·도벽·방랑벽이란 말에서도 보듯, 어떤 것에 대한 기호나 집착이 너무 지나쳐 이성적으로 도저히 억제할 수 없는 병적인 상태를 가리킬 때 흔히 사용하였다.

전 시기까지 이 '벽'은 군자가 경계하고 멀리해야 할 대상이었다. 윤행엄(尹行儼)은 〈벽설(癖說)〉에서 "사람이 태어나면서 품부 받은 바가 제가끔이어서 그 성품 또한 하나도 같지가 않다. 또한 저마다 좋아하는 벽이 있게 마련이다. 시주벽(詩酒癖)이 있고 금수벽(禽獸癖)도 있으며, 물건을 좋아하는 완호벽(玩好癖)도 있다. 벽은 진실로 한결같지 않지만, 뜻을 잃게 하고 몸을 해치는 것이 됨은 한가지이니, 모두 경계할 만하다"[10]라고 하였다. 벽이 '상지해기(喪志害己)' 즉 바른 뜻을 잃게 하여 마침내 몸을 해친다고 본 것이다. 이는 사물에 대한 지나친 집착을 경계하는 유가의 전통적인 '완물상지(玩物喪志)'의 논의와도 맥락을 같이한다.

그런데 이러한 벽에 대한 인식이 18세기에 이르면 일부이기는 해도 지식인들에게 타기해야 할 대상이 아니라, 오히려 없어서는 안 될 미덕으로 변모하게 된다. 사실 이러한 변화는 명말청초 중국 지식인 집단 속에서 이미 그 단초를 찾을 수 있다. 명나라 때 오종선(吳從善)은 《소창자기(小窓自紀)》란 책에서 "평생을 팔았어도 이 멍청함[癡]은 다 못 팔았고, 평생을 고쳤어도 이 고질[癖]은 못 고쳤다. 탕태사(湯太史)도 사람에게는 벽이 없을 수 없다고 했고, 원석공(袁石公)도 사람에게는 치가 없을 수 없다고 했다. 그럴진대 멍청함은 팔 필요가 없고, 고질은 고칠 필요가 없다(生平賣不盡是癡, 生平醫

不盡是癖. 湯太史云: 人不可無癖; 袁石公云: 人不可無癡. 則癡正不必賣, 癖正不必醫也)"고 했고, 명말의 장대(張岱)도 〈오이인전서(五異人傳序)〉에서 "사람에게 벽이 없으면 더불어 사귈 수가 없다. 깊은 정이 없기 때문이다. 사람에게 흠[疵]이 없으면 더불어 사귈 것이 없다. 참된 기운이 없는 까닭이다(人無癖, 不可與交, 以其無深情也; 人無疵, 不可與交, 以其無眞氣也)"라고 했다. 또 청나라 장조(張潮, 1650~1707)는 《유몽영(幽夢影)》에서 이렇게 말했다. "꽃에 나비가 없을 수 없고, 산에 샘이 없어선 안 된다. 돌에는 이끼가 있어야 제격이고, 물에는 물풀이 없을 수 없다. 교목엔 덩굴이 없어선 안 되고, 사람에게는 벽이 없어선 안 된다(花不可以無蝶, 山不可以無泉, 石不可以無苔, 水不可以無藻, 喬木不可以無藤蘿, 人不可以無癖)."

병적인 상태의 집착이나 취향을 높이 평가하는 이러한 인식의 확산은 이른바 명청의 패관소품문을 즐겨 읽던 18세기 조선의 지식인들에게 직접적인 영향을 끼쳤다. 불광불급(不狂不及)이라는 말처럼, 남이 미치지 못할 경지에 도달하려면 미치지 않고는 안 된다. 미쳐야 미친다. 미치려면[及] 미쳐라[狂]! 마니아 예찬론이라 할 수도 있을 이러한 인식은 당시 지식인들의 성향과 맞물려 상당한 파급 효과를 낳았다.

대번에 박제가는 〈백화보서(百花譜序)〉에서 "사람에게 벽이 없으면 쓸모없는 사람일 뿐이다. 대저 벽이란 글자는 '병(病)'이란 글자에서 나온 것이니, 지나친 데서 생긴 병이다. 그러나 홀로 걸어가는 정신을 갖추고 전문의 기예를 익히는 건 왕왕 벽이 있는 사람만이 능히 할 수 있다"[11]고 하여, 벽이 비록 지나친 데서 말미암는 병통이기는 해도 '독왕지신(獨往之神)'과 '전문지예(專門之藝)'를 이루려면

박제가가 직접 쓴 〈백화보서(百花譜序)〉 원문

첫 줄부터 "사람에게 벽이 없으면 쓸모없는 사람일 뿐이다"로 시작한다.

《명가필보(名家筆譜)》에 수록.

벽이 없이는 될 수 없다고 호응하였다. 또 정조의 사위였던 홍현주(洪顯周, 1793~1865)는 〈벽설증방군효량(癖說贈方君孝良)〉이란 글에서 벽에 대해 이렇게 적고 있다.

> 벽이란 병이다. 어떤 물건이든 좋아하는 사람이 있게 마련이다. 좋아함이 지나치면 '즐긴다(樂)'고 한다. 즐기는 사람이 있어 즐김이 지나치면 이를 '벽'이라고 한다. 동중서(董仲舒)나 두예(杜預)는 학문에 벽이 있던 사람이고, 왕발(王勃)과 이하(李賀)는 시에 벽이 있던 사람이다. 사령운(謝靈運)은 유람에 벽이 있었고, 미불(米芾)은 돌에 벽이 있었으며, 왕휘지(王徽之)는 대나무에 벽이 있었던 사람이다. 이 밖에 온갖 기예에도 벽이 있다. 궁실(宮室)이나 진보(珍寶), 그릇 따위에도 벽이 있다. 심지어 부스럼 딱지를 맛보거나 냄새나는 것을 쫓아다니는 종류의 벽도 있는데, 이는 벽이 괴상한 데로까지 들어간 사람이다.[12]

요컨대 이 경우 벽은, 단순히 즐김이 지나친 데서 그치는 것이 아니라, 미친 듯 몰두하여 다른 것을 돌아보지 않는 몰입의 상태를 말한다. 완물상지로 경계의 대상이 되던 벽이 이렇듯 창조적인 지성의 표징으로 인식상 변화가 이루어지는 과정은 참 흥미롭다.

이제 18세기 조선 지식인의 내면 풍경 속에 자주 등장하는, 이른바 이런 종류의 마니아들에 대해 간략히 소개하기로 한다.

바야흐로 김 군은 꽃밭으로 서둘러 달려가서 꽃을 주목하며 하루 종일 눈도 깜빡이지 않고, 가만히 그 아래에 자리를 깔고 눕는다. 손님이 와도 한마디 말도 나누지 않는다. 이를 보는 사람들은 그가 반드시 미친 사람 아니면 바보라고 생각하여, 손가락질하며 비웃고 욕하기를 그치지 않는다. 그러나 비웃는 자들의 웃음소리가 채 끊어지기도 전에 생동하는 뜻은 이미 다해버리고 만다. 김 군은 마음으로 만물을 스승 삼고, 기술은 천고에 으뜸이다. 그가 그린 《백화보》는 병사(瓶史), 즉 꽃병의 역사에 그 공훈이 기록될 만하고, 향국(香國), 곧 향기의 나라에서 제사 올릴 만하다. 벽의 공(功)이 진실로 거짓되지 않음을 알겠다. 아아! 저 별 볼일 없이 천하의 큰일을 그르치면서도, 스스로는 지나친 병통이 없다고 생각하는 자들이 이 첩을 본다면 경계로 삼을 만하다.[13)]

앞서 본 박제가의 〈백화보서〉에 이어지는 부분이다. 《백화보》는 꽃에 미친 김 군이 일 년 내내 꽃밭 아래서 아침부터 저녁까지 계절에 따라 피고 지는 꽃술의 모양, 잎새의 모습을 그림으로 그려놓은 책이다. 그는 눈만 뜨면 꽃밭으로 달려간다. 꽃 아래 자리를 깔고 누워 하루 종일 꽃만 본다. 꽃의 모습을 쉴 새 없이 관찰하여 그림으로 그린다. 사람들은 그의 행동을 보고 미쳤다 하고 바보라고 하기 일쑤다.

하지만 그런가? "홀로 걸어가는 정신을 갖추고 전문의 기예를 익히는 건 왕왕 벽이 있는 자만이 능히 할 수 있다"고 박제가는 힘주어 말한다. 미치지 않고는 될 수 없는 일이라고 한다. 홀로 걸어가는 정신이란, 남들이 손가락질을 하든 말든 출세에 보탬이 되든 말든 혼자 뚜벅뚜벅 걸어가는 정신이다. 이리저리 재고, 이것저것 따지기만 해서는 어느 한 분야의 특출한 전문가가 될 수 없다. 그것을 가능케 하는 힘이 바로 벽이다.

그는 시간만 나면 꽃을 그렸던 모양이다. 박제가의 친구 유득공의 문집에도 〈제삼십이화첩(題三十二花帖)〉이란 글이 한 편 더 실려 있다. 그 글을 마저 읽어보기로 하자.

초목의 꽃과 공작새나 비취새의 깃털, 저녁 하늘의 노을, 아름 다운 여인, 이 네 가지는 천하에 지극히 아름다운 것이다. 그 중에서 꽃은 빛깔이 다양하다. 이제 저 미인을 그리는 사람은 입술을 붉게 그리고, 눈동자는 검게 칠하며, 뺨에는 엷은 홍조 를 그리고 나서야 멈춘다. 노을을 그리는 사람은 붉지도 푸르 지도 않게 어둑어둑 희미하게 그리고 만다. 새 깃털을 그리는 사람은 금빛으로 무리진 가운데 초록빛을 점 찍어 마무리한다. 하지만 꽃을 그리는 사람이 도대체 몇 가지 빛깔을 써야 할지 나는 잘 모르겠다. 김 군이 그린 32가지 그림은 모두 초목의 꽃 들로, 천백 가지 중 하나에 지나지 않는다. 그런데도 오색으로 는 능히 다 표현할 수가 없다. 이런 면에서 깃털이나 노을이나 미인이 도저히 미칠 바 못 된다. 아아! 이름난 정자를 하나 세 워두고, 미인을 머물게 하며, 화병에는 공작새·비취새의 깃털 을 꽂아두고, 뜰엔 꽃을 심어, 난간에 기대어 저녁 하늘의 노을 을 바라보는 걸 누릴 수 있는 사람이 천하에 몇이나 되겠는가? 하지만 미인은 금세 아름다움이 스러져버리고, 오래된 깃털은 바로 빛이 바래며, 산 꽃은 얼마 못 가 시들고, 남은 노을은 잠

깐 사이에 사라져버린다. 나는 김 군에게서 이 화첩을 빌려다 가 근심을 잊겠다.[14]

이 글을 보면, 김 군의 꽃 그림책이 단순한 소묘에 그치지 않고 꽃 잎과 잎새의 빛깔까지 묘사한 채색화였음을 알 수 있다. 복사기가 있던 시절도 아니니, 그의 꽃 그림책은 오로지 한 부밖에 만들어질 수 없었다. 그는 어쩌자고 학문에 정열을 쏟지 않고 이같이 하잘것 없는 것에 온통 정신을 쏟아부었을까?

글 속에서 유득공은 이렇게 말한다. 세상에서 빛깔이 아름답다고 하는 네 가지로 꽃, 공작새나 비취새의 깃털, 저녁 노을, 미인을 꼽 는다. 하지만 새의 꽁지에서 떨어져나온 깃털은 금세 추레해지고, 저녁 노을은 얼마 못 가 밤의 권세에 압도되고 만다. 한때 뭇 남성의 찬사를 한 몸에 받던 아름다운 여인도 어느새 눈가에 주름살이 앉고 기억 속에서 잊혀버린다. 아침 이슬 머금은 싱그런 꽃떨기도 저물녘 엔 이미 시들고 없다.

세상은 부질없고 모든 것은 변해가는데, 그의 꽃 그림책 속에서 꽃들은 새 생명을 받아 늘 변치 않고 절정의 순간을 보여준다. 세상 은 부질없지 않다고, 변치 않는 것도 있다고 내게 일러준다. 그가 한 일을 어찌 미친 놈 멍청이의 짓이라 하겠는가. 그가 친구도 마다하 고, 출세도 마다하고, 오로지 꽃을 관찰하고 그것을 그림으로 그려 준 게 너무도 고맙다. 그가 꽃 그림에 채색을 얹고, 꽃술의 모양과 잎새의 빛깔을 관찰하면서 느꼈을 그 무한한 감사와 경이와 희열을 함께 누리고 싶다. 하여 티끌 세상을 건너가는 이런저런 근심을 잊 고 싶다고 했다. 확실히 이러한 변화는 앞 시대의 지식인에게선 찾아보기 힘든 현상이다.

다음 글 역시, 위에서 잠깐 인용한 바 있는 홍현주의 〈벽설증방군
효량〉의 뒷부분이다.

내가 평소에 달리 좋아하는 바가 없지만, 오직 그림에 대해서
는 벽이 있다. 옛 그림으로 마음에 차는 것을 한번이라도 보면,
비록 화폭이 온전치 않고 장정이 망가졌더라도 반드시 비싼 값
에 이를 구입하여, 목숨처럼 애호하였다. 아무개가 좋은 그림
을 지녔다는 말을 들으면 문득 심력을 다해서 반드시 찾아가
눈으로 보고 마음에 녹여, 아침 내내 보고도 피곤한 줄 모르고,
밤을 새우고도 지칠 줄 모르며, 밥 먹는 것도 잊고 배고픈 줄도
알지 못하니, 심하도다 나의 벽이여! 앞서 말한 부스럼 딱지를
즐기거나 냄새를 쫓아다니는 자와 아주 흡사한 부류라 하겠다.
(……) 그래서 내가 소장한 옛 그림 중에 썩거나 손상된 것은 모
두 그의 손을 빌려, 낡은 것을 새롭게 하고 수명을 오래 연장할
수 있었다. 심하도다, 방 군의 벽이여! 또 나에게 비할 바가 아
니로다. 나의 그림에 대한 벽이 방 군의 장황(裝潢)에 대한 벽
을 얻어, 옛 그림의 문드러진 것이 모두 온전하게 되었다. 매번
한가한 날에는 그와 더불어 책상을 마주하고 함께 감상하곤 하
였다. 어리취한 듯 심취하여 하늘이 덮개가 되고 땅이 수레가
되는 줄도 알지 못하였으니, 온통 여기에만 세월을 쏟더라도
싫증나지 않을 듯하였다. 심하구나! 나와 방 군의 벽이여. 인하
여 벽에 대한 글을 써서 그에게 준다.[15]

역시 벽에 대한 예찬론이다. 서화벽이 있던 홍현주가 장황벽이 있던 방효량(方孝良)을 위해 써준 글이다. 홍현주는 조선의 국왕인 정조의 사위였다. 장황은 서화의 표구를 가리키는 옛말이다. 방효량은 이름만 전해질 뿐, 본관도 생몰연대도 알 수 없는 인물이다. 다만 그가 정육품인 장원서(掌苑署) 별제(別提)를 지냈다는 사실만 확인된다. 이로 보면 그는 아주 미천한 신분은 아니었다. 섬세한 안목과 고도의 기술을 요하는 장황을 그는 생활 속에서 아주 즐겼던 모양이다. 아무리 낡은 옛 그림도 그의 손을 한번 거치고 나면 새로운 생명을 얻었다. 그는 장황 일 자체를 즐겨 어떤 큰 재물과도 바꾸려 들지 않았다. 그렇게 하여 새롭게 태어난 작품 앞에서 하루 종일 이리 보고 저리 보며 마음을 쏟는 것이 그의 가장 큰 기쁨이었다.

이렇게 볼 때, 벽이란 그 일을 하는 행위 자체가 즐겁고 기뻐서 온전히 자신을 잊고 몰입하는 순수한 행위이다. 말하자면 동기의 무목적성, 순수성에 대한 옹호인 셈이다. 이것을 해서 내게 무슨 이득이 생길지, 남들이 뭐라고 할지는 이들에게 별로 중요한 문제가 아니었다.

벽의 무목적성, 순수성은 세상 사람의 관점으로는 바보 아니면 미친 사람으로밖에 보이지 않는다. 이러한 반응이 반영된 표현이 바로 '치'다. '치'에 대해서는 남경의(南景羲)가 〈치암설(癡庵說)〉에서 정확한 정의를 내리고 있다.

치라는 것은 멍청함이 좀 심한 것이다. 멍청함은 교화할 수 있는 방법이 있다. 그래서 전(傳)에서는 '비록 어리석어도 반드시 현명해질 것'이라고 했고, 영무자(甯武子)의 어리석음을 두고 성인께서도 스스로 미칠 수가 없다고 여기셨다. 그렇지만 '치' 같은 것은 사람에게 고칠 수 없는 고질이 된다. 그래서 그 글자가 '질(疾)' 자에서 나왔다. 어리석음이 심한 지경에까지 이르지 않는다면, 사람들은 감히 망령되이 '치'란 이름을 얹지 못한다. 대개 세속에서 서로 욕하는 말이다.[16)

그러니까 '치'란 상식적으로 볼 때 어리석은 정도가 지나쳐 바보로 보이는 상태다. '벽'의 의미를 이해하지 못하는 일반 사람의 눈에는 그들의 상태가 '치'로밖에 보이지 않는다. 이들의 글 속에 유독 '치'와 관련된 언급이 자주 보이는 것은 이 때문이다. 이덕무는 자신을 책만 보는 바보라 하여 스스로 〈간서치전(看書癡傳)〉을 지었다.

목멱산 아래 멍청한 사람이 있는데, 어눌하여 말을 잘하지 못하였다. 성품은 게으르고 졸렬한 데다 시무도 알지 못하고, 바둑이나 장기는 더더욱 알지 못하였다. 남들이 욕해도 따지지 않았고, 칭찬해도 뽐내지 않았다. 오로지 책 보는 것만 즐거움으로 여겨, 춥거나 덥거나 주리거나 병들거나 전혀 알지 못하였다. 어릴 때부터 21세 나도록 일찍이 하루도 옛 책을 손에서 놓은 적이 없었다. 그 방은 몹시 작았지만 동창과 남창과 서창이 있어, 해의 방향을 따라 빛을 받아 글을 읽었다. 지금까지 보지 못했던 책을 보게 되면 문득 기뻐하며 웃었다. 집안 사람들은 그가 웃는 것을 보고는 기이한 책을 얻었음을 알았다. 두보의 오언율시를 더욱 좋아하여, 끙끙 앓는 것처럼 골똘하여 읊조렸다. 그러다 심오한 뜻을 얻으면 너무 기뻐서 일어나 이

리저리 왔다 갔다 하는데, 그 소리가 마치 까마귀가 깍깍대는
것 같았다. 그러다 혹 고요히 소리 없이 눈을 동그랗게 뜨고 뚫
어지게 바라보기도 하고, 혹 꿈결에서처럼 혼자 중얼거리기도
하였다. 사람들이 이를 가리켜 '간서치(看書癡)', 즉 책만 읽는
멍청이라고 해도 또한 기쁘게 받아들였다. 아무도 그의 전기를
짓는 이가 없으므로 이에 붓을 떨쳐 그 일을 써서 〈간서치전〉
을 지었다. 그 이름과 성은 적지 않는다.[17)]

'간서치', 즉 책만 읽는 바보는 다른 사람 아닌 이덕무 그 자신이
다. 말도 잘 못하고, 성품은 게으른 데다 세상일도 잘 모른다. 바둑
이나 장기도 두지 않는다. 누가 시비를 걸어도 따지지 않고, 칭찬한
다고 해서 거들먹거릴 줄도 모른다. 책 보는 일 외에는 다른 어떤 것
도 그의 관심을 끌지 못한다. 그의 이러한 독서벽을 두고 사람들은
'간서치'라고 놀려댄다. 하지만 그는 사람들이 자신을 그렇게 불러
주는 것이 불쾌하기는커녕 오히려 더 좋다. 그는 문집 속에 독서에
대해 수없이 많은 글을 남겼다.
　이덕무는 또 《선귤당농소(蟬橘堂濃笑)》에서 "가난해 반 꿰미의 돈
조차 저축하지 못하면서 천하에 가난하고 춥고 질병과 곤액에 시달
리는 이에게 베풀고 싶어한다. 노둔해서 한 권의 책조차 꿰뚫어보지
못하면서 만고의 경사(經史)와 이야기 책을 다 보려 한다. 오활한 것
이 아니면 바보로구나. 아, 이덕무야! 아, 이덕무야!"[18)]라고 하여,
'우(迂)'와 '치'로 스스로를 자임하기도 했다. 이런 글도 있다.

　봄 산은 산뜻하고, 여름 산은 물방울이 뚝뚝 듣는 듯하며, 가을

산은 비쩍 말라 보이고, 겨울 산은 썰렁하다. 천고(天鼓)가 어느 산 어느 물의 정기를 풀무질해 팽연촌(彭淵村)과 미원장(米元章)을 태어나게 하여 오활함의 으뜸이 되고 미치광이의 우두머리가 되게 했는지 모르겠구나. 그 당시 사람들이 한번 그 눈썹과 수염을 접하고 그 소리와 음성을 듣기만 하면 나는 벌처럼 밥알을 쏟고, 썩은 것을 당기듯 갓끈이 끊어지며, 비웃는 소리가 왁자지껄하여 수천 년 동안 끊이지 않았다. 지금까지도 몇 개의 푸른 등불과 밝은 창 아래서 깔깔대며 배를 잡는 자들이 몇이나 되는지 알지 못하겠다. 그러나 비웃을 수야 있어도 감히 욕하진 못할 터이고, 아낄 수는 있어도 차마 해를 끼치진 못하리라. 그 사람을 돌아보건대 닭 한 마리 잡을 힘도 없었으니, 아무짝에도 쓸모없는데도 오히려 이와 같았던 건 무엇 때문일까? 기심(機心)이 없었기 때문일 것이다.[19]

미불은 세사에 얽매임이 없이 기괴한 행동을 잘하였다. 기이한 돌을 보면 그 앞에 대고 절을 했다. 그래서 세상 사람들은 그를 '미전(米顛)', 즉 미치광이 미불이라 불렀다. 용모가 추하고 하는 일마다 멍청하여 사람들의 웃음거리가 되었던 팽연촌. 그러나 그들의 멍청하고 기이한 행동이 이름을 얻으려고 작위적으로 한 것이 아닌 줄 알기에 그들의 용모, 그들의 행동을 떠올리면 사람들은 웃고 또 웃지만, 그 웃음은 비웃음이 아니라 애정이 담뿍 담긴 것이다. 그들의 벽과 치를 앞에 두고 사람들은 배를 잡고 웃지만, 감히 욕하진 못한다. 그들이 한 일은 아무짝에도 쓸모없지만, 사람들이 그들을 비웃지 못하고 해를 끼치지 못하는 것은 바로 기심, 즉 분별하고 따지는 마음이 없기 때문이라고 했다. 그의 이 말은 '벽'과 '치'의 추구가 사실은 이 기심의 제거를 목표로 하고 있음을 시사한다. 기심의 제거는 앞서 말한 무목적성, 동기의 순수성의 다른 표현일 뿐이다.

이덕무의 친구인 정철조(鄭喆祚)는 벼루를 잘 깎기로 이름났다. 그의 호는 석치(石癡)다. 돌에 미친 바보라는 뜻이다. 그는 당당히 문과에 급제하고 정언(正言)의 비교적 높은 벼슬까지 지냈던 인물이다. 당대에는 그가 깎은 벼루를 최고로 쳤다. 예술에 안목이 있다는 사람치고 그의 벼루 한 점 소장하지 못하면 아주 부끄럽게 여겼을 정도였다고 한다. 《병세재언록》에는 그에 대해 이렇게 적고 있다.

> 죽석(竹石) 산수를 잘 그렸고, 벼루를 새기는 데 벽이 있었다. 벼루를 새기는 사람은 으레 칼과 송곳을 갖추었는데, 이를 각도(刻刀)라고 불렀다. 그런데 그는 단지 패도(佩刀)만 가지고 벼루를 새기는데, 마치 밀랍을 깎아내는 듯하였다. 돌의 품질을 따지지 않고 돌만 보면 문득 파서 잠깐 만에 완성하였다. 책상 가득히 벼루를 쌓아두었다가 달라고 하면 두말없이 주었다.[20]

그에게서도 마니아적인 특성이 여지없이 드러난다. 돌을 깎아 벼루를 만드는 일 그 자체가 좋아서 했지, 그것으로 생계의 수단을 삼지 않았다. 또 돌의 재질을 가리지 않고 보이면 보이는 대로 파서 그것으로 작품을 만들었다. 그러니까 그는 자신의 벼루에 대한 벽을 '석치(石癡)'란 호에 담아 자부한 것이다. 벽과 치가 한자리에서 만나는 장면이기도 하다.

이덕무나 정철조는 매화에도 벽이 있었다. 박지원의 척독(尺牘) 소품에는 정철조에게 보낸 편지 네 통이 실려 있다. 이들 모두가 매화 구경과 관련된 것이다. 그들은 한겨울 눈 속을 걸어 매화를 구경하고, 구경만으론 성에 차지 않아 매화시를 짓고 매화꽃을 품평하며, 그래도 흥이 다하지 않으면 매화 그림을 그리면서 놀았다.[21] 또 박지원과 이덕무는 밀랍으로 조매(造梅)를 만드는 데도 일가견이 있었다. 이덕무는《청장관전서(靑莊館全集)》권62에 〈윤회매십전(輪回梅十箋)〉이란 글을 지어, 매화를 만드는 방법과 차례를 상세히 기록하였다. 그는 자신의 별호를 매탕(梅宕)이라 했는데, 이는 매화탕치(梅花宕癡)의 줄임말로, 매화에 완전히 미친 바보란 뜻이다. 이렇듯 이들은 어느 한 가지에 몰두하면서 느끼는 순수한 몰입의 기쁨을 사랑하였다.

꽃에 미친 김 군이나 장황에 고질이 든 방효량, 책에 미친 이덕무, 벼루에 빠진 정철조 말고도 18, 19세기로 접어들면 어느 한 분야에 미쳐 독보의 경지에 올라선 마니아들이 자주 등장한다. 매화에 벽이 있어 매화 수십 그루를 심어놓고 당대의 시에 능한 사람 수천에게 매화시를 구하고, 시에 능하다는 소문만 있으면 신분의 높고 낮음을 가리지 않고 달려가 시를 받아와서는 비단으로 꾸미고 옥으로 축을 달아 간직하여 '매화시전(梅花詩顚)'이라 불렸던 김석손(金祏孫) 같은 인물이나, 칼 수집에 벽이 있어 구슬과 자개로 꾸민 칼을 방과 기둥에 죽 걸어놓고, 날마다 번갈아가며 찼지만 1년이 지나도록 다 찰수 없었다는 영조 때 악사 김억(金檍) 같은 이가 그들이다.[22] 그는 박지원과 아주 가까운 사이였다. 또 김상숙(金相肅, 1717~1792)은 명필로 이름났는데,《병세재언록》에서는 그를 두고 "서벽(書癖)이

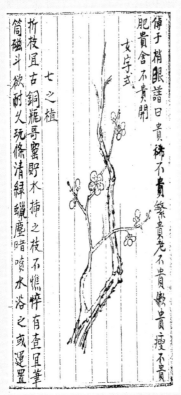

이덕무의 〈윤회매십전(輪回梅十箋)〉

위는 책 가운데 매화 꽃잎의 여러 가지 법식과 계집 녀(女) 자 모양으로 된 가지를 그림으로 설명한 부분.

있어 벽이 나오면 밤낮을 잊고 붓을 휘두르는 것이 한두 달씩 갔고, 벽이 그치면 붓과 벼루를 가까이 하지 않는 것이 또 한두 달이었다"고 적고, 그의 서벽에 얽힌 일화를 몇 가지 소개하였다.[23)]

한편 벽과 치를 추구했던 이들이 박지원·이덕무·박제가·김억·정철조·김 군 등 주로 몰락한 지식인이나 서얼 집단이라는 점도 특기할 만하다. 요컨대 이들에게 있어 벽과 치의 추구란 정상적으로 자신의 포부를 펼쳐볼 수 없는 왜곡된 현실에 대한 저항적 몸짓이기도 했던 셈이다. 박지원은 이런 마니아들의 세계를 이렇게 묘사한다.

비록 작은 기예라 해도 잊는 바가 있은 뒤라야 능히 이룰 수 있다. 그럴진대 큰 도야 말해 무엇하겠는가? 최흥효(崔興孝)는 온 나라에 알려진 글씨를 잘 쓰는 사람이다. 일찍이 과거를 보러가서 답안지를 쓰는데, 한 글자가 왕희지와 비슷하게 되었다. 앉아서 하루 종일 뚫어지게 바라보다가 차마 능히 버리지 못하고 품에 안고 돌아왔다. 이는 얻고 잃음을 마음에 두지 않았다고 말할 만하다. 이징(李澄)이 어려서 다락에 올라가 그림을 익혔다. 집에서는 있는 곳을 모르다가 사흘 만에 찾았다. 아버지가 노하여 매를 때리자 울면서 눈물을 찍어 새를 그렸다. 이는 그림에 영욕을 잊은 자라고 말할 만하다. 학산수(鶴山守)는 온 나라에 유명한 노래 잘하는 자이다. 산에 들어가 연습을 하면서 한 곡조 부를 때마다 모래를 신발에 던져 신발이 모래로 가득 차야만 돌아왔다. 일찍이 도적을 만나 장차 그를 죽이려 드니, 바람결을 따라 노래하자 뭇 도적이 감격하여 눈물을 흘리지 않는 자가 없었다. 이는 이른바 삶과 죽음을 마음에 들이지 않은 것이다. 내가 처음 이를 듣고는 탄식하여 말하였다.
"대저 큰 도가 흩어진 지 오래되었다. 나는 어진 이 좋아하기를
여색 좋아하듯 하는 자를 보지 못하였다. 저들이 기예에 함 쏟
으면서 족히 그 목숨과 바꾸었으니, 아아! 아침에 도를 들으면
저녁에 죽어도 좋은 것이다."[24]

　우연히 왕희지와 같게 써진 글씨에 스스로 도취해서 과거 답안지
를 차마 제출할 수 없었던 최흥효. 아버지에게 매를 맞는 와중에도
눈물을 찍어 새를 그리던 이징. 모래 한 알과 노래 한 곡을 맞바꿔,
그 모래가 신에 가득 찬 뒤에야 산을 내려온 학산수. 이들은 모두 예
술에 득실을 잊고, 영욕을 잊고, 사생을 잊었던 사람이다.
　잊는다[忘]는 것은 돌아보거나 따지지 않는다는 뜻이다. 이것이
먹고사는 데 도움이 될지, 출세에 보탬이 될지 따지지 않는다는 말
이다. 그냥 무조건 좋아서, 하지 않을 수 없어서 한다는 말이다. 이
렇듯 18세기 정신사와 예술사의 발흥 뒤에는, 자신이 좋아하는 어느
한 분야에 이유 없이 미쳤던 마니아 집단이 존재하고 있었다. 그리
고 그 몰두의 바깥에는, 인간의 존재를 질곡하는 부조리한 현실에
대한 강한 분노와 반감이 교차하고 있었다.

□ □ □ □ □

　앞에서 18세기 조선 지식인의 내면 풍경 속에 '벽'과 '치'를 추구
하는 내적 경향이 있었음을 여러 예를 통해 살펴보았다. 이전 시기
까지만 해도 이러한 유형의 인물은 지식인 집단 내부에서 결코 용납
될 수 없었다. 18세기 이후 도시 문화의 발랄한 분위기와, 이와는 달

리 점증하는 사회경제 체제의 모순 속에서 이들은 이른바 '벽'과 '치'의 추구를 통해 내적 갈등을 추스리며 암울한 시대와 맞서나갔던 것이다. 🔲

3

18세기 조선 지식인의
자의식 변모와 그 방향성

　이 글은 18세기 중반 이후 조선 지식인의 자의식 양상을 살펴보는
데 목적이 있다. 이 시기에는 서울 지역을 중심으로, 도시 문화의 발
달과 함께 생활 패턴에도 주목할 만한 변화가 발생한다. 개인을 둘
러싼 외부 환경의 변화는 제도의 모순과 갈등하며 자의식의 변모를
가져온다. 18세기 이후 자의식 변모의 구체적 방향과 그것이 나타내
는 의미는 무엇인가? 이 글은 이러한 의문에 답을 찾아가는 과정이
될 것이다.

　그간 필자는 18세기 지식인의 새로운 지적 경향과 변화된 문화환
경에 관한 탐색을 계속해왔다. 문화환경의 변화는 새로운 가치관을
형성하는데, 이 시기 지식인들의 의식을 강렬하게 지배한 변화의 축
은 크게 세 방향으로 나타난다. 첫째, '도(道)'를 추구하던 가치 지향
이 '진실'을 추구하는 것으로 바뀐다. 그들은 변치 않을 도에 대한
맹목적 신뢰를 거두고, 시시각각으로 변하는 눈앞의 진실에 더 큰
관심을 쏟았다. 변치 않을 진리란 것이 존재한다는 걸 그들은 회의

했다. 둘째, '옛날'로 향하던 가치 지향이 '지금'으로 선회했다. 추구해야 할 이상적 가치가 과거에 있다고 믿었던 퇴행적 역사관은 이제 힘을 잃었다. 대신 그 자리에 지금 눈앞의 세계를 중시하는 진보적 역사 인식이 자리 잡았다. 지금과 무관한 어떤 옛날도 무의미하다고 그들은 생각했다. 셋째, '저기'에 대한 관심이 '여기'를 향한 관심으로 바뀌었다. 즉 중국을 기준으로 삼던 사고가 조선 중심의 사고로 변모한다. 이러한 변화는 겉으로 보아 사소하지만 그 의미는 크다.

가치관의 이러한 변화는 개인적인 문제제기에 말미암은 것이 아니라, 사회 시스템의 전반적 변화에 기인한 것이었다. 그 결과, '그때 저기'의 '도'를 추구하던 이전의 가치관은 '지금 여기'의 '진실'을 추구하는 새로운 가치관과 갈등을 빚었다. 사람들의 의식은 빠르게 변모해간 반면 제도는 조금도 바뀌지 않았을뿐더러, 오히려 더 보수화되어 갔다. 제도는 변모된 의식을 포용할 여유가 없었고, 지식인들은 변화를 포용하지 못하는 제도의 억압을 답답해했다. 이 시기 지식인들에게서 감지되는 자의식의 변화는 이러한 갈등의 결과다.

분열하는 '나'

세계와 자아 사이에 커진 갈등은 자의식의 붕괴를 가져왔다. 사회의 통념이 요구하는 자아와, 자신이 되고 싶은 자아 사이에는 건널 수 없는 장벽이 존재했다. 이제 이 둘은 공존할 수 없게 되었다. 이러한 불화를 가장 상징적으로 보여주는 것이 앞 장에서 살펴본(86쪽) 박지원의 〈염재기〉에 나오는 송욱의 이야기다.

어느 날 술에 취해 아침에 일어난 송욱은 방 안에 있는 물건은 모두 제자리에 있는데, 정작 이불 속에 있어야 할 자신이 사라진 것을 깨닫는다. 옷도 입지 않고 어디론가 사라진 자신을 찾아서 마침내 그는 온 거리를 이리저리 헤맨다.

"내가 없어졌다!" 송욱이 아침에 일어나서 외치는 이 말 속에서 우리는 당시 지식인의 심각한 자아분열의 현장을 목도한다. 창밖의 세계, 방 안의 세계는 조금도 달라진 것이 없다. 하지만 그 속에 있어야 할 '나'가 실종된 것이다. 이 글은 자의식의 과잉으로 자기정체성을 상실해버린 한 인간이 절망적 현실 앞에서 급기야 미쳐버린 이야기를 다룬다.

송욱에게 왜 이런 일이 벌어졌을까? 송욱을 이렇게 만든 건 과거 시험이라는 제도였다. 당시 인재 선발의 유일한 수단이었던 과거 제도는 이미 유명무실한 상태였다. 합격이 돈으로 거래되고, 설사 합격을 한다 해도 배경이 없이는 관직에 나갈 수 없었다. 사회적으로 자신의 뜻을 펼칠 수 있으려면 과거에 급제해야 하는데, 자신이 지닌 능력과는 관계없이 과거 급제의 길은 원천적으로 봉쇄되어 있었다.

잃어버린 '나'를 찾아서 점쟁이를 찾아갔던 송욱은 이후 과거 시험을 볼 때마다 유건(儒巾)을 쓰고 들어가 자신이 쓴 시험 답안에 스스로 가장 높은 등수를 큰 글씨로 써놓고 나오는 기행을 일삼곤 했다.[1] 그의 이런 미친 행동에 대한 박지원의 반응이 뜻밖에 흥미롭다. 그는 이렇게 말한다. "미치긴 미쳤지만 선비로구나! 이는 과거에 나가긴 해도 과거에 뜻을 두지는 않은 것이다." 박지원은 그의 행동을 부조리한 제도에 대한 항의의 표시로 이해했다. 이 글을 쓴 박지원 자신도 주변의 강권에 못 이겨 과거 시험을 보기는 했지만, 답안지를 아예 제출하지 않거나, 답안지에 산수화를 그리고 나온 일이 있다. 지식인이 세상에 나서서 자신의 경륜을 펼칠 수 있는 상황이 아니라고 판단한 것이다.

새로운 세계에 눈뜬 미성숙한 자아의 분열 상태를 박지원은 다른 글에서 다음과 같은 흥미로운 비유를 들어 설명한다.

> 본분으로 돌아가라는 것이 어찌 문장뿐이리오. 일체 온갖 일이 모두 그렇지요. 화담(花潭) 서경덕(徐敬德) 선생이 외출하였다가 집을 잃고 길에서 우는 자를 만났더랍니다. "너는 어찌하여 우느냐?"고 했더니 "제가 다섯 살에 눈이 멀어 지금까지 스무 해나 됩니다. 아침에 나와서 길을 가는데 갑자기 천지만물이 맑고 분명하게 보이는지라 기뻐서 돌아가려고 하니, 골목길은 갈림도 많고 대문은 서로 같아 제집을 찾지 못하겠습니다. 그래서 울고 있습니다"라고 대답했답니다. 선생이, "내가 네게 돌아가는 법을 가르쳐주겠다. 도로 네 눈을 감아라. 바로 네 집을 찾을 것이다"라고 하자, 이에 눈을 감고 지팡이를 두드리며 걸음을 믿고서 바로 도달하였더랍니다. 이것은 다른 것이 아닙니다. 빛깔과 형상이 전도되고, 슬픔과 기쁨이 작용하여 망상이 된 것입니다. 지팡이를 두드리며 걸음을 믿는 것, 이것이야말로 우리들이 분수를 지키는 관건이 되고 집으로 돌아가는 보증이 됩니다.[2]

장님이 눈을 떠서 세상을 보게 되었으니 그보다 더 기쁜 일이 없다. 그런데 눈을 뜨는 순간 그는 말 그대로 '눈 뜬 장님'이 되고 말았다. 아무런 준비 없이 눈을 떴기 때문이다. 장님이 눈을 뜬 기쁜 상황이 길 잃고 울게 만드는 비극적 현실로 이어진 것은 마치 이 시기 지식인들의 난감한 처지에 대한 은유처럼 읽힌다.

한번 떠진 눈은 다시 감기지 않는다. 하지만 좌표를 상실한 맹인에게 눈을 똑바로 뜨고 정신을 바짝 차리라는 주문은 아무 소용이 없다. 그가 정신을 차리려 들면 들수록 혼란은 걷잡을 수 없이 가중될 것이기 때문이다. 그렇다고 도로 눈을 감으라는 것이 그에게 구시대에 안주하라는 요구일 수는 없다. 눈을 뜬 것은 참 좋은 일이지만, 그가 눈을 뜨게 된 상황이 나빴다. 만약 그가 집에서 눈을 떴더라면 아무 문제가 없었을 것이다. 그런데 길 가는 도중에 느닷없이 눈을 떴기 때문에 그는 상황을 수습할 수 없었다. 결국 그는 자기 집으로 돌아가기 위해 눈을 다시 감고 이전의 지팡이에 의존할 수밖에 없었다.

이러한 상황 설정은 무엇을 의미하는가? 결국 문제는 자아의 주체성 확보로 귀결된다. 내가 나 자신의 능동적 주체가 될 수 없다면, 눈을 뜬 기쁨은 잠깐일 뿐 정체성 상실의 비극적 결과를 가져올 수밖에 없다. 당시 청나라로부터 물밀 듯 쏟아져 들어오던 신문물은 당시 조선의 지식인들에게 길 가다 눈 뜬 장님과도 같은 혼란을 부추겼다. 아예 눈을 감아 외면해버리거나, 눈을 크게 뜨고 휩쓸려버리거나 하는 건 어느 것도 문제의 바른 해결 방법일 수 없다. 눈을 뜬 것이 장님으로 살아가는 것보다 백배 낫다. 하지만 그것이 걷잡을 수 없는 자기정체성의 혼란을 수반한다면 문제는 다르다. 여기서 자기정체성 또는 주체성을 유지하면서 새로운 세계를 능동적으로 받아들일 수 있는 유연한 자세와 위치의 확보가 요구된다.

이러한 가치관의 혼돈 상황을 박지원은 〈낭환집서(蜋丸集序)〉에서 다른 비유로 이어간다. 임제(林悌)가 술에 취해 신발을 짝짝이로 신고 나왔다. 하인이 그 사실을 지적하자, 그는 큰소리로 이렇게 말한다. "길 오른편에서 나를 본 사람은 내가 가죽신을 신었다고 할 터이고, 길 왼편에서 본 사람은 내가 나막신을 신었다고 할 터이니 무엇이 문제인가?"³⁾ 그냥 걸어가면 우스꽝스럽기 짝이 없을 짝짝이 신발이, 말 위에 올라타자 문제가 되지 않는다. 말 탄 사람이 양쪽에 다른 신발을 신고 있으리라곤 아무도 생각하지 않기 때문이다. 사람들은 한쪽에서 바라본 사실만을 진실인 양 믿는다. 그 결과, 역설적으로 그 사람의 짝짝이 신발은 달리 문제를 야기하지 않는다.

당시는 저마다 자기가 본 것만을 진실로 여기는 상황이라고 박지원은 생각했다. 정면에서 바라보면 둘 다 틀렸다는 것을 금세 알 수 있는데, 그 중간 지점에는 아무도 서려 하지 않는다는 것이다. 그래서 눈 뜬 장님은 길에서 울고 있고, 짝짝이 신을 신은 취객이 부끄러운 줄도 모르고 활보하는 혼란스런 상황이 펼쳐진다.

'가짜 나'와 '참 나'

특히 18세기에는 체제가 요구하는 이상적인 나와, 내가 되고 싶은 나 사이의 괴리가 심각한 문제를 야기했다. 여기서 갈등이 생겨난다. 박지원은 〈증좌소산인(贈左蘇山人)〉에서 이제 공부를 시작하는 젊은이에게 다음과 같이 충고를 던진다.

나는 보았네, 세상 사람들
남의 문장을 기리는 것을.
문장은 양한(兩漢)을 배워야 하고
시는 늘 성당(盛唐)을 본떠야 하네.
비슷함은 이미 참이 아닌데
한당(漢唐)을 어이 다시 따르리.
우리나라 풍속이 투식(套式) 좋아해
그 말의 촌스러움 당연하다네.
듣는 이들 모두 다 깨닫지 못해
얼굴조차 붉어지는 사람이 없네.
멍청이는 기쁜 빛이 뺨에 넘쳐서
침 흘리고 웃으면서 입을 벌리지.
교활한 이 갑자기 겸손을 떨며
머뭇머뭇 뒷걸음질 피해 서는 척.
굶주린 텁석부리 휘둥그레져
덥지도 않은데 땀 철철 흘러.
겁쟁이 뚱보는 너무 부러워
이름만 듣고도 향내 나는 듯.
못된 심보 저 사내는 괜히 골내며
주먹을 휘두르며 때리려 드네.
나 또한 이런 기림 들은 적 있어
처음 듣자 얼굴을 도려내는 듯.
두 번째 듣고는 뒤집어져서
며칠간 엉덩이뼈 시큰했지.

떠들어댈수록 흥미가 없어

마치도 밀랍을 씹는 듯했네.

(……)

눈앞에 참다운 정취 있거늘

어쩌자고 먼 옛날서 찾아 헤매나.

한당과 지금 세상 거리가 멀고

풍요도 중국과는 같지 않다네.

사마천과 반고가 되살아나도

사마천과 반고를 안 배우리라.

새 글자 만들긴 어렵다 해도

내 품은 생각은 써내야 하리.

어이해 옛 법에 얽매이어서

두고두고 여기에만 매달리는가?

지금이 천근(淺近)타 말하지 말라.

천년 뒤엔 마땅히 높을 터이니.

(……)

我見世人之　譽人文章者　文必擬兩漢　詩則盛唐也

曰似已非眞　漢唐豈有且　東俗喜例套　無怪其言野

聽者都不覺　無人顔發蚩　拇骨喜湧頰　涎垂崗而紳

蝸皮乍敖謙　逡巡若避舍　鳩聱驚目珪　不熱汗如瀉

懦肉健慕羨　聞名若烏若　狡汲公然怒　輒思奮拳打

我亦聞此譽　初聞面欲鏡　再聞還絶倒　數日酸腰季

盛傳益無味　還似蠟札餌　(中略)

卽事有眞趣　何必遠古瑗　漢唐非今世　風謠異諸夏

班馬若再起　決不學班馬　新字雖難訟　我臆宜盡寫

奈何拘古法　劫劫類係把　莫謂今時近　應高千載下

(後略)

전체 5언 92구 460자에 달하는 장시다. 간추린 내용은 이렇다. 사람들은 내가 예전의 중국 것을 그럴듯하게 흉내 내면 대단하다며 칭찬한다. 글 쓰는 이들도 그런 칭찬에 익숙하고, 또 이를 즐긴다. 하지만 그 속에 진정한 나는 없다. 가짜의 흉내만 있을 뿐이다. 비슷한 것은 진짜가 아닌데 사람들은 비슷한 가짜만 대단하다 하고, 진짜 내소리를 내면 촌스럽다며 거들떠보지도 않는다. 나는 이런 칭찬은 받지 않겠다. 내 목소리를 내겠다. 지금 우리가 존경해 마지않는 옛 사람들도 모두 그 당시에는 하나의 '지금'이었을 뿐이다. 그렇다면 내가 지금 것을 노래해야 훗날에는 '옛날'로 기려질 것이다. 그렇지 않고 지금 것을 버려 옛것만 흉내 내면, 나는 없고 옛날만 남게 된다. 이것은 옛사람의 껍데기이지 내가 아니다. 그러므로 나는 세상이 요구하는 내가 되려 하지 않고, 내 가슴속에 있는 참 내가 되겠다.

이용휴(李用休)도 〈환아잠(還我箴)〉에서 비슷한 주장을 펼쳤다. 이 글은 환아(還我), 즉 '나에게로 돌아가자'는 뜻의 별호를 지닌 신의측(申矣測)을 위해 썼다.

　　옛날 나 어렸을 땐
　　천리(天理)가 순수했지.
　　지각(知覺)이 생기면서

해치는 것 일어났다.
식견이 해(害)가 되고
재능도 해가 됐네.
마음 닦고 일 익히자
얼키설키 풀 길 없네.
다른 사람 떠받드는
아무 씨, 아무개 공
무겁게 치켜세워
멍청이들 놀래줬지.
옛 나를 잃고 나자
참 나도 숨었구나.
일 꾸미기 즐기는 자
나를 잃은 틈을 탔네.
오래 떠나 가고픈 맘
꿈 깨보니 해가 떴다.
번드쳐 몸 돌리자
이미 집에 돌아왔네.
광경은 전과 같고
몸 기운도 편안하다.
잠금 풀고 굴레 벗자
오늘에 새로 난 듯.
눈도 밝기 전과 같고
귀도 밝기 전과 같아,
하늘이 준 총명함이

다만 전과 같아졌다.

많은 성인 그림자일 뿐

나는 내게 돌아가리.

어린아이 다 큰 어른

그 마음은 같은 것을.

신기한 것 없고 보면

딴생각이 치달리리.

만약 다시 떠난다면

돌아올 기약 다시 없네.

향 살라 머리 숙여

천지신명께 맹세한다.

이 몸이 마치도록

나와 함께 주선하리.

昔我之初	純然天理	逮其有知	害者紛起
見識爲害	才能爲害	習心習事	輾轉難解
復奉別人	某氏某公	援引藉重	以驚群蒙
故我旣失	眞我又隱	有用事者	乘我未返
久離思歸	夢覺日出	飜然轉身	已還于室
光景依舊	體氣淸平	發錮脫機	今日如生
目不加明	耳不加聰	天明天聰	只與故同
千聖過影	我求還我	赤子大人	其心一也
還無新奇	別念易馳	若復離次	永無還期
焚香稽首	盟神誓天	庶幾終身	與我周旋[4]

그는 이렇게 말한다. 내가 처음 태어났을 때는 순수한 상태였다. 그러다가 지식을 습득하면서 점차 순수함을 잃었다. 사람들은 내가 경전을 인용하고 그럴싸하게 꾸며대면 나를 높이고 칭찬한다. 나는 명성에 현혹되고 칭찬에 안주하여 '참 나'를 잃고 헤맸다. 어느 순간 정신이 들어 본래의 나로 돌아왔다. 세상은 그대로인데 나를 옥죄던 관념의 굴레를 벗어던지자 비로소 자유로움을 느낀다. 이제 나는 그간의 '가짜 나'를 떠나서 '참 나'에게로 돌아가겠다. 다시는 남들이 좋아하는 것을 하지 않고, 내 마음의 진실만을 노래하겠다. 어렵게 찾은 참 나를 이제 다시는 떠나지 않고 지키겠다는 다짐이다.

이렇듯 세상이 요구하는 '가짜 나'와, 내가 되고자 하는 '참 나' 사이의 팽팽한 긴장은 지속적으로 갈등 관계에 놓인다. 하지만 '참 나'를 향한 길은 상당한 희생과 편견에 시달릴 각오를 하지 않으면 안 된다. 박지원은 〈녹천관집서(綠天館集序)〉에서 제자 이서구와의 문답을 다음과 같이 소개한다.

> 이씨의 아들 낙서(洛瑞)가 나이 열여섯인데, 나를 좇아 배운 지 여러 해이다. 심령이 맑게 열려 지혜가 구슬 같다. 한번은 자신의 《녹천고(綠天稿)》를 가지고 와 내게 물었다.
> "아! 제가 글 지은 지 겨우 몇 해이지만 남의 노여움을 산 적이 많습니다. 한 마디 말만 새롭고 한 글자만 이상해도 문득 '옛날에도 이런 것이 있었느냐?' 하고 묻습니다. 아니라고 하면 낯빛을 발끈하며 '어찌 감히 이 따위를 하는 게야?' 합니다. 아아! 옛날에도 있었다면 제가 무엇하러 다시 합니까? 원컨대 선생님께서 말씀해주십시오."

내가 두 손을 이마에 얹고 무릎 꿇고 세 번 절하며 말했다. "네 말이 참으로 옳다. 끊어진 학문을 일으킬 수 있겠구나. 창힐(蒼頡)이 처음 글자를 만들 때 어떤 옛날을 모방했던가? 안연(顔淵)은 배우기를 좋아했지만 유독 저서를 남기지 않았다. 진실로 옛것을 좋아하는 자로 하여금, 창힐이 글자 만들 때를 생각하면서 안자(顔子)가 미처 펴지 못했던 뜻을 짓게 한다면 글이 비로소 바르게 될 것이다. 네 나이 아직 어리니, 남이 성 내거든 '배움이 넓지 못해 미처 옛것을 살피지 못했습니다'라고 공정히 사과하거라. 그런데도 힐문하기를 그치지 않고 성냄을 풀지 않거든 조심스레 이렇게 대답하여라. 《서경(書經)》의 〈은고(殷誥)〉와 〈주아(周雅)〉는 삼대(三代) 적의 당시 글이고, 이사(李斯)와 왕희지도 진(秦)나라와 진(晉)나라의 시속(時俗) 글씨였습니다'라고 말이다."[5]

이서구는 말한다. "선생님! 사람들은 제가 조금만 새로운 말을 하면 옛날에 없던 것이라며 자꾸 화를 냅니다. 옛날에도 있었다면 제가 무엇 때문에 다시 한단 말입니까?" 전통적 권위를 벗어나는 어떤 새 것도 인정하지 않으려 드는 고식적인 태도에 대한 신랄한 비판이다.

이에 대한 연암의 답변은 단호하면서도 명쾌하다. 창힐은 천지만물의 형상을 본떠 처음으로 글자를 만들었다. 안연은 그 높은 학문에도 불구하고 저서를 남기지 않고 세상을 떴다. 창힐이 무에서 유를 만들어내던 창조의 정신으로 안연이 품었음 직한 변치 않을 성현의 정신을 표현해낸다면 그것이야말로 이상적인 문학이라고 했다.

《서경》의 그 난삽한 문체도 당시엔 일반 백성들이 다 이해하던 쉬운 글이었다. 이사나 왕희지의 글씨도 그 당시엔 세속에서 흔히 쓰던 보통 글씨였다. 그것이 세월이 오래되자, 도저히 알아들을 수 없는 어려운 글이 되고, 뒷사람이 흉내 내기 힘든 절묘한 글씨가 되었다. 그렇다면 문제는 명확하지 않은가?《서경》은 성현이 남긴 경전이다. 여기서 우리가 배울 건 그 문체의 난삽함이나 필치의 난해함이 아니라, 그 당시엔 백성도 알아들을 수 있는 쉬운 문장이요, 편한 글씨였다는 사실이다. 나아가 지금 내가 쓰는 글이 후대에 기림을 받으려면, 난삽한 옛 문체를 흉내 내지 말고 누구나 알아듣기 쉽게 지금 여기의 정서를 담아내야 한다는 것이다.

이덕무는 〈제향조비평시권(題香祖批評詩卷)〉이란 시에서 이렇게 노래한다.

한위(漢魏)에만 힘 쏟으면 참된 마음 손상되니
나는 지금 사람이라 지금을 좋아하네.
만송(晩宋)과 만명(晩明) 이후 별다른 길 열었다는
난공(蘭公)의 한 마디 말 지음(知音)이라 할 만해라.

專門漢魏損眞心　我是今人亦嗜今
晩宋晩明開別逕　蘭公一語托知音[6]

유금(柳琴)이 중국에《한객건연집(韓客巾衍集)》을 가져가 반정균(潘庭筠)에게 보여주자, 그가 이를 기뻐하여 칭찬하는 말을 남겼는데, 이에 대한 자신의 감회를 답장 형식으로 쓴 시다. 앞서 본 글들과 조금도 다름없는 단호한 어조다. 한위(漢魏) 적의 옛 고전만 공부하면 진심(眞心)은 손상되어 사라지고 만다. 지금 사람이 지금을 좋아하지 않고 옛날만을 기웃거리는 건 결코 옳은 태도가 아니다. 나는 나만의 새 길[別逕]을 열어야 한다. 그렇지 않으면 그것은 앵무새 흉내나 광대짓에 불과할 뿐이다. 이덕무 또한, 옛것을 배워 거짓 나를 기르느니, 지금 것에 몰두하여 참 나를 표현하겠다 한 것이다.

하지만 '참 나'를 표현하고자 하는 이들의 시도는 제도의 검열로부터 결코 자유롭지 못했다. 당시 임금이었던 정조는 잘못된 글쓰기 태도를 바로잡음으로써 시대의 문제를 해결하겠다는 의지를 갖고 강력한 문체 검열을 실시했다. 이른바 문체반정(文體反正)이 그것이다. 박지원을 비롯한 많은 작가가 이 검열의 덫에 걸려들었다. 하지만 이런 문제의식이 그 바탕에 세계관의 변화를 깔고 있는 본질적인 문제제기였다는 사실을 정조는 미처 인식하지 못했다. 그 결과 그의 시도는 표면적으론 성공했음에도 불구하고 궁극적으론 실패하고 말았다.

이 시기를 전후한 문인들의 문집 제목을 보면, 바깥의 이목은 개의치 않고 '참 나'를 추구하려는 의지를 드러낸 것이 많다. 심능숙(沈能淑)은 자신의 문집 제목을 '훗날의 내가 알아주면 그뿐이다'는 뜻에서 《후오지가(後吾知可)》로 달았다. 이서구는 젊은 날의 글을 모은 자신의 문집 제목을 《자문시하인언(自問是何人言)》으로 달았다. 이것이 누구의 말인지 자문한다는 뜻이다. 모두, 남들이 알아주건 말건 자기의 목소리를 내겠다는 다짐을 담았다. 박지원의 서문을 통해 이름을 남긴 역관 이홍재(李弘載)는 자신의 문집 이름을 《자소집(自笑集)》으로 내걸었다. 또 유금은 자신의 글이 남 보기에는 말똥구리의 말똥처럼 하잘것없지만 자신에게는 더없이 소중하다는 뜻에서

문집 제목을 《낭환집(蜋丸集)》으로 붙였다. 이덕무는 어린아이의 천
진함과 처녀의 순수함을 지녔다는 뜻으로 문집 제목을 《영처집(嬰處
集)》으로 붙였다. 김용행(金龍行, 1753~1778)은 자신의 문집 이름
을 자질구레해서 볼 것도 없다는 뜻을 담아 《영영쇄쇄집(零零瑣瑣
集)》으로 붙였다.

이러한 명명 방식은 이전 시기에는 볼 수 없었던 특이한 현상이
다. 이런 문집 제목들은 변화된 자아의식의 내면과 함께, 시대와의
긴장 관계를 역설적으로 드러낸다. 요컨대 스스로 자신을 비하하는
듯한 명명을 취함으로써 상대에 대해 비아냥거리는 태도를 드러내
는 한편, 외부 세계와의 갈등을 원천적으로 무력화하겠다는 책략적
의도를 포함하고 있는 셈이다.

나만의 '나'

가짜 나를 버리고 참 나로 돌아오는 과정은 결국 '나만의 나'를 추
구하는 개성론으로 귀결되기 마련이다. 나는 누군가? 이덕무는 흔해
빠진 '명숙(明叔)'이란 자를 '무관(懋官)'으로 바꾸면서 개명의 변을
이렇게 적었다.

내 나이 16세 때 관례를 치르고 명숙을 자(字)로 하였으니, 명
숙이란 자로 살아온 것이 12년이다. 하지만 자라는 건 본디 남
과 나를 구별할 수 있어야지 서로 뒤섞여서는 안 되고, 하나뿐
이어야지 서로 갈라져서는 안 된다. 같으면 혼동되고, 혼동되
면 기피하게 되고, 기피하게 되면 갈라지게 마련이다. 옛날의

명현은 말할 것도 없고, 지위가 높은 재상, 늘 맞상대하는 벗들, 지위가 낮은 아전이나 백성 등 열 집 사는 마을이나 한 무리가 모인 곳에 명숙이란 자를 가진 사람이 너무도 많다. 한번은 과거 시험장에 들어갔는데 명숙이라고 부르는 사람이 있길래 불현듯 대답했더니 나를 부른 것이 아니었다. 거리를 지나는데 명숙이라고 부르는 자가 있어 언뜻 돌아보면 나를 부른 것이 아니었다. 혹 여러 번 불러도 일부러 대답하지 않았더니 이번에는 진짜로 나를 부른 것이었다. 대답해도 잘못되고, 대답하지 않아도 또한 잘못되니, 그 어디에 구별하여 서로 뒤섞이지 않음이 있겠는가?[7]

내 자와 같은 사람이 너무나 많다. 누가 나를 불러 돌아보면 다른 사람을 부른 것이었다. 그러려니 하고 대답하지 않으면 이번엔 나를 부른 것이었다. 이름은 남과 나를 구별하려고 짓는 것인데, 너무 흔한 이름 때문에 이름이 쓸모가 없으므로 이제 나만의 이름으로 고치려 한다는 것이다. 나는 흔해 빠진 이름, 누구나 선호하는 평범한 이름을 거부한다. 다른 사람과 나를 구분 짓는 나만의 나를 추구하겠다. 이 또한 하나의 은유적 문맥으로 읽을 수 있다.

이덕무의 이런 생각은 자신에 대해 기술하고 있는 다음 글에서 보다 선명하게 드러난다.

사람은 변할 수 있는가? 나는 말한다. 변할 수 있는 것이 있고, 변할 수 없는 것이 있다. 만약 여기 어떤 사람이 있다고 치자. 어려서부터 장난치며 놀지 않고, 망령되거나 허탄(虛誕)하지

않으며 성실하고 믿음성 있고, 단정하면서도 신실하였다. 장성
하자 사람들이 이렇게 권하였다. "너는 세속과 어울리지 않으
니, 세속에서 너를 장차 받아들이지 않을 것이다." 마침내 그렇
겠다고 여기고서 입으로는 비루한 말을 해대고, 몸은 경박한
일을 행하였다. 이같이 사흘을 하고 나자 근심스러워 기쁘지
않으므로 이렇게 말했다. "내 마음은 변할 수가 없다. 사흘 전
에 내 마음은 충만했는데, 사흘 뒤에 내 마음은 텅 비고 말았
다." 그리하여 마침내 처음 상태로 돌아갔다.[8]

세상이 요구하는 '나'는, 입으로는 비루한 말을 해대고, 행실은 경
박한 '나'다. 내가 이렇게 행동하면 그들은 자신들과 같은 부류로 인
정해준다. 그들이 좋아하는 일을 하면 그들은 나를 환영한다. 하지
만 그들이 나를 반길수록 내 마음은 황폐해지고, 내면의 충실은 찾
아볼 수 없게 되었다. 내 마음의 충만과, 다른 사람의 환영은 공존할
수 없다. 환영을 받으려면 내면의 공허와 황폐를 감내해야 하고, 충
만을 누리려면 세상의 질시를 견디지 않으면 안 된다. 그러니 다른
사람과 구별되는 나만의 나, 즉 '참 나'를 향해가는 길은 고통의 길
이기도 하다.
  남과 자신을 변별하기 위해 이름을 바꾼 이덕무와는 반대로, 남종
현(南鍾鉉, 1783~1840)은 자신의 호를 버리겠다고 선언하는 글을
남겼다. 제목은 〈거호서(去號序)〉다.

  내가 일찍이 월암(月巖)으로 자호(自號)하고서 〈월암자호서
  (月巖自號序)〉를 지은 적이 있다. 오래되어 생각해보니 안 될

말이었다. 그래서 서(序)를 지어 이를 없앤다. 그 글은 이렇다.
사람이 몸이 있으면 반드시 이름이 있다. (……)내 집이 월암
아래였으므로 호를 월암이라 하였다. 혼자 생각해보니, 인생이
란 물 위에 뜬 부평초요, 바람 부는 나무의 버들솜이며, 울타리
나 주렴에 걸린 꽃과 같아, 처음에는 철문의 가로막음이 없었
다. 월암이 어찌 내 창고지기겠는가? 실지는 없으면서 이름만
있는 건 또한 본바탕을 없애고서 꾸밈만 베푼 것과 같다. 호를
가져서는 안 된다. 나는 내 이름이 있고, 그 이름은 시골 골목
을 나가지 않는다. 비록 호가 있더라도 식자가 어찌 알아 나를
비난하겠는가? 하지만 배움은 나를 위한 것이지 남을 위한 것
이 아니다. 알고 모르고는 남에게 달린 것이지만 부끄럽고 부
끄럽지 않고는 내게 달린 문제다. 나는 내가 나를 닦아 부끄러
움이 없고자 하는 사람이다. 어찌 세상 사람들처럼 간악하고
위선적인 짓을 하여, 속으로는 마음에 부끄러우면서도 남이 알
지 못하는 것만 다행으로 여기는 자이겠는가?[9)]

몸이 있으면 반드시 이름이 있게 마련이다. 하지만 이름 외에 호
는 부질없는 장식에 불과하다. 이런 장식은 진실한 나를 드러내는
데 아무런 도움이 되지 않는다. 따라서 그는 자신의 거추장스러운
호를 버림으로써 자신에게 부끄럽지 않으려 한다는 것이다.

이름을 바꾸는 것이나 이름을 버리는 것이나 모두, '남들의 나'가
아닌 '나만의 나'를 추구하겠다는 다짐에서 나온 행동이다. 같은 맥
락에서 남종현은 또 자신의 비문을 직접 쓰기도 한다. 그 첫대목은
이렇다. "아무 해 아무 달 아무 날, 의녕 남종현이 병으로 죽게 되자,

유언을 남겨 관도 쓰지 말고 수의도 입히지 말고, 장사 지낼 때 묏자리를 가리지도 말고 봉분도 만들지 말고 지석(誌石)을 해서도 안 된다고 하면서, 이에 직접 한 조각 종이에 써 시신을 묻은 구덩이에 넣게 하였다."[10] 이어 그는 스스로 자신을 이렇게 소개하였다.

먼 옛날이 아니면 일찍이 말하지 않았고, 옛날이 아니면 글로 짓지 않았다. 권세 있는 자에게 아첨할 줄 몰랐고, 궁하여도 스스로 달라지지 않았다. 하늘과 땅 사이에 나 같은 사람이 어찌 없을 수 있겠는가? 말을 하면 반드시 기휘(忌諱)에 저촉되고, 행동하면 번번이 세속과 어긋났다. 제멋대로 하므로 집안사람도 가까이하지 않았고, 혼자 행동하므로 벗들도 버렸다. 글 쓰기를 일삼지 않아 치우쳐 도리에 어긋난다는 지목을 감히 사양치 않았고, 천하면서도 귀한 이에게 뻣뻣하여 성글고 거만하다는 나무람을 능히 피할 길이 없었다. 천지 사이에 나 같은 사람이 있을 수 있겠는가? 아! 나 같은 사람이 있는 건 50년에 지나지 않겠지만, 나 같은 사람이 없는 건 장차 몇천만 년에 이를 것이다. (······)명(銘)에 이렇게 적었다. "남이 하지 않은 말만 하고, 남이 하지 않는 행동만 했으며, 남이 하지 않는 장례식을 치렀다. 사람들이 나를 현명하다고 말하지 않으니, 내가 어리석은 것을 스스로 알겠다."[11]

남이 써주는 묘지명을 거부하고, 스스로 자신을 위해 쓴 〈자묘지(自墓誌)〉 속에는 짙은 자조의 한편에서 남다른 자부가 느껴진다. 비록 50년간 불행한 삶을 살다 가지만, 자기 이후로는 몇천만 년이 지나도 자기 같은 사람은 다시 없을 것이라고 했다. 평범한 것을 거부하는 삶을 살았노라고 그는 지금 당당히 선언하고 있는 것이다.

당시 문인들이 자찬묘지명(自撰墓誌銘)을 지어 정형화된 틀을 거부하고, 나름대로 자의식을 갖고 나만의 인생을 살았음을 드러내려 한 경향에 대해서는 이미 앞선 연구가 있다. 혹은 뜻을 함께하는 벗에게 부탁하여, 살았을 때 묘지명을 받아두는 생지명(生誌銘) 쓰기 풍조도 꽤 유행했다. 이 또한 이 시기 지식인의 자의식 강화와 결코 무관하지 않다.[12]

이러한 자의식의 확대는 이 시기 성행한 '조선풍(朝鮮風)'이나 '조선시(朝鮮詩)' 주장과도 밀접한 연관이 있다. 이 주장의 핵심만 말한다면, 우리는 중국 사람이 아니고 조선 사람이다. 우리는 옛날 사람이 아니고 지금 사람이다. 그런데 왜 지금을 살아가는 조선 사람이 옛 중국 사람 흉내만 내고 있는가? 이런 앵무새 짓이나 광대 흉내는 걷어치우고, 조선 사람의 체취가 물씬 풍겨나는 그런 문학을 해보자는 것이다. 정약용은 "나는 조선 사람이니, 즐겨 조선의 시를 짓겠다(我是朝鮮人, 甘作朝鮮詩)"고 공개적으로 천명했다. 박지원은 또 내 시를 읽은 사람이 내 시에서 조선 사람만의 체취와 풍습을 볼 수 없다면 그런 글은 쓰나 마나한 것이라고 말하기도 했다.[13] 가짜 나를 버리고 참 나를 찾겠다는 추구가, 이 시기 작가들에게 '지금 여기'의 현실에 눈을 돌리게 했다.

다만 그들은 여전히 소수였고, 기득권을 쥔 계층의 폭력적 억압은 여전히 강한 힘을 발휘하고 있었다. 이 시기 지식인들의 담론에서 유난히 우정의 문제가 강조되는 건 이 때문이다.

　이상 18세기 중반 이후 지식인의 자의식 변화와 그 방향성을 살펴보았다. 이 시기 작가들에게 보이는, 한 가지에 몰두하는 마니아적 경향, 백과전서적 탐구욕, 눈앞의 현실을 부지런히 기록하고 정리하는 정리벽, 삶 자체를 예술로 승화시키고자 하는 심미안 등은 이러한 자아인식의 토대에서 이룩되었다. 이전의 굳건하던 제도적 틀은 이 시기에 이르러 새로운 패러다임으로 재구성된다. 새로움의 바탕에 자아에 대한 새로운 발견이 자리 잡고 있음은 말할 나위도 없다.

　자의식의 변화는 세계에 대응하는 태도의 변화이기도 하다. 이는 결국 '근대'의 문제와 만난다. 18세기에 세계적으로 비슷한 현상이 일어나는 점도 흥미롭다. 지도의 발달과 여행 문화의 성행, 원예와 수집 취미의 확산, 출판시장의 확대 등 물적 토대의 변화에 바탕을 둔 일련의 문화현상들을 좀더 섬세하게 관찰할 필요가 있다. 다만 이 글에서 언급한 내용들이 도시 문화의 자장(磁場) 아래 놓여 있던 서울 근기(近畿) 지역의 지식인들에게 국한된 현상이란 점도 더 많은 고려를 요구하는 부분이다. ▨

4

18, 19세기 문인 지식인층의
통변 인식과 그 경로

이 글은 18, 19세기 문인 지식인층의 문학론에 나타나는 통변론 (通變論)과 그 전개 방향을 간략히 정리해본 것이다. 이때는 사회 전 반에 걸친 변화 속도가 빨라지고, 변화의 당위에 대한 인식도 고조 되어 가던 시기였다. 하지만 뿌리 깊은 세강속말(世降俗末), 후고박 금(厚古薄今)의 사고는 눈앞의 변화를 선뜻 긍정할 수 없도록 만드 는 장애물이었다. 종경존성(宗經尊聖)의 상고주의는 모든 가치 지향 의 귀결처였다. 하지만 상고나 복고로는 어찌할 수 없는 도도한 변 화가 사회 문화 전반에 걸쳐 동시다발적으로 일어났다.

변화에 대한 반응은 다양했다. 일군의 젊은 지식인들은 적극적으 로 변화의 당위를 옹호하고 문학적 실천으로 나섰다. 정조는 이를 문체반정이라는 국가 검열장치를 통해 원점으로 돌려놓으려 했다. 하지만 정조는 그 변화가 경박한 젊은이들의 일시적인 호기심이 아 니라, 시스템의 변화에 바탕을 둔 보다 근원적인 추동력을 지닌 것 임을 간과했다. 제도적 검열과 정서적 불복 사이의 괴리는 이 시기

4. 18, 19세기 문인 지식인층의 통변 인식과 그 경로 | 133

지식인들의 자의식에 큰 그늘을 드리웠다.

설사 옛것을 긍정한다 해도 눈앞의 변화를 결코 부정할 순 없는 자기모순 속에 통변의 문제가 제기된다. 변화의 속도가 그만큼 빨랐다는 것인데, 결국 통변은 '그때 저기'를 '지금 여기'로 가져올 때 생기는 눈금 차를 어떻게 조절할 것인가 하는 문제와 연관된다. 옛것을 수용하는 바람직한 태도에서 출발한 이 논의는 자의식의 고조와 아울러 주체의 확립을 요구하였다. 이는 다시 '지금 여기'의 가치에 눈떠가는 구진론(求眞論)으로 전개되어, 점차 '조선풍'의 추구로 확산되는 경로를 보여준다는 게 이 글의 가설이다. 이하의 논의는 이를 검증하고 확인하는 과정이다.[1]

의고와 창신의 길항

조선 문인들에게 고문은 일종의 외국어였다. 남의 글로 자기 생각을 펼치려 하니, 표현의 제약이 뒤따랐다. 여기에 시대의 변화까지 얹혀, 새것과 옛것 사이의 긴장 관계는 늘 골칫거리였다. 옛것을 추구해도 맹목적 모의로는 안 되고, 무작정 새것만 좋다 할 수도 없었다. 더욱이 18, 19세기에는 명청대 문학이 활발하게 수용되었다. '불구격투(不拘格套), 독서성령(獨抒性靈)'을 외친 공안파(公安波)의 문학론이 이 시기 문인들에게 참신하게 받아들여져 반향이 적지 않았다. 도(道)가 아닌 진(眞)을, 고(古)가 아닌 금(今)을, 피(彼)가 아닌 아(我)를 문학이 담아야 할 가치로 내세우는 주장이 보편적 설득력을 얻었다.

이전까지는 도를 추구하여 고에 다가섬으로써 고전적 이상에 더 가까워질 수 있다고 믿었다. 글 쓰고 공부하는 보람은, 어찌하면 땅에 떨어진 고도(古道)를 오늘에 회복하느냐에 달려 있다고 생각했다. 그러던 것이 어느 순간, 내 눈앞의 진실만이 추구해야 할 가치이며, 눈앞의 현실에 충실할 때 그것이 훗날에는 옛날로 된다는 믿음으로 바뀌었다. 우리가 불변의 진리로 알았던 그 옛날도 그 당시에는 하나의 지금일 뿐이었다고 생각했다. 이러한 변화는 사소하지만 결코 사소하달 수 없는 혁명적인 변화를 내포하고 있다. 이 언저리에서 근대가 움튼다.

이러한 문단 지형의 변화는 이전 시기 힘 있는 목소리를 내던 의고론자들을 위축시켰고, 도주문말(道主文末), 인문입도(因文入道)를 외친 고문가들의 입지도 좁혔다. 그들은 관념적인 도보다 눈앞의 현실에 더 관심이 많았다. 세상에 변치 않는 건 없다. 모든 것은 변해가는 과정에 놓여 있을 뿐이다. 그들은 이런 생각의 문학적 실천을 위해 기존의 관념을 전복하고 도발적 문제제기로 그들의 세계관을 피력하기 시작한다.

그 출발은 여전히 완고하기 짝이 없는 복고주의자들에 대한 성토로 시작된다. 먼저 홍양호(洪良浩, 1724~1802)가 〈계고당기(稽古堂記)〉에서 한 말을 들어보자.

옛날은 그때의 지금이요, 지금은 후세의 옛날이다. 옛날이 옛날로 되는 건 연대를 가지고 하는 말이 아니다. 대개 말로는 전할 수 없는 어떤 것이 있다. 만약 옛것만 귀하다 하여 지금 것을 천히 여기는 것은 도리를 아는 말이 아니다. 세상에서 옛것에 뜻이 있다는 자들은 그 이름만을 사모하여 그 자취에 빠지고 만다. 이는 비유컨대, 음악을 배우는 자가 상고 적의 악기인 쇠북 추려(追蠡)를 잡고 질장구 토고(土鼓)를 두드리면서도 순임금의 음악인 소(韶)와 주무왕(周武王)의 음악인 무(武)의 변화를 알지 못하는 것이나 진배없다. 또 맛을 좋아하는 자가 옛날식으로 땅을 파 술동이를 대신해 술잔질을 하고, 아무 조미도 하지 않은 대갱(大羹)을 마시면서 정작 음식의 간을 맞추는 건 모르는 것과 같다. 이러하면서도 남에게 외쳐 말하기를, "나는 옛것을 잘 안다, 나는 옛것에 능하다"고 한다면 되겠는가?[2]

옛날이 옛날로 되는 건 연대가 오래되었다고 그런 게 아니다. 우리가 지금 옛날로 높이는 것도 그때에는 하나의 지금이었을 뿐이다. 옛것 중에서 가치 있는 것은 지금까지 남아 있다. 지금 것 중에도 훗날까지 남을 것이 있다. 오랜 시간 속에서도 그 가치가 빛바래지 않는 것, 그것이 바로 '옛날'이다. 이렇게 옛날에 대한 정의를 바꾸면 옛날만 옛날이 아니요, 지금도 옛날이 될 수 있다. 그가 말한 '말로는 전할 수 없는 어떤 것'이 바로 이것이다.

겉모습이 옛것과 같다고 옛날이 되는 건 아니다. 우맹(優孟)이 손숙오(孫叔敖)를 똑같이 흉내 내도 우맹은 손숙오가 아니고, 양화(陽貨)가 공자(孔子)와 꼭 닮아도 그를 스승으로 모실 순 없는 것과 같은 이치다. 이 비유는 이 시기 고문가들의 언급 속에 수도 없이 되풀이된다. 문제는 알맹이에 있다. 신완(申琓, 1646~1707)은 〈문설(文說)〉에서 또 이렇게 말한다.

지금을 낮추보고 옛것만을 숭상함은 북지(北地) 이몽양(李夢
陽)과 태창(太倉) 사람 엄원(弇園) 왕세정(王世貞) 같은 자들
이다. 거의 소동파(蘇東坡)가 말한 진나라 인사가 태왕의 지팡
이를 잡고 순임금의 그릇만을 붙들고 다니면서 태공(太公)과
구부(九府)의 돈만 구걸하는 것과 같다 하겠으니, 어찌 문장에
대해 의론할 수 있겠는가?[3]

주나라 때 쓰던 태공과 구부의 돈은 과연 옛것이지만, 이것으로는
물건을 살 수 없다. 돈을 구걸하는 목적이 그 돈으로 물건을 맞바꾸
는 데 있듯이, 글쓰기의 목적은 그 글로 제 뜻을 전달하는 데 있다.
옛날 옷을 입은 거지가 옛날 돈을 구걸한댔자 그것이 무슨 소용이냐
는 것이다. 돈이 옛것이라 해도 물건을 못 사면 소용이 없고, 아무리
문체가 예스러워도 읽은 이가 이해하지 못하면 의미가 없다.

김매순(金邁淳, 1776~1840)도 "진실로 그 가리키는 뜻의 소재는
살피지 않으면서 한갓 글자의 모양에 따라 옛것은 옳다 하고 지금
것은 그르다 하며, 저것만을 고집하여 이것을 비난한다면, 좌석은
반드시 애공(哀公)의 좌석이라야만 하고, 돈은 반드시 태공의 돈이
어야 한다는 것과 같다. 외모가 양호(陽虎)와 비슷했던 것은 공자에
게 누가 됨을 면치 못하니 이 또한 얽매이는 것 아니겠는가?"[4]라고
같은 취지의 글을 남겼다.

심노숭(沈魯崇)은 〈여신생천능(與慎生千能)〉에서 이렇게 말했다.

내가 일찍이 세상의 글한다는 자를 보건대, 문득 스스로 '고문
이다 고문이다'라고 일컫는다. 지금 사람이 어찌하여 고문을

하겠는가. 옛사람의 이전에도 또한 고문은 있었으니, 옛사람이 어찌 옛것만 좋아하고 지금 것은 미워했겠는가? 만약 지금 사람이 자구의 껍데기 사이에 힘을 쏟아 그 비슷함을 추구하여 절절하게 스스로 좋아하더라도, 비슷함을 구하면 구할수록 더욱더 비슷하지 않게 될 것이다.[5]

    지금 사람이 어째서 지금 글을 쓰지 않고 옛글을 쓰는가? 이것이 그가 정면에서 제기하고 있는 문제다. 옛사람은 옛사람을 흉내 내지 않았다. 그들이 더 옛날을 흉내 냈다면, 우리가 알고 있는 옛날은 모두 똑같아야 옳다. 그런데 그렇지가 않다. 하나도 같지 않고, 다 다르다. 내가 옛글을 배워 옛날과 같아진다면, 거기에는 옛사람의 껍데기만 있고, 비슷함만 있고, 나의 알맹이는 찾아볼 수 없다. 나는 나고 옛사람은 옛사람이다. 그러니 내가 옛사람과 같아질 이유가 없고, 같아져서도 안 된다.

    박지원은 〈녹천관집서〉에서 옛날과 비슷해지려고만 드는 풍조를 매섭게 질타한 뒤, "대저 어찌 비슷함을 구하는가? 비슷함을 추구한다는 건 진짜가 아닌 것이다. 천하에서 이른바 서로 같은 것을 두고 반드시 '꼭 닮았다'고 하고, 구분하기 어려운 것을 또한 '진짜 같다'고 말한다. 대저 진짜 같다고 하고 꼭 닮았다고 말할 때 그 말 속에는 가짜라는 것과 다르다는 뜻이 담겨 있다"[6]고 주장했다. 비슷한 것은 가짜다. 비슷해지려고 하지 말아라. 비슷한 것 속에 나는 없다. 겉모습만 같은 건 같은 것이 아니다. 겉모습은 전혀 달라도 알맹이가 같아야 한다. 이어지는 글에서 박지원은 이를 형사(形似)와 심사(心似)의 차이로 설명한다. 겉모습만 꼭 같은 건 형사일 뿐이고, 알맹이가 같아야 심사가 된다. 그때의 지금이 지금에는 옛날이 되지만, 지금의 그때는 훗날에는 아무것도 아닌 것이 된다. 그러니 오늘을 사는 우리가 추구할 건 그때가 아닌 지금, 저기가 아닌 여기라는 것이 박지원의 힘 있는 주장이다.[7]

고착된 옛날은 죽은 옛날이다. 죽은 옛날로는 지금 여기서 힘을 발휘할 수 없다. 옛날이 오늘에 힘을 발휘하려면 변해야 한다. 그때는 그랬어야 했지만, 상황이 바뀌면 더 이상 그럴 수 없게 된다. 여기에는 어떤 권위도 인정되지 않는다. 이정직(李定稷, 1841~1910)은 〈부어만편빈어일자론(富於萬篇貧於一字論)〉에서 이렇게 부연한다.

> 사마천이 《사기》를 지을 때, 무릇 《서경》의 일을 적으면서 '극(克)' 자만 만나면 대부분 '능(能)' 자로 바꾸었다. 대저 '극'의 글자됨은 그 말이 전아하고, '능'의 글자됨은 그 말이 예스럽지 않다. 사마천의 뛰어난 재주로 예스럽지 않은 것이 전아함보다 못한 줄을 모르지 않았으련만 오히려 또 이를 바꾸었다. 어찌 '극' 자의 전아함이 옛날의 《서경》에 마땅하고, '능' 자의 예스럽지 않음이 자신의 《사기》에 마땅하기 때문이 아니었겠는가? 《서경》에는 《서경》의 체재가 있고 《사기》에는 《사기》의 체재가 있다. 사마천은 오직 그 체재를 잃지 않음을 알았을 뿐이니, 대저 어찌 전아함과 예스럽지 않음의 차이를 따졌겠는가? 알지 못하는 자는 반드시 '극' 자를 좋다고 할 터이나, 오직 문자에 깊이 나아간 뒤에야 그 아낌을 알게 된다. 이 점을 곰곰이 생각해보면 '능' 자로 바꾸지 않을 수 없을 것이다.[8]

사마천은 《사기》에서 《서경》을 인용할 때, 원문의 '극' 자를 모두 '능' 자로 고쳤다. 사마천 당대에 '극'은 이미 쓰지 않는 죽은 표현이 었기 때문이다. 경전의 말을 인용하면서도 사마천은 전달의 효용성을 강화하기 위해 글자를 교체하는 것을 서슴지 않았다. 그러니 자신의 글을 쓸 때는 어떠했겠는가? 후대 문장가들의 이상인 사마천에 겐 이런 융통성이 있었다. 그런데 어째서 지금 사람들은 이다지도 교조적 권위를 가지고 옛것만을 그대로 흉내 내는가 하는 비판이다.

심노숭은 앞서 본 〈여신생천능〉에서 그 반대의 예로 허목(許穆)을 들었다. 허목은 옛것을 좋아해 글씨도 알아볼 수 없는 이상한 서체로 썼고, 글도 《서경》 전모(典謨)의 문체를 본받았고, 시는 지었다 하면 아송(雅頌)을 흉내 냈다. 임금께 올리는 주차(奏箚)의 끝에는 반드시 '유전하무재무재(唯殿下懋哉懋哉)'라고 했고, 시는 지었다 하면 사언이었다. 뿐만 아니라 《시경》을 본떠 장을 나누고 '제기장(第幾章) 장기구(章幾句)'라고 적었다. 그런데도 살아 있는 기운이라곤 하나도 없고, 참된 뜻이 조금도 없으니, 인형과 같은 가짜 글일 뿐이라고 통렬하게 비판했다.[9]

오늘 옛것을 배운다는 사람은 사마천이 대단한 것만 알았지, 그가 《서경》을 인용할 때 과감히 지금에 맞게 고쳐 쓸 줄 알았던 사실은 망각한다. 그래서 사마천을 읽고는 연방 감탄해 마지않으면서 그 문체를 흉내 내기에 바쁘다는 것이다. 박지원이 유한준(兪漢雋, 1732~1811)에게 보낸 편지에서 "그대가 사마천을 읽었다고는 하나 그 글만 읽었지 그 마음은 읽지 못했다"[10]고 야단했던 것도 바로 이런 폐단을 적시했기 때문이다.

홍석주(洪奭周, 1774~1842)는 "이반룡(李攀龍)과 왕세정 등이 복고의 주장을 내세우면서부터는 온갖 괴이하고 무언지도 모를 소리들이 마구 나와, 종이를 펴보면 마치 오랑캐의 땅에 들어온 것만 같아 도대체 무슨 말을 하는지 알 수가 없다"[11]고 했고, 김매순은 "천하가 생겨난 지 오래되었으나, 삼재만상(三才萬象)은 날마다 변화한다. 지금이 옛날로 될 수 없는 건 옛날이 지금으로 될 수 없는 것과 같다. 하물며 문(文)의 핵심은 적용함에 있다. 그렇다면 지금 글이 진한의 글이 될 수 없는 건 재주가 부족해서가 아니라, 진실로 세가 또한 어쩔 수 없기 때문일 뿐이다"[12]라고 했다.

말과 글은 시대에 따라 달라진다. 이것은 당연한 이치다. 중요한 건 옛날이냐 지금이냐의 구분이 아니라, 유용한가 아닌가의 문제일 뿐이다. 그런데 단순해 보이는 이 판단과 자각이 그리 간단하지 않다. 옛것을 모방해선 안 된다면 새것을 만들어내야 하는데, 옛것과 다르면서도 사실 그 알맹이는 같은 '새것'의 창조는 말처럼 쉬운 일이 아니기 때문이다.

실제로 '지금 여기'에 맞는 새것을 추구한다면서 "마침내 괴상하고 허탄하며 음란하고 치우치면서도 두려움을 알지 못하는 자가 있게 되었"고, 그저 궁벽하고 허탄한 표현으로 사람의 눈을 놀래는 것을 새로움으로 착각하는 폐단도 적지 않았다. 연암이 〈초정집서〉에서 "법고이지변(法古而知變), 창신이능전(創新而能典)"을 굳이 강조했던 것도 이러한 문제를 직시했기 때문이다.[13]

'재맹아(再盲兒)' 설화와 주체의 문제

지금과 옛날 사이에서 가치를 판단하고 실천하는 건 남이 아닌 나다. 이때 주체의 확립이 무엇보다 급선무가 된다. 나의 주체가 확립되어 있지 못하면, 옛것을 배우자고 한 것이 흉내가 되고, 내 것을 하려다 해괴한 짓을 하게 된다. 이에 앞서 앞 장에서 살펴본 박지원의 '재맹아' 이야기(114쪽)는 그런 점에서 매우 뜻깊은 시사를 준다.

20년간 눈멀었던 장님 앞에 갑자기 광명한 세상이 펼쳐졌다. 환호 작약하며 기뻐 날뛸 일인데, 정작 그는 엄청난 변화 앞에 속수무책, 길에서 울며 서 있다. 그에게 내린 화담의 처방은 도로 눈을 감으라는 것이었다. 눈 뜬 장님에게 도로 눈을 감으라니 이것이 무슨 말인가? 이 아이러니컬한 상황을 두고 그간 해석이 분분했다.

1909년 11월 23일자 《담총(談叢)》에는 이 이야기를 〈재맹아(再盲兒)〉란 제목으로 소개했다. 여기서는 장님이 눈을 떠서 어리둥절하는 것을, 신세계에 눈을 떴으나 미처 적응하지 못하는 상황으로 보고, 도로 눈을 감으라는 것을 구시대에 안주하라는 뜻으로 풀었다. 이를 두고 임형택 교수는 "연암의 시대는 세상 사람들에게 '눈을 감으라'고 설교할 만큼 '경험적 세계'가 아직은 몽매한 상태였다. 그러나 100년을 경과하여 20세기의 시대로 들어서면 신문물·신시대가 가시적으로 나타난다. 그러므로 진보적 사상가는 민중을 향해서 새로움에 경악하지 말고 열심히 배우고 받아들이라고 외쳤던 것"이라고 풀이했다.[14]

한편 송재소 교수는 이를 두고 "눈을 뜬 소경에게 도로 눈을 감으라는 말은 있을 수 없는 일이다. 당장은 혼란스럽겠지만 시일이 지나면 차츰 적응이 될 것이라고 위로하는 것이 상식적이다. 사람은 속지 말고 진실을 보아야 하는데, 눈을 뜨고도 속을 바에는 차라리 눈을 감는 게 낫다는 역설"이라고 앞서와는 다른 각도에서 이해했다.[15]

이 두 관점은 나름의 타당성이 있지만, 중요한 점을 간과했다. 도로 눈을 감으라는 처방은 눈을 뜬 맹인에게 계속 장님으로 살라는 주문이 아니다. 이 우화의 핵심은 길 가는 도중에 눈을 뜨는 바람에 자기 집으로 돌아갈 수 없게 된 맹인이 비극적 상황을 어떻게 해결할 것인가에 놓여 있다. 그가 당면한 문제는 눈을 뜬 기쁨보다 눈을 뜸으로써 제집을 찾을 수 없게 된 비극적 현실에 있다. 집에 있다가 눈이 떠졌다면 그가 길을 잃고 울 이유가 없다. 문제는 그의 눈이 길 가는 도중에 문득 떠진 데 있다. 눈을 뜨는 순간 세계는 그에게 혼돈 그 자체였다. 방향도 좌표도 없이, 한 걸음도 더 뗄 수 없는 그런 상황에 놓인 것이다.

그러니 도로 눈을 감으라는 처방은 분수를 알아 소경 주제로 살라는 얘기가 아니라, 잃어버린 방향과 좌표를 되찾은 뒤에 눈을 다시 뜨라는 주문이다. 내가 내딛는 발걸음의 주인이 되지 못한다면 눈을 뜨는 건 더 큰 비극의 시작일 뿐이라는 이야기다.

한번 떠진 눈은 다시 감기지 않는다. 하지만 좌표를 상실한 맹인에게 눈을 똑바로 뜨고 정신을 바짝 차리라는 주문은 아무 소용이 없다. 그가 정신을 차리려 들면 들수록 혼란은 걷잡을 수 없이 가중될 것이기 때문이다. 도로 눈을 감으라는 것이 그에게 구시대에 안주하라는 요구일 수 없다.

당시 청나라로부터 물밀 듯이 쏟아져 들어오던 신문물은 당시 조선의 지식인들에게 길 가다 눈을 뜬 장님과도 같은 혼란을 부추겼다. 아예 눈을 감아 외면해버리거나, 눈을 크게 뜨고 휩쓸려버리거나 하는 건 어느 것도 문제의 바른 해결일 수 없다. 눈을 뜬 것이 장님으로 살아가는 것보다 백배 낫다. 하지만 그것이 걷잡을 수 없는 자기정체성의 혼란을 수반한다면 문제는 다르다. 여기서 자기정체성 또는 주체성을 유지하면서 새로운 세계를 능동적으로 받아들일 수 있는 유연한 자세와 위치의 확보가 요구된다. 그 위치를 위의 이야기에서는 '본분'이란 말로 표현했고, '도로 눈을 감으라'는 방법을 제시했던 것이다. 이 글에서 검토하려는 통변론도 바로 이 위치의 문제와 관련된다.

도로 눈을 감으라는 건 주체성을 회복하라는 말이다. 남 따라하지 말고 나름대로 하라는 주문이요, 그대로 하지 말고 제대로 하라는 요구다. 이 시기의 글 속에는 비대해진 자의식 앞에 막상 자신의 정체성을 찾지 못해 고뇌하는 자아의 형상이 자주 보인다. 박지원의 〈염재기〉에 나오는, 아침에 일어나니 세상은 그대로인데 정작 자기 자신을 찾을 수 없어, 자기를 찾겠다고 알몸으로 집을 뛰쳐나간 송욱 같은 인물의 일화는 이들의 갈등을 상징적으로 드러내 보여준다.[16]

앞 장에서 살펴본대로(119~121쪽) 이용휴의 〈환아잠〉은 환아(還我), 즉 '나에게로 돌아가자'는 뜻의 별호를 지닌 신의측(申矣測)을 위해 써준 글이다. 이용휴는 이 글에서 이렇게 말한다. 태어나 순연(純然)하던 하늘의 이치가 지각이 싹트면서 흩어져버렸다. 견식과 재능 때문에 나는 명성에 현혹되고 칭찬에 안주하여 참 나를 잃고 헤맸다. 어느 순간 정신이 들어 본래의 나로 돌아왔다. 세상은 그대로인데, 나를 옥죄던 관념의 굴레를 벗어던지자 비로소 자유로움을 느낀다. 어렵게 찾은 참 나를 이제는 영원히 떠나지 않고 지키기를 맹세하겠다는 다짐이다.

여기 있는 나도 나요
그림 속의 나도 나다.
여기 있는 나도 좋고
그림 속의 나도 좋다.
이 나와 저 나 사이
진정한 나는 없네.
조화 구슬 겹겹이니
그 뉘라 큰 마니 구슬 속에서 실상을 잡아내리.
하하하!

是我亦我　非我亦我　是我亦可　非我亦可
是非之間　無以爲我　帝珠重重　誰能執相於大摩尼中
呵呵 [17)]

위 글은 김정희(金正喜, 1786~1856)의 〈자제소조(自題小照)〉란
글이다. 자기 초상화를 보다 떠오른 생각을 적었다. 그림 속에 그려
진 나는 내가 아니다. 그렇다고 여기 앉아 생각하는 주체인 나도 진
정한 나는 아니다. 참 나는 어디에 있는가? 모두들 들떠 나 아닌 남
만 쫓아다니는 동안 진정한 나, 참 나는 사라져버리고 말았다. 장난
기가 느껴지는 글이지만, 참 나의 소재에 대한 문제를 지속적으로
제기하고 있다는 점에서 흥미롭다.

또 이덕무는 박지원의 〈주공탑명(麈公塔銘)〉 뒤에 붙인 게송(偈
頌)에서, 지황탕(地黃湯)을 마시느라 탕약을 짜자 수천 수백의 거품
이 보글보글 일어나는데, 거품 하나하나마다 수백 개의 나가 들어

있더란 말을 하며, 찡그리고 웃으면 거품 속의 수백 개의 나도 함께 찡그리고 웃다가, 막상 약을 다 마셔버리자 좀 전까지 분명히 존재하던 수백 개의 내가 흔적도 없이 사라져버리고 말더라면서, 참 나의 존재에 대한 성찰을 보태고 있다.[18]

이 시기의 글 속에 반복적으로 확인되는 이러한 자의식의 성찰은 변화하는 세계 속에 확고한 자기 좌표를 확립하고자 하는 노력의 일환으로 받아들여진다.

구진론(求眞論)과 조선풍

변화의 당위를 인정할 때, 그것을 받아들이고 판단하는 주체가 문제가 된다. 주체가 서면 방향이 생겨난다. 이전에 막연하던 것이 또렷하게 보이고, 갈림길에서 헤매다가 뚜벅뚜벅 걷게 된다. 통변 인식에 따른 주체의 확립은 당연하게도 '그때 저기'가 아닌 '지금 여기'의 추구, 즉 구진(求眞)의 지향으로 나타난다. 박지원은 〈공작관문고자서(孔雀舘文稿自序)〉에서 이렇게 말한다.

글이란 뜻을 나타내면 그만일 뿐이다. 저 제목에 임해 붓을 잡기만 하면 문득 옛말을 생각하고, 억지로 경전의 뜻을 찾아 생각을 꾸며 근엄하게 하고 글자마다 무게를 잡는 자는, 비유하자면 화공을 불러 진영(眞影)을 그리는데 용모를 고쳐서 나가는 것과 같다. 눈동자는 멀뚱멀뚱 움직이지 않고, 옷의 무늬는 닦아 편 듯 말끔하여 평상의 태도를 잃고 보면, 비록 훌륭한 화공이라 해도 그 참모습을 그려내기 어렵다. 글을 하는 것도 또

한 이것과 무엇이 다르겠는가? 말은 반드시 거창할 것이 없으
니, 도는 호리(毫釐), 즉 작은 차이에서 나누어진다. 말할 만한
것이라면 기왓장 자갈돌이라 해서 어찌 버리겠는가. 그런 까닭
에 도올(檮杌)은 흉악한 짐승인데도 초나라 역사책이 이름으
로 취하였고, 사람을 몽둥이로 쳐서 묻어 죽이는 추매(椎埋)가
극악한 도적임에도 사마천과 반고는 이에 대해 서술하였다. 글
을 하는 자는 다만 그 참됨을 추구할 뿐이다.[19]

초상화는 그 사람의 진면목을 남기기 위한 것이다. 그런데 용모를
고쳐 꾸민다면 아무리 근사하게 그려도 그 사람이라 할 수 없다. 글
도 마찬가지다. 아무리 화려한 수식과 긴밀한 짜임새를 갖추어도 내
면의 진실이 없으면 무슨 소용이란 말인가? 기왓장 자갈돌도 천하다
고 버릴 수 없고, 도올과 추매(椎埋)는 흉악한 짐승과 극악한 도적이
지만 옛사람은 이를 기록으로 남겼다. 중요한 것은 '진(眞)'이지, 대
상 자체의 선악과 귀천은 문제되지 않기 때문이다.
　이를 〈답창애지일(答蒼厓之一)〉에서는 "글 짓는 사람은 더러워도
이름을 감추지 아니하고, 비루해도 자취를 숨기지 않는다"고 부연했
다. 왜냐하면 "글자는 함께하는 바이지만 글은 혼자만의 것"이기 때
문이다.[20] 나의 개성, 나의 진실을 드러낼 수만 있다면 더럽고 비루
한 것도 마다할 수 없다는 것이다.
　〈영처고서(嬰處稿序)〉에서 연암은 또 "수박의 겉을 핥는 자나 후추
를 통째로 삼키는 자와는 더불어 맛을 이야기할 수 없고, 이웃 사람
의 담비 갖옷을 부러워하여 한여름에 빌려 입는 자와는 함께 계절을
이야기할 수 없다. 형상을 꾸미고 의관을 입혀놓더라도 어린아이의

진솔함을 속일 순 없다"[21]고 갈파했다. 요컨대 우리 것이 비루하다 해 남의 것만 기웃거린다면 필경에는 길 위에서 울고 서 있을 수밖에 없게 된다. 차라리 비루할망정 주체를 확고히 세워 눈앞의 진실을 그대로 담아내는 것이 더 요긴하다. 글은 다시 이렇게 이어진다.

이제 무관은 조선 사람이다. 산천과 기후가 중국과 다르고, 언어와 노래의 습속도 한나라나 당나라와 다르다. 만약 그런데도 중국의 법을 본받고, 한나라나 당나라의 체재를 답습한다면, 나는 그 법이 높아지면 높아질수록 담긴 뜻은 실로 낮아지고, 체재가 비슷하면 비슷할수록 말은 더욱 거짓이 될 뿐임을 알겠다. 우리나라가 비록 궁벽하지만 또한 천승(千乘)의 나라이고, 신라와 고려가 비록 보잘것없었지만 민간에는 아름다운 풍속이 많았다. 그럴진대 그 방언을 글로 적고 그 민요를 노래한다면 절로 문장을 이루어 참된 마음이 발현될 것이다. 남의 것을 그대로 답습하지 않고 서로 빌려와 꾸지 않고, 지금 현재에 편안해 하며 삼라만상에 나아감은 오직 무관의 시가 그러하다.

아아! 《시경》 삼백 편은 새나 짐승, 풀과 나무의 이름 아닌 것이 없고, 뒷골목 남녀의 말에 지나지 않는다. 그럴진대 패(邶) 땅과 회(檜) 땅의 사이는 지역마다 풍속이 같지 않고, 강수(江水)와 한수(漢水) 위로는 백성의 풍속이 제가끔이다. 그런 까닭에 시를 채집하는 자가 여러 나라의 노래로 그 성정(性情)을 살펴보고 그 노래의 습속을 징험하였던 것이다. 따라서 무관의 시가 어찌 다시 옛것이 아니라고 의심하겠는가? 만약 성인으로 하여금 중국에서 일어나 여러 나라의 노래를 살피게 한다면, 《영처고》를 살펴보아 삼한의 새와 짐승, 풀과 나무의 이름을 많이 알게 될 것이요, 강원도 사내와 제주도 아낙의 성정을 살펴볼 수 있을 터이니, 따라서 이를 조선의 노래라고 말하더라도 괜찮을 것이다.[22]

구진의 추구가 마침내 조선풍의 선언으로 이어지는 장면이다. 예전 채시자(採詩者)가 열국의 국풍을 보고 그 성정과 풍습을 가늠할 수 있었듯이, 지금 여기를 사는 조선 사람들은 조선의 조수초목(鳥獸草木)을 노래하고, 맥남제부(貊男濟婦)의 성정을 표현하는 것이 옳다. 서울을 무조건 장안이라 하고, 삼공(三公)을 죄다 승상(丞相)이라 한다면, 그건 섶을 지고 소금을 사라고 외치는 것과 같을 뿐이라고도 했다.[23]

이는 정약용의 이른바 '조선시' 선언으로 다시 이어진다.

노인의 한 가지 통쾌한 일은
붓 내달려 미친 노래 짓는 것일세.
험한 운자(韻字) 반드시 구애치 않고
퇴고하며 구태여 끌지도 않네.
흥 이르면 그 자리서 뜻을 펼치고
뜻 이르면 그 즉시 베껴낸다네.
나는야 누군가 조선의 사람
즐거이 조선의 시를 지으리.
그대는 그대 법을 씀이 옳으니
어리석다 그 누가 떠들어대나.

구구한 격이니 율 같은 것은

먼 데 사람 어이 알 수 있나.

오만하기 그지없는 이반룡이는

우리를 동이라고 조롱했었네.

원(袁)·우(尤)가 이반룡을 후려쳤어도

중국에선 별다른 말이 없었지.

등 뒤에서 새총 든 자 있는데

어느 겨를 마른 매미 엿본단 말인가.

나는 〈산석(山石)〉 시구 사모하건만

아녀자란 놀림을 받을까 싶네.

어찌 능히 서글픔 꾸미어대어

괴롭게 애끊는 소리를 내랴.

배와 귤은 그 맛이 제가끔이니

기호는 마땅함을 따를 뿐일세.

老人一快事	縱筆寫狂詞	競病不必拘	推敲不必遲
興到卽運意	意到卽寫之	我是朝鮮人	甘作朝鮮詩
卿當用卿法	迂哉議者誰	區區格與律	遠人何得知
凌凌李攀龍	嘲我爲東夷	袁尤撻雪樓	海內無異辭
背有挾彈者	奚暇枯蟬窺	我慕山石句	恐受女郎嗤
焉能飾悽黯	辛苦斷腸爲	梨橘各殊味	嗜好唯其宜[24]

다산이 73세 때 지은 시다. 나이 들어 통쾌한 건, 더 이상 격률이나 운자에 얽매이지 않고, 퇴고에도 신경쓰지 않게 된 것이라 했다. 홍

이 이르면 쓰고, 뜻이 떠오르면 짓는다. 조선 사람이 조선시를 쓰겠다는데 누가 뭐라 하겠느냐고도 했다. 구구한 격률 따위 내다버리고, 이반룡이 우리를 동이라고 욕하든 말든 신경쓰지 않겠다고 했다.

또 중국에서는 원굉도와 우동 등이 《백설루집(白雪樓集)》을 지은 이반룡의 문학 태도를 극렬하게 비판해도 아무도 이의를 제기하지 않았다. 하지만 정작 우리나라에선 우리를 멸시했던 이반룡을 욕하는 게 도리어 큰 문제가 된다. 매미를 노리는 새의 뒤에는 새총 든 사람이 새를 노리고 있다. 요컨대 이반룡도 문제고 원굉도도 문제라는 것이다. 결국 이래서 안 되고 저래서 안 되고를 따지다 보면 할 수 있는 일이라곤 하나도 없다. 그러니 어찌 이 눈치 저 눈치 보면서 하고 싶은 말은 정작 하나도 못 하는 글을 쓸 수 있겠느냐고 했다. 차라리 조금 부족하고 틀리더라도 제 하고 싶은 말을 하는 게 옳지 않느냐는 이야기다.

뒤쪽에서 '산석구(山石句)'를 사모한다고 했다. 한유(韓愈)가 쓴 〈산석〉 시의 "인생이 이 같으면 절로 즐길 만한데, 어이 꼭 얽매여서 남의 부림 당하랴(人生如此自可樂, 豈必局束爲人鞿)"라는 구절을 두고 한 말이다.[25] 툭툭 털고 하고 싶은 말만 하기도 바쁜데, 왜 이런 저런 격식에 얽매여 가짜 글, 거짓 소리만 하고 있느냐는 것이다. 이 것이 다산이 말한 조선시 정신의 핵심이다. 차라리 형식을 버릴망정 눈앞의 진실을 노래하겠다는 선언인 셈이다. 배와 귤은 각기 맛이 다르다. 중국과 조선도 각각의 맛을 지니는 것이 옳다. 옛날과 지금은 취향이 다른 것이 당연하다. 그러니 괜스레 형식에 맞추느라 끙끙대지 말고 가슴으로 시원한 소리를 토해내는 게 어떻겠느냐는 말이다.

이렇게 해서 통변 논의는 주체의 확립과 구진의 경로를 거쳐 조선

풍, 또는 조선시의 추구로 이어지는 경로를 확보한다.[26] 이것이 홍
길주(洪吉周)에 이르면 다음과 같은 인식의 변화로까지 확산된다.

좌구명(左丘明)으로 하여금 초나라 회왕 때에 태어나게 하여
이별의 근심을 품고 쫓겨나서 부(賦)를 짓게 하였더라면 그 글
은 반드시 〈이소(離騷)〉와 같았을 것이요, 장주(莊周)로 하여
금 한나라 무제 때 태어나 금궤석실(金匱石室)의 기록을 관장
하게 하여 역사를 서술하게 하였더라면 그 글은 반드시 《사기》
와 같았을 것이다. 그 나머지 사람도 모두 그러했을 터이니, 또
이 몇 사람으로 하여금 제량(齊梁)과 수당(隋唐) 사이에 태어
나게 하여 변려(駢儷)와 대우(對隅)의 글을 짓게 하였더라면
반드시 유신(庾信)이나 왕발(王勃)과 같았을 것이고, 이들로
하여금 당나라 개원(開元)·대력(大曆) 즈음에 태어나게 하여
악부고시(樂府古詩)와 율절(律絶)을 짓게 하였더라면 반드시
이백이나 두보와 같았을 것이다. 또 이들로 하여금 당나라 흥
원(興元)·정원(貞元) 사이에 태어나게 하여 주의(奏議)를 올
려 일을 논하게 하였더라면 반드시 육지(陸贄)와 같았을 것이
고, 당나라나 송나라 때 태어나게 하여 제조(制詔)나 논책(論
策)·비지(碑誌)·서기(序記) 등의 글을 짓게 하였더라면 반드
시 한유나 소식(蘇軾)과 같았을 것이다. 원나라와 명나라가 교
체되는 즈음에 태어나게 하여 소설과 전사(塡詞)를 짓게 하였
더라면 반드시 나관중(羅貫中)이나 왕실보(王實甫)와 같았을
것이다. 이들로 하여금 지금의 세상에 태어나게 하여 향랑(香
娘)의 의열(義烈)을 서술케 하였더라면 반드시 죽계(竹溪)와

같았을 것이고, 《향랑의열전》을 읽게 하여 이를 서술케 하였더라면 반드시 나의 글과 같았을 것이다.[27]

얼마나 자신감 넘치는 표현인가? 시대와 지역에 따른 편차를 적극 긍정하고, 이미 있는 길을 따르는 대신 새로 낸 길을 걸어가는 것이 부끄럽지 않고 자랑스럽다고 당당히 밝히고 있다.

ㅁ ㅁ ㅁ ㅁ ㅁ

이상 성글게 18, 19세기 문인들의 통변 인식과 그것이 조선풍의 추구로 이어지는 경로를 일별해보았다. 18, 19세기의 문학론은 이전 시기 당송파 고문가와 진한파 의고문가로 나뉘어 논쟁하던 답답한 틀을 깬다. 통변의 논의가 더 적극적이고 전진적인 논리를 마련하면서 변화의 당위와 필연을 역설하게 되고, 주체의 확립에 기반한 문화적 자신감은 고답적 관념의 늪을 벗어나 눈앞의 진실을 추구하는 조선풍으로 이어졌다.

물론 이 시기에도 당송파 고문가와 진한파 의고문가 들은 여전히 문단에서 자신의 목소리를 내고 있었다. 그러나 그들 내부의 목소리에도 단순한 문도합일이나 맹목적인 모의를 벗어나는 관점의 조정과 수정이 감지된다.

이 시기 통변론이 중요한 것은, 그것이 단순히 때에 맞는 글을 쓰자는 시중(時中)의 차원을 넘어 근대적 주체 확립의 문제와 맞닿아 있기 때문이다. 그전에도 지루하게 반복되던 문학론의 쟁점들은 여기에 이르러 다른 단계로 넘어간다. 물론 이 사이에도 섬세한 조율이 필요한 논의들이 개재되어 있다. ▨

2 부

18세기 조선 지식인의
지적 경향

18세기 산수유기의 새로운 경향

18세기로 접어들면서 한국 한문학은 의고(擬古)의 낡은 틀을 벗고, 돌연 새로운 생기로 가득 찬다. 기존 성리학의 거대담론은 변화하는 세계를 설명할 힘을 잃고 있었다. 생동하는 도시 문화와 청으로부터 수입된 신간 서적들로 인해 사대부들의 의식에도 큰 변화가 일어났다. 명청 소품문과 패관소설의 성행은, 이전 같으면 금기시되던 유흥 문화를 부추겼고, 서화 골동이나 산수 유람에 대한 열광적 애호를 낳았다.[1]

입만 열면 성현의 도를 말하는 공허한 관념의 유희에 지식인들은 회의를 느꼈다. 대신 주변의 소소한 일상 사물에 대한 관심으로 눈길을 돌렸다. 산수자연을 통해 성정을 도야하고 인격을 수양하던 모습은 흥청대는 유락적인 것으로 변모하였다.

의식의 변화는 형식의 변화로 이어졌다. 주변적이던 양식들이 주류적 양식으로 편입되었고, 완고하던 문체 형식 내부에서도 다양한 변화가 감지되었다. 육언시와 같은 변이 형태의 한시가 자신들을 드러내는 한 표징으로 애호되어 활발히 창작되었다. 노정기 중심의 일기체이던 산수유기의 상투적 형식도 달라졌다. 척독(尺牘) 같은 주변적 양식이 당당히 문집에 오르기 시작했다.[2]

이 시기에는 다양한 충동들이 공존하고 있었다. 이전의 흐름은 그것대로 여전히 막강한 권력을 행사했다. 그러나 몇몇 작가들에 의해 꿈틀댄 변화의 조짐이 문학사에 활기를 불어넣었다. 이 시기 작가들의 내면을 사로잡던 충동은 어떤 것일까? 이 글은 18세기 문단의 생동하는 분위기를 전제로, 이 시기 산수유기에 나타난 새로운 경향을 검토하고자 한다.

18세기 산수유기의 소품적 특징

산수유기는 말 그대로 산수 간에 노닌 일을 글로 적은 것이다. 옛 문인의 문집에 으레 한두 편씩은 들어 있는, 관습적 틀이 단단한 장르다. 노정에 따라 견문한 사실을 일기체로 설명하거나 묘사한 내용이 대부분으로, 서정 자아의 주관적 침투보다 객관적 관찰과 묘사에 비중이 있다.

여기에는 중간중간 설리적(說理的) 문자가 개입되기도 한다. 조식(曹植)의 〈유두류록(遊頭流錄)〉에서 "처음 위쪽으로 오를 적에는 한 걸음 한 걸음 내딛기가 힘들더니, 아래쪽으로 내려올 때에는 단지 발만 들어도 몸이 저절로 쏠려 내려갔다. 그러니 어찌 선을 좇는 건 산을 오르는 것처럼 어렵고, 악을 따르는 건 무너져내리는 것처럼 쉬운 일이 아니겠는가?"[3]와 같은 것이 그러한 예다. 경물의 묘사에서 사용하는 비유도 유가적 표준에 맞춘 유비적 언급이 많다. 고경명(高敬命)이 〈유서석록(遊瑞石錄)〉에서 입석대(立石臺)의 모습을 기록하는 대목은 이렇다. "멀리서 바라보매 아관(峨冠)을 쓴 큰 선비가 홀(笏)을 단정히 들고 두 손을 맞잡아 절을 하는 것만 같더니, 다가가서 살펴보면 마치 중관철성(重關鐵城)에 만갑(萬甲)을 감춰둔 듯하다. 그 중 하나는 기댐 없이 홀로 서서 그 형세가 더욱 고고히 빼어난데, 세속을 멀리하여 발길을 끊은 선비가 무리에서 벗어나 홀로 가는 것만 같다."⁴⁾ 말하자면 산수의 경관과 마주하여서도 사물 그 자체에 순수히 몰입하지 못하고, 끊임없이 물리의 이치를 탐구하고, 인간의 일을 되돌아보는 건 산수유기의 오랜 관습이다. 그들은 끊임없이 관찰하면서도, 사물을 사물 그 자체로 보기보다 비유적 언어로 의미화하는 자아의 세계화 방식을 즐겼다.

중국에서는 만명(晩明) 공안파(公安派)에 이르러 산수 소품이 새롭게 각광 받았다. 앞서 인용한 바 있는 원굉도나 장대 같은 인물은 산수 문학의 새로운 경계를 열었다. 이들은 서호(西湖) 등 특정 지역을 구역별로 나누어 소묘하였고, 때로 행간에 분세질속(憤世疾俗)의 정서를 표백하는 것도 서슴지 않았다. 이들에 와서 도학적 색채는 완전히 탈색되었다. 이 밖에 위영(衛泳)의 〈한상십육칙(閑賞十六則)〉처럼 절기별로 유상(遊賞)의 즐거움을 극대화하는 방법을 적은 글이나, 진원소(陳元素)의 〈작객고락(作客苦樂)〉, 원중도(袁中道)의 〈서유산호상어(書遊山豪爽語)〉같이 유람상의 정취를 논한 글도 활발히 창작되었다.

18세기 조선 문단은 이들의 문학적 성과를 적극 수용하면서, 섬세한 관찰과 주관적 감정의 침투, 새로운 형식의 도입 등 산수유기 양식에 상당한 변화가 일어난다. 여기에는 원굉도나 장대 등 중국 작

가들의 산수유기의 영향이 컸다. 한 예로 박제가는 묘향산 여행을
떠나면서 행장 속에《원중랑집(袁中郎集)》을 지니고 간다. 정작 여행
지에서 그는 원래의 목적과 달리 애상에 빠져 〈서문장전(徐文長傳)〉
을 읽고는 있지만, 휴대의 목적은 그의 산수유기를 참고하려 했던
것이 분명하다.[5] 또 이덕무는 〈서해여언(西海旅言)〉의 서문에서, 누
가 자신의 글을 명나라 왕사임(王思任)의 〈천목유환(天目游喚)〉에
견주는 것에 대하여 자부를 느낀다고 적었다.[6] 이런 언급들은 이 작
가들이 만명 소품의 광범위한 독서를 바탕으로 자신의 작품 세계를
구축하고 있음을 알려준다.

18세기 산수유기에서 드러나는 소품적 특징은 형식·내용·문체 면
으로 대별된다. 형식 면에서는 노정에 따른 장편 일기체 산수유기에
서 장소별로 절목화하거나, 작품의 길이가 짧아지는 소품화 현상이
두드러졌다. 내용 면에서는 앞서 말한 '벽'과 '취'를 추구하는 심미
적 경향이 다분히 짙어졌고, 주관적 서정의 침투도 현저하게 강화되
어, 세계의 자아화를 지향하는 특성을 보여준다. 다루는 소재의 폭
도 뚜렷이 확대되었다. 문체 면에서는 섬세한 점묘적 묘사와 나열이
특징으로 지적된다. 차례로 살펴본다.

18세기 산수유기의 형식적 특징

18세기 산수유기에서 새롭게 관찰되는 형식상의 특징은 절목화와
소품화이다. 물론 이 시기에 창작된 산수유기들이 다 이런 특징을
보이는 건 아니다. 아직도 대다수의 산수유기는 전대의 전통을 충실
히 답습하고 있다. 다만 이전에는 볼 수 없던 형태의 산수유기들이
서울·경기 지역을 중심으로 한 소품 작가들에게 나타나는 건 주목할

만한 변화다.

절목화란 여행의 내용을 작은 단위로 나누어 기술하는 것이다. 이런 절목화의 창작 예는 이덕무, 이옥, 권상신(權常愼, 1759~1824) 등에게서 보인다.

이덕무의 〈기유북한(記遊北漢)〉은 1761년 9월, 2박 3일간 북한산을 유람한 뒤 쓴 작품이다. 이는 전대의 유람기와 달리, 세검정과 소림암을 비롯한 주요 풍경점 14개처를 선정해 토막토막의 짧은 글로 이어놓았다. 원굉도와 장대의 영향이 뚜렷하다. 그의 〈서해여언〉이 같은 분장 체제로 되어 있으면서도, 일기체의 시간순 전개인 것과는 다르다.

이옥의 〈중흥유기(重興遊記)〉노 1793년 8월, 2박 3일간 북한산을 유람한 기록이다.[7] 이 글은 날짜별 순차에 따른 기술을 과감히 버렸다. 시일(時日)·반려(伴旅)·행리(行李)·약속(約束)·초첩(譙堞)·정사(亭榭)·관해(官廨)·요찰(寮刹)·불상(佛像)·승려(僧侶)·천석(泉石)·초목(草木)·면식(眠食)·배상(盃觴)·총론(總論) 등의 절목을 둔 파격적 구성이다. 순차적 여정을 절목별로 해체하여, 각기 다른 관점에서 듣고 본 것을 다양한 시각으로 기록하였다. 이것은 남쪽으로 귀양 가는 길의 견문을 적은 〈남정십편(南程十篇)〉에서도 그대로 반복된다. 서문(敍文)·노문(路問)·사관(寺觀)·연경(烟經)·방언(方言)·수유(水喩)·옥변(屋辨)·석탄(石嘆)·영혹(嶺惑)·고적(古蹟)·면공(綿功) 등으로 나누어, 상세한 관찰을 덧붙였다. 이들 기술에서 특히 두드러지는 건 거의 지도를 보고 설명하는 듯한, 리수(里數)에 대한 세밀한 기술뿐 아니라, 처음 듣는 경상도 사투리의 나열, 〈연경〉에서처럼 송광사 승려와의 장난기를 수반한, 하지만 비수 같은 일깨움을

담은 의론문 성격의 글이다. 여기에 이르면 산수유기는 문체 면에서
도 다양한 글쓰기 형태가 실험되면서 양식이 확대 또는 해체되는 양
상으로까지 나타난다.

　권상신도 〈남고춘약(南皐春約)〉과 〈정릉유록(貞陵遊錄)〉이란 두
편의 흥미로운 산수유기를 남겼다. 이들 또한 조목으로 나눈 것이
특징이다. 〈남고춘약〉은 〈제1조 상화(賞花)〉·〈제2조 금서투호(琴書
投壺)〉·〈제3조 주표(做表)〉의 삼 조로 이루어져 있다. 꽃놀이의 규칙
을 아주 상세히 절목화하였고, 끝에는 이에 따른 벌칙까지 세세히
규정하였다. 〈정릉유록〉도 모두 8칙으로 되어 있다.[8] 그 형식의 낯
섦으로 일차 흥미를 유발한 뒤, 내용의 파격성으로 강한 흡인력을
발휘한다. 참고로 〈남고춘약〉의 〈제1조 상화〉의 내용은 다음과 같다.

　1. 밥 먹기 전에 어디서 꽃 구경을 할 것인지 의논을 정한다. 만
　약 의견이 갈리면 세 번째 사람이 두 사람의 말을 따른다. 의논
　이 서지 않음을 부끄럽게 여겨 함께 따라가기를 내켜하지 않는
　사람은 다음과 같이 벌을 준다.
　1. 보슬비가 오거나 짙은 안개가 끼거나 사나운 바람이 불더라
　도 모두 가리지 않는다. 대개 한 해의 봄날이라는 게 비와 안개
　와 바람부는 날을 제하고 나면 놀 수 있는 날이 매우 적다. 빗
　속에 노니는 것은 꽃을 씻어주니 '세화역(洗花役)'이라 하고,
　안개 속에 노니는 것은 꽃에 윤기를 더해주니 '윤화역(潤花
　役)'이라 하며, 바람 속에 노니는 것은 꽃을 지켜준다 하여 '호
　화역(護花役)'이라 이름한다. 만약 옷이나 신발을 아껴 병을 핑
　계대며 머뭇거리고 가지 않는 자는 다음과 같이 벌을 준다.

1. 갈 때는 소매를 나란히 하고 가거나 줄줄이 서서 가기도 한다. 때로는 둘둘이나 셋셋씩 들쭉날쭉 가기도 한다. 반드시 각자 서로 돌아보아 함께 한 무리를 이루어야 한다. 잘 걷는 사람은 앞서 가되 뒤에 오는 사람을 돌아보지 않고, 걸음이 더딘 사람은 뒤미처 가되 앞사람을 부르지 않는다. 그러다가 낙오되어 흩어진 사람은 다음과 같이 벌을 준다.

1. 꽃을 감상하는 사람은 이따금 꽃을 꺾는 것을 매우 기뻐한다. 말할 것도 없이 동군(東君), 즉 봄의 신이 꽃을 기르는 건 농부가 곡식을 기르는 것과 한가지다. 꽃 한 송이 한 송이는 모두 조화옹이 애를 써서 마음 씀이 애연한 것이니, 무릇 우리와 함께 노는 자는 차마 이를 어찌 꺾으리오. 꺾는 자는 다음과 같이 벌을 준다.

1. 작은 술잔에 순배를 돌리는 것은 나이 순서대로 한다. 술이 술잔에 따라지면 예에 따라 사양해선 안 된다. 술을 잘 마시지 못하는 자는 술잔이 자기 차례에 오면 술잔을 잡고 꽃 아래에 따르면서 꽃을 향해 머리를 조아리며, "삼가 꽃의 신께서는 술집을 굽어 살피소서. 술집이 실로 좁아 땅에 따릅니다"라고 해야 한다. 함께 노는 이는 이를 불쌍히 여겨 그 괴로운 형편을 면해준다. 만약 그 술잔을 깊거나 얕게 하여 가져다가 시간을 오래 끄는 데 마음 쓰는 자는 다음과 같이 벌을 준다.

1. 운자를 내서 시를 지을 때, 운자 하나로 함께 짓기도 하고, 운자를 나누어 각자 짓기도 한다. 좋고 나쁨은 논하지 않고, 오로지 노닒의 서정에 대해 적는 것을 위주로 한다. 무리가 모두 작품을 지었는데도 혼자 괴로이 생각하며 잘 지으려 하는 자는

다음과 같이 벌을 준다.[9]

이어지는 〈제2조〉와 〈제3조〉도 매 단락이 '종벌여좌(從罰如左)'로 끝난다. 이를 이어 모두 17조에 걸친 벌과가 나열된다. 벌과 또한 모두 옛 경전이나 전적에서 전거를 찾아 근거로 제시하였다. 이 글은 마치 법률 조문이나 사무 기록문서 형식을 차용함으로써 색다른 느낌을 준다. 물론 이러한 것은 모두 산수유람의 '취'를 고조하기 위한 수사적 장치다.

호흡이 짧은 소품화의 경향도 주목할 만한 변화다. 이전 노정기 형식의 산수유기는 그것만으로 별도의 성책(成冊)이 가능할 정도로 장편화의 경향을 띠는 것이 보통이었다. 그러나 이 시기에 이르면 짤막한 형식의 산수 소품이 활발히 창작된다. 박지원의 〈마수홍비기(馬首虹飛記)〉나 이덕무의 〈칠십리설기(七十里雪記)〉 등은 구체적 여정의 기록이라기보다, 한순간에 마주친 경물의 순간적 인상을 포착하여 소묘한 가작(佳作)이다. 〈마수홍비기〉는 말 그대로 말 머리에서 무지개가 난 이야기이다. 해 뜰 무렵 강화도로 들어가는데, 떠오르는 아침 해와 갑작스런 빗발이 빚어낸 햇무리에서 생긴 무지개의 아름다운 모습을 너무도 섬세하게 묘사하였다. 정약용의 〈유세검정기(遊洗劍亭記)〉나 〈유천진암기(遊天眞庵記)〉 같은 작품도, 짧은 글 속에 인상적인 장면과 함축적인 의미를 담아내고 있다.[10]

18세기 산수유기의 내용적 특징

이 시기 산수유기의 내용적 특징은 서사 영역의 확대로 요약되는 내용 및 형식상의 파격성 그리고 서정성의 강화에서 찾을 수 있다.

조희룡(趙熙龍)의 〈우봉척독(又峰尺牘)〉 11에는 며칠 전 자식이 범에게 물려간 일을 말하며, 울면서 등정을 말리는 역의 주인 이야기를 듣고, "그런데도 다시 노력하여 전진하려고 함이 이와 같으니, 이른바 '벽비(碧痞)' 따위가 이 같은 것이다. 비(痞)는 병이 맺힌 것으로 치료하기 어렵다. 나는 늙었으니 무엇을 걱정하겠는가? 너희들 중에 이러한 것을 좋아하는 벽이 있어선 안 된다"[11]고 적은 대목이 있다. 비는 배와 가슴 안쪽에 무언가 맺혀 응어리진 상태를 나타내는데, 여기서의 '벽비'란 푸른 산을 향한 산수벽을 말한다. 이러한 벽은 이전에도 '연하고질(煙霞痼疾)', '천석고황(泉石膏肓)'으로 일컬어졌다. 다만 18세기로 접어들면서 그 구체적 내용에 상당한 변화가 일어난다.

우선 서사 영역을 보면, 이제 산수유기는 단순히 풍경만을 기록하지 않는다. 도중 견문의 내용이 매우 다양하게 삽입되고, 그 내용도 실로 파격적인 것이 많다. 이옥의 〈남정십편〉 중 〈방언〉 대목을 보면 다음과 같다.

시골 말을 들어보니, 첫날은 도무지 못 알아듣겠고, 둘째 날에는 반쯤 알아듣겠더니, 셋째 날에는 듣는 대로 익숙해졌다. 청하는 것을 '도올아(都兀呀)'라고 하니 서로 돕는다는 뜻이다. 응하는 것은 '우일라(于嗜羅)'라고 한다. 윗사람이 대답하는 말인데, 아랫사람이 윗사람에게 쓰기도 한다. 어머니를 '어매(於邁)', 할아버지를 '활배(豁輩)', 여자를 '가산(嘉散)', 지팡이를 '작지(斫枝)', 소쿠리를 '거치(擧致)', 새끼줄을 '삭락긴(朔落緊)', 벼를 '나락(羅樂)', 말을 '몰(沒)', 병아리를 '빈아리

(貧兒利)', 산을 '매(昧)', 돌을 '돌기(突其)', 외양간을 '구의(求義)', 부엌을 '정자(精子)'라고 한다.[12]

국어사적으로도 매우 소중한 기록이다. 이렇듯 이 시기 여행기는 단순히 경물의 묘사에 그치지 않고, 방언을 채록하거나 오던 길에 본 가옥의 형태, 시냇물의 다양한 형세, 지역에 따른 바위 모양의 변화, 심지어 영남에서 처음 목화밭을 보고 목화로 옷 만드는 과정을 기술하는 등 그 다루는 영역이 자못 무제한적이다. 앞서 보았듯이 문체의 성격도 다양한 형태가 혼효되는 양상으로 나타난다.

〈연경(烟經)〉은 우리말로 풀면 '담배 연기로 풀이한 불경'쯤이 되는데, 이는 송광사 향로전에서 담배를 피우려 하자 이를 만류하는 행문(幸文) 사미와 문답한 내용이다. 향을 피우면 향 연기가 되고, 담배를 피우면 담배 연기가 되는 것을 비유 삼아, 불교의 연기설을 정면으로 비판한 내용이다. 희작이지만, 그 속에 담긴 이치는 그리 단순하지 않다.

〈중흥유기〉의 〈행리〉 대목은 산에 오를 때 지닌 물품까지 상세히 적고 있다. 역시 전대의 산수유기에서는 전례를 찾아보기 힘들다. 또 〈중흥유기〉나 〈남고춘약〉 같은 글에는 앞서도 보았듯이 놀이의 규칙과 벌칙까지도 상세히 제시된다. 다시 〈중흥유기〉 중 〈약속〉의 한 대목을 읽어보자.

도성 문을 나서며 세 가지 법을 세웠다. 첫째는 시를 경계한다. 시 속의 사람을 지어야지, 사람 속의 시를 지어서는 안 된다. 시 속의 경물이 되어야지, 경물 속의 시가 되어서는 안 된다.

둘째는 술을 경계한다. 산골짜기나 개울가에 다행히 술집이 있으면 붉고 누런 것을 따지지 말고, 맑은지 지게미가 있는지 따지지 말며, 술 파는 자가 어떠한지 묻지 말 일이다. 우리를 받아주지 않으면 마시지 않고 지나간다. 한 잔을 마시면 화기가 돌고, 두 잔을 마시면 불콰해지고, 석 잔을 마시면 노래를 부르며 떠들지 않으면 춤을 춘다. 석 잔 이상 마시는 것은 일절 허락지 않는다. 석가여래가 이 금과옥조를 증거한다. 셋째는 몸을 경계한다. 지팡이 짚고 신 신고 들메끈 매고 옷을 걷어 올렸으니, 비스듬한 길을 올라도 괜찮고, 가파른 비탈을 올라도 괜찮고, 무너진 다리를 뛰어넘어도 괜찮고, 험한 골짝을 지나도 괜찮다. 백운대만은 안 된다. 할 수 없어서가 아니라 해서는 안된다. 이 말을 어기는 자가 있으면 산신이 추궁하리라.[13]

시를 짓더라도 사람과 풍경이 시 속에 완전히 녹아들어야지, 사람과 풍경이 시와 따로 놀아서는 안 된다. 술도 석 잔 이상은 마실 수 없다. 산의 운치를 제대로 즐길 수 없는 까닭이다. 가장 높은 곳인 백운대만은 오를 수 없다. 산에 대한 예의를 지키자는 것이다. 한마디로, 놀더라도 재미있게 놀고 멋있게 놀겠다는 것이다. 이것은 바로 취(趣)의 추구에 다름 아니다. 취의 추구는 〈정릉유록〉의 다음 대목에서 보다 선명하다.

두 절 사이에 너럭바위가 놓여 있는데, 봉국사와의 거리가 조금 더 가깝다. 물은 졸졸 흐르는 소리가 들을 만하였고, 꽃은 흐드러져 더욱 무성하였다. 승려 환(幻)에게 명하여 상류에 앉아서 꽃잎을 띄워 보내게 하였다. 물 위에 뜬 꽃잎이 수면에 붙어 빙빙 돌며 차마 내려가지 못하다가 갑자기 빙 돌아 나는 듯이 아래쪽 소용돌이에 이르렀다. 그러더니 또 첩첩이 쌓여 내려가지 못한다. 소나무 가지로 물길을 트자 그제야 내려가는지라. 기이하다 외치며 몹시 즐거워들 하였다. 갑자기 썩은 잎과 더러운 모래를 움켜쥐고 오는 자가 있어 연유를 물으니, 물길을 막아 급류의 소리를 만들려 한다고 했다. 내가 이를 나무라며 말했다. "누가 이따위 몰취미한 일을 하라고 시키더란 말이냐?" 그러고는 그에게 명하여 물 밑에 막힌 모래를 쳐내는 것으로 죄를 대신하게 하였다. 그러자 꽃잎이 몹시 빠르게 흘러 내려갔다.[14)]

승려에게 상류에서 꽃잎을 띄워 보내게 시켜 '도화유수묘연거(桃花流水杳然去)'의 흥취를 돋우려다가, 썩은 잎과 더러운 모래로 물길을 막아 폭포 소리를 듣겠다는 웬 사내의 '몰운사(沒韻事)'를 야단치는 대목은 이들의 놀이가 '취'에 얼마나 큰 비중을 두고 있었는지를 잘 보여준다. 때로 이러한 흥취가 도가 지나쳐 다소 희떱게 보이는 점마저 없지 않다.

작가의 서정적 자아가 확대되는 서정성의 강화도 이 시기 산수유기의 중요한 특징이다. 이옥의 〈삼유홍보동기(三游紅寶洞記)〉는 13년 간격으로 이루어진 세 차례의 홍보동 유람을 비교한 글이다. 세 번째 유람 장면부터 읽어보기로 하자.

신해년(1791) 삼월 보슬비 갓 개고 산들바람이 건듯 불기에,

조애(照厓)에서부터 걸어 의소묘(懿昭墓)가 있는 시냇가에서 쉬다가, 산자락을 넘어 홍보동에 이르렀다. 장차 붉은 꽃이 흐드러지게 피었으려니 했다. 막상 이르니 꽃잎 하나도 없었다. 꽃이 없을 뿐 아니라 나무조차 없었다. 비단 나무만 없는 것이 아니라 뿌리 또한 없었다. 때마침 마을의 장정이 땅을 파서 재와 똥을 채워 호박 심을 준비를 하는 게 보였다. 아래로 수각(水閣)을 살펴보았으나 역시 없어졌다. 다만 반듯반듯한 흰 주춧돌만 마치 화표주(華表柱)같이 서 있어, 사람으로 하여금 가을 같은 쓸쓸한 기분을 주더니만, 곧이어 내게 어떤 느낌을 불러일으켰다. 그제야 마고할미가 푸른 바다에 임하여 통곡하지 않았다는 것이 또한 무딘 미음이었음을 알았다. 아! 13년 만에 두 번째로 와서 놀았고, 또 13년이 지난 뒤 놀러왔다. 그런데 어째서 앞서 두 번째에는 꽃이 변하지 않았다가, 세 번째에는 변한단 말인가? 꽃이 변화한 것을 내가 알겠다. 늙은 것이 시들자 어린 것이 또 무성해지고 벤 것을 없애자 새싹이 움터 난다면, 비록 성쇠의 차이야 있다 해도 또한 이처럼 하나도 없지는 않을 것이다. 어찌 나무꽃을 목동이 하루아침에 베어버리고 그 뿌리마저 파내서 그런 것이겠는가? 아니면 세월이 오래다 보니 늙은 것은 더욱 늙어버리고 어린 것은 다시 싹이 터나지 않아 그렇단 말인가? 홍보동은 이로부터 끝나고 말았다.[15]

홍보동은 연희궁 동편, 지금의 연세대학교 뒤편에 있었다. 진달래꽃이 노을빛 장막을 깔아놓은 것처럼 아름답던 이곳은 처음 두 번 찾았을 때마다 흐드러진 꽃 잔치로 흐뭇한 추억을 만들어주었다. 앞부분을 보면 이곳에는 본래 홍보덕(洪輔德)이란 이가 살았고, 이곳의 진달래꽃 또한 모두 그가 심은 까닭에 이름을 홍보덕동(洪輔德洞)이라 했는데, 이것이 와전되어 홍보동(紅寶洞) 또는 홍패후동(紅牌後洞)이라 했다고 한다. 또 두 번째 놀이 때는 그곳 독송정(獨松亭) 아래 어떤 사람이 귀하게 되어 꽃밭 서편에 별서를 짓다, 공사가 채 끝나기도 전에 관가에 몰수되었다고 한다.[16]

이 언급은 이 글에 상당히 의미심장한 행간이 감추어져 있음을 시사한다. 더 찬찬한 논의가 필요하겠지만, 보덕이 세자시강원의 종삼품직 명칭임을 감안할 때, 홍보덕은 바로 당대 정치를 제멋대로 농단하다가 몰락한 홍국영(洪國榮)을 지칭한다고 판단된다. 두 번째 놀이 때인 1779년은 홍국영이 권력을 독점하다가 추락한 해이기도 하다. 그러고나서 문제의 세 번째 놀이 이야기가 나온다. 한때 권력자의 집 짓던 터는 주춧돌로만 남았고, 그 화려하던 진달래꽃은 뿌리째 뽑혀 흔적조차 찾을 수 없었다. 그러니까 그는 홍보동의 붉은 보석 같던 꽃이 자취도 없이 사라져버린 일을 이야기하며, 자연에까지 미친 권력의 무상함을 씁쓸한 어조로 행간에 담았던 것이다. 문면상으로는 그런 내색을 조금도 비치지 않았다.

다시 이덕무의 〈서해여언〉의 한 대목을 보자.

높이 올라 멀리 바라보니, 더더욱 내가 잗다란 존재임을 깨달아 아마득히 근심이 일어, 스스로를 슬퍼할 겨를도 없이 저 섬에 사는 사람들을 슬퍼하였다. 가령 탄환만 한 작은 섬에 기근이 해마다 들고, 바람과 파도가 하늘과 맞닿아 진대(賑貸)하는 곡식조차 통하지 못하게 되면 어떻게 하지? 해구(海寇)가 몰래

처들어와 바람을 타고 돛을 올려도 달아나 숨을 땅이 없어 전부 도륙을 당하게 되면 어찌한다지? 용과 고래, 악어와 이무기가 뭍을 에워 알을 낳고서 사나운 이빨과 독한 꼬리로 사탕수수처럼 사람을 짓씹어 먹는다면 어찌하지? 해신이 크게 성을 내어 파도가 솟구쳐서 마을 집을 남김없이 쓸어가버리면 어떻게 하나? 바닷물이 멀리 옮겨가 하루아침에 물길이 끊겨 외로운 뿌리가 우뚝 솟아 아마득히 바닥을 드러낸다면 어찌하나? 파도가 섬의 밑동을 갉아먹어 오래도록 물에 잠겨 흙과 돌이 견디지 못하고 물결을 따라 무너져버리면 어떻게 하나?

객이 말하였다. "섬 사람들은 아무렇지도 않은데 그대가 먼저 위태롭게 여기네그려." 바람에 부딪히자 산이 장차 옮겨가려 하는지라, 나는 이에 내려와 평지에 서서 소요하다가 돌아왔다. 내가 동쪽으로 불태산(佛胎山)과 장산(長山) 등 여러 바다에 둘러싸인 산을 바라보다가 탄식하며 말하였다. "이것은 바다 속의 흙일세그려." 객이 말하였다. "무슨 말인가?" "자네, 시험삼아 도랑을 파보게. 그 흙이 언덕처럼 쌓이겠지. 하늘이 큰 물길을 열면서 찌꺼기를 모은 것이 산이 된 걸세." 그러고는 두 사람과 함께 뒤쫓아온 막사에서 큰 술잔 하나를 내와 바다에서 노닐던 가슴을 축이었다.[17]

이 글은 황해도 장연 금사산(金沙山)의 금모래산에서 서해 바다 위의 섬들을 바라보며 느낀 바를 술회한 것이다. 주관적 흥취에 젖어 사물의 묘사보다는 서정적 자아의 독백에 가까운 감상을 토로하고 있다. 이 시기 산수유기는 이렇듯 객관 경물의 묘사에 앞서 때로 비대해진 자의식을 그대로 드러내는 것을 꺼리지 않는다. 이 대목은 연암 박지원이 편지글에서 인용하고 있을 정도로 주목 받았던 명문이다.[18]

이렇듯 이 시기 산수유기는 노정에 따른 기술이 우위에 놓이던 일반 경향과는 달리, 의론문의 삽입이나 주관적 기술의 확대 등 대체로 작가의 서정적 자아가 전체 작품을 주도하는 양상을 보인다. 그렇다고 이들의 작품에서 객관 묘사가 약화되는 건 결코 아니다.

18세기 산수유기의 문체적 특징

이 시기 산수유기가 보여주는 문체적 특성은 점묘적 묘사와 평포적(平鋪的) 나열에 있다. 눈앞의 사물을 마치 실경으로 보는 듯한 묘사는 이전 산수유기에서는 도저히 찾아볼 수 없는 생동감을 선사한다. 박제가의 〈묘향산소기(妙香山小記)〉는 이런 면에서 단연 압권이다.

> 납작한 돌을 골라 물결에 몸을 뉘어 던졌더니, 물 껍질을 벗기며 세 번도 뛰고 네 번도 뛴다. 느린 것은 두꺼비가 물에 잠기는 것 같고, 가벼운 것은 마치 물 찬 제비 같다. 우연히 대나무 모양을 만들면서 마디마디 재빠르게 뒤쫓기도 한다. 혹 동전을 쌓으며 뒤쫓기도 하는데, 뾰족한 흔적은 뿔도 같고, 층층의 무늬는 탑도 같다. 이것은 아이들의 장난인데, 겹물결 놀이라 한다.[19]

물수제비 뜨기 놀이를 묘사하는 대목이다. 대나무 마디 모양을 만

든다거나 동전을 쌓는다는 묘사, 뿔 같고 탑 같다는 기술에는 그 각
각의 모양이 마치 눈앞에서 그려지는 듯한 핍진함이 있다.

> 물을 거슬러올랐다. 바위의 형세는 넓고 평평했지만, 어지러
> 이 물이 흘러내려 걸음을 붙일 수 없었다. 아래 있던 여러 사
> 람은 내가 떨어질까 염려하면서도 말려 봤자 되지 않자 보기
> 만 하고 올라오지는 못했다. 한 걸음 올라 고개를 돌려 보니,
> 불러대는 손과 입을 헤아릴 수 있었다. 다섯 걸음 더 가서 고
> 개를 돌리니 눈썹이 아직도 내 쪽을 향해 우러르고 있다. 열
> 걸음만에 돌아보니 갓 머리가 상투 같아 단지 둘러선 모양만
> 보일 뿐이다. 백 걸음 가서 돌아보니 골 어귀에 있던 사람들이
> 폭포 바로 밑에 앉아 있는 것 같고, 폭포 밑에 있던 사람은 이
> 미 보이지 않았다.[20]

지켜보는 사람을 아래에 두고 폭포를 거슬러가는 대목의 묘사다.
이보환형(移步換形)의 기법으로, 아래쪽 사람들의 모습 변화를 통해
가파른 높이를 실감나게 그려냈다. 또 위치가 높은 것을 말할 때도,
"골짜기에 솔개가 떠 있는데, 그 등이 저만치 낮게 보였다[21]"와 같이
감각적인 표현을 구사하였다. 이 밖에 만폭동의 폭포를 "물줄기가 세
번 꺾어져서야 비로소 바닥을 짓씹는데, 움푹 들어갔다는 소용돌이가
일어나는 것이 마치 고사리 움이 주먹을 움켜쥔 것만 같고, 용의 수염
도 같고 범의 발톱도 같아, 움켜쥘 듯하다가는 멈추고 만다[22]"고 묘사
한 것은 참으로 섬세한 관찰 끝에 얻어진 생동감 넘치는 비유다.

장차 충주로 가려고, 아침에 이부(利富) 고개를 넘었다. 언 구름은 하늘에 쌓여 있고, 눈발이 처음엔 희끗희끗하더니만 옆으로 누워 날리는데, 마치 북틀 위의 씨줄 같았다. 어여쁜 눈송이가 살적에 묻어 은근한 기분이 났다. 내가 이를 사랑하여 하늘을 우러러 입을 벌려 들이마셨다. 산의 소로길이 제일 먼저 하얘졌다. 먼 곳의 소나무는 검은빛이고, 푸릇푸릇 흰빛으로 물들려 하는 건 가까이 있는 소나무였다. 마른 수숫대가 저만치 밭 가운데 서 있는데, 눈발이 바람을 끼고 여기로 몰아치자 쏴쏴 하며 휘파람 소리를 낸다. 붉은 껍질이 자빠져 땅에 끌리자, 절로 초서의 글자 모양 같았다. 큰 나무 가지에는 암수 까치가 대여섯 마리인지 일고여덟 마리인지 몹시 한가롭게 앉아 있었다. 어떤 놈은 부리를 가슴에 묻고 반쯤 감은 눈으로 자는 듯 마는 듯 있고, 어떤 놈은 조금 떨어져 그 부리를 갈기도 한다. 또 어떤 놈은 목을 돌리면서 발을 들어 눈자위를 긁기도 하고, 어떤 놈은 다리를 들어 곁에 있는 까치의 날개깃을 다듬어주기도 한다. 어떤 녀석은 그 머리에 쌓인 눈을 흔들어 털어내고는, 눈동자를 고정시키고 날리는 눈발의 모습을 가만히 응시하고 있다.[23]

이덕무의 〈칠십리설기〉다. 눈 속의 풍경 묘사가 마치 영화의 한 장면같이 실감난다. 까치 떼의 행동을 묘사한 대목도 카메라 렌즈를 바짝 당긴 듯한 핍진함을 자랑한다. 이러한 섬세한 관찰과 핍진한 묘사는 이 시기의 산수유기 외에는 달리 예를 찾기 어렵다.

그런가 하면, 다소 장황하게 느껴질 정도의 평포적 나열도 있다.

이옥에게서 특히 이러한 경향이 두드러진다. 먼저 〈남정십편〉 중 〈사관〉의 한 대목을 보자.

나한전을 보니 그 수가 오백을 헤아린다. 눈의 생김새는 물고기 같은 것, 속눈썹이 드리워진 것, 봉새처럼 깜빡이는 것, 자는 것, 퉁방울 진 것, 눈동자가 튀어나온 것, 부릅뜬 것, 흘겨보는 것, 곁눈질하며 웃는 것, 성난 닭처럼 보는 것, 세모난 것이 있다. 눈썹의 모습은 칼 같은 것, 나방이 같은 것, 굽이진 것, 몽당 빗자루처럼 긴 것이 있다. 코는 사자처럼 들창코인 것, 양처럼 생긴 것, 매부리처럼 굽은 것, 주부코인 것, 납작코인 것, 빈대코인 것, 대통을 잘라놓은 듯한 것이 있다. 입을 보면 입술이 말려 올라간 것, 앵두 열매 끝처럼 생긴 것, 말 주둥이 같은 것, 까마귀 부리 같은 것, 범 아가리 같은 것, 비뚤어진 것, 물고기가 뻐끔대는 듯한 것이 있다. 얼굴은 붉은 것과 푸르스름한 것, 붉은 것과 분 바른 듯 흰 것, 복사꽃 같은 것, 불그레한 것, 밤색인 것, 기미 낀 것, 사마귀 난 것, 얽은 것, 흰 어루러기가 난 것, 혹이 난 것, 물고기 눈에다 사자코를 한 것, 양의 코에다가 게슴츠레 감은 것, 사자코에 눈은 부릅뜨고 범의 아가리를 한 것이 있다. 눈이 같은가 하고 보면 코가 다르고, 코가 같으면 입 모양이 같지 않다. 입이 같으면 낯빛이 다르고, 다른 것이 다 같으면 키가 다르거나 뚱뚱하고 마른 것이 같지 않았다. 키가 크고 작고 뚱뚱하고 마른 것이 같으면 생긴 모습이 달랐다. 어떤 것은 서 있고, 어떤 것은 앉았으며, 어떤 것은 고개를 숙였고, 어떤 것은 가까이 친근한 듯하고, 어떤 것은 왼편을 돌아보고, 어떤 것은 오른편을 돌아보며, 혹 남과 애기를 나누기도 하고, 혹 글을 짓기도 하며, 혹 글씨를 쓰기도 하고, 혹 귀에 대고 이야기하기도 한다. 혹 칼을 등에 차고, 혹 어깨를 기대며, 혹 머리를 떨어뜨리고 근심에 잠긴 듯하고, 혹 생각에 골똘한 것 같고, 혹 코를 쳐들며 기뻐하는 것 같다. 혹 선비 같기도 하고, 혹 벼슬아치 같기도 하며, 혹 여인네 같기도 하고, 혹 무인 같기도 하며, 혹 병든 사람 같기도 하고, 혹 여린 아이 같기도 하며, 혹 노인 같기도 하여, 천 사람이 모인 모임이나 만 사람이 모인 저자와 같았다.[24]

송광사 나한전에서 본 오백 나한을 묘사한 대목이다. 무려 44차례의 '者' 자가 나열된다. 곧이어 5차례의 '非', 그리고 22차례의 '或'이 반복되고 있다. 한없이 이어지는 수평적 구문 속에서도 글재주를 과시하는 자구의 변화가 자못 현란하다. 눈과 관련된 대목만 해도 목(目)·첩(睫)·현(眴)·수(睡)·환(睅)·청(睛)·진(瞋)·예(睨)·반(盼) 등 같은 부수에 속한 글자들을 늘어놓아 솜씨를 부렸고, 뒤에서는 '어목이사비자(魚目而獅鼻者)', '양비이첩렴자(羊鼻而睫簾者)', '사비이진이호문자(獅鼻而瞋而虎吻者)'와 같이, 앞서의 구문이 연첩되어 점층되면서 그야말로 오백을 헤아리는 나한의 모습이 하나하나 눈앞에 펼쳐지는 실감을 느끼게 해준다. 그런가 하면 〈중흥유기〉의 〈총론〉 부분은 무려 34차례나 '佳' 자가 반복 나열된다.

바람은 건조하고 이슬이 깨끗한 팔월은 아름다운 시절이다. 물은 흐르고 산은 고요하니 북한산은 아름다운 경계이다. 다정하고 아름다운 두세 사람은 모두 아름다운 선비다. 이런 곳에서 이렇게 노니니 어찌 노닒이 아름답지 않으랴. 자동(紫峒)을 지나니 아름답고, 세검정(洗劍亭)에 오르니 아름답다. 승가사(僧伽寺)의 문루에 오르니 아름답고, 문수문(文殊門)에 오르니 아름답다. 대성문(大成門)에 임하니 아름답고, 중흥동(重興峒) 어귀에 들어서니 아름답다. 용암봉(龍岩峯)에 오르니 아름답고, 백운대(白雲臺) 아래 기슭에 임하니 아름답다. 상운동(祥雲峒) 어귀가 아름답고, 염폭(簾瀑)은 특히나 아름답다. 대서문(大西門) 또한 아름답고, 서수구(西水口)도 아름답다. 칠유암(七游岩)은 너무나 아름답고, 백운동(白雲峒)과 청하동문(靑霞峒門)도 아름답다. 산영루(山暎樓)는 특히 아름답고, 손가장(孫家庄)도 아름답다. 정릉동(貞陵洞) 어귀가 아름답고, 동성 밖 모래펄에서 무리 지어 내달리는 말을 보는 것도 아름답다. 사흘 만에 다시 성에 들어와, 푸른 깃발 내걸린 동네 주막과 붉은 먼지 날리는 수레와 말을 보게 되니 더욱 아름답다. 아침에도 아름답고, 저녁에도 아름답다. 날이 개도 아름답고 흐려도 아름답다. 산 또한 아름답고 물 또한 아름답다. 단풍도 아름답고 바위도 아름답다. 멀리 바라봐도 아름답고, 가까이 다가가도 아름답다. 부처님도 아름답고 스님네도 아름답다. 비록 좋은 안주와 막걸리가 없어도 아름답고, 비록 어여쁜 여인이나 나무꾼의 노래가 없어도 아름답다. 요컨대 그윽해서 아름다운 것도 있고, 상쾌해서 아름다운 것도 있으며, 시원스레 툭 터져서 아름다운 것도 있고, 아슬아슬해서 아름다운 것도 있다. 담박해서 아름다운 것도 있고, 화려해서 아름다운 것도 있다. 깊어서 아름다운 것도 있고, 고요해서 아름다운 것도 있다. 어디를 가나 아름답지 않은 것이 없으니, 아름다움이 이처럼 많단 말인가? 나는 말한다. 아름다워서 왔다. 아름답지 않다면 오지 않았다.[25]

이러한 나열은 다소 지리한 느낌을 주면서도, 원문의 구문이나 글자 배열을 조금씩 바꿔가면서 절묘한 가락을 타고 이어진다. 더불어, 눈앞에 하나하나의 사물이 돌올하게 펼쳐지는 듯한 생동감을 불어넣어 글 속에 활기를 강화한다.

□ □ □ □ □

우리가 18세기를 주목하는 것은 작가의식 때문이다. 고전 문예 작품을 대할 때, 흔히 시간이나 공간이 진공화되는 느낌을 갖게 되는 경우가 많다. 텍스트만 놓고 보면, 이것이 16세기의 작품인지 19세기의 작품인지조차 혼란스러울 때도 있다. 한시와 같이 형식적 제약이 엄격한 장르는 특히 그렇다. 그러나 18세기는 다르다. 고여서 흐르지 않던 물줄기가 갑자기 용출하는 에너지를 만나 격류가 되고 여울이 되고 폭포로 쏟아졌다.

이 글은 형식적 제약이 비교적 엄격한 산수유기 양식에 나타난 변화를 더듬어 18세기 작가들의 변모된 인식의 기저를 살핀 것이다. 박지원·이덕무·박제가·이옥·권상신 등 몇몇 작가들의 제한된 작품을 대상으로 한 결론이기는 해도, 이 시기 산수유기의 변화는 분명 전후 시기와는 구분된다. 논의의 폭을 확대한다면 더 흥미로운 결과를 도출할 수도 있을 것이다. 그 대부분이 정조의 문체반정의 와중에서 문체 파괴의 핵심분자로 지목되었던 것도 흥미롭다.

이러한 창작의 바탕에는 삶을 예술로 승화시키고, 무언가에 미친 듯 몰두함으로써만이 건강한 삶을 획득할 수 있다는 의식이 깔려 있다. 표면적으로 그것은 우아하고 서정적이며 개성적인 추구로 가시화되지만, 한편으로는 규정화되고 규격화된 세계에 대한 거부의 뜻을 나타낸다. 이런 의식은 19세기로 이어졌다. 하지만 그 정도는 더 순화되고 약화되었다. 문학적 성취도 18세기 작가들의 그것을 발전적으로 계승하지 못했다. 18세기는 한국 한문학사의 한 분수령을 긋고 있다. ▨

18, 19세기 문인 지식인층의 원예 취미

이 글은 18세기 중반 이후 급속도로 확산된 문인 지식인층의 원예 취미에 대해 살펴본 것이다. 18, 19세기는 우리 문화사에서 단연 이채를 발한 시기였다. 정쟁으로 분화된 지식인 집단은 내적 결속을 다지며 문화 교류를 강화하였고, 당시 활발한 도시 문화를 배경으로 한 청나라 문물의 수입과 출판 문화의 보급 등 제반 분위기의 변화는 경화사족을 중심으로 생활 패턴에 큰 변화를 가져왔다. 유흥적 소비적 형태를 띤 문화활동이 활성화되었고, 전 같으면 완물상지라 하여 금기시되던 골동 서화 수집이나 원예 취미 같은 것이 문인의 아취로 여겨져 적극 애호되었다. 서울 도시 지역을 중심으로 삶의 질을 더 높이려는 일종의 웰빙 현상이 나타난 것이다.

필자는 그간 이 시기 문인 지식인층에게 나타나는 지적 경향과 다양한 문화현상 들을 검토해왔다. 생활 속의 예술을 추구하는 이러한 경향은 서책과 골동 서화에 대한 취미를 부추기는 한편, 원림과 정원을 꾸며 갖가지 진기한 화훼와 수목을 심는 원예에 대한 관심을 증폭시켰다. 18세기 각종 문집 속에 수록되어 있는 원기(園記)나 원예 관련 언급들을 보면, 이 시기에 이러한 분위기가 얼마나 널리 확산되었는지 잘 알 수 있다.[1]

지금껏 한국 한문학 연구는 작가 중심 또는 작품 중심으로만 이루어져, 그 시대의 입체성을 획득하는 데서는 큰 성과를 거두지 못하였다. 이런 의미에서 18, 19세기 문인 지식인층의 원예 취미에 관한 자료들을 체계적으로 정리하고 그 의미를 살피는 작업은 이 시기 지식인의 내면의식을 살펴보는 데 유용할 뿐 아니라, 문학과 조경·화훼·원예 분야와 넘나드는 학제 간 작업에도 도움이 되리라 생각한다. 이를 위해 이 글에서는 앞선 연구를 바탕으로, 이 시기 문인 지식인층에게서 발견되는 다양한 원예 취미의 저변과 화훼 관련 저술, 화훼의 유통과 취향, 화원의 풍경 및 국화 재배와 조화(造花) 취미 등을 거칠게나마 살펴보려고 한다.

원예 취미의 저변과 정원 경영

꽃에 미친 사람들

이 시기에는 이른바 꽃에 대한 탐닉이 마니아적 수준에 이른 이들과 저술이 여럿 보인다. 이전 시기에도 물론 강희안(姜希顔)의 《양화소록(養花小錄)》을 비롯하여 이황의 매화시 같은 화훼 관련 저술과 시문이 적지 않았다. 하지만 화훼에 대한 태도는 사뭇 달랐다. 한쪽이 사물에 철리를 투영한 관물론(觀物論)적 자세를 견지하고 있다면, 18, 19세기의 그것은 사물 그 자체의 아름다움에 집중된다.

몇몇 예를 들어보자. 가장 주목되는 인물은 백화암(百花菴) 주인 유박(柳璞)이다. 화훼에 관한 다채로운 내용을 담고 있는 그의《화암수록(花菴隨錄)》은 그간 송타(宋柁, 1567~1597)의 저작으로 엉뚱하게 알려져 왔다.[2] 유박은 유득공의 칠촌 당숙으로, 황해도 배천에 백화암을 지어두고 온갖 꽃을 길렀다. 채제공(蔡濟恭)은 유박의 거처인 우화재(寓花齋)에 써준 기문에서 그가 꽃에 벽이 있으며, 세상의 어지러움을 사절하고 날마다 꽃 심는 것으로 일을 삼았다고 했다. 그의 집에는 없는 꽃이 없고 사계절 꽃 피지 않는 때가 없어, 좁은 울타리 안을 바로 중향국(衆香國)이라고 칭송했다.[3]

그의 백화암을 위해 이용휴, 정범조(丁範祖, 1723~1801), 유득공, 이헌경(李獻慶, 1719~1791), 채제공, 목만중(睦萬中, 1727~1810) 등 쟁쟁한 문인들이 기문과 시를 지어주었다. 그는 자신의 화훼 재배 체험을 정리하여《화암수록》을 남겼는데, 〈화목구등품제(花木九等品第)〉와 〈화품평론(花品評論)〉, 〈이십팔우총목(二十八友摠目)〉, 〈화개월령(花開月令)〉 등의 글과 연작 시조 〈화암구곡(花菴九曲)〉 9수, 그리고 〈화암만어(花菴謾語)〉, 〈화암기(花庵記)〉, 〈매설(梅說)〉 등 다양한 내용을 수록하고 있다.

꽃을 아홉 등급으로 분류한 〈화목구등품제〉에서는 일등에 매화·국화·연꽃·대나무·소나무를 꼽아 그 높은 품격과 빼어난 운치를 취한다고 했고, 이등에 모란·작약·왜홍(倭紅)·해류(海榴)·파초(芭蕉) 등을 꼽아 그 부귀를 취하는 뜻을 밝혔다. 이렇게 구등까지 각각 다섯 가지의 화훼를 선정하여 각각의 의미를 부여했다. 또 각각의 꽃마다 특성과 재배 방법, 품종 등에 대한 설명을 덧붙여놓았다. 이 가운데 이등의 왜홍 조를 옮기면 다음과 같다.

세우(勢友). ○ 왜철쭉과 영산홍은 가지와 잎, 꽃의 빛깔이 거의 비슷하다. 영산홍은 흰 꽃이 또한 귀하다. 당영산홍(唐暎山紅)과 당철쭉은 왜산만 못하다. 세종대왕 즉위 23년 봄에 일본에서 철쭉 몇 화분을 진상하였다. 궁궐 안뜰에 두게 하여 씨를 받게 했다. 꽃떨기가 몹시 크고, 밑동이 묵직하고 겹꽃이어서 오래되어도 시들지 않았다. 그 가지를 굽혀 땅에 접지하면 된다. 습기를 싫어하므로 보관할 때 덥게 해서는 안 된다. 물을 줄 때도 너무 많이 주면 안 된다.[4]

그런가 하면 〈화품평론〉에서는 4자 또는 8자로 각각의 꽃에 대한 평어를 남겼다. 예를 들어 매화는 "강산의 정신이요, 태고의 면목(江山精神, 太古面目)"이라 했고, 작약은 "온갖 꽃 중 으뜸이요, 홍백의 우두머리(卓冠群芳, 爭伯紅白)"라 했다. 치자꽃을 두고는 "비쩍 마른 학과 구름 속의 기러기가 곡기를 끊고 세상을 피하는 듯(瘦鶴雲鴻, 絶粒逃世)"하다고 했다. 패랭이꽃은 "울지 않는 어린아이(不哭孩兒)", 옥잠화는 "영리한 사미승(伶俐沙彌)", 전추사(剪秋紗)는 "문 열어주는 동자(應門童子)"에 각각 견주었다.

유박에 대해 그의 친구 안사형(安士亨)은 "가령 꽃으로 하여금 능히 말을 하게 한다면 모두 '우리 주인, 우리 주인!'이라고 말할 것"이라 칭송했고, 〈매설〉 같은 글은 꿈에 만난 매화의 정령과 나눈 대화를 옮겨 적은 것이다. 〈화암기〉를 보면 유박은 사계절의 화훼를 백 가지 구해다가 큰 것은 땅에 심고, 작은 것은 화분에 담아 기르면서 세상을 잊고 늙음이 장차 이르는지조차 알지 못했다고 술회했다.

유득공은 〈금곡백화암상량문(金谷百花菴上樑文)〉에서 "다른 사람의 집에 기이한 꽃이 있단 말을 들으면 천금을 주고서라도 반드시 구했고, 외국 배가 정박함을 살펴 만 리 밖에 있는 것도 또한 가져왔다. 여름엔 석류꽃, 겨울엔 매화, 봄에는 복사꽃, 가을엔 국화, 네 계절 어느 때고 꽃이 끊어지는 날이 없었다. 치자꽃은 희고, 난초꽃은 푸르며, 아욱꽃은 붉고, 원추리는 노랗다. 오색에서 검은색이 빠진 것을 애석해 했다"고 그의 생활을 적었다. 그의 화훼 취미는 외국 배가 들어왔다는 말을 들으면 거기로 달려가 외국 품종을 구해올 정도였고, 이웃의 어부들은 먼 곳에 갔다가 기이한 꽃을 보면 화분에 담아와 귀한 재물을 바치듯이 그에게 바쳤다. 유득공은 그의 화훼 수집벽에 대해, 아예 달나라까지 가서 계수나무를 꺾어올 기세라고 너스레를 떨었다. 그가 여행으로 집을 비우면 가족들이 대신 꽃을 돌보았고, 이웃들도 그의 꽃밭을 함께 가꾸는 수고를 아끼지 않았다. 다른 글에 보면, 중국에 가는 사람 편에 중국 해당화를 구해오려는 노력을 기울이기까지 했다.[5] 이렇듯 유박과 그의《화암수록》은 당시 문인 지식인층의 원예 취미를 가장 적극적으로 보여준다.

이옥의《백운필(白雲筆)》또한 이 시기 지식인층의 지적 경향을 이해하는 데 간과치 못할 중요한 저술이다.[6] 상편 89칙, 하편 75칙으로 이루어진 이 저술은 1803년에 지어졌다. 담조(談鳥) 21칙, 담어(談魚) 17칙, 담수(談獸) 17칙, 담충(談蟲) 19칙, 담화(談花) 15칙, 담곡(談穀) 12칙, 담과(談果) 17칙, 담채(談菜) 15칙, 담목(談木) 17칙, 담초(談艸) 14칙 등을 수록하였다. 이 가운데 꽃과 나무, 풀에 관한 내용이 적지 않은 비중을 차지한다.

꽃에 관한 내용 중에는 화훼의 유통에 관한 내용부터 국화의 다양한 종류와 각종 화훼 재배와 관련된 여러 기사들이 수록되어 있다.

이 가운데 특히 꽃에 대한 이옥의 벽을 엿볼 수 있는 흥미로운 내용이
있다. 그가 지었다는《화국삼사(花國三史)》란 책을 소개한 항목이다.

신축년(1781) 5월, 내가《화국삼사》를 지었다. 상편은 〈화전
(花典)〉·〈화모(花謨)〉·〈화명(花命)〉·〈화고(花誥)〉를, 중편은
〈화사강목부록(花史綱目附錄)〉을, 하편은 〈화왕본기(花王本
紀)〉·〈매비죽부인열전(梅妃竹夫人列傳)〉·〈상소화열전(尙昭華
列傳)〉·〈삼용화열전(三容華列傳)〉·〈종실열전(宗室列傳)〉·〈연
락공세가(蓮濼公世家)〉·〈매공공세가(梅公公世家)〉·〈작피공세
가(芍陂公世家)〉·〈도림공세가(桃林公世家)〉·〈행성공세가(杏
城公世家)〉·〈이원공세가(梨園公世家)〉·〈초현공세가(蕉縣公世
家)〉·〈지현공난정공세가(芝縣公蘭亭公世家)〉·〈기국공세가(杞
國公世家)〉·〈규구공당현공계령공세가(葵邱公棠縣公桂嶺公世
家)〉·〈류장군열전(柳將軍列傳)〉·〈신이미자숙열전(辛夷微子叔
列傳)〉·〈명협선영열전(冥莢宣嬰列傳)〉·〈결명견우서대금전열
전(決明牽牛書帶金錢列傳)〉·〈국담공열전(菊潭公列傳)〉·〈죽계
선생열전(竹溪先生列傳)〉·〈저선생록외번열전(楮先生錄外蕃列
傳)〉을 실었다. 대개 〈모영전(毛穎傳)〉과 〈육길전(陸吉傳)〉 등
과 왕세정의《예원치언(藝苑卮言)》에 수록된 〈화왕본기(花王
本紀)〉, 조귀명의 〈화왕본기〉 등의 문체로 지은 것이다. 서문과
범례와 연기(緣起)가 있다.[7]

《화국삼사》는 1781년, 즉 이옥이 21세 때 지은 책이다. 상편은 전
(典)·모(謨)·명(命)·고(誥)의《서경》의 체재를 따랐고, 중편은《강목

(綱目)》의 체재로, 그리고 하편은 본기와 열전으로 나눈《사기》의 형식을 빌려온 3부작이었다. 한 권의 책 속에 편년체·강목체·기전체의 체재를 다 갖추었다. 특히 3부 하편은 가전(假傳)의 형식을 빌려, 각종 화훼의 열전을 수록하고 있다. 예를 들어 〈명협선영열전〉은 명협(蓂莢)과 훤초(萱草), 그리고 앵도(櫻桃)를 입전대상으로 했고, 〈신이미자숙열전〉은 신이(辛夷)와 장미(薔薇), 숙(菽)을 대상으로 하는 식이다. 상중하 3편의 앞에는 전체 서문과 범례 그리고 연기를 갖춘 전작이었다고 보인다. 이 책은 현재 전하지 않으나, 만약《백운필》처럼 새롭게 발굴된다면 우리 가전문학사를 다시 써야 할 규모로 방대호한한 자료다. 그는 누군가 가져다준《화사(花史)》를 보고 성에 차지 않아 사흘 만에《화국삼사》를 지었다고 했다.

이옥은 매화외사(梅花外史)·매암(梅庵)·도화류수관주인(桃花流水館主人) 등의 별호를 즐겨 썼을 만큼 꽃에 대한 관심이 높았던 인물이다. 흰 봉선화를 노래한 〈백봉선부(白鳳仙賦)〉, 포도를 읊은 〈초룡부(草龍賦)〉, 진달래 만발한 꽃동산에서 노닌 이야기를 적은 〈삼유홍보동기(三游紅寶洞記)〉, 접시꽃의 종류와 성질을 논한 〈촉규화설(蜀葵花說)〉, 꽃에 대한 애호의 변을 담은 〈화설(花說)〉 등의 글을 따로 남겼다.[8)]

삼양재(三養齋) 김덕형(金德亨)은 꽃을 사랑하다 못해서 꽃 그림에 미쳤던 사람이다. 그는 틈만 나면 꽃밭으로 달려가 꽃을 사생하는 것이 취미였다. 꽃을 그린 사생첩에《백화보(百花譜)》란 제목을 붙였는데, 이 책에 박제가와 유득공이 서문을 써준 것이 남아 있다.《이향견문록》에는 "화훼 그림에 더욱 솜씨가 뛰어나, 그림 한 폭이 완성될 때마다 사람들이 다투어 소장했고, 표암(豹菴) 강세황(姜世

龍, 1713~1791)도 귀중한 보배인 양 여겼다.《백화첩(百花帖)》이 그의 집에 간직되어 있다"고 적었다.[9]

박제가는 〈백화보서〉에서 김덕형이 그림 그리는 모습을 이렇게 그려 보인다.

바야흐로 김 군은 꽃밭으로 서둘러 달려가서 꽃을 주목하며 하루 종일 눈도 깜빡이지 않고, 가만히 그 아래에 자리를 깔고 눕는다. 손님이 와도 한마디 말도 나누지 않는다. 이를 보는 사람들은 반드시 미친 사람 아니면 바보라고 생각하여, 손가락질하며 비웃고 욕하기를 그치지 않는다. 그러나 비웃는 자들의 웃음소리가 채 끊어지기도 전에 생동하는 뜻은 이미 다해버리고 만다. 김 군은 마음으로 만물을 스승 삼고, 기술은 천고에 으뜸이다. 그가 그린《백화보》는 병사(瓶史), 즉 꽃병의 역사에 그 공훈이 기록될 만하고, 향국(香國), 곧 향기의 나라에서 제사 올릴 만하다. 벽의 공이 진실로 거짓되지 않음을 알겠다. 아아! 저 별 볼일 없이 천하의 큰일을 그르치면서도 스스로는 지나친 병통이 없다고 생각하는 자들이 이 첩을 본다면 경계로 삼을 만하다.[10]

인용되지 않은 이 글의 앞부분은 당시 지식인들에게 유행처럼 번졌던 벽에 대한 추구를 밝힌 내용이다.[11] 박제가에 따르면, 김 군은 하루 종일 꽃밭에서 살며 꽃의 모습만 관찰하고, 그것을 그림으로 그린다. 사람들이 그를 아무리 바보라고 놀려도 그는 미친 듯이 꽃에만 몰두한다. 그러면서 박제가는 세상에 미치지 않고 이룰 수 있는 일이 무엇이겠느냐고 반문한다.

유득공도 〈제삼십이화첩〉에서 김덕형의 그림책에 대해, 초목의 꽃이나 공작새·비취새의 깃털, 저녁노을 빛, 아름다운 여인보다도 더 어여쁜 꽃들이 언제나 시들지 않고 오색영롱한 자태를 뽐내고 있음을 칭찬했다.

이덕무는 자신의 학문이 보잘것없다는 겸양의 뜻에서이긴 해도, 충어(蟲魚)에 주를 달고 초목(草木)의 이름을 배우는 집이라 하여 '주충어재(注蟲魚齋)', '학초목실(學草木室)'이란 편액을 거처에 달았을 만큼 초충화훼에 조예가 깊었다. 유득공의 〈춘성유기(春城遊記)〉를 보면, 경인년(1770) 3월 3일 박지원, 이덕무와 함께 삼청동에 봄나들이 간 내용을 적고 있는데, "이덕무는 풀의 이름을 많이 알아, 내가 손으로 뽑아 물어보면 대답 못 하는 것이 없었다. 이를 적어놓은 것이 수십 종이니, 이덕무의 박아(博雅)함은 알아줄 만하다"[12] 고 했다. 이름 모를 풀꽃을 하나하나 뽑아 책 갈피에 꽂아 이름을 적어 가며 배우던 풍경이 눈에 선하다.

이덕무는 여기서 더 나아가 밀랍으로 만든 조매(造梅)인 윤회매(輪回梅)를 만들어 보급한 일로 더 유명하다. 《청장관전서》 제62권에는 윤회매 만드는 법을 도상과 함께 상세히 기록한 〈윤회매십전〉이 실려 있다. 그는 벌이 꽃에서 꿀을 따고, 꿀에서 밀랍이 생기는데, 이 밀랍으로 다시 매화를 만들었으므로 윤회매라 이름 지었다고 했다. 속장(俗匠)들이 장삿속으로 종이를 잘라 만드는 조화는 운치와 격을 몰라 여종을 부인으로 꾸며놓은 것 같아 자신이 직접 옛 문헌에 근거하여 법식을 새로 만들었다고 했다.

그의 윤회매는 금세 박지원과 유득공 등에게 전수되어, 《연암집》

에도 자신이 만든 매화를 사라고 벗에게 보낸 익살맞은 편지가 실려 있고, 유득공도 이 기술을 배워 아예 거처 위에 '납매관(蠟梅館)'이란 편액을 내걸기에 이르렀다.[13]

이들과 함께 어울렸던 이서구는 젊은 날 《소완정금충초목권(素玩亭禽蟲艸木卷)》이란 소책자를 꾸몄다. 그 내용은 자신의 뜰에서 직접 관찰한 것을 하나하나 시로 읊은 것이었다. 새가 16종, 벌레가 10종, 풀이 9종, 나무가 9종 등 모두 44종의 사물을 노래했다. 선비가 어찌 이런 무용한 것들에 정신을 허비하느냐는 객의 나무람에 대해 그는 이렇게 대답한다.

> 저 새가 날고, 벌레가 꿈틀대며, 풀이 싹터나고, 나무가 올라오는 것은 만 가지가 다 다르고, 제각기 그 자태가 지극하다. 대저 이를 보는 사람들은 또한 단지 나는 것은 새이고, 꿈틀대는 것은 벌레며, 싹트는 것은 풀이고, 올라오는 것은 나무인 줄만 안다. 어째서 그런가? 저들의 가슴속에는 단지 '금충초목(禽蟲艸木)' 네 글자만 들어 있기 때문이다. 만약 이 네 글자를 옛날에 만들지 못하게 했더라면 반드시 그 이름을 함께 불러 이를 알지 못했을 터이다. 대저 금충초목이란 것은 하늘과 땅의 문장이다. 문장이란 사람이 꾸미는 것인데, 사람이 그 문장을 꾸미려 하면서 어찌 천지에서 문장을 빌려오지 않을 수 있겠는가?[14]

박지원의 문하를 출입하면서 자연스럽게 싹튼 사물에 대한 관심의 일단을 나름대로 논리를 세워 피력한 내용이다. 조수초목의 이름을 많이 알아야 한다고 한 공자의 말을 인용하면서 뒷글을 마무리하고 있다. 하지만 정작 이 책은 훗날 그의 문집에는 실리지 못했다. 역시 완물상지의 나무람을 꺼렸던 것이다.

이 밖에도 김석손 같은 이는 매화벽이 있어, 집에 매화나무 수십 그루를 심어놓고 그 사이에서 시를 읊조리고, 존비귀천을 가리지 않고 수천 명의 시인에게 매화시를 지어달라고 하여 매화시전(梅花詩顚)이라 불리기까지 했다. 매화시를 적은 두루마리가 소의 허리 두께보다 더 굵었다 하니, 매화시에 대한 벽이 어지간했나 보다.[15] 승지 박사해(朴師海)의 매화벽도 유명했다. 한번은 내실에서 자는데 큰 눈보라가 몰아쳤다. 부인을 깨워 일어나게 하고는 이불로 매화를 보호한 이야기는 널리 회자되었다.[16]

또 화가 김홍도(金弘道)가 그림을 팔아 얻은 돈 삼천 푼 중 이천 푼을 떼어 기이하게 생긴 매화를 사고, 남은 돈 중 팔백 푼으로 술 몇 말을 사서 동인들과 함께 매화음(梅花飮)을 열고, 이백 푼으로 쌀과 땔감을 샀는데 하루 먹을거리도 못 되었더란 이야기는 당시 문인의 아사(雅事)로 회자되던 이야기였다.[17] 위항문인이었던 오창렬(吳昌烈) 같은 이는 〈간화편(看花篇)〉에서 "나는 어린 꽃 기르길 어린아이 기르듯 했고, 이름난 꽃 아끼기를 명사(名士) 아끼듯 했다(我養稺花如稺子, 我愛名花如名士)"라고까지 말해, 꽃에 대한 유별난 애호를 피력한 바 있다.[18]

이렇듯 18, 19세기 문인 지식인층에서 화훼에 관한 취미가 단순한 애호의 차원을 넘어 벽의 단계로까지 접어든 경우는 적지 않다. 이전 시기 완물상지로 꺼리던 화훼에 대한 관심은 이제 무슨 열풍이 분 것처럼 상호 상승작용을 일으키며 문인들의 취미로 자리 잡게 되었다.

화원의 풍경

이 시기 문집에는 전에 없이 각종 정원의 구체적인 이름이 많이 등장한다. 구체적으로 보면 조원(曹園)·오원(吳園)·이원(李園)·서씨원(徐氏園)·남씨원(南氏園)·양원(梁園)·최씨원(崔氏園)·윤씨원(尹氏園)·남원(南園)·홍원(洪園)·강씨원(姜氏園)·유씨원(劉氏園)·안씨원(安氏園)·정원(鄭園)·허원(許園)·장씨원(張氏園)·김원(金園)·백씨원(白氏園)·상씨원(尙氏園) 등 주인의 성씨를 딴 정원의 이름이 각종 문집에 빈번하게 등장한다. 이 외에도 매죽원(梅竹園)·삼송원(三松園)·난원(蘭園)·이원(梨園)·율원(栗園)·칠송원(七松園)·백류원(百榴園)·오송원(五松園)·행원(杏園)·송석원(松石園) 등 대표 화목의 이름을 딴 정원, 낙원(駱園)·동원(東園)·남원(南園) 등 위치를 나타내는 정원, 화비원(和肥園)·솔경원(率更園)·진령원(眞泠園)·일섭원(日涉園)·소요원(逍遙園)·적취원(積翠園)·화개원(花開園) 등 의미를 딴 정원 등이 보인다. 이는 전에는 볼 수 없던 현상으로, 이 시기 정원 조성이 얼마나 경쟁적으로 갑작스레 붐을 이루었는지 잘 보여준다.[19] 직접 정원을 가꾸기 힘든 경우, 이미 조성된 정원을 사들이기도 했다.[20]

이들 정원의 꽃밭은 어떻게 꾸며지고 있었을까? 문인들의 글에 보이는 정원에 대한 묘사를 몇 가지 추려본다. 먼저 이이엄(而已广) 장혼(張混, 1759~1828)의 〈평생지(平生志)〉에 나오는 이상적인 정원의 모습이다.

초록 홰나무 한 그루를 문 앞에 심어 그늘을 드리운다. 벽오동 한 그루는 바깥사랑 서쪽에 심어 달빛을 받는다. 포도 시렁은 그 곁에 세워 햇볕을 받는다. 잣나무 병풍 한 채는 바깥채 오른쪽에 심어 문을 막는다. 파초 한 그루를 그 왼편에 심어 빗소리를 듣는다. 뽕나무는 울타리 아래 심고, 사이사이에 무궁화와 매괴를 심어 빠진 곳을 채운다. 구기자와 장미는 담 모롱이에 기대 심는다. 매화는 바깥채에 심고, 작약과 월계화와 사계화는 안뜰에 둔다. 석류와 국화 같은 것은 안채와 바깥채에 나눠 기른다. 패랭이꽃과 맨드라미는 안채 섬돌에 흩어 심는다. 진달래와 철쭉, 목필 등은 동산에 교대로 심는다. 해아국과 고의 같은 것은 언덕 여기저기에 심는다. 자죽은 마땅한 흙을 골라 심고, 양함도는 안채 서남쪽 모퉁이에 둘러 심는다. 그 바깥쪽에는 복숭아와 살구나무를 심는다. 볕 드는 곳에는 임금과 단나, 잣나무와 밤나무를 주욱 심는다.[21]

한눈에도 집 안팎으로 적재적소에 쓸모에 따라 화목을 규모 있게 배치하고 있음을 볼 수 있다. 벽오동이 달빛을 받으면, 포도 시렁은 햇볕을 받는다. 잣나무를 병풍처럼 세워 대문이 바로 보이지 않도록 차단하고, 빗소리를 듣자고 파초도 심어둔다. 그런가 하면, 꽃도 아무렇게나 심는 것이 아니라 의미를 따져 위치를 정하고 있다. 장수를 염원하는 의미가 담긴 석죽화와 벼슬길의 승승장구를 비는 계관화는 바로 안채 섬돌 곁에 심고, 부귀가 늘 함께하라는 의미를 담아 작약과 월계화와 사계화를 안뜰에 심었다. 다산(多産)의 의미를 지닌 석류와 장수를 상징하는 국화도 안팎으로 나누어 심었다.

서울 명례방(明禮坊)의 큰 길가에 살았던 정약용은 〈죽란화목기(竹欄花木記)〉란 글에서 자신이 꾸민 정원을 이렇게 소개하고 있다.

안석류는 잎이 살지고 크며, 열매가 단 것을 해석류 또는 왜석
류라 한다. 왜석류가 네 그루다. 줄기가 곧게 한 길 남짓 오르
도록 곁가지가 없고, 위에 쟁반처럼 둥근 것을 만든 것(속칭 능
장류다)이 한 쌍이다. 꽃만 피고 열매 맺지 않는 석류를 꽃석류
라 하는데, 이것이 한 그루다. 매화는 두 그루다. 그런데 묵은
복숭아나무나 살구나무 뿌리가 썩어 골격만 남은 것을 가져다
괴석처럼 조각해놓고, 매화는 겨우 작은 가지 하나만 그 곁에
붙여둔 것을 세상 사람들이 좋아하는 걸 기이하게 여긴다. 나
는 뿌리와 줄기가 실하고 가지가 무성한 것을 가품으로 친다.
꽃이 좋기 때문이다. 치자가 두 그루다. 두보는 "치자를 다른
나무에 견주어 보면, 세상에 비슷한 것 많지가 않네"라고 했다.
대개 또한 희귀한 품종이다. 산다화가 한 그루다. 금잔은대(金
盞銀臺), 즉 수선화 네 포기를 한 화분에 같이 심은 것이 하나
있다. 파초는 크기가 방석만 한 것이 한 그루다. 벽오동은 두
살짜리가 두 그루다. 만향이 한 그루요, 국화는 종류별로 18개
화분이 있다. 부용화 화분이 한 개다.[22]

정약용은 이렇게 좁은 뜰에다 마음이 가는 화초와 과실나무를 심
어놓고 대나무로 울타리를 설치해, 퇴근 후에는 건을 비스듬히 쓰고
울타리 가를 거닐며 달빛 아래 술 마시고 시를 지었다. 국화가 종류
별로 18개 화분이 있었고, 그 밖에 부용화와 수선화를 심은 화분이
하나씩 있어 좁은 뜰에 무려 20개의 화분이 놓여 있었다. 여기에 석
류·매화·치자·산다화·파초·벽오동·만향 등이 13그루나 심어져 있었
다. 정약용은 꽃밭에 꽃이 피면 벗들을 불러놓고 밤중에 술 마시며

놀았다. 이 시절 지은 시에서는 "한 해가 늦어가매 쌀이 외려 귀하지만, 집이야 가난해도 꽃은 더욱 많다네"[23]라 하였다. 그는 강진 유배 시절에도 다산(茶山)의 초당 둘레에 대나무·매화·모란·작약·수국·해석류·치자·자미·월계화·촉규화·국화·석죽화·포도 등을 심어두고 이를 노래한 연작시 20수를 남긴 바 있다.[24]

유박은 또 자신의 정원인 백화암의 풍경을 이렇게 소개한다.

네 계절의 화훼를 모두 백 가지 구했다. 큰 것은 재배하고, 작은 것은 화분에 담아 둑을 쌓아 백화암 가운데 두었다. 몸을 그 사이에 두고 편히 지내면서 세상을 잊고 기쁘게 자득하였다. 분매(粉梅)와 금취(禁醉, 국화의 품종명)는 찬찬히 그 정신을 살피고, 왜철쭉과 영산홍은 멀리서 형세를 보며 웅위(雄偉)함을 취한다. 단약(丹藥)과 계도(桂桃)는 마치 새 여인을 얻은 것 같다. 치자와 동백은 큰 손님을 마주한 듯 아리따운 모습이 손에 잡힐 듯하다. 석류는 생각이 시원스럽다. 파초와 괴석은 마당가에 두어 명산으로 삼는다. 유송(瘦松)에서 태고의 모습을 얻고, 풍죽(風竹)은 전국(戰國)의 기상을 띠고 있다. 섞어 심어 시자(侍者)로 삼는다. 연꽃은 마치 주무숙(周茂叔)을 마주한 듯 공경스럽다. 기이한 것, 예스런 것을 취해 스승으로 삼고, 맑고 깨끗한 것은 벗으로 삼는다. 번화한 것은 손님으로 삼는다.[25]

큰 것은 땅에 심고 작은 것은 화분에 담아 구획을 지어 재배했다. 매화와 국화는 가까이서 그 정신을 음미하고, 철쭉과 영산홍은 멀리 떨어져 그 빛깔과 형세를 음미한다고 했다. 그 밖의 화목 또한 각각 스승과 벗 그리고 손님으로 의미를 부여하여 짜임새 있게 배치하였다.

심능숙의 〈합매기(閤梅記)〉에도, 장미가 핀 길을 따라 무궁화 언덕에 이르고, 다시 섬돌가에는 정향화가 피어 있고, 그 밖에 희고 붉은 진달래와 복숭아와 살구, 수단과 철쭉, 모란과 장미, 해당화와 산단화, 신이와 자형, 왜만, 속옥 그리고 매화가 가꿔진 정원의 모습이 잘 묘사되어 있다.[26]

이 시기 문집에서 이렇듯 자신들이 가꾸던 정원의 세부 묘사와 만나는 건 그다지 어렵지 않다. 이옥은 《백운필》에 또 이런 기록을 남기고 있다.

> 내가 백문(白門)의 조애(照厓)에 있을 때 예전 남상서(南尙書)의 담용정(淡容亭)에 머물렀다. 상서가 늙어 한가롭게 되자 꽃나무를 많이 심어 사시사철 꽃이 끊이지 않았다. 하지만 집은 여러 번 주인이 바뀌었다. 그 진품(珍品)과 희귀종은 이미 모두 흩어지고 없어져 남은 것이 없다. 남아 있는 것 중에는 그래도 정향화·산수유화·옥매화·흰 철쭉꽃 등이 있었다. 배꽃이나 살구꽃, 복사꽃·앵두꽃·오얏꽃과 내금화(來禽花)·영춘화(迎春花)·두견화 같은 것은 이미 늙었지만 새싹이 터서 꽃을 피운 것이 바위 언덕 사이에 또한 많았다. 기이한 풀꽃들이 황양목이나 단풍나무의 초록빛과 붉은빛과 어우러져, 매년 늦봄이면 꽃향기가 끼쳐오고, 진 꽃이 땅에 가득하였다. 그래서 사람으로 하여금 성시(城市) 안에 살고 있다는 사실도 깨닫지 못하게

했다.[27]

주인이 몇 번 바뀌어 진품과 희귀종은 다 흩어졌다고 했는데 그저 꼽는 것만으로도 10여 가지를 훌쩍 넘어선다. 심노숭의 〈신산종수기 (新山種樹記)〉에는 집이 낡아 꽃나무 가꾸기를 게을리 하자 그의 아내가, "다른 집을 보면 남편들이 꽃과 나무에 대한 벽이 심하여 어떤 이는 방에 들어와 비녀와 팔찌를 찾아 팔기까지 하는데, 당신은 어째서 집이 낡았다고 꽃과 나무마저 폐하여 두시나요? 집은 비록 낡았어도 꽃과 나무를 폐하여 두지 않으면 또한 집의 볼거리가 되지 않겠어요?"라고 말하는 대목이 있다.[28]

심상규의 호화 저택 가성각(嘉聲閣) 앞에는 별채의 온실까지 꾸며 각종 명화(名花)·이훼(異卉)를 진열해놓았고, 마당에는 귀한 종려나무와 능소화 등이 심어져 있었다.[29] 그는 멀리 동래산의 이종(異種) 국화나 떨기가 유난히 큰 일본산 국화를 일부러 구해다 울타리 가에 심고, 가을날 자신의 동산에 핀 봉선화·옥잠화·원추리·패랭이꽃·나팔꽃·맨드라미·추해당·접시꽃·국화·연꽃·창포·파초 등의 각종 화훼를 노래한 연작을 남기기도 하였다.[30]

정원을 가꿀 형편이 안 되는 경우, 아예 상상 속의 정원을 꾸며 글로 남기는 것도 유행했다.[31] 이 가운데 유경종(柳慶種, 1714~1784)의 〈의원지(意園誌)〉가 특이하다. 의원(意園)은 말 그대로 생각 속의 정원이다. 그는 이곳에 소나무, 녹나무, 느릅나무, 버드나무, 두충나무, 적목나무, 박달나무, 회나무, 비자나무, 대나무와 파초, 매화, 오동나무, 무궁화, 석류, 느티나무, 살구나무, 복숭아나무, 오얏나무, 앵두나무, 배나무, 밤나무, 감나무, 대추나무, 구기자나무, 포도, 난초, 국화, 뽕나무 등 온갖 화목과 각종 채소를 심겠다고 하며, 그 속에서 아침이면 꽃에 물 주고, 저녁에는 오이밭을 김매며 살고 싶은 소망을 피력하고 있다.[32]

이렇듯 18세기 중반 이후 서울 근기 지역의 문인 지식인층을 중심으로 원예 취미와 정원 조성의 갑작스런 붐이 일었다. 정원을 가꾸지 않고, 화분 몇 종류쯤 갖추지 않고는 문인의 아취를 모르는 몰취미로 몰릴 분위기로까지 바뀌었는데, 이는 도시 문화의 발달과 궤를 같이하여 삶의 질을 향상시키고, 자연과 가까이하고 싶은 열망이 가져온 변화였다.

18, 19세기 원예 문화의 실상

화훼의 유통과 분재의 성행

원예에 대한 갑작스런 관심의 증대는 당연히 수요의 폭발적 증가를 불러왔다. 폭발적으로 증가한 화훼의 공급은 어떻게 이루어졌을까? 강이천(姜彛天)은 18세기 후반 서울의 생활상을 노래한 〈한경사(漢京詞)〉 연작 제42수에서 이렇게 적고 있다.

성북과 성남에선 꽃 팔아 먹고사니
다만 서로 잇달아 네 계절에 꽃 피우네.
금전을 아끼잖고 누구든 취해가니
붉은 난간 장상가(將相家)로 보내어지는도다.

城北城南業賣花　祇應相續四時開

誰人不惜金錢取　送着朱欄將相家

한양의 남쪽과 북쪽에 꽃 파는 것을 직업으로 삼는 사람들이 있었고, 네 계절의 이런저런 수요에 맞추어 각종 화목들을 공급했음을 알 수 있다. 사람들은 돈을 아끼지 않고 이들에게 꽃나무를 사들여 으리으리한 장상(將相)의 집안에 가져다 바친다고 했다.

또 제78수에서 이렇게 적었다.

경강으로 남쪽 쌀이 만 척 배에 실려오자
호부상서 나와 점검하고 돌아가네.
치자와 석류와 동백나무 같은 것도
화분에 심어다가 부잣집에 흩어진다.

京江南米萬艘來　戶部尙書點檢回
梔子石榴冬柏樹　種盆分入好樓臺

가을철 호남에서 조운선(漕運船)이 쌀을 싣고 올라올 때, 치자와 석류 그리고 동백과 같은 남쪽의 화훼들도 화분에 심겨 함께 올라와 부잣집에 다투어 팔려 나가는 정황을 설명한 것이다.

이옥의《백운필》에는 이러한 사정이 좀더 상세하게 설명되었다.

우리나라에는 꽃 시장이 없다. 그래서 일찍이 꽃 파는 사람이 없었다. 다만 필운대 아래 누각동과 도화동, 청풍계 등에는 혹 가다가 이서배(吏胥輩)로 늙어 일 없고 가난한 자가 꽃 기르는

작자 미상의 〈태평성시도〉 병풍 제8폭

삼층으로 전지한 분재를 가마에 실어 배달 나가는 모습을 그렸다. 국립중앙박물관 소장.

일에 종사하는 수가 많다. 그 즐거움에 맛을 들이다 보니 아예 이것으로 먹고살게 된 것이다. 그래서 매화를 기이한 등걸에 붙인 것, 화분 하나에 세 빛깔의 국화를 피운 것, 높은 곳에 열매가 주렁주렁 달리게 한 석류, 화분에 담은 대나무나 소나무, 그리고 복숭아나무 종류가 이따금씩 나와서 거래되곤 한다. 값 또한 그다지 높지 않다. 동백이나 치자, 영산홍과 백일홍, 종려와 왜철쭉, 유자 같은 것은 남방 사람들이 지고 오거나 배로 실어와 권세 있는 집안에 대주어서, 시장이 아니어도 얻을 수 있다.[33]

공식적인 꽃 시장은 없지만, 필운대 밑 누각동과 도화동 그리고 청풍계 등지에 현직에서 은퇴한 아전들이 원예로 생계를 유지한다고 했다. 이들은 분재를 주로 취급했던 듯한데, 기이한 등걸에 매화를 접붙인 것, 화분 하나에 세 종류의 국화를 피운 것, 맨줄기가 주욱 올라와 높은 곳에 가지를 틀어올린 석류, 소나무나 대나무 분재 등을 주로 팔았다. 그 밖에 동백이나 치자 같은, 따뜻한 지역에서 나는 꽃나무들은 남쪽에서 아예 지고 오거나 배로 실어와 권세가에게 공급해주었다. 공식적인 시장은 형성되지 않았지만, 수요에 따른 공급은 아무 문제없이 원활하게 이루어지고 있었던 것이다.

유박의 연작 시조 〈화암구곡(花菴九曲)〉 첫 수를 보자.

꼬아 자란 층석류(層石榴)요 틀어 지은 고사매(古楂梅)라
삼봉괴석(三峰怪石)에 달린 솔이 늙었으니
아마도 화암풍경이 너뿐인가 하노라.

꼬아 자란 층석류는 앞서 정약용이 자신의 집에서 길렀다는, 줄기가 한 길 남짓 되도록 곁가지 하나 없고 위를 쟁반처럼 둥글게 만든 속칭 능장류(棱杖榴)나, 이옥이 말한, 높은 곳에 열매가 주렁주렁 달리게 한 석류를 말한다. 틀어 지은 고사매와 괴석에 뿌리를 내린 소나무도 모두 이옥의 글에 나오는 분재의 모습과 같다. 대개 이러한 품목들이 상당히 인기 있었던 것이 분명하다.

이런 분재들은 주로 어디로 팔려나간 것일까? 이옥의《백운필》에는 이와 관련된 일화가 하나 실려 있다.

한 무인이 있었다. 당시 재상과 새로 연분을 맺어보려고 힘을 쏟았지만 가져다 바쳐 총애를 입을 만한 것이 없었다. 그때 마침 재상이 매화에 대해 물어보았다. 집에 매화가 있으니 바로 가져오겠노라고 말했다. 마침내 나와서 온 성중을 다 다녀보았지만 살 만한 것이 없었다. 저녁 때가 되어서야, 서성(西城)의 궁벽한 골목에 이씨 성을 가진 사람이 늙어 매화를 기른단 말을 들었다. 찾아가 문을 두드리고는 매화에 고벽(苦癖)이 있음을 누누이 말하며, 구경 좀 하자고 졸랐다. 문을 열자 분매 두 그루가 있는데 모두 희귀한 품종이었다. 그 중 하나를 달라고 하자, 늙은이는 한참을 뚫어지게 쳐다보더니, "잘 가져나 가시오. 그대가 어찌 매화를 보려는 사람이겠는가?" 하더니만 종 둘을 시켜 손수레로 큰길까지 운반해주게 하였다. 그러면서 이렇게 말했다. "꽃이 간 곳을 내가 알게 하지 마시오. 알게 되면 생각날 거외다." 재상이 청한(淸閑)하려 한 것이 또한 그 꽃을 보전하지 못하게 했고, 또한 담을 뛰어넘어 꽃을 훔친 자가 있

게 만들었다.[34]

　서성이라 한 것으로 보아 도화동 어귀인 듯하다. 늙어 매화를 기르는 이씨 성을 가진 사람은 앞서 말한 이서배로 은퇴한 사람의 하나였고, 그가 아껴 기르던 분매 두 그루는 이렇게 벼슬길에 연줄을 대기 위해 재상에게 바치는 뇌물로 팔려갔던 것이다. 조수삼(趙秀三)의 〈매분송자설(賣盆松者說)〉에도 이렇게 분재를 길러 파는 사람이 나온다.

　　화분에 심은 소나무를 파는 자가 있었다. 규룡(虯龍) 같은 늙은 줄기는 울퉁불퉁하고, 덮은 잎은 비스듬하게 아래로 이어졌다. 껍질은 붉은데 비늘은 푸르다. 푸른 이끼가 군데군데 찍혀 있고, 편편하게 심어놓았다. 바라보면 백 년 십 년 된 물건임을 알 수 있다. 포개어 섬돌과 뜰에 늘어놓고 20금이니 30금이니 한다. 부잣집에서 값을 아끼지 않고 다투어 사간다. 하지만 한 달이 지나지 않아 그루터기는 벌써 땔감이 되고 만다. 그러면 다시 돈을 싸들고 와서 그 문을 들락거린다. 대개 솔은 나무이다. 마른 것을 능히 오래 견디는 까닭에 여러 날과 달이 되어도 누렇게 되거나 붉게 되지 않는지라, 사람들이 쉬 알아채지 못한다.[35]

　또한 분재 소나무를 전문으로 취급하는 사람의 이야기를 적었다. 마당에 분재들을 주욱 놓아두고 가격을 매기면 부잣집에서 값을 아끼지 않고 사간다고 했다. 하지만 제대로 기를 줄 몰라 금방 죽이고,

죽으면 다시 와 사간다고 했다.

조수삼은 〈기이(紀異)〉에서 소나무 분재에 특별한 취미를 가진 애송노인(愛松老人)을 따로 소개하고 있다.

백화산 속에 사는 늙은이 조팔룡은
평생토록 천종 녹은 부러워도 않았다네.
묻노라, 어찌하여 그토록 자족하뇨?
세 번 서려 아홉 번 굽은 소나무가 있기 때문.

白華山中趙八龍　平生不羨祿千鍾
問渠自足緣何事　家有三盤九曲松

조씨 늙은이는 어릴 적 이름이 팔룡이었다. 늘 스스로를 팔룡이라 했으므로 나이먹어서도 그렇게 불렸다. 소나무를 몹시 아껴, 백화산을 십여 년이나 두루 찾아다녀 세 번 서리고 아홉 번 굽은 소나무를 얻었다. 이것을 큰 화분에 심어놓았다. 객과 마주해 규룡처럼 늙은 줄기와 이끼 낀 거죽을 자랑하며 이렇게 말했다. "조팔룡은 재상의 녹이나 의요(猗陶)의 부도 부럽지가 않다."[36]

이렇듯 이 시기 분재 시장은 매우 활성화되어 있었고, 개중에는 조팔룡의 경우처럼 분재 취미를 단순히 장사 목적으로가 아니라 삶의 의미 자체로 여기는 경우도 있었다.

국화 재배를 통해본 원예의 성행

이 시기 화훼 재배에서 특히 주목 받은 것은 국화다. 국화는 신품종 개량이 비교적 쉽다. 유한준의 〈창하종국기(蒼下種菊記)〉에 흥미로운 이야기가 실려 있다. 누가 국화 수십 그루를 주기에 집 울타리를 따라 심어 몇 해 만에 수백 그루가 되었는데, 하루는 객이 와 왜 이렇게 이름 없는 국화를 심었느냐고 하면서 다음과 같이 말했다.

국화에는 품종이 있고, 품종에는 높고 낮음과 좋고 나쁨이 있다. 경대부(卿大夫)나 공자왕손(公子王孫)들은 날마다 애를 쓰며 이른바 도구(桃毬)·산경(散輕)·조라(調羅)·영연(鈴妍)·학령(鶴翎) 따위를 구해다가 수레로 실어와 화분에 길러 그 거처를 꾸미고 경관을 화려하게 한다.[37]

당시 서울의 부귀가에서 각종 기이한 품종의 국화를 다투어 구해 경쟁적으로 집을 장식했음을 보여주는 내용이다. 신위의 〈영국육절구(詠菊六絶句)〉에도 흥미로운 내용이 보인다.

국화꽃 파는 소리 온 거리 가득한데
해마다 다른 모습《국보(菊譜)》밖의 이름일세.
국화 모두 도연명의 울타리 밑 물건인데
개중에 어이 홀로 연명이라 불리는가?

黃花叫賣遍街聲　樣樣年增譜外名
是菊皆陶籬下物　就中何獨喚淵明

푸른 화분 붉은 난간 품형(品形)을 다투거니
붉은빛 자주빛 짙은 향기 대단해라.
순결함이 꺼림 받음 마침내 알겠구나
하늘 또한 백학령(白鶴翎)을 간신히 만들었네.

翠像朱欄鬪品形　不堪紅紫濫芳馨
竟知純潔偏多忌　天亦慳成白鶴翎[38]

　여섯 수 연작 가운데 둘째 수와 셋째 수다. 둘째 수는 국화 품종
중에 연명국(淵明菊)이란 것이 있어 장난으로 한 말이다. 아예 국화
꽃을 거리에서 소리치며 팔았고, 《국보》에 이름조차 없는 새로운 품
종들이 속속 출시되는 정황을 설명했다. 또 셋째 수에서는 화분 또
한 호사스럽기 짝이 없어, 푸른색 도자기로 구워 만든 화분에 온갖
빛깔의 국화를 심어 경쟁하듯이 진열해둔 정황을 설명했다. 백학령
같은 품종은 특히나 기르기가 까다로워서, 잘못 기르면 모두 붉은빛
의 꽃이 되고 만다는 각주가 달려 있다.
　유득공의 아들 유본학(柳本學)은 〈양국설(養菊說)〉에서 또 이렇게
적었다.

　서울의 풍속이 국화 기르기를 좋아한다. 국화 중에 품종이 좋
　은 것은 모두 화분에 심는다. 좋은 국화를 기르기도 어렵지만
　화분에 심은 국화는 특히나 기르기 어렵다. 진실로 기르는 요
　령을 얻으면 줄기가 높고 꽃이 화려하지만, 요령을 못 얻으면
　좋은 국화도 쑥처럼 볼품없게 된다. 기르는 방법은, 심을 때 먼

전 김홍도, 《평생도》 병풍 중 〈회혼례〉 장면
안채에선 떠들썩 회혼례 잔치가 벌어지고, 바깥 사랑채 담장 밑에는 여러 가지 국화가
활짝 피었다. 국립중앙박물관 소장.

저 기름진 흙을 골라 거친 모래를 제거하고 부드럽고 가늘게 부수어 화분에 넣는다. 또 국화 뿌리를 먹어치우는 지렁이나 좀벌레를 제거해야 한다. 토품(土品)으로는 훈련원의 배추밭에서 나는, 색이 검은 흙을 으뜸으로 친다. 다른 흙 또한 가늘게 체를 쳐서 쓸 수 있다.[39)]

대부분 국화를 화분에 심어 길렀고, 흙은 훈련원 배추밭에서 나는 검은색 흙을 으뜸으로 쳤음을 알 수 있다. 또 강이천의 〈이화관총화(梨花館叢話)〉에 실려 있는 한 단락의 이야기는 당시 국화 재배가 어떤 수준에 이르렀는지를 잘 보여준다.

옛날 여항에 김 노인이란 사람이 있었다. 국화를 잘 심어, 꽃을 일찍 피게도 하고 늦게 피게도 했다. 몇 치 크기로 짧게 키워 꽃의 작기가 손톱만 한데, 빛깔이 선명하고 자태를 아리땁게 하기도 했다. 한 자 남짓 길게 하고 꽃을 엄청 크게도 했고, 또 꽃 빛깔이 옻칠한 것처럼 검은 것도 있었으며, 또 한 줄기에서 여러 색깔의 꽃을 섞어 피울 수도 있었다. 공자와 귀족 들이 다투어 사가, 노인은 이것으로 먹고살았다. 방법은 비밀에 부쳐, 후에는 이를 전하는 자가 없다.[40)]

거의 신기(神技)에 가까운 국화 재배술이라 할 만하다. 심지어 검은색 국화까지 피워냈다고 하고, 그 크기도 손톱만 한 것에서 엄청 큰 것까지 자유자재로 했다고 한다. 검은색 국화를 피워내고 같은 줄기에서 여러 색깔의 꽃을 섞어 피웠다는 대목이 흥미롭다. 꽃을 염색하는 기술이 있었던 것이다. 실제 신위의 문집에는 〈착색국(著色菊)〉이란 제목의 시가 있다. 또 서유구의 《예원지(藝畹志)》에 〈환화법(幻花法)〉이란 항목이 있는데, 여기에는 꽃몽우리가 벌기 전에 꽃잎의 빛깔을 염색하는 방법이 자세히 나와 있다.[41] 국화 재배에 관한 보고는 이옥의 《백운필》에 더 자세하다.

국화는 종류가 몹시 많다. 유몽(劉蒙)의 《국보》에 35종, 《석호보(石湖譜)》에 35종, 《사정지보(史正志譜)》에 또 28종이 있다. 간혹 중복되어 나오는 것이 있으나, 대개 백 종에 가깝다. 내가 꽃을 품평하는 데는 몹시 어둡다. 하지만 예전 서울에 있을 적에 집에 심은 것과 다른 집에서 본 것을 헤아려봐도, 취양비(醉楊妃)·자원황(紫苑黃)·삼색학령(三色鶴翎)·통주황(通州黃)·연경백(燕京白)·대설백(待雪白)·소설백(笑雪白)·오홍(烏紅) 등의 종류가 또한 십여 종이 넘었다. 그러나 이름이 높고 품종이 희귀한 건 보통 국화보다 열 배는 더 기르기 어렵다. 뜨거운 해와 갑작스런 비가 모두 사람의 심력을 쓰게 만드니, 번식시켜 무성하게 하는 건 오히려 울타리 사이에 내버려두는 것만 같지 못하다. 산가에서는 마땅히 강성황(江城黃) 중 일찍 피는 것을 한가한 땅에 많이 심어야 한다. 봄에는 그 싹을 채소 삼아 먹고, 여름에는 그 잎을 고기와 함께 넣어 국 끓이며, 가을에는 그 꽃을 먹거나 술잔에 띄우거나 떡에 섞는다. 그 쓰임새가 다만 꽃구경하고 향기 맡는 것만이 아니다.[42]

알려진 백 종의 국화 가운데 십여 종의 품명이 제시되고 있다. 이 가운데 삼색학령은 황학령(黃鶴翎)·홍학령(紅鶴翎)·백학령(白鶴翎)으로 비교적 많이 재배되었던 품종인 듯하다.[43] 또 김정희가 이웃에 국화를 나눠달라는 시를 두 수 지어 보내자, 이웃에서 국화를 보내준 일이 있었다. 사례로 다시 시를 두 수 지어 보냈는데, 그 첫 수에도 백학령 이야기가 나온다.

> 163종이라 등급도 하 많은데
> 백학령이 마침내 군웅 중에 우뚝하다.
> 무너진 담 부서진 벽 낯빛이 살아나니
> 가을바람 옥 이슬에 득의 겨워 하노라.

> 百六十三多品第　鶴翎終竟出群雄
> 頹垣破壁生顔色　得意金風玉露中[44]

이 시에서는 국화의 품종이 163종에 달한다고 했다. 그 중에서도 백학령을 으뜸으로 꼽았다. 이 밖에도 국화 재배가 보편화되어 남공철(南公轍, 1760~1840)의 〈성동이원좌소원기(城東李元佐小園記)〉를 보면, 이원좌가 정원에 오색국(五色菊)을 기른다는 내용이 있다.[45] 심능숙도 국화에 애호벽이 대단했던 인물이다. 그는 특히 일본에서 들어온 백운타(白雲朶)라는 흰 국화 품종을 아껴, 이에 대한 글을 몇 편 남겼다.

> 우리나라는 국화를 높인다. 삼학(三鶴)을 높게 치는데 삼학 중
> 에서도 백학령을 높이 쳐서 으뜸으로 여긴다. 그러나 삼학은

해당(海棠)의 여한(餘恨)이 있다. 근세에 일본 국화가 많이 흘러나오지만 북실북실하여 볼 만한 것이 없다. 갑오년(1834)에 일본에서 처음으로 한 종을 구입해왔다. 줄기가 자줏빛으로 길고 잎이 도톰한 것이 오대국(五臺菊)과 비슷했다. 삼학령과 같은 시기에 핀다. 꽃 모양은 크기가 모란만 한데 둥글고 평평하면서 두터웠다. 백 겹 천 겹으로 쌓은 것이 마치 자개를 깎아 비단에 싸놓은 것 같았다. 꽃 빛깔은 수정이나 옥처럼 환하고, 푸른빛 무리가 은은하면서도 선명하여, 아주 희지도 않으면서 푸른빛을 띠었다.[46]

꽃술이 북실북실한 일본 국화 품종이 다량 국내에 반입되고 있었고, 백운타 또한 그 가운데 하나였던 모양이다. 심능숙은 백운타를 몹시 사랑하여, 꽃이 피었을 때는 국화를 감상하는 모임까지 열고, 또 〈백운제일회서(白雲第一會序)〉를 따로 남겨, 이 꽃의 아름다움을 찬탄하기까지 했다. 또 〈국서(菊序)〉는 국화의 여러 미덕을 찬양한 글이니, 이래저래 그는 국화를 몹시 사랑했던 인물이다.[47]

이렇듯 당시 서울 지역을 중심으로 번져간 국화 재배 붐은 경쟁적으로 가속화되어, 앞서 본 대로 정약용은 명례방 집 뜨락에 종류별로 18종의 국화분을 소유하고 있었다. 또 정약용은 제자 황상(黃裳)을 위해 써준, 은자의 이상적인 거처의 모습을 그린 〈제황상유인첩(題黃裳幽人帖)〉에서 정원의 풍경을 이렇게 묘사하고 있다.

뜰 앞에는 높이가 몇 자가량 되는 울림벽(響墻)을 하나 둘러둔다. 벽 안쪽에는 온갖 종류의 화분을 놓아둔다. 석류·치자·만다지(曼陀之) 등을 각각 품격을 갖추어 마련하되, 국화를 가장 많이 갖추어야 한다. 모름지기 48가지 종류는 되어야 겨우 구색을 갖추었다 할 만하다.[48]

국화를 48종이나 갖추어야 한다는 말이 인상적인데, 여기서 48종의 국화를 말한 것은 까닭이 있다. 그의 〈미원은사가(薇原隱士歌)〉에 관련 내용이 있다. 이 작품은 32구 224자에 달하는 장시다. 정약용이 장기로 유배가 있을 때 교리 윤영희(尹永僖)에게서 들은, 경기도 광주 인근 미원촌에 은거한 심씨의 이야기를 시로 옮긴 것이다. 경화세족의 한 사람으로 벼슬길에 포부를 지녔던 심씨가 하루아침에 집을 팔고 한 조각 배를 타고 궁벽한 미원 땅에 은거한 이야기를 상세히 적고 있다. 후반부에 48종 국화와 관련된 내용이 있다.

> 자식 자라 집일 맡자 옹은 이제 늙어서
> 꽃 심고 접붙이며 하루하루 보낸다네.
> 국화꽃 덤불은 세상에 드물거니
> 마흔여덟 종류 국화 그 자태 우뚝하다.
> 국화꽃 필 때 오면 취한 술 깨지 않고
> 거나하게 흰머리로 맑은 술잔 잡는다네.

> 子壯克家翁乃老　栽花接果度朝昏
> 菊花之叢尤絶世　四十八種標格尊
> 每到花開醉不醒　陶然白髮臨淸樽[49]

그는 자급자족의 삶을 이루어 무릉도원과 같은 유토피아를 일구어나갔고, 서울에서의 국화 재배 경험을 살려 무려 48종이나 되는 국화를 재배했던 것으로 유명하다. 뒷날 강진에 귀양가 있던 정약용은 이 이야기를 기억해두었다가, 제자인 황상에게 국화를 기르려면 적어도 48종은 되어야 한다는 이야기를 들려주었던 것이다.

이런 일련의 자료를 통해 볼 때, 당시 문인 지식인층이 국화 재배에 얼마나 경쟁적으로 열을 올렸는지 알 수 있다. 이 밖에도 화분 하나에 3색 국화를 피운다든지, 혹은 4색 국화를 피워내는 재주를 부려가며 원예 기술도 하루가 다르게 발전해갔다.[50] 또한 앞서 심능숙이 백운타가 피었을 때 감상 모임을 열었던 것처럼, 정약용 또한 국화꽃 화분을 등불 앞에 비춰 그 그림자를 감상하는 인상적인 모임을 기록한 것도 있다.[51] 재배가 단순히 재배로 그치지 않고 선비들의 아회(雅會)와 아집(雅集)으로 이어져, 문인아사(文人雅士)의 청한(淸閑)과 흥취를 돋우는 구실로까지 이어진 것이다.

원예 기술의 확산과 조화 취미의 등장

박지원의 척독 가운데 "왕희지의 글자는 구차하게 배열되지 않아 행간이 절로 성글면서 곧은데 나무와 꽃을 심는 것도 당연히 이와 같이 해야 된다"라고 한 것이 있다.[52] 왕희지가 쓴 초서 글자 배열이 기계적으로 일정하지 않은 가운데 성글면서도 반듯한 것처럼, 꽃나무도 여백을 두고 자연스럽게 심으라는 말이다. 정원의 화목을 운치 있게 심는 방법을 넌지시 일러준 것이다.

이렇듯 원예에 대한 관심이 확산되면서 기이한 품종의 화훼를 선물하거나,[53] 나무 심고 접붙이는 법에 관한 시문도 심심찮게 나타난다. 원예의 각종 방법을 소상히 소개한 것은 서유구의《임원경제지(林園經濟志)》중《예원지(藝畹志)》이다. 모두 5권으로 이루어져 있는데, 주요 목차는 다음과 같다.

제목만 보더라도, 씨 뿌리고 접붙이는 법에서 물 주고 흙 북돋우며 화분에 앉히는 법, 굽은 나무 펴는 법과 병충해 방지법에 이르기까지 화훼 재배에 관한 내용은 빠진 것이 없다. 심지어는 접붙이는 시기와 꽃을 빨리 피우는 법, 꽃을 염색하는 법까지 나와 있다. 또 모두 65종의 화훼를 각각 명품(名品)·토의(土宜)·시후(時候)·종예(種藝)·요옹(澆壅)·호양(護養)·의치(醫治)·의기(宜忌)·수채(收採)·쇄언(瑣言) 등으로 세절하여 상세하게 논했다. 서유구의 이《예원지》야말로 18, 19세기 원예 문화를 집대성한 저술이다.

서유구는 나무 재배에 특별한 관심을 가져,《임원경제지》속에 따로 나무 재배와 관리에 관한 내용을 담은〈만학지(晚學志)〉를 남겼다. 또 이와는 별도로, 나무 심는 법에 대해 자세히 서술한 7언 100구에 달하는 장편〈종수가(種樹歌)〉를 지었다. 이 가운데 나무와 토양의 관계에 대해 논한 부분은 다음과 같다.

천시(天時)을 얻었거든 그 다음은 땅 가리니
《관자(管子)》의〈지원(地員)〉편이 선각이라 할 만하다.
오시(五施)와 오옥(五沃)이 마땅함 각각 달라
나무에서 꿩이 울면 각성(角聲)에 맞는다네.
짠 습지와 비탈진 뺄 한번 잘못 심게 되면

죽지는 않는대도 마침내는 잡목 되리.
꽃나무 과일나무 모두 바람 겁내거니
평원이 언덕보다 훨씬 나은 까닭이라.
오얏나무 특히나 거름을 싫어하고
가뭄과 홍수에도 대추는 끄떡없네.
배나무는 서북쪽이 막혔는가 먼저 보고
밤나무는 흰 모래밭 도리어 훨씬 낫네.
살구는 연기 즐겨 인가에 마침맞고
매화는 물 좋아해 시냇가에 심는다네.
복숭아 동쪽 심고 느릅나무 서쪽 심는 까닭 묻자
음양가의 말일랑은 듣지 말라 하는구나.
뽕나무는 아무 데나 안 되는 곳 없으니
높은 언덕 꽉 막힌 곳 어디든 상관없네.
하늘은 때를 주고 이로움을 주시나니
어이해 인위로 함부로 할 것인가?

天時旣得次辨壤　管子地員是先覺
五施五沃各異宜　稺登木叫晉中角
鹵濕坂埴一失所　縱然不死終樸樕
一切花果多畏風　所以平原勝高皐
嘉慶子獨不喜肥　百盆紅能任旱潦
種梨先觀西北障　栽栗還以沙白勝
杏喜爨煙依人家　梅好照水傍溪遌
東桃西楡問何義　陰陽家言愼勿聽

最是桑柘無不宜　龍堆狐塞皆可藝

天與之時地與利　嗟汝人工豈泄泄

　　나무의 수종에 따라 적절한 토양과 방향, 속성 등을 설명한 대목
이다. 그 뒤로 내용에서는 씨앗 심기와 꺾꽂이 방법, 접붙이기와 옮
겨심기에 이르기까지 친절하고 자세한 설명이 이어진다.[54] 이헌경
의 〈영접목(詠接木)〉 또한 5언 120구의 장시로, 화과목(花菓木)의 접
붙이기 방법을 상세히 설명하고 있다.[55]

　　또한 화훼와 수목의 재배 외에 조화(造花) 취미도 상당히 성행했
던 듯하다. 조화는 종이 또는 밀랍으로 만들었다. 전문적 기능인이
아닌 문인 지식인층이 직접 만들고, 그 방법까지 상세하게 기록해두
었다. 앞서 언급한 이덕무의 윤회매가 대표적이다. 이덕무는 〈윤회매
십전〉에서 원(原)·꽃잎〔瓣〕·꽃받침〔蕚〕·꽃술〔蘂〕·꽃〔花〕·가지〔條〕·꽃
꽂이〔植〕·첩(帖)·권(券)·사(事)의 10항목을 두어, 도상까지 곁들여서
윤회매 제작법을 상세히 설명하고 있다. 이 가운데 그 스스로 창안했
다고 한 지화법(紙花法)의 한 대목을 소개하면 다음과 같다.

　　도장석(圖章石) 또는 연석(硯石)에다 매화 꽃잎 하나를 너무
　　깊거나 얕지 않게 파 매끄럽게 한 다음, 분지(粉紙)를 나비 날
　　개 크기로 찢어 혀끝으로 침을 발라 오목 파인 돌에다 덮고 깨
　　끗한 솜으로 누르면, 젖은 종이가 오목한 속에 찰싹 붙는다. 그
　　것을 거꾸로 잡고 불에다 구우면 금방 바짝 마르는데, 예리한
　　칼끝으로 꽃잎 가를 따라 오린 다음 꼬리를 슬쩍 치켜들면 꽃
　　잎이 된다. 꽃술을 꽂고 꽃받침을 대고 거꾸로 잡아 칠을 하는

순서로 매화를 만든다.[56]

　전 과정을 더듬어 보면 복잡하기 짝이 없다. 꽃잎 하나를 얻기 위
해 돌을 파서 틀을 만들고 종이를 넣어 누르고 불에 구워서 오리고,
그것을 다시 모아 꽃 한 송이를 겨우 만들었다. 글 읽는 선비가 할
짓이 아니다. 이전 같으면 상상할 수조차 없던 일이었는데, 저술로
만들어 널리 읽혔다. 이렇게 만든 매화를 돈을 받고 팔았고, 매화가
실답지 않으면 돈을 도로 물어주겠다는 문건까지 만들었다.
　조수삼은 〈가화(假花)〉란 제목의 오언배율 한 수를 남겨, 묵은 등
걸에 피어난 매화의 생동하는 모습을 노래했다. 오창렬도 〈가화〉란
시를 남기는 등 이 시기 문집 속에 조화를 노래한 시들이 심심찮게
등장하는 것으로 보아, 조화를 만들어 탁자 위에 놓고 시절을 잊고
감상하는 것도 당시 문인들의 취미 중 하나였음을 알 수 있다.[57]

□ □ □ □ □

　이상 18, 19세기 문인 지식인층의 원예 취미에 대해 살펴보았다.
이 시기의 화훼 취미는 그 어느 때보다 활발했고, 이것을 이들의 문
화의식을 특징 짓는 한 현상으로 이해해도 큰 무리가 없겠다. 국화
의 예에서 보았듯이, 이러한 취미는 상당한 파급력을 가지고 문인층
에 확산되었다.
　19세기로 접어들면서 수선화와 파초 재배 붐이 갑작스레 일어난
다. 중국에서 구해온 수선화 구근(球根)을 서로 나누는 것이 문인의
운사(韻事)로 치부되었다.[58] 해마다 중국에서 들여오는 수선화의 양
이 엄청나게 증가하자, 조정에서는 아예 수선화의 수입을 금지하는

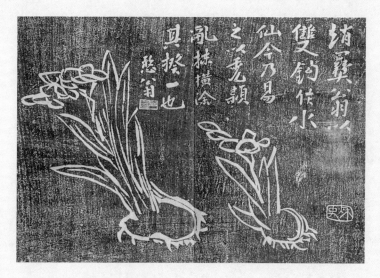

추사 김정희의 《수선화부첩(水仙花賦帖)》에 실린 수선화 그림 부분. 탁본

조처를 취해야 했을 정도였다.[59] 남방 식물인 파초도 정원마다 경쟁적으로 심었다. 이 시기 문인들의 아집도(雅集圖)나 정원 그림을 보면, 마당 한구석에 으레 파초가 서 있다. 이서구는 당호를 녹천관(綠天館)이라 했다. 녹천(綠天)은 파초의 별명이다. 그 집에 파초를 길렀고, 마침내 그것으로 집이름을 삼았던 것이다.

확실히 이런 분위기는 전 시기에는 결코 찾아볼 수 없었다. 완물상지로 금기시되던 화훼에 대한 애호와 조화 취미 들이 서울을 중심으로 활발하게 성행했다. 이는 18, 19세기 도시 문화의 활성화가 가져온 일종의 웰빙 현상이었다.

18세기 지식인의 완물 취미와 지적 경향

―《발합경》과《녹앵무경》을 중심으로

　18세기 지식인 집단 내부의 새로운 지적 동향은 다양한 방향에서 감지된다. '벽'과 '치'로 대변되는 새로운 유형의 지식인 집단이 대두되는 양상에 대해서는 앞절에서 이미 살펴보았다. 본고에서는 이 글과의 연관 아래 방향을 돌려, 이들이 완호(玩好)했던 사물들과 이를 통해 확인되는 독특한 지적 경향에 대해 살펴보고자 한다.

　최근 발굴 소개된 자료 중 완상용 비둘기 사육에 관한 내용이 담긴 《발합경(鵓鴿經)》이 있다. 앵무새와 관련된 이서구의 《녹앵무경(綠鸚鵡經)》은 그간 박지원의 서문만 전해지다가, 이번에 일부 자료가 확인되었다. 이렇듯 비둘기나 앵무새를 기르며 그에 관한 기록을 모아 한 권의 소책자로 묶는 방식은, 이들 두 책뿐 아니라 한 시기에 유행했던 특이한 지적 풍토의 흔적을 보여준다는 점에서 특히 흥미롭다.

　이 글은 새롭게 확인된 이들 두 자료를 중심으로, 당시 성행했던 새로운 지적 경향에 대해 살펴보고, 그 의미를 검토하고자 한다. 예

전 같으면 완물상지라 하여 금기시되었을 관심이 오히려 격물치지
하는 공부의 한 과정으로 여겨지게 된 데에는 18, 19세기 조선 사회
의 물적 토대와 세계관의 변화가 일정 부분 반영되어 있다.

18세기 지식인의 호기심과 정리벽

다산이 유배지 강진에서 아들 정학유(丁學游)에게 보낸 편지를 먼
저 읽어보자.

> 네가 닭을 친다는 말을 들었다. 양계는 참 좋다. 하지만 양계
> 가운데도 또한 우아하고 비루함, 맑고 탁함의 구분이 있다. 진
> 실로 농서를 열심히 읽어 좋은 법은 가려서 시험해보도록 해
> 라. 혹 빛깔별로 구분해보고, 혹 횃대를 다르게도 해보아라. 그
> 래서 닭이 살지고 기름지고 새끼를 많이 치는 것이 다른 집보
> 다 낫게 해야 할 거야. 또 간혹 시를 지어 닭의 정경을 그려보
> 기도 해야지. 사물을 사물에다 얹는 것, 이것이 책 읽은 자의
> 양계니라. 만약 이익만 따지고 의리는 살피지 못한다거나, 기
> 를 줄만 알았지 운치를 몰라, 아등바등 애쓰며 이웃집 농사짓
> 는 늙은이와 아침저녁으로 다투는 자라면, 이는 다만 세 집 사
> 는 마을의 좀스런 사람의 양계일 것이다. 네가 어떤 것에 편안
> 해할지 모르겠다. 기왕에 닭을 치기로 했다면 모름지기 장차
> 백가(百家)의 책에서 추려낸 닭에 관한 기록으로 《계경(鷄經)》
> 을 지어, 육우(陸羽)의 《다경(茶經)》이나 유득공의 《연경》처럼
> 한다면 또한 좋은 일일 것이다. 속된 일을 하면서도 맑은 운치

를 띠려면 모름지기 언제나 이것을 예로 삼도록 해라.[1]

아들이 양계를 한다는 말을 듣고 쓴 편지다. 닭 기르는 방법으로써 학문하는 마음가짐을 가르치려는 아버지의 마음이 잘 나타나 있다. 이어지는 편지에서는 《사기》에 나오는, 길 떠나는 사람이 지내는 제사인 조제(祖祭)의 자료를 찾아가는 과정과, 역시 이를 묶어 한 권의 작은 책자로 만드는 방법에 대해 상세히 적고 있다. 그러고 나서 다산은 "주자의 격물하는 공부도 다만 이와 같았다. 오늘 한 사물에 대해 살피고, 내일 한 사물에 대해 살피는 것 또한 모름지기 이와 같이 시작하는 것이다. 격(格)이란 것은 밑바닥까지 샅샅이 살핀다는 뜻이다. 궁극(窮極)과 도저(到底)가 아니고선 또한 이익되는 바가 없을 것이다"라고 적었다.[2]

닭을 기르면서 《계경》을 짓고, 조제에 대해 의문을 품어 그와 관련된 자료를 샅샅이 찾아 한 권의 책으로 묶는 그런 공부를 다산은 격물 공부라 했다. 그러면서 예로 든 것이 당나라 육우가 차에 관한 언급을 모아 엮은 《다경》, 유득공이 담배에 대한 자료를 정리한 《연경》이었다. 말하자면 무슨 일을 하거나, 혹 어떤 사물에 대해 궁금증이 생기면, 관련 자료를 샅샅이 뒤져 꼼꼼히 정리하여 정보를 계통적으로 체계화하는 습관을 기르라고 권유한 것이다.

실제 정약용의 《목민심서》나 《흠흠신서(欽欽新書)》같은 책은 이러한 방식으로 수많은 사례를 수집하여, 체계에 따라 분류·정리한 것이다. 뿐만 아니라 서유구의 《임원경제지》나 박제가의 《북학의》, 홍길주의 《숙수념(孰遂念)》, 이규경(李圭景)의 《오주연문장전산고(五洲衍文長箋散稿)》등도 백과전서적 호기심과 정리벽이 낳은 산물이다. 이 시기 지식인들 사이에서는 전에 볼 수 없던 이런 유의 저작이 활발하게 이루어진다. 다루고 있는 내용도 경세제민에 관련되는 것부터 일상 사물, 사소하고 비루한 일들까지 광범위하다. 《물명고(物名攷)》나 《물보(物譜)》류의 저작이나, 이익(李瀷, 1681~1763)의 《백언해(百諺解)》, 이덕무의 《열상방언(洌上方言)》, 정약용의 《이담속찬》처럼 속담을 한자로 옮겨 정리하는 작업도 대부분 이 시기에 와서 이루어진다.[3] 절해고도의 귀양지에서 물고기에 대한 관찰을 하나하나 기록으로 남긴 정약전의 《현산어보(玆山魚譜)》나 김려의 《우해이어보》 등도 이러한 지적 분위기의 소산이다. 정약용의 《아방강역고》와 천연두 치료법을 담은 《마과회통(麻科會通)》, 제자 이청을 시켜 엮은 《대동수경》 등 지리학상의 정리, 농사와 관련된 서유구의 《종저보(種藷譜)》나 《금화경독기(金華耕讀記)》 등의 저술도 같은 맥락에서 이해할 수 있다.

이들은 눈앞에 보이는 모든 것들에 대한 궁금증을 주체할 수 없었다. 지적 패러다임의 변화는 사물에 대한 관심을 확장시켰다. 책을 뒤져 정리하고, 눈앞의 사물을 관찰하며, 이것과 저것을 연관 짓는 유비적 사고는 이들에게 매우 일상적이고 유쾌한 지적 활동이었다.

박종채(朴宗采)가 아버지 박지원의 일을 기록한 《과정록(過庭錄)》에는 박지원이 이광려(李匡呂)를 찾아가 대화하는 장면이 나온다. 박지원이 거리를 지나다가 남의 집 사립문 안에 규모가 정밀하고 공교로운 수레가 있는 걸 보았다. 이에 다가가서 살펴보다가 주인과 수인사를 하게 된다. 박지원은 이광려에게, 한평생 글을 읽었는데 글자를 몇 자나 아느냐고 대뜸 묻는다. 이광려는 한참 생각하다가 겨우 삼십여 자쯤 안다고 대답한다. 좌중은 도대체 무슨 말인지 몰라 당황하

고, 이광려는 이 한 차례의 대화로 박지원을 일언지기(一言知己)로
인정했다는 이야기다.[4] 수레의 정밀한 규모에 감탄한 이야기가 앞
서 있는 것으로 보아, 이때 글자를 안다고 한 것 또한 단순히 글자의
훈독을 아는 게 아니라, 앞서 정약용이 아들에게 보낸 편지에서 조
제를 예로 들었듯이 궁극도저의 공부를 뜻한다고 이해할 수 있다.

다음 박지원의 척독 한 편은 당시 지식인의 정리벽을 단적으로 보
여준다.

> 유득공의 집에 《속백호통》이란 책이 있는데, 한나라 반표(班
> 彪)가 찬하고, 진나라 최표(崔豹)가 주내고, 명나라 당인(唐
> 寅)이 평을 단 것이었소. 내가 기서(奇書)로 여기고 소매에 넣
> 어 돌아와 등불 아래서 찬찬히 살펴보니, 바로 유득공이 호랑
> 이에 관한 이야기를 모아 심심풀이로 삼은 것입디다. 나는 정
> 말 멍청하다 하겠습니다. 당인의 자가 백호(伯虎)인 때문이지
> 요. 그러나 한바탕 웃을 만은 하니, 다 보고 나면 즉시 돌려줄
> 작정입니다.[5]

《백호통(白虎通)》은 한나라 반고(班固)가 경전의 뜻을 풀이한 책
이다. 연암은 유득공의 집에 갔다가 《속백호통》이란 책이 있는 것을
보았다. 반표나 최표, 당인 같은 쟁쟁한 인물이 짓고 주내고 평을 단
것이어서 대단히 기이한 책으로 알고 빌려왔다. 하지만 막상 와서
들춰보니, 유득공이 호랑이에 관한 이야기를 모아놓은 책이더라는
것이다. 책에 '백호(白虎)'란 말이 들어가고, 저술에 참여한 인물들
의 이름에 표(彪)·표(豹)·인(寅) 같은 범과 관련된 글자를 넣어 장난

친 것인데, 깜빡 속고 말았다고 했다. 말하자면 유득공은 다산이 말한 《연경》 외에도 《속백호통》 같은 편서를 남겼던 셈인데, 당시 이들의 지적 관심과 그것을 정리하는 방식의 구체적 예를 보여준다는 점에서 흥미롭다.

이러한 변화의 바탕에는 당시 이들이 즐겨 읽었던 이른바 명말청초 패사소품문의 취향과 기호가 밀접한 관련이 있다. 발랄한 도시문화의 분위기 속에서 싹튼 새로운 지적 풍토와 여기서 쏟아져나온 수많은 저작이 이들에게 영향을 끼쳤다. 장조가 엮은 《우초신지》나 《소대총서》, 《단궤총서》, 진계유(陳繼儒, 1558~1639)의 《미공비급(眉公秘笈)》 같은 책은 당시 문인들에게 광범위하게 읽혔다. 원굉도를 비롯한 명말청초 문인들의 문집도 폭넓은 호응을 받았다.[6] 원굉도가 꽃꽂이에 대해 쓴 《병사(甁史)》나 술 마시는 법도를 논한 《상정(觴政)》, 또는 장조의 《단궤총서》에 수록되어 있는, 비둘기 사육에 관한 장만종(張萬鍾)의 《합경(鴿經)》처럼, 특정 분야에 관한 기록을 모아 엮는 방식의 저술이 널리 애독되면서, 이덕무의 〈윤회매십전〉이나 뒤이어 볼 《발합경》, 《녹앵무경》 같은 저술에 모범 사례로 원용되었다.

날짜별 노정에 따라 순차적으로 기술하던 산수유기도 만명 공안파의 산수 소품의 영향으로 변화가 일어났다. 특정 지역을 구역별로 나누어 소묘하고, 유람의 규칙 등 세세한 절목을 세워 집필하는 방식을 도입하여, 이덕무는 북한산 기행문인 〈기유북한〉을 지었고, 이옥은 〈중흥유기〉와 〈남정십편〉 같은 글을 창작했다.[7]

원본은 없이 박지원의 서문만 남은 《순패》 같은 책은 십간으로 항목을 배열하였고, 속요·민속·방언·속기(俗技)·수수께끼·종이 연의 계보 등에 이르기까지 일상의 온갖 일을 갖은 조목으로 나누어 정리하였다. 이덕무는 〈윤회매십전〉에서 밀랍으로 조매(造梅) 만드는 법을 도상까지 곁들여 10조목으로 나누어 상세히 설명하고 있다. 유득공은《발합경》과《연경》,《속백호통》외에도《이십일도회고시》 연작을 풍성한 주석과 함께 정리해냈다. 무엇이든 낯선 것이 궁금하면 자료를 찾았고, 찾은 자료는 차례를 매겨 정리했다. 사투리를 듣고도 그것을 기록으로 남겼다. 일상의 자질구레하고 허접한 내용도 이들에게는 흥미로운 탐구의 대상이었다.

이전 같으면 해괴한 짓이라 하여 타기되었을 일상의 소소한 일들이 학문적 관심의 영역으로 들어오는 건 확실히 새로운 변화임에 틀림없다. 완물상지의 비난을 받을까 봐 쉬쉬 감추며 즐기던 일상의 기호들이 이제 거리낌 없이 격물치지하는 공부의 일환으로 격상되어, 사물 그 자체에 대한 관심이 폭발적으로 증폭되고 있었던 것이다. 이러한 변화의 뚜렷한 증좌를 이제 살펴볼《발합경》과《녹앵무경》에서 충분히 감지할 수 있다.

《발합경》과《녹앵무경》의 체재와 내용

지식인 집단의 이러한 새로운 지적 경향으로 볼 때, 이 글에서 중점적으로 살펴보려는《발합경》과《녹앵무경》 또한 그 대상이 완상용 새인 비둘기와 앵무새에 관한 기록이란 점에서 우리의 흥미를 끈다. 이제 차례로 두 책의 저자와 내용을 소개한다.

《발합경》의 저자와 내용

《발합경》은 그간 국내에 그 존재가 알려지지 않았다. 최근 정우봉 교수가 버클리 대학 아사미 문고 소장의 필사본 1책에 수록된 9쪽 분량의 《발합경》을 소개함으로써 비로소 세간에 알려졌다.[8] 《발합경》의 첫 면에는 '앵가관찬(鸚哥館撰)'이라 하여, 지은이가 앵가관이란 당호를 쓴 사람임을 밝혔다. 정우봉 교수는 이 자료를 소개하면서 필사본 속에 포함된 《동국금석평(東國金石評)》·〈윤회매십전〉·《남방이목부(南方異木簿)》·《발합경》 등이 모두 이덕무의 저술임으로 보아, 앵가관을 이덕무의 별호로 추정하였다.

그러나 《발합경》의 존재와 저자에 대해서는 이덕무의 손자인 이규경이 그의 백과전서적인 대작 《오주연문장전산고》에 수록된 〈발합변증설(鵓鴿辨證說)〉에서 이미 분명히 밝혀놓았다.

> 발합이란 비둘기다. 몇 종류가 있다―산비둘기를 구(鳩)라 하고 집비둘기를 합(鴿)이라 하는 구분은 《금경(禽經)》에 자세히 보인다―여기서는 집비둘기만 변증하는 데 그치기로 한다. 장조가 묶은 《단궤총서》에 《발합경》이 있다. 우리나라에서는 영재 유득공이 또한 《발합경》을 엮었는데, 스스로 '앵가관찬'이라고 서명하였다.[9]

이규경에 따르면, 《발합경》의 저자 앵가관은 바로 이규경의 할아버지인 이덕무의 친구 유득공이다. 그는 또 장조의 《단궤총서》에도 《발합경》이 있다고 했다. 앞서 잠깐 언급했듯이, 중국의 《발합경》은 현재 《단궤총서》 2집 권50에 수록되어 있다. 여기에는 비둘기에 대

鵓鴿經　　　　　　　　　　鸎哥館撰

八目　上品

黑烏　白質黑尾頂有黑點

全白　純白色

僧褐色　頸毛濁紅而有流金彩翅尾端有軟黑色
翅羽當中有軟黑色紫黑色二帶如僧著袈裟故

纏項白　白而近褐翅尾端亦有軟黑緣頸似軟紅環
之曰信珠
云

紫殼　紫質白尾言其紫一段也

黑隱層　黑質白尾白胜臆有白點曰錢言其點一層
也隱者語辭(借人之名)有盍施合庚公之斯

紫產頭　頭至頸至臆紫目背至翅至尾白

黑虛頭　頭至頸至臆黑目背至翅至尾白

十五襍目　下品

宰點烏　黑烏之頂黑微細者宰者方言綠也

紫點烏　黑烏之頂黑點色紫者

多臺黑烏　翅黑者多臺者方曰非也或曰多
臺者二十三目以外毛羽駁襍者之統名

유득공의 《발합경》 부분
첫 줄의 큰 글자가 품종의 이름이고 그 아래 생김새에 대한 설명이 나온다.
미국 버클리 대학 아사미 문고 소장본.

한 다양한 내용이 수록되어 있다. 하지만 유득공의 《발합경》과는 전혀 달라, 두 저술 사이에 겹치는 부분은 없다. 말하자면 유득공의 《발합경》은 우리나라의 비둘기 사육에 관한 기록만을 따로 적은 것으로, 중국 장만종의 《합경》과 쌍벽을 이루는 책이다.

이어 이규경은 아사미 문고에 수록된 것과 똑같은 내용의 《발합경》 전문을 인용해놓았다. 《발합경》은 관상용 비둘기 사육에 관한 자세한 내용을 소개하고 있다. 그 내용은 1. 〈팔목(八目) 상품(上品)〉, 2. 〈십오잡목(十五雜目) 하품(下品)〉, 3. 〈별칭(別稱)〉, 4. 〈생(生)〉, 5. 〈상(相)〉, 6. 〈성(性)〉, 7. 〈합각(鴿閣)〉, 8. 〈합령(鴿鈴)〉, 10. 〈합필(鴿鞸)〉로 분장되어 있다. 당시 조선에서 관상용 비둘기를 기르는 것이 상당히 유행했음을 보여주는 흥미로운 자료다. 이 책에는 모두 23종이나 되는 관상용 비둘기가 상세히 소개되어 있다. 상품 8종과 하품 15종이 있다. 상품만 소개하면 다음과 같다.

점오(點烏, 까막점이): 흰 바탕에 검은 꼬리. 정수리에 검은 점이 있다.

전백(全白, 전백이): 순백색이다.

중〔僧, 양비둘기〕: 갈색이다. 목털은 흐린 홍색으로 유금빛이 감돈다. 날개와 꼬리 끝에 연한 흑색의 가장자리 선이 있다. 날개 가운데 연한 흑색과 자흑색으로 된 두 줄의 띠가 있다. 마치 중들이 입는 가사와 같아서 중이라 부른다.

전항백(纏項白, 염주 비둘기): 흰빛이나 갈색에 가깝다. 날개와 꼬리 끝에 연한 흑색의 가선이 있다. 목에 마치 연홍의 고리를 두른 것 같아서 염주라고 부른다.

근대 중국 곡수산(谷守山)의 비둘기 그림

서로 다른 7종의 비둘기가 그려져 있다. 순백색의 전백(全白)과 목만 자주색인 자허두(紫虛頭),
목만 검은색인 흑허두(黑虛頭)가 한 마리씩 보인다. 정수리에 관우(冠羽)가 솟은 긴고두(緊高頭)
세 마리도 보인다.

자단(紫段) : 자줏빛 바탕에 흰 꼬리를 가졌다. 자줏빛 비단 한 필이란 말이다.

검은층(黔隱層) : 검은 바탕에 흰 꼬리, 흰 정강이를 지녔다. 가슴에 흰 점이 있는 것을 돈[錢]이라 한다. 검은 것이 한 층임을 말한다. 검은(黔隱)의 '은'은 어조사다. 사람 이름 중에 맹시사(孟施舍)나 유공지(庚公之) 등이 있는 것과 같다.

자허두(紫虛頭) : 머리부터 목과 가슴까지 자주색이다. 등부터 날개와 꼬리까지는 희다.

흑허두(黑虛頭) : 머리부터 가슴까지 검은색이다. 등부터 날개와 꼬리까지는 희다.[10]

이어 하품으로 소개하고 있는 15잡목(襍目)은 잡종이거나 교배종이다. 실점오(寀點烏)·자점오(紫點烏)·다대점오(多臺點烏)·흑허미(黑虛尾)·자허미(紫虛尾)·흑승(黑僧)·고달전항백(古達纏項白)·자어농(紫魚濃, 자주 얼룩)·흑어농(黑魚濃, 검은 얼룩)·가치어농(加治魚濃, 까치 얼룩)·자관자(紫貫子)·흑관자(黑貫子)·자휘항(紫揮項)·흑휘항(黑揮項)·덕거마리(德去摩尼, 도꼬마리) 등 15종이다. 실(寀)이나 얼룩[魚濃], 까치[加治], 도꼬마리 등의 순 우리말을 한자로 표기한 점이 특이하다.

비둘기의 별칭으로는 긴고두(緊高頭)·무은(無隱)·모외(模外)·마리(摩尼)·장도리(長突伊) 등 다섯 가지를 소개했다. 긴고두는 정수리에 관우(冠羽)가 길게 솟은 종류를 말하니, '긴(緊)'은 길다는 뜻의 우리말을 음차한 것이다. 무은은 정수리에 관우가 없는 품종이다. 우리말로 '민'머리란 말을 한자로 '무은'으로 표기했다. 모외는 정수리의 머리 깃이 산 모양으로 불쑥 솟은 품종으로, 모외는 산을 뜻하는 순 우리말 '뫼'의 음차다. 마리는 몸집이 작고 부리도 작으며 머리 깃이 없는 품종이다. 마리는 우리말 '머리'의 음차다. 장도리는 부리가 길고 큰 품종으로, 그 부리 모양이 마치 장도리처럼 생겼다 해서 이렇게 이름 붙였다.

이런 이름들을 보면, 당시 민간에서 관상용 비둘기 사육이 생각보다 성행했음을 짐작할 수 있다. 이어지는 〈생〉에서는 종과 종 사이의 교배에 대해 예를 들었고, 〈상〉에서는 좋은 비둘기를 판별하는 방법에 대해 자세히 적었다.

○ 전백이와 자단, 자허두는 큰 것이 좋다. 점오와 중, 전항백, 검은층이는 작은 것이 좋다. 잡목에 있는 것들은 크고 작고를 논하지 않는다. ○ 부리는 희고, 눈은 노란빛이 좋다. 목은 크고 꼬리는 깃털이 풍부해야 한다. 날개는 깃털이 많아야 한다. 눈 자위는 불쑥 솟아야 한다. 눈자위가 불쑥 솟은 것을 햇볕막이 눈이라고 부른다. ○ 눈동자는 검은 것, 노란 것이 있다. 한쪽 눈이 푸르고 한쪽 눈이 노란 것은 기격(奇格)이 된다. 눈동자의 한쪽 반이 검고, 한쪽 반이 노란 것은 아주 드물다. ○ 점오는 눈가에 가느다란 검은 자욱이 있으면 안 된다. 이것을 거머리[蛭]라고 부른다. ○ 전백이의 눈은 연한 빛으로 붉게 무리진 것이 있으면 안 된다. ○ 자허두는 자줏빛이 어깨까지 침범하면 안 된다. ○ 바탕이 검은 것은 행전(行纏)이 없으면 안 된다. 행전이란 다리의 털이 흰 것이다. ○ 긴고두는 수컷, 무은은 암컷, 모외는 수컷, 마리는 암컷이 가품(佳品)이 된다. 수(曳)라는 것

은 우리말로 수컷을 말하고, 암(黯)은 암컷을 말한다.[11]

당시 완상용 비둘기에 대한 심미안이 보통 수준을 넘어선다. 품종에 따라 크기를 구분하고, 각 부위의 색깔과 암수의 구분 등 품종에 따라 섬세한 기준을 세워놓고, 이것에 따라 사고파는 데 값의 높고 낮음이 결정되었다.

비둘기의 성질을 정리한 〈성(性)〉 항목의 내용은 다음과 같다.

○ 정해진 짝이 있어 무리지어 살아도 잡란하지 않다. 떨어지거나 죽는 경우가 아니면 짝을 바꾸는 법이 없다. ○ 갠 날을 좋아한다. 날이 흐리면 집에 틀어박혀 날지 않는다. ○ 나무 숲에 몰려 앉지 않는다. ○ 콩이나 벼, 홍람화(紅藍花) 씨를 먹는다. ○ 몸은 무거운데 다리가 약해, 걸음걸이가 뒤뚱뒤뚱한다. 먼저 목을 뺀 뒤에 발을 끌어당긴다. 물을 마시거나 모이를 쫄 적엔 거의 엎어질 것 같다. ○ 한 번에 알 두 개를 낳는다. 하나는 암컷이 되고 하나는 수컷이 된다. 15일간 품는다. ○ 장난칠 때는 꼬리를 흔들며 털을 헝클고 아래위를 보면서 운다. 곁에 암컷이 있으면 오래도록 서성이며 떠나지 못한다. 암수가 서로 혀를 빼는 까닭에 비둘기의 성품을 음란하다고 말한다. ○ 날 적에는 집 둘레를 몇 바퀴 돌다 올라간다. 순장희(巡場戲), 즉 마당돌이 놀이라고 한다. ○ 비둘기는 성품이 사치스럽다. 비둘기를 기르는 집에서는 비둘기 집을 만들고 아로새기는 장식으로 지극하게 꾸민다. 비둘기가 살펴보다 모여드는 경우가 있다. 4월 초파일에는

연화등(蓮花燈) 위로 날아와 모인다. ○ 비둘기 똥은 매우 독
성이 있어 뱀이나 독사, 냄새나는 벌레 따위가 감히 접근하
지 못한다. 지붕 기와를 썩게 할 수도 있다. 산가에서 비둘
기를 기르면 범도 피한다고 한다.[12]

〈합각〉은 용대장(龍隊藏)이라고 부르는 여덟 칸짜리 비둘기 집에
대한 이야기이고, 〈합령〉은 비둘기 꼬리 위에 매단 작은 쇠방울과 붉
은 깃털 장식에 대한 설명이다. 비둘기가 날아가면 방울 소리로 멈
추는 곳을 알기 위해서였다. 하지만 꼬리가 빠지기 때문에 잘 하지
않았다고 했다. 〈합필〉은 겁이 많아 작은 기미에도 날아가곤 하는 비
둘기를 잡을 때 사용하는 그물에 대한 설명이다. 한 자가 넘는 넓은
그물 양쪽에 족대를 두어 부채 모양으로 만든다. 이것을 다리 뒤에
끼고서 천천히 다가가 덮쳐 잡았다고 했다.

박지원의 《열하일기》에는 요동 지방에서 비둘기를 기르는 것이
널리 보편화되었다고 언급하며, 매일 비둘기가 요동 벌의 콩을 배불
리 먹고 저녁에 돌아오면, 미리 석조(石槽)에 받아둔 석회수를 비둘
기에게 마시게 한다. 그러면 비둘기들이 하루 종일 먹었던 콩을 모
두 토한다. 그러면 그것으로 소나 말을 먹인다고 했다.[13] 이덕무의
《이목구심서(耳目口心書)》에도 정성껏 길들여 기르던 비둘기가 개에
게 물려 죽자, 슬피 울면서 비둘기를 구워먹는 소년에 대한 이야기
가 나온다.[14] 소년의 비둘기는 관상용과 식용을 겸했던 모양이다.

《발합경》을 지은 유득공은 《고운당필기(古芸堂筆記)》에도 〈발합
팔목(鵓鴿八目)〉이란 항목을 두고 있다. 당시 서울에서 비둘기 사육
이 상당히 성행했음을 밝히고, 앞서 본 상품 8목 부분을 그대로 옮겨

작자 미상의 〈태평성시도〉
병풍 제5폭 중간 왼쪽 끝의 마당 안쪽에 당시 비둘기 집의 구체적 실물이 나온다. 지붕에
앉은 각종 관상용 비둘기의 모습도 보인다. 국립중앙박물관 소장.

놓은 것이다. 이 대목은 그의 《경도잡지》에도 반복 인용된다. 그는 또 〈사금언(四禽言)〉 중에 비둘기의 울음소리를 '여아부(與我婦)', 즉 '계집 주고'란 뜻으로 표현한 시를 남겼다.

여아부!(계집 주고)
여아부!
내 아내 나처럼 졸렬하지만
잘난 아내 똑똑해도 내 짝 아닐세.
봄 되면 한빙(韓憑)처럼 제짝 찾아 날아가리
청릉대 아래는 안개에 잠겨 있네.

與我婦　與我婦　我婦如我拙　巧婦雖巧非我耦
春來解逐韓憑飛　青陵臺下鎖烟莽

비둘기 울음소리를 '여아부(與我婦)', 즉 '계집 주고'쯤으로 읽은 것이다. 내 아내가 비록 잘난 건 없지만, 어떤 예쁜 여인보다 내게는 아름답다. 그런 아내를 남에게 빼앗겼다. 5구의 한빙은 고사가 있다. 전국시대 송나라 강왕(康王) 밑에 있던 한빙의 아내 하씨가 몹시 아름다웠다. 왕은 미모를 탐해 그의 아내를 빼앗았다. 한빙이 원망하자 왕은 그를 가두었다. 한빙은 끝내 자살했다. 왕이 그의 아내를 데리고 청릉대에 올랐다. 남편과 함께 묻어달라는 유서를 남기고, 그녀도 대 아래로 뛰어내려 자살했다. 왕은 노해서 두 사람을 함께 묻지 않고 서로 바라보이는 곳에 묻게 했다. 그러자 무덤에서 큰 나무가 돋아나, 열흘 만에 두 무덤 사이에 아치 모양으로 가지가 엉겨 서로 이어졌다. 또 새 한 쌍이 늘 나무를 떠나지 않고 살면서 아침저녁 목을 서로 비비며 슬피 울었다. 사람들은 이 나무를 상사수(相思樹)라 불렀다. 유득공은 한빙의 이 고사를 끌어와, 짝을 잃은 비둘기가 제짝을 찾아 우는 울음소리로 풀이한 것이다.

비둘기는 비를 아주 싫어한다. 비가 내리면 흐느끼는 듯 나직한 목소리로 운다. 목으로 골골 넘어가는 울음소리는 이런저런 상상을 불러일으킨다. 옛사람들은 비둘기가 "계집 죽고 자식 잃고 비둘뜰뜰 비둘뜰뜰" 하며 운다고 생각했다. 유득공의 위 시는 이런 맥락에서 나왔다.

유득공의 아들 유본학이 아버지를 이어 다시 〈발합부(鵓鴿賦)〉를 지었다. 그의 집안에서 상당히 본격적인 수준으로 비둘기 사육에 관심을 기울였음을 짐작할 수 있다. 전문을 소개한다.

어찌 새들의 많은 무리 중에서
집비둘기 새장에서 길러 키우나.
어지러이 뒤섞인 채색의 깃털
순수하고 귀한 자질 몸도 길쭉해.
기름져 윤이 남은 뱁새가 양보하고
게다가 함께 살려 하지도 않는다네.
암수의 사랑이 자못 정성스러워
모래톱 징경이와 같지 않다네.
독수리 새장에 돌멩이를 쌓아두니
참으로 새의 성질 기뻐하는 바일세.
비록 난다 해도 높이 날진 못하지만

하는 짓 저와 같음 눈여겨보네.

혹 집 둘레를 빙빙 도는데

제집인 줄 알고는 다시 멈추지.

혹 날갯소리 푸드덕대다

때로 무리 끌고와 날아오르네.

혹 무리지어 뜰을 걸으니

그 여린 발가락 어찌 이리 꼭 맞는가?

혹 누각에서 시끄럽게 울어대어

목 속에 둥근 혹이 가득 차 있는 듯.

벌레를 해치는 것이 아니요

낟알과 누런 콩을 쪼아먹는다.

꽃잎을 떨어뜨리는 법도 없으니

봄날 낮에 예쁘게도 장난치누나.

사람 봐도 의심을 품지 않아서

길들여 책상맡에 부를 수 있네.

이것을 먹여 길러 마음이 기뻐지니

어찌 무익하다 말을 하리오.

여유 있는 사람이 아끼는 바라

평소의 습성 따라 등급도 어지럽다.

시장에서 사다가 품에 안고 돌아오니

값 또한 비싸지만 아깝지 않네.

아침에 풀어놓고 저녁엔 거두나니

그 화려한 자태는 오래되었지.

옛사람은 너를 비노(飛奴)라고 불렀거니

나 또한 편지를 네 편에 부치려네.
진실로 능히 불러 방울로 장식하매
동산 속 붉은 매와 경쟁하는구나.
정상(情狀)을 기록함에 빠뜨림이 없으니
《이아(爾雅)》에 상세한 주석을 단 셈일세.

何羽族之繁醜兮	有籠畜之家鳩	繽雜綵之翎毛兮	襪純質而身脩
山鷦讓其脂澤兮	又棲息之不佇	頗情悷於牡牡兮	異王睢之河洲
掛鵰簴之礧硦兮	實禽性之攸喜	雖翔飛而靡高兮	眄作態之如彼
或盤旋而繞屋兮	認其居而還止	或翅聲之膈膊兮	時引類而衝起
或群步於階庭兮	何安帖其纖趾	或闢聲於樓春兮	汝癭盈其頸裏
匪蟲蟻之伊害兮	啄玉粒與黃荳	匪花蘂之損落兮	戲窈窕於春晝
匪見人而猜疑兮	馴可致諸几右	哺養斯可怡情兮	緊何言其無益
游閒子之所愛兮	紛品第其素癖	購諸市而袖來兮	價亦高而匪惜
勤朝放而暮收兮	伊華風之誰昔	古人謂此飛奴兮	余亦要付書尺
苟能致而鈴餻兮	賽園中之頳赤	記情狀之無遺兮	是爾雅之詳釋15)

　시장에서 비싼 돈을 주고 비둘기를 품에 안고 와, 돌멩이를 쌓아 둔 새장에 넣어 기른다. 습성에 따라 등급도 여러 가지다. 아침에 풀어놓고 저녁에 불러들인다. 비노(飛奴)라 하여 편지 심부름도 시킬 수 있다. 길들면 사람을 무서워하지 않고 가까이까지 온다. 비둘기를 기르면서 마음도 기쁘게 되니, 비둘기를 기르는 건 쓸데없는 짓이 아니다. 끝에서는 자신의 〈발합부〉가 옛 국어사전이라 할 수 있는 《이아》의 비둘기 항목에 대한 상세한 주석이라고 자부하였다. 이 또

한 조선 후기에 비둘기가 널리 사육되었음을 알려주는 중요한 자료라고 할 수 있다.

하지만 비둘기 사육은 18세기 한때 유행처럼 번지다가, 어느 순간자취도 없이 사라져버렸던 모양이다. 이규경은 〈발합변증설〉에서 유득공의 《발합경》을 전문 인용한 뒤에 이렇게 부기하였다. "이는 영재(泠齋)가 젊은 시절 서울의 비둘기 기르던 집에서 숭상하던 것이다. 어릴 때 여항의 풍습에서도 또한 본 적이 있다. 지금은 전혀 볼수 없으니 이상하다 할 만하다."[16]

정리하면, 유득공의 《발합경》은 당시 성행했던 완상용 비둘기 사육에 관한 귀중한 정보를 담고 있는 저작이다. 앞서 읽은 정약용의편지를 통해 볼 때 유득공은 《발합경》 외에도 담배에 관한 기록을 이것저것 수집하여 《연경》을 지었다. 하지만 이 두 저작은 모두 그의문집에 수록되지 않았다. 젊은 시절 공부의 한 과정쯤으로 생각해,문집에 수록하기가 마땅치 않았던 것이다. 어쨌거나 그는 다른 거창한 학문적 목적이나 의도 없이 순수하게 비둘기란 사물 그 자체에대한 관심을 이렇게 기록으로 남겼다.

《녹앵무경》의 체재와 내용

이서구가 지었다는 《녹앵무경》은 현재 실물이 전하지 않는다. 다만 박지원이 남긴 〈녹앵무경서〉가 남아 있다. 의미 파악이 힘든 난삽한 글인데, 첫 부분은 이렇다.

이서구가 녹앵무를 얻었다. 지혜롭게 하려 해도 지혜로워지지않고, 깨우칠 듯 하다가도 깨우치지 못했다. 새장 앞에서 울며 말했다. "네가 말하지 못하니, 까마귀와 무에 다르랴? 네가 말을 하는데 알아듣지 못하는 것이라면, 내가 속이라도 편하겠다." 그러자 갑자기 혜오(慧悟)를 발하므로, 이에 《녹앵무경》을 짓고 내게 서문을 청하였다.[17]

이서구가 중국에서 들여온 녹앵무에게 말을 가르치려고 백방으로 노력하다가 실패한 뒤 하도 답답해 새장 앞에서 푸념을 하자, 갑자기 앵무새가 그 말을 알아듣기라도 하듯 문득 똑똑해졌다는 것이다. 그래서 이 녹앵무에 대한 이런저런 사실을 적어 《녹앵무경》을 짓고 연암에게 서문을 청했다.

《녹앵무경》은 《발합경》과 달리 실물이 전하지 않으므로, 그 상세한 체재를 알 수 없다. 하지만 이규경의 《오주연문장전산고》〈앵무변증설(鸚鵡辨證說)〉 가운데 이 책의 일부로 보이는 자료가 실려 있어, 그 대강을 살펴볼 수 있다.

영조 경인년(1770)에 녹앵무새가 연경에서 왔다. 녹천관(綠天館)의 시가 있다. 그 앵무새는 부리가 두 색을 겸하였는데, 아래 부리는 검은색 같고, 위 부리는 붉은빛이어서 기이하였다. 녹천관의 〈녹앵무〉 제5시에 그 이름과 모습이 자세하게 그려져 있다. 직접 보지 않고도 그 모습을 분명히 알 수가 있다. 이를 거두어 공작새나 비취새와 구분한다.[18]

이 대목은 우리나라의 《불리비조편(不離飛鳥編)》에서 인용한 것이라 밝히고 있다. 바로 이어지는 대목에서 녹천관 이서구의 시 〈녹앵무〉를 인용하고, 이에 대한 주와 비평을 여러 차례에 걸쳐 소개하였는데, 비평을 단 사람은 이덕무와 유득공이었다.

오동꽃에 봉황이 곱기는 해도
초록빛 앵무새보다는 못해.
앵무의 초록빛은 너무 영롱해
눈빛이 어른대기에 살펴보았지.
붓끝에 마치도 서리 뿌린 듯
다른 빛깔 객이 되고 초록 위주라.
눈엔 한 줄로 된 나선형의 검은 줄이
어깨깃엔 엷은 황색 회오리가 또렷하다.

桐花鳳艶艶　不如綠鸚鵡
鸚哥之綠劇玲瓏　眼光已癢須臾覬
毫端若有明霜洒　佗色爲客綠爲主
眼上一畫螺子黛　淺黃旋風的肩羽

이서구가 자신의 녹앵무를 묘사한 것이다. 영롱한 빛깔은 마치 흰 서리를 붓끝에 묻혀놓은 듯 아롱지고, 초록빛만이 아니라 다른 여러 색이 한데 어우러져 있으나 전체로는 초록빛이 위주임을 말했다. 눈 위쪽에는 눈썹을 그린 것처럼 나선형의 검은 줄이 하나 있고, 어깨 깃에는 동글동글한 무늬가 엷은 황색으로 박혀 있다고 했다. 여기에 바로 주를 잇대었다. 그 내용의 일부만 살펴보자.

작자 미상의 〈태평성시도〉

병풍 제8폭 하단에 소년 둘이 앵무새 여러 마리를 네모난 시렁에 얹어 저자에 팔러 나가는
장면이 보인다. 국립중앙박물관 소장.

앵무새의 시령은 네모난 것이 마치 입구 자 모양의 기둥이다. 안에는 또 각각 몇 치 깊이의 쇠통이 있다. 그 속에 찬물과 햅쌀을 담아두어 마시고 쪼아먹게 한다. 위에는 네모난 고리가 안쪽에 있다. 갈고리로 끈을 매었다. 그 모습이 바로 경(岡) 자와 같다. 때때로 오르내리면서 그 기둥에 매달린다. 두 발톱은 힘이 약하다. 그래서 입으로 기둥을 문 뒤에야 바야흐로 예(乂) 자 걸음으로 이동한다. 앵무새의 발톱은 앞에 두 개, 뒤에 두 개로 되어 있다.[19)]

서위(徐渭)의 〈제화시(畫題詩)〉에는 "능히 초록빛만으로는 앵무새의 깃털을 자세히 그려낼 수 없다"고 했다. 소동파의 〈문여가묵죽기(文與可墨竹記)〉에는 "토끼가 일어나자 송골매 내리꽂듯 해야 하니, 조금만 놓아주면 가버린다네"라고 했다. 왕사진(王士禎)의 《향조필기(香祖筆記)》에는 "앵무새는 그 빛깔이 바뀐다. 수컷은 부리가 붉게 변한다. 암컷은 부리가 검은데 변치 않는다"고 했다. 《물리서(物理書)》에는 "앵무새가 장수(漳水)를 건너면 말하지 못한다"고 했다. 이제 압록강을 건넜으니, 또한 말을 능히 하지 못하는 것이다.[20)]

이 밖에도 《영남잡지(嶺南雜志)》·《백류서(白類書)》·《금경(禽經)》·《설부》·《왕엄주집(王弇州集)》 등과, 장필(張泌)의 〈장루기(粧樓記)〉, 소백온(邵伯溫)의 《문견록(聞見錄)》, 유의경(劉義慶)의 《명험기(冥驗記)》, 《지북우담(池北偶談)》, 《유양잡조(酉陽雜俎)》, 《역어류해(譯語類解)》 등의 문헌에서 앵무새와 관련된 언급을 폭넓게 인용하고 있다.

끝에는 이덕무와 유득공의 평을 적었다. 인용해본다.

할아버지 형암 공의 《불리비조편》 평어는 이렇다. "앵무새는
사람 말을 하는 새다. 그래서 앵(鸚)은 영(嬰) 자에서 부회하
였으니, 어린 것을 말한다. 무(鵡)는 모(母)에서 부회하여, 나
이든 것을 말한다." 또 말했다. "앵무새는 앵두(櫻桃)를 잘 먹
는다. 그래서 나무 목(木)을 생략하고 영(嬰) 자를 가지고 뜻
과 소리를 겸했다. 무(鵡)는 무(武) 자로도 쓴다. 그 걸음걸이
가 다른 새의 걸음걸이와 다른 점을 귀히 여긴 것이다." 영재
유득공의 평은 이렇다. "앵무새는 사람 말을 하는 새다. 예쁘고
사랑스러움이 특히 여자에 가깝다. 그래서 영영(嬰嬰)이란 말
로 어린 여자를 일컫고, 모모(母母)란 말로 늙은 여자를 일컫
는다. 젊으나 늙으나 모두 여자 같음을 말한다." 형암 공이 또
비(批)하여 말했다. "불경에서는 앵무새를 견숙가(甄叔迦)라
하고, 진조국에서는 진길료(秦吉了)라 불렀다. 모두 사람의 성
인 데다 이름 또한 몹시 기이하다. 《화한삼재도회(和漢三才圖
繪)》의 강조(橿鳥)는 일본산인데 능히 큰 소리를 낸다.[21]

이로 보아, 이 책은 먼저 이서구가 자신의 녹앵무새에 대해 노래
한 시를 제시하고, 그 시에 각주 형식으로 앵무새와 관련된 각종 문
헌의 언급을 나열식으로 제시한 뒤, 끝에 이덕무와 유득공의 평(評)
과 비(批)를 얹어 이루어졌다. 《오주연문장전산고》에 발췌된 건 전
체에서 상당 부분 추려낸 것으로 보인다. 그의 문집에서는 이서구가
지은 〈녹앵무〉나 《녹앵무경》에 대한 언급은 전혀 찾아볼 수 없다. 연

암의 서문과 이덕무, 유득공의 비평은 본문이 완성된 후 돌려보면서 붙여진 것으로 보인다.

　여기서는 책 이름이 《불리비조편》으로 되어 있는데, 이것은 연암이 말한 《녹앵무경》의 다른 이름이다. 불리비조란 말은 《예기(禮記)》〈앵무능언장(鸚鵡能言章)〉에 나온다. 그 내용은 이렇다.

　　앵무새가 말을 잘하지만 새일 뿐이다. 성성이도 말이 능하나
　　짐승에 지나지 않는다. 이제 사람이면서 예가 없다면 비록 말
　　을 번드레하게 해도 또한 금수의 마음이 아니겠는가?[22]

　앵무새가 아무리 말을 잘해도 불리비조(不離飛鳥), 즉 나는 새라는 사실을 벗어날 수 없다. 앵무새의 말은 흉내일 뿐이다. 앵무새가 사람 말을 잘한다고 사람일 수는 없다. 그러니까 《불리비조편》이란 말은 《앵무편》이란 말과 같은 뜻이고, 여기 인용된 시가 녹천관 이서구의 것인 데다, 비평을 단 이가 그의 벗인 이덕무와 유득공이고 보면, 《불리비조편》은 연암이 서문을 썼던 《녹앵무경》의 다른 이름임이 분명하다.

　이규경은 《오주연문장전산고》뿐 아니라, 시화서인 《시가점등(詩家點燈)》에서도 〈녹앵무경서여평(綠鸚鵡經序與評)〉, 〈앵무일사(鸚鵡逸事)〉, 〈앵무시가감주인(鸚鵡詩可感主人)〉, 〈집구여증앵무(集句如贈鸚鵡)〉 같은 항목을 두어, 앵무새와 관련해 비교적 많은 언급을 남기고 있다.[23] 첫 번째 글은 연암의 〈녹앵무경서〉를 전문 수록하고 끝에 평과 평지평(評之評)을 남겼다. 누구의 평인지 분명하지 않다. 난삽한 내용으로 된 연암의 글에 대해 평한 것이다. 앵무새와 직접 관련

이 없으므로 인용하지 않겠다.

또 〈앵무일사〉에는 당나라 장필의 〈장루기〉, 진계유의 《미공비급》, 그리고 유의경의 《명험기》에 나오는 앵무새 고사를 인용하였다. 이 또한 앞서 《불리비조편》에 소개되었던 내용을 중복 수록한 것이다. 또 이어지는 글에는 역시 이덕무가 《불리비조편》에 제한 글과, 앞서 소개한 평어가 좀더 자세하게 수록되어 있다. 이 부분은 《오주연문장전산고》에 없다. 이덕무의 제사(題辭)는 다음과 같다.

> 묘음보살(妙音菩薩)이 기도굴산(耆闍崛山)에서 변화하여 팔만 사천 무리의 보련화엄부(寶蓮花閻浮)가 되어, 단금(檀金)으로 줄기를 삼고, 백은(白銀)으로 잎을 만들며, 금강(金剛)으로 수술을 만들고, 견숙가보(甄叔迦寶)로 대(臺)를 만들었도다.[24]

《시가점등》의 이 기록은 이서구의 글을 두고 이른바 연암 그룹이 돌려가며 읽고, 또 비평과 제사를 달고, 서문을 써주고 다시 거기에 평을 다는 등의 다채로운 과정을 거쳐 한 권의 책으로 완성되었음을 시사해준다. 비평을 다는 사람은 다른 사람이 미처 찾아내지 못한 관련 언급들을 여러 책에서 찾아내어 목록을 보냈다.

〈앵무일사〉에서 처음 소개된 이야기는 당나라 장필의 〈장루기〉다. 당나라 현종 때 월남에서 백앵무를 바쳤다. 말을 아주 잘했으므로 흰 옷 입은 아가씨란 뜻으로 설의랑(雪衣娘)이라고 불렀다. 어느 날 아침 앵무새가 왕비의 경대 위로 날아올라 가더니 이렇게 말했다. "설의랑이 간밤 꿈에 사나운 새에게 잡혔어요." 이 이야기를 전해들은 임금은 왕비에게 《다심경(多心經)》을 적어 귀에 익을 때까지 외워 주게 했다. 영물스런 앵무새가 악몽을 이야기하자, 왕이 나서서 재액을 막아주는 주문을 익히게 한 이야기다.[25]

명나라 진계유의 《미공비급》에는 도를 깨친 앵무새 이야기가 실려 있다. 동도(東都)에 사는 어떤 사람이 앵무새를 길렀다. 앵무새가 너무도 똑똑하고 지혜로워서 아는 스님에게 이 앵무새를 주었다. 앵무새는 스님의 독경 소리를 귀여겨듣고, 독경도 잘했다. 어떤 때는 혼자서도 독경을 했다. 스님은 이 새를 몹시 아꼈다. 이따금씩 앵무새는 시렁 위에서 말도 없이 꼼짝 않고 있곤 했다. 스님이 왜 그러냐고 물으면 이렇게 대답했다. "몸과 마음을 모두 움직이지 않는 건 무상(無上)의 도를 구하려 함이지요." 앵무새가 죽었다. 스님은 다비를 해주었는데 과연 사리가 나왔다.

유의경의 《명험기》에 실린 이야기는 이렇다. 앵무새가 살던 곳을 떠나 다른 산에 날아왔다. 산 속 새들이 앵무새를 배척하지 않고 서로 아끼며 화목하게 지냈다. 앵무새가 한동안 이 산에 머물다가, 비록 이곳이 즐겁긴 해도 오래 있을 수는 없겠다 생각하고 원래 있던 곳으로 떠나갔다. 몇 달 뒤 산 속에 큰불이 났다. 앵무새가 멀리서 보고 문득 물속에 들어가 깃털을 적셔서 날아가 이를 뿌렸다. 천신이 말했다. "네 뜻이 비록 가상하나, 그렇게 해서 어찌 불을 끌 수 있겠는가?" 앵무새가 대답했다. "비록 없다는 건 알지만, 일찍이 이 산에 몸을 맡겨 살았습니다. 같은 금수로 형제 된 처지에 차마 볼 수 없어서일 뿐입니다." 천신이 가상히 여겨 즉시 불을 꺼주었다.

모두 《녹앵무경》에 수록되어 있던 이야기이다. 이 밖에도 이 책에는 앵무새에 얽힌 이런저런 이야기가 더 많이 수록되었을 것이다.

18세기 지식인의 지적 경향과 그 의미

이상에서 살펴보았듯이 《발합경》과 《녹앵무경》은 완상용 비둘기와 앵무새를 대상으로 삼고 있다. 불과 몇십 년 전만 해도 이 같은 저작은 상상할 수 없는 분위기였다. 재미난 것은 이 두 책 모두 정작 후대에 정리된 본인들의 문집과 저작 목록에서는 흔적도 없이 사라져버렸다는 사실이다. 왜 그랬을까? 다른 기록을 통해 확인되는 《연경》이나 《속백호통》 같은 저작도 마찬가지다.

이 자료들은 언제 지어진 것일까? 앞서 중국에서 녹앵무가 들어온 해가 1770년이라 했으니, 이때 이서구는 17세의 소년이었다. 그러니까 《녹앵무경》은 이서구가 10대 후반에 지은 것이다. 《발합경》과 《속백호통》, 《연경》 등도 짐작컨대 유득공이 10대 후반이나 20대 초반에 지은 저작으로 보인다. 이덕무가 〈윤회매십전〉을 지은 것도 비슷한 시기다. 말하자면 이 시기에 연암을 중심으로 한 그룹은 한창 이러한 저작에 몰두하고 있었던 셈이다. 그 배경에는 앞서도 언급했듯이 공안파 원굉도 등의 《병사》나 《상정》 같은 책의 독서 체험이 강한 자극을 주고 있었다.

앞서 다산의 말대로, 이들은 이러한 작업을 속무(俗務)에 나가면서도 청치(淸致)를 띠는, 다시 말해 생활 상에서 예술 정취를 추구하는 삶의 멋으로 승화시키려 했다. 또한 이러한 과정을, 세계를 이해하고 그에 대한 정보를 체계화하는 격물치지 공부의 한 방편으로 활용했던 듯하다. 뿐만 아니라 이들은 한 사람의 저술이 나오면 서로 돌려보며 비평을 달고, 서문을 써주며 권면하고, 부족한 부분을 채워주는 아름다운 학문적 동지애로 뭉쳐 있었다. 《녹앵무경》에 수록된 많은 비평과 서로 주고받은 편지글, 서발문이 그것을 증명한다. 유득공과 이덕무, 박제가 등이 훗날 검서관으로 발탁되어 탁월한 역량을 발휘하게 되는 것도, 젊은 시절 이런 훈련 과정이 있었기에 가능했다.

이러한 경향은 훗날 박지원의 《삼한총서》나 이덕무와 박제가, 백동수(白東修) 등이 참여한 《무예도보통지》 같은 기획으로 구상되거나 열매 맺었다. 서유구의 《임원경제지》나 이규경의 《오주연문장전산고》 같은 백과전서적 저작도 여기에 힘입었다. 확실히 이러한 지적 경향은 한 시대를 휩쓴 새로운 것이었다. 하지만 이런 작업은 수많은 장서가 확보되지 않고서는 불가능했다. 많은 저작이 경화세족을 중심으로 이루어졌던 건 어찌 보면 당연하다. 하지만 이러한 지적 호기심과 백과전서적 관심은 정조의 강력한 문체개혁 의지와 맞부딪침으로써 한순간 주춤했던 것으로 보인다.

4

18세기 원예 문화와 유박(柳璞)의 《화암수록》

18세기 접어들어 사회 전반에 흥미로운 변화들이 다양하게 포착된다. 그 중 하나가 원림의 경영과 원예 문화의 발달이다. 이 시기 각종 문집에 전하는 화원기류(花園記類)의 산문과 화훼 재배와 관련된 언급 들은 이 시기 원예 취미가 한두 사람의 특별한 기호가 아니라 사회 전반에 걸친 유행이었음을 보여준다.[1] 이는 내면으로만 향하던 구심적 사고가 세계 쪽으로 방향을 트는 원심적 패턴으로 변화한 것이다.

이 시기 이런 경향을 대변하는 대표적인 저작 가운데 하나가 바로 《화암수록(花庵隨錄)》이다. 이 책은 지금까지 자료가 공개되지 않았고, 저자조차 분명히 밝혀지지 않아 연구에 어려움이 있었다. 또 책 속에 수록된 9수의 연작시조 〈화암구곡(花庵九曲)〉과 〈매농곡(梅儂曲)〉 같은 작품은, 자료의 중요성에도 불구하고 전혀 엉뚱한 사람의 작품으로 오인되어 잘못된 논의를 반복해왔다. 이 글은 《화암수록》의 저자를 밝히고 주요 내용을 소개함으로써, 18세기 원예 문화사에서 이 저작이 갖는 의미를 밝히는 데 목적이 있다.

《화암수록》과 저자 유박

필사본 《화암수록》은 지금껏 저자가 확인되지 않았다. 오세창(吳世昌)의 장서였던 것이 통문관 이겸노 선생을 거쳐 현재 개인 소장으로 되어 있다. 처음 세상에 알려진 건 60년대 초반 《현대문학》에 이겸노 선생이 자신의 진서희귀본(珍書稀貴本) 중 하나로 이 책을 소개하면서였다.[2] 이 글에 연시조인 〈화암구곡〉과 〈매농곡〉 등 10수의 시조가 소개되어 학계의 주목을 받았다.

이겸노는 위 글에서 《화암수록》의 저자에 대해, "이 책은 필사본으로 화암은 저자의 아호일 것이다. 《조선인물호보(朝鮮人物號譜)》에는 '화암(花庵), 송타(宋柁), 해광지자(海狂之子), 문과(文科), 관지지평(官至持平)'으로 되어 있으나 이 책의 저자로 단언할 수는 없다. 《수록》 중에 등장하는 한두 사람의 인명으로 미루어 영정(英正) 연대의 사람인 듯하다"[3]고 적었다.

이 글에 나오는 송타는 해광거사(海狂居士) 송제민(宋濟民, 1549~1602)의 맏아들로, 선조 때 유명한 시인 석주(石洲) 권필(權韠, 1569~1612)의 처남이다. 정유재란 때 전남 무안에서 밤중에 왜적에게 붙잡혀 끌려가던 중 탈출을 시도하다가 31세의 젊은 나이로 죽은 인물이다. 그의 죽음에 얽힌 이야기는 권필이 지은 〈송생명행기(宋生名行記)〉에 자세하다.[4] 이겸노는 화암이란 호를 가진 사람 중에 송타가 있지만, 《화암수록》에 등장하는 한두 사람의 인명으로 볼 때 저자가 영정 시대의 인물인 듯하다고 분명히 밝혔다.

花菴傾錄

花木九等品第

鰈鐵縷禮

倭產

華棃樲桐

唐產

近來諸公子都尉筝完爭尚鰈鐵華棃樲欄艷慕遠

產取冠庭實而犀然以梅菊號為蚤品遂令匹才與

吉士並焉則今定華林位次者不得不謹嚴絲櫻尚

不渡海蘭草芝草荔艾我國所稱者非真物故都不

錄花木品第云者古人已有論定九品者故令酌

加減亦叙九等而每等各取五種為式一等取高標

逸韻二等取富貴三四等取韻致五六等取繁華七

八九等取各有所長耳曾端伯取友十花余亦取交

유박의 《화암수록》 첫 면

〈화목구등품제(花木九等品第)〉가 실려 있다.

하지만 심재완 선생이 앞서 본 이겸노의 언급에 의거하여 《교본 역대시조전서》에 〈화암구곡〉의 저자를 송타로 수록하면서, 이후 각종 시조사전뿐 아니라 2002년 대입수능시험 문제에까지 송타의 작품으로 소개되었다. 게다가 홍주(洪州) 송씨(宋氏) 문중의 관련 자료에서는 송타가 《화암수록》을 지은 것을 기정사실화하고 있다.

한편 1973년 을유문화사에서 이병훈 선생의 역주로 강희안의 《양화소록》이 간행되었다. 그런데 어찌 된 영문인지, 이 책의 뒷부분에 부록으로 《화암수록》의 주요 부분이 함께 실려 있다. 역자는 《화암수록》이 누구의 저작인지, 어떤 연유에서 《양화소록》과 함께 실었는지에 대해 일언반구의 언급도 남기지 않았다. 역자 서문에 《양화소록》의 필사 원고를 이겸노 선생에게서 받았다고 한 것으로 보아, 이때 《화암수록》의 일부 원고를 함께 받았던 것으로 생각된다. 그 결과, 이번에는 《화암수록》이 강희안의 저술로 오인되어 수많은 원예관련 저술에서 지금까지 수도 없이 인용되어 왔다.

정리하면 원예학자들은 을유문고본의 부록만 믿고 《화암수록》을 조선 전기 강희안의 저술로 생각해왔고, 시조 연구자들은 《역대시조전서》에 따라 이를 송타의 작품으로 믿어왔다. 하지만 《화암수록》을 일별해보면, 도저히 연대가 선조조까지 거슬러올라갈 수 없다. 《화암수록》에는 작가의 개인적인 정보를 파악할 만한 직접적인 자료가 실려 있지 않다. 이 자료만으로 《화암수록》의 저자 파악이 어려운 건 사실이다. 하지만 이 책의 저자가 송타가 아닌 것만은 어렵지 않게 밝힐 수 있다.

우선 단서가 되는 작품이 《화암수록》에 실려 있는 〈경차학산신첨지중후수석미자운(敬次鶴山辛僉知仲厚壽席眉字韻)〉이다. 중후란 자를 지닌 학산 신첨지는 바로 신돈복(辛敦復, 1692~1779)이다. 그는 호가 경헌(景軒)으로 을미년(1715) 진사에 급제했고, 벼슬은 봉사(奉事)·수직(壽職)으로, 자헌대부(資憲大夫) 동지중추부사(同知中樞事)를 역임했던 인물이다. 영조 을미년(1775) 회방일(回榜日)에 왕의 특명으로 사악(賜樂)하고 은암(隱巖)의 백록(白麓) 구제(舊第)에서 잔치를 벌이고, 또 도신(道臣)에게 명하여 공의 거소인 배천(白川) 향제(鄉第)에서 잔치를 벌이게 한 일이 있었다.[5] 시 제2구의 '구십정신상수미(九十精神上秀眉)'로 보더라도, 위 시는 신돈복이 84세나던 해인 1775년에 열린 잔치 때 지어진 것이 분명하다. 그러니까 《화암수록》의 저자는 이 작품 하나만 보더라도, 근 200년을 거슬러 올라가 송타가 될 수는 없다.

이 밖에 〈최사문순성전년유영남관북양서(崔斯文舜星前年遊嶺南關北兩西) 금추우자삼남환귀래방고(今秋又自三南還歸來訪故) 보기유람원운이증(步其流覽原韻以贈)〉이란 작품에 보이는 최순성(崔舜星)은 정조 때 자선가로, 자는 경협(景協), 본관은 양천이며, 〈근차한상사명상팔십수석겸설회방연운(謹次韓上舍命相八十晬席兼設回榜宴韻)〉에 나오는 한명상(韓命相) 또한 숙종 때 문신으로, 자는 군섭(君燮), 호는 보만당(保晚堂), 본관은 청주다. 영조조 그의 나이 80세 나던 해에 역시 과거 급제 60주년을 맞아 열린 잔치 때 이 시를 지었다. 또 〈자경구환향주중(自京口還鄉舟中) 여이광국우사앙염당운(與李光國禹士仰拈唐韻)〉에는 이광국(李光國)과 우사앙(禹士仰)이란 인물이 등장한다. 이 중 우사앙은 채제공의 문집에 그 이름이 여러 번 보인다. 그의 이름은 우경모(禹景謨)인데, 1744년에 나서 1793년에 세상을 떴다. 《화암수록》에 실려 있는 〈증우상사사통(贈禹上舍士

通)〉도 우경모에게 준 시다.

　문집에 등장하는 인물의 면면으로 보아, 《화암수록》의 저자는 18세기 후반에 주로 활동했던 인물임이 분명하다. 그런데 이겸노 선생이 지나가는 말로 던진 한마디가 오해를 불러 엉뚱하게도 2세기를 거슬러 16세기 송타로 비정되고 말았다.

　그렇다면 과연 《화암수록》의 저자는 누구인가? 이 시기 문집을 검토하는 과정에서 논자는 뜻밖에 그와 관련된 여러 자료와 만났다. 가장 먼저 단서가 된 것은 이용휴의 〈제화암화목품제후(題花庵花木品第後)〉란 글이다. '화암화목품제'란 《화암수록》의 첫머리에 실린 〈화목구등품제〉를 가리킨 말이다. 글 가운데 저자와 관련된 언급을 보면 이렇다.

　　이제 백화암(百花庵) 주인이 지은 《화목품제》를 살펴보니, 그
　　위치와 차례가 털끝만큼의 차이가 없어 한(漢) 삼척(三尺)이
　　나 주(周) 구장(九章)과 같았다. 비록 꽃으로 하여금 스스로
　　차례를 매기게 하더라도 이보다 더하진 못할 터이니, 쉽지 않
　　다 할 만하다. 어떤 이는 백화암 주인이 전형(銓衡)하는 재주
　　가 있는데도 시대와 만나지 못한 까닭에 이것을 빌려 베풀고
　　싶은 것을 우의(寓意)했다고도 한다.[6)]

　이 글이 우리에게 알려주는 것은 저자의 별호가 화암(花庵)이 아니라 백화암(百花庵)이라는 점과, 역량이 있었으되 벼슬길에는 오르지 못했던 인물이라는 사실이다. 이용휴는 그를 위해 〈기제백화암(寄題百花庵)〉이란 시를 한 수 더 남겼다. 50구에 달하는 장시다. 처

음 몇 구를 인용한다.

> 하늘과 땅 사이 초목의 종류
> 삼천하고 삼백이 넘는다 하네.
> 꽃 피는 것 안 피는 것 두루 있는데
> 꽃 피는 것 열에 아홉 차지하누나.
> 이를 줄여 백 가지로 생각했으니
> 그 뜻은 무엇에서 취한 것인가?
> 비유하면 온 하늘에 가득한 별이
> 28수(宿)로 역서에 오름과 같네.
> 색깔 또한 다섯 색에 그치지 않고
> 수목(數目) 이루 나열하기 쉽지 않다네.
> 품격 또한 한결같지 아니한 것이
> 백이·유하혜·자로·자공 각기 다르듯.
> (……)

> 兩間草木類　三千三百餘　或花或不花　花者九分居
> 約之以爲百　其義何取歟　譬如滿天星　廿八登曆書
> 色又不止五　數目難盡臚　品格亦非一　夷惠由賜如[7]

삼천삼백 가지가 넘는 초목의 종류 가운데 꽃 피는 것만을 골라 9품으로 나누고, 그것을 100이란 숫자에 압축한 것을 백화암의 이름에 담긴 뜻으로 풀었다. 하늘에 수많은 별이 있지만, 역서에서는 단지 28수(宿)로 설명하는 것과 같은 이치라고 했다. 빛깔도 각각 다르

고 품격도 같지 않은 많은 꽃을 심어두고 계절마다 그 아름다움을
즐기는 백화암 주인의 풍류를 선망했다. 시의 뒷부분에서는 또 이렇
게 적었다.

　　책상 위엔 잡서를 물리치고서
　　《화경(花經)》 몇 권만 얹어두었지.
　　마음속엔 한 점의 티끌도 없어
　　자연스레 청허함이 이르렀다네.
　　시를 지어 멀리 부쳐 보내니
　　경거(瓊琚)의 보답이야 어이 바라랴.
　　훗날 그대의 암자 찾으면
　　생소한 손님됨은 면하게 되리.

　　案上雜書屛　花經數卷儲　心中無一塵　自然來淸虛
　　作詩遠上寄　豈望報瓊琚　他日造君菴　庶免生客疎

　　책상 위에 《화경》만 얹어두고 맑은 마음으로 살아가는 주인을 칭
송한 뒤, 제목에서 '기제(寄題)'라 했듯이 주인의 요청에 응하여 비
록 백화암에 한번도 가본 적이 없지만 부족한 시를 부쳐 보낸다고
했다.
　　한편 정범조도 〈기제유사문백화암(寄題柳斯文百花菴)〉이란 시를
남겼다.

　　산택(山澤) 깊이 숨어 살며 온갖 인연 끊었지만

꽃 탐하는 벽 하나는 치료하기 어렵구나.

도방(都房)에선 쉴 새 없이 일 년 내내 씨 뿌리고

마음 능히 조화의 저울질을 돕는도다.

문 열면 들쭉날쭉 온통 해를 향해 있고

짙고 옅음 할 것 없이 안개 속에 잠겨 있네.

벼슬 뒤의 만년 계획 임원(林園)에 있거니와

물 주고 심는 신통한 방법 혹 상세히 전해주오.

山澤深居了百緣　饞花一癖苦難痊

都房不斷窮年種　腔子能專贊化權

開有參差渾向日　色無濃淡盡蒸烟

休官晚計林園在　灌植靈方倘細傳⁸⁾

역시 제목에 '기제'란 말이 있다. 백화암 주인의 이름이 '유사문(柳斯文)'임을 밝혀놓았다. 두 시로 볼 때, 이용휴와 정범조는 백화암에 가본 적이 없고, 유사문의 요청으로 그를 위해 위의 시를 지어 보낸 듯하다.

이 밖에 백화암과 관련된 글이 몇 편 더 있다. 유득공은 백화암을 위해 상량문을 지어주었다. 〈금곡백화암상량문〉은 이렇게 시작된다.

꽃이 백 가지뿐이랴. 대개 그 성수(成數)를 들려한 것일 뿐이다. 집 짓고서 이름 붙인 건 어째서인가? 반드시 실제 일을 가리켜 말한 것이다. 꽃의 주인은 누구인가? 유 선생 모(某)다. 헌원씨(軒轅氏)의 후손으로 조선의 한 사람 포의(布衣)이다.⁹⁾

이 글은 백화암이 금곡(金谷)에 있고, 주인은 유씨(柳氏)이며, 벼슬 않은 포의의 선비임을 밝히고 있다. 또 이헌경이 〈백화암기(百花菴記)〉를 지었다. 그 서두는 이렇다.

유박 군은 백주(白州)의 금곡에 집이 있다. 언덕과 동산, 섬돌과 뜰 할 것 없이 온통 꽃나무로 덮여 있다. 대개 백 가지쯤 되므로 그 사는 집을 백화암이라고 이름 지었다. 사람을 서울로 보내 내가 잘 아는 이를 통해 나에게 기문을 청하였다.[10]

그러니까 백화암의 주인 유사문은 바로 유박이다. 이헌경의 기문 또한 유박이 잘 아는 사람을 통해 청해와 써준 글이다. 이로 보아 유박이 동시에 여러 명망가에게 백화암의 기문이나 시를 청했음을 알 수 있다. 유박이란 이름은 채제공의 〈우화재기(寓花齋記)〉에 한 번 더 나타난다.

사문 유박은 꽃에 벽이 있다. 집은 배천의 금곡이다. 세상의 어지러움을 사절하고, 날마다 꽃 심는 것으로 조절하는 법도로 삼았다. 대개 기르지 않는 꽃이 없어 꽃 피지 않은 때가 없다. 좁은 울타리 둘레는 향기로운 중향국(衆香國)이다. 그는 기뻐 스스로 아름답게 여겨 그 집을 우화재(寓花齋)라 이름 짓고, 일대에 시에 능한 사람을 두루 찾아 그 일을 노래하게 하고, 나에게 기문을 지어달라 하였다.[11]

역시 유박이 동시대 능시자(能詩者)에게 시를 청한 일과 자신에게 기문을 청한 일을 적었다. 앞서 이헌경은 그를 위해 〈백화암기〉를 지었다. 채제공에게는 우화재란 이름의 재기(齋記)를 청했다. 유박은 자신의 집을 백화암이라 하고, 기거하는 공간에는 우화재라는 실호(室號)를 내걸었던 듯하다.

이 밖에 목만중도 〈백화암기〉를 남겼는데, 역시 글의 끝에 "내가 유화서(柳和瑞) 군을 알지 못하나 그가 서해 가에 머물러 살면서 뜰 가득 꽃을 심고 백화암이라 자호하니, 대개 꽃 속에 숨은 자이다"[12] 라고 하였다. 유박의 자가 화서(和瑞)임과, 그의 백화암이 서해 바닷 가임이 더 확인된다.

당대 쟁쟁한 문인들이 그의 요청에 응한 것을 보면, 유박의 백화 암이 상당히 알려졌고 집안 또한 상당했으리란 짐작이 간다. 다만 글을 지어준 대부분의 문인이 남인 또는 소북 계열인 점이 특이하 다. 저자 또한 같은 계열의 인물이었음이 분명하다.

유득공이 상량문을 지어주고, 헌원씨의 후예라 한 것에 유념하여, 문화(文化) 유씨(柳氏) 대종회에 문의했다. 확인 결과, 유박은 통덕 랑(通德郎)을 지낸 문익(文益)의 손자이고 중상(重相)의 아들로, 뒤에 형상(衡相)에게 출계(出系)했던 인물이다. 생년은 1730년이고 몰년은 1787년으로 나와 있다. 족보에도 자는 화서, 호는 백화암이라고 분명히 적혀 있다. 부인은 파평 윤씨 석중(錫中)의 딸이다. 유득 공에게는 칠촌 당숙이 된다. 벼슬을 지낸 건 없으나, 서얼은 아니다. 자식은 3녀만 두었다. 신세창(愼世昌), 이정륜(李廷倫), 조항규(趙恒奎)에게 각각 시집갔다. 득구(得九)를 입계(入系)해서 대를 이었 다.[13]

문집을 통해 알 수 있는 그의 이력은 별로 없다. 다만 〈무술이월

(戊戌二月) 여관본군향교이건지역(余管本郡鄕校移建之役) 구체육삭
(久滯六朔) 윤월칠일야부득(閏月七日夜賦得)〉이란 작품으로 보아,
1778년(정조 2)에 그가 자신이 살고 있던 지역의 향교 이건 공사를
감독했던 사실을 확인할 수 있다. 또 〈여제익등연화봉상화(與諸益登
蓮花峯賞花), 점운득화자(拈韻得花字)〉나 〈증읍중제익접중(贈邑中諸
益接中)〉, 〈차사형운증제연화동산인정사(次士亨韻贈題蓮花洞山人精
舍)〉, 〈차읍중제익남산상화운(次邑中諸益南山賞花韻)〉 외에 〈여읍중
제익등남산상화(與邑中諸益登南山賞花)〉 4수 등의 시로 미루어볼
때, 벗들과 어울려 근처의 연화봉과 남산 등을 자주 오르며 시주 모
임을 즐겼음을 알 수 있다. 이따금 서울에 볼일을 보러 드나들었던
흔적은 〈입경구주차잠서(入京口舟次蠶西)〉나 〈숙잠서강희천정자(宿
蠶西姜希天亭子)〉 같은 작품에 보인다. 잠서는 양화대교 부근 잠두봉
서쪽을 가리킨다. 또 정유년(1777) 3월 7일에 죽은 셋째 딸을 위해
지은 〈제제삼망녀문(祭第三亡女文)〉이 있다.

　그는 세상을 피해 묻혀 살며 꽃을 길렀지만, 여러 사람에게 시문
을 애써 청한 것으로 미루어 이름에 상당히 집착했던 인물로 보인
다. 문집에 실린 〈부안사형원서(附安士亨原書)〉에도 "제가 비록 부족
하지만 백화암 벽 위에 문장 한 편과 시 한 편을 지어서 부쳐 보내겠
습니다"[14]라고 한 언급이 있다. 당대의 문인들에게 시문을 각각 한
편씩 청해 백화암 벽상에 붙여두고 감상했던 듯하다.

　이로써 지금껏 송타 또는 강희안으로 전혀 엉뚱하게 알려진 《화암
수록》의 저자를 유박으로 바로잡는다. 각종 시조 사전에 송타로 오
기된 〈화암구곡〉과 〈매농곡〉의 작가 또한 유박이다.

《화암수록》의 편제와 내용

《화암수록》의 주요 목차는 다음과 같다.

〈화목구등품제(花木九等品第)〉

> 1등(取高標逸韻): 매(梅)·국(菊)·연(蓮)·죽(竹)·송(松)
>
> 2등(取富貴): 모란(牧丹)·작약(芍藥)·왜홍(倭紅)·해류 (海榴)·파초(芭蕉)
>
> 3등(取韻致): 치자(梔子)·동백(冬栢)·사계(四季)·종려 (椶櫚)·만년송(萬年松)
>
> 4등(取同韻致): 화리(華梨)·소철(蘇鐵)·서향화(瑞香 花)·포도(葡萄)·귤(橘)
>
> 5등(取繁華): 석류(石榴)·도(桃)·해당(海棠)·장미(薔 薇)·수양(垂楊)
>
> 6등(取同繁華): 두견(杜鵑)·행(杏)·백일홍(百日紅)·시 (柿)·오동(梧桐)
>
> 7등(以下取各有所長耳): 이(梨)·정향(庭香)·목련(木 蓮)·앵(櫻)·단풍(丹楓)
>
> 8등: 목근(木槿)·석죽(石竹)·옥잠화(玉簪花)·봉선화(鳳 仙花)·두충(杜庶)
>
> 9등: 규화(葵花)·전추사(剪秋紗)·금전화(金錢花)·창촉 (昌歜)·화양목(華楊木)

〈부강인재화목구품(附姜仁齋花木九品)〉 합 52종

〈화암구등(花庵九等)〉 합 45종

〈화품평론(花品評論)〉

〈이십팔우총목(二十八友摠目)〉

〈부증단백십우(附曾端伯十友)〉

〈화개월령(花開月令)〉 병소설(並小說)

〈부구등외화목(附九等外花木)〉

〈화암구곡(花菴九曲)〉 시조 9수

〈매농곡(梅儂曲)〉

〈촌구(村謳)〉

〈화암만어(花菴謾語)〉

〈화암기(花庵記)〉

〈매설(梅說)〉

〈답안사형서(答安士亨書)〉

〈부안사형원서(附安士亨原書)〉

〈제제삼망녀문(祭第三亡女文)〉

이하 오언절구 30수, 칠언절구 34수, 오언율시 20수, 칠언율시 33수, 오언배율 1수

먼저 〈화목구등품제〉의 서문을 읽어보자.

근래 여러 공자와 도위(都尉)의 저택에서 다투어 소철(蘇鐵)과 화리(華梨), 종려(椶櫚)를 숭상하니, 먼 곳에서 나는 것을 염모(艶慕)하고 정실(庭實), 즉 바치는 물건의 으뜸으로 취한다. 그러고는 함부로 매화나 국화를 아품(亞品)이라 부른다. 마침내 범재(凡才)와 길사(吉士)로 하여금 나란히 서게 하였

으니, 이제 꽃 숲의 차례를 정하는 자가 근엄하지 않을 수 없
다. 사앵(絲櫻)은 바다를 건너오지 못한다. 난초와 지초(芝草)
와 여지(荔芰)의 경우 우리나라 사람들이 알고 있는 것은 진짜
물건이 아니다. 그래서 모두 수록하지 않는다. 화목의 품제를
말한 것은 옛사람이 이미 9품을 논하여 정한 것이 있다. 그래
서 이제 짐작하고 가감해서 또한 9등으로 서술하고, 등마다 각
각 다섯 종만 취하는 것을 법식으로 했다. 1등은 고표일운(高
標逸韻), 즉 빼어난 운치가 높이 우뚝한 것을 취했다. 2등은 부
귀를 취했다. 3·4등은 운치를 취하고, 5·6등은 번화함을 취했
다. 7·8·9등은 각각 뛰어난 바를 취했을 따름이다. 증백단(曾
端伯)은 열 가지 꽃을 벗으로 취했다. 나 또한 25종류의 꽃을
벗으로 취한다. 그리고 송·죽·파초를 나란히 두어 합쳐서 28가
지 벗을 두었다. 하지만 또한 내 뜻대로 그 이름을 바꾸었다.
화품평론(花品評論)이라 한 것은 옛사람이 미처 하지 못했던
것이다. 하지만 내가 이제 외람되게 22종류의 꽃을 평하였다.
혹 여덟 자로 평하고 혹 넉 자로 평하였다. 뒷사람에게 한 웃음
거리를 제공하자는 것일 뿐이다.[15]

　당시 귀인의 저택에서 소철과 화리, 종려 등 주로 중국에서 수입
해온 관상목을 즐겨 심어, 오히려 매화나 국화를 낮추보는 일까지
있다고 했다. 원예에 대한 관심이 매우 활발했음을 알 수 있다. 또
중국 사람이 화목구품을 논한 게 있지만, 이 가운데는 우리나라에
없거나 있더라도 실제와 다른 것들이 많아, 각 등마다 다섯 가지씩
을 꼽아 새롭게 구성했음을 밝혔다. 9등까지의 화목을 소개한 뒤에

는 강희안의 《양화소록》에 인용된 화목구품을 내용 없이 차례대로 목록만 나열했다.

이어지는 〈화품평론〉은 각 꽃에 대한 평어를 여덟 자 또는 넉 자로 남겼다. 이것은 달리 예를 찾을 수 없는 그만의 흥미로운 작업이다.

매(梅): 강산의 정신에 태고의 면목(江山精神, 太古面目)

국(菊): 혼연한 원기에 무한한 조화(渾然元氣, 無限造化)

연(蓮): 얼음 병의 가을 물, 갠 달빛에 빛나는 바람(氷壺秋水, 霽月光風)

모란(牧丹): 부귀와 번화, 공론이 이미 정해졌다(富貴繁華, 公論已定)

작약(芍藥): 뭇 꽃의 으뜸으로 홍백의 최고를 다툰다(卓冠群芳, 爭伯紅白)

왜홍(倭紅): 백화가 어지러운데, 꽃 숲의 으뜸이 되다(眩脫百花, 擅權華林)

해류(海榴): 서시가 살포시 찌푸리자 사람들 애가 끊어지네(西子含嚬, 令人斷腸)

석류(石榴): 조비연과 양귀비가 총애로 육궁을 기울게 했네(飛燕玉眞, 寵傾六宮)

사계(四季): 장강과 반희의 맑은 덕과 도타운 마음(莊姜班姬, 淑德誠心)

서향화(瑞香花): 한가한 가운데 빼어난 벗, 십 리의 맑은 향기(閑中殊友, 十里淸香)

치자(梔子): 마른 학과 구름 속 고니가 곡기를 끊고 세상을 피

하는 듯(瘦鶴雲鴻, 絶粒逃世)

동백(冬栢): 도골선풍으로 시속을 끊고 무리를 떠나는 듯(道骨

仙風, 絶俗離群)

해당(海棠): 청양의 어여쁜 모습, 자던 자취 몽롱하다(淸揚婉

兮, 睡痕朦朧)

장미(薔薇): 순황빛 바른 색깔, 그 자태 온통 우아하다(純黃正

色, 都雅其姿)

백일홍(百日紅): 굳이 순영이라야 할까, 낯빛이 붉구나(何必舜

英, 顔如渥丹)

홍벽도(紅碧桃): 문 기대 웃음 띠면 채찍 떨어뜨리지 않는 이

없네(倚門獻笑, 莫不落鞭)

행(杏): 너무도 작은 별(絶等小星)

이(梨): 우아한 부인네(閑雅婦人)

석죽(石竹): 칭얼대지 않는 아이(不哭孩兒)

정향(庭香): 소박하고 꾸밈없는 행자(朴茂行者)

옥잠화(玉簪花): 영리한 사미승(伶俐沙彌)

전추사(剪秋紗): 문 열어주는 동자(應門童子)

　　모두 22종의 꽃에 평론을 달았다. 꽃이 주는 느낌을 사람에 견주
어 한 비유가 친근하고 재미있다. 특히 옥잠화를 영리한 사미승 같
다거나, 전추사를 문 열어주는 동자로 비유한 것, 석죽 즉 패랭이꽃
을 칭얼대지 않는 어린아이에 견준 것 등은 재치가 있다.
　　〈화암만어〉는 단 3칙의 짧지만 운치 있는 글이다. 내용은 다음과
같다.

달은 서산에 숨고, 밤은 깊어 삼경이라. 이 내 몸 홀로 서니 꽃 사이에 옷깃 가득. 바람 이슬 향기로워 화암의 잠이 혼곤하다. 흰 갈매기 날아가자 뜰 가득 석양일세. 강촌은 적막한데, 때마침 어느 곳 사공인지 한 곡조 뱃노래 가락이 멀리서 가까이서 들려오네.

붉고 흰 꽃 몇 그루의 향기가 짙다. 마음 있는 사람이 술병을 차고 나귀를 힝힝대며 왔다. 책상 위엔 책, 시렁엔 거문고. 웬일인지 꼬맹이가 여기에 다시 바둑판을 내온다.

꽃의 주인은, 근신(謹愼)함은 성구(聖求)만 못하고, 유위(有爲)함은 사형(士亨)만 못하며, 일 처리는 계존(季尊)만 못하고, 섬민(贍敏)함은 사장(士章)만 못하다. 염아(恬雅)함은 백휴(伯休)만 못하고, 원각(愿慤), 즉 성실함은 호문(好問)만 못하다. 성질은 덕조(德祖)가 더 낫고, 담박함은 중선(仲宣)이 더 낫다. 적용(適用)은 운약(雲約)만 못하고, 과감하고 아는 것 많기는 안공보(安公輔)만 못하다. 글 또한 여러 사람의 아래다. 하지만 오직 꽃을 사랑하는 것만은 스스로 열 사람의 벗보다 낫다고 할 만하다. 그래서 꽃과 마주하여 우연히 적어둔다.[16]

청언풍의 짤막한 글로 백화암의 일상을 잘 그려냈다. 세 번째 글에는 그가 가깝게 지냈던 성구·사형·계존·사장·백휴·호문·덕조·중선·운약·안공보 등 10명의 벗을 들었다. 이들은 대부분 배천 지역의 선비로, 이름 대신 자만 적어놓았다.[17] 제일 자주 보이고, 가까웠던 인물은 사형 안습제(安習濟)이다. 그에게 준 시만 문집 속에 수십 수가 실려 있다. 〈화기사형심수재운(和寄士亨心水齋韻)〉으로 보아, 그의 당호는 심수재(心水齋)였다.

안사형과 주고받은 편지가 《화암수록》에 실려 있다. 내용은 〈화목구등품제(花木九等品第)〉에 대해 토론한 것이다.[18] 유박이 보내준 책의 초고를 읽고서 여기에 대한 자신의 생각을 하나하나 지적해 제시했다. 글이 워낙 길어 다 소개하지는 못하고, 이 가운데 원추리와 무궁화에 관련된 흥미로운 한두 대목만 제시한다.

가령 꽃으로 하여금 능히 말을 하게 한다면 모두 "우리 주인, 우리 주인!"이라고 말할 것이다. 여덟 자 평은 전아하면서도 청려하여 갈수록 기이하니, 진실로 감히 말하지 못하겠다. 넉 자 평 중 석죽을 '불곡해아(不哭孩兒)'라 하고, 옥잠화를 '영리사미(伶俐沙彌)'라 한 것 같은 일컬음은 실로 신선 세계의 말로, 불에 익힌 음식 먹으며 티끌세상에 있는 자가 살필 수 있거나 알 수 있는 것이 아니다. (……)훤초와 목근은 본디 우리나라에서 난다. 그런데 형은 《화보(花譜)》에 수록하지 않았고, 화평도 달지 않았다. 무슨 까닭으로 그랬는가? 《시경》 위시(衛詩) 〈백혜(伯兮)〉에서 "어디서 원추리를 얻어 뒤뜰에 심었으면(焉得諼草, 言樹之背)"이라 한 것이 바로 훤초, 즉 원추리이다. 정풍(鄭風)의 〈유녀동거(有女同車)〉에서 "여인과 함께 수레 탔는데, 그 얼굴이 무궁화 같네(有女同車, 顔如舜華)"라 한 것은 목근, 즉 무궁화이다. 원추리 꽃은 의남(宜男)이라 하고 함소(含笑)라고도 한다. 송시에서 "풀도 망우(忘憂)하는데 무슨 일을 근심하며, 꽃 이름 함소지만 누구에게 웃음 짓나(草解忘憂憂底事, 花名含笑笑何人)"라 한 것 또한 원추리를 말한다. 우리나라는 단군이 나라를 열 때 무궁화가 처음 나왔다. 그래서 중국에서 동방을 일컬을 때면 반드시 근역(槿域)이라고 했다. 그렇다면 오직 무궁화만이 그 옛날 우리나라의 봄날을 거느렸던 것이다. 게다가 이 두 꽃은 모두 《파경(葩經)》에 실려 있다. 공자께서도 산삭(刪削)하지 않았다면 어진 이나 어리석은 이나 할 것 없이 반드시 그 귀한 줄을 알 것이다. 저 종려나 서향 따위야 어떤 기록에 나오는가? 형은 어찌하여 이 두 꽃을 얻지 못하고 아득한 뜻을 품었더란 말인가?[19]

흰초와 목근, 즉 원추리와 무궁화를 구등품제 속에 포함시키지 않은 걸 나무란 대목이다. 이어지는 글에서는 그 밖에 고증상의 몇 가지 문제를 지적했다. 별지의 끝에도 무궁화에 대한 언급이 다시 나온다.

목근화는 붉은 것과 흰 것 두 종류가 있다. 흰 것은 꽃잎과 빛깔이 백작약과 같다. 형이 혹 흰 것을 못 본 까닭에 《화보》 속에 안 넣었지 싶다. 《시경》에서 말한 '안여순영(顔如舜英)'이란 건 틀림없이 흰 무궁화를 가리켜 비유한 것이다. 6, 7년 전에 내가 충주 땅에서 흰 무궁화를 보았다.[20]

이에 대해 유박은 답장에 이렇게 적었다.

흰초는 내 고루한 생각에 종내 우리나라 토산이 진짜인지 가짜인지를 구분하기 어려워 수록하지 않았던 것이다. 근화는 흰 꽃은 모르고 단지 붉은 꽃만 알고 있다. 붉지도 않고 은은하지도 않아, 목면화(木棉花)가 누렇지도 않고 붉지도 않은 것과 비슷한 까닭에 천하게 여겨 제외했다. 하지만 매번 그 가지와 잎이 자못 귀한 것이 애석해서 계륵같이 보았다. 이제 흰 꽃이 바로 순화(舜華)이고, 옛날 우리나라의 봄날을 거느렸다는 가르침을 일깨워주니, 사람으로 하여금 비로소 좁은 소견을 벗어나 하늘을 보는 듯 하게 한다. 이제부터 마땅히 생각이 늘 충주로 달려가지 않음이 없을 것이다. 어찌 서둘러 우등의 영역을 올리지 않겠는가?[21]

하지만 그는 결국 흰초는 9품 속에 포함시키지 않았고, 무궁화도 고작 8품으로 올리는 데 그치고 말았다.

《화암수록》의 자료 가치를 높여주는 것 가운데 하나가 9수의 연작 시조인 〈화암구곡〉과 시조 〈매농곡〉 1수, 그리고 우리말로 적은 〈춘구〉 1수이다.[22] 앞서도 말했지만, 심재완 선생의 시조사전을 비롯해 모든 시조사전류에 송타의 작품으로 올라 있어, 교정이 시급하다.

그는 특히 매화를 아꼈던 듯 〈매설〉과 〈매농곡〉, 그리고 매화시 수십 수를 남겼다. 〈매농곡〉은 이렇다.

풍설(風雪) 산재야(山齋夜)에 상대(相對) 일수매(一樹梅)라
웃고 저를 보니 저도 나를 보고 웃는고나
우어라 매즉농혜(梅則儂兮)요 농즉매(儂則梅)인가 하노라.

梧子側栢枕子銅茜

已上十二種的致繁當優八四五等而一等取
高標逸韻二等取富貴容有移易不得之品數故
仍以海等五種定式而通別錄附比於九等之外
未必彼優於此而鄭有不能相容而然耳

花菴九曲

伍아주란層石榴ㅣ오르러지은怪梅ㅣ라三峰
陸石에들민을이늙어시니아마도花菴風景이라
얼인가ㅎ노라　　一曲

風淸月白夜에三尺琴을벗틔고로곤四時佳興을百

花中에웃쳐시니낫이몸도羿乎
聖潭에자새거ㅣ가
ㅎ노라　　二曲

마당의보리들고花塢의石榴퓐다밤비운돌을
萬事에걸니내야마도世上시름이半마덜니
인다　　三曲

草堂에낫줌들어메고釣臺夕陽에無
心이안즈시니白鷗도閒暇이너겨집좃戲롱더
라　　四曲

梧桐에雨滴ㅎ고竹林에煙籠이라小艇에簑笠호
고醫塵에누엇더니어듸셔닷드는소리줌을딴날

을새오ㄴ니　　五曲

박에침고나건너니楊柳風이徐來로다닌고름이
른로래與대코消日ㅎ니어듸셔樵童牧豎는웃고
指點ㅎ노라　　六曲

夕陽에白鷗還ㅎ고茅簷에煙靈扁이라花香月色
이렬압시房의드ㅇ회야거문고ㅎ淸터라醉코놀
가ㅎ노라　　七曲

시름때워長醉ㅎ고고금십게시름
을與伴여둘노치너ㅇ스버酒非狂藥이오花開趣
니가ㅎ노라　　八曲

白水에벼을갈고靑山에섭플친후酒林風雨에에紅
머겨도라오니두어라野人生涯도자랑홀껫이기
러라　　九曲

梅儂曲

風雪山齋夜에相對一樹梅ㅣ라굿고저을보니져
도날을웃는고나우어라梅則儂芳이오儂則梅니
가ㅎ노라

村謠・

坐라ㅎㄴ다동이ㅎㄴ다퓐다ㅎㄴ다샛이퓐가잇우외들
이ㅣㄴ다百花菴興이로다

유박의 《화암수록》 중 〈화암구곡〉, 〈매농곡〉 등 국문시가가 실린 부분의 원문

매화와 마주 앉아 웃다가, 서로의 마음이 회통하여 피아의 구분조차 무너지고 말았다는 것이다. 문집에 실린 시 〈분매(盆梅)〉의 주에 '주인자칭매농(主人自稱梅儂)'이라 한 것으로 보아, 매화를 자신의 분신처럼 아꼈음을 알 수 있다. 〈매설〉은 꿈에 매화의 정령과 만난 일을 적은 작품이다.

매화 그늘에서 잠이 들었다. 꿈에 모습이 기이하고 예스럽게 생긴 사람을 만났다. 흰 옷을 입고 맑은 기운을 띠고서 내게 절하며 장난으로 말했다.

"그대가 나를 좋아하니 능히 나를 알아보겠는가? 내가 누군지 알고 싶거든 나를 찾아보게나. 그대는 상고에 뜻을 두어 질박함을 벗으로 여기는 사람이다. 나는 성질이 저잣거리를 싫어하고 홀로 산림만을 좋아하여 물외로 이름을 숨겼다. 비록 초나라의 굴원(屈原)이라 해도 나를 들어 알지 못한 채 세상을 떴다. 이름 없는 사람으로 나와 비밀스레 자취를 함께한 사람 또한 수없이 많다. 내가 실은 굴원을 원망하지 않고 소동파를 원망한다. 얼음 같은 넋과 옥 같은 뼈가 도리어 자취가 드러나 우물(尤物)로 나를 지목했기 때문이다. 그대가 나를 알게 된다면 다행히 처음부터 끝까지 적막하고 황량하게 추운 산수와 세상 귀퉁이의 등한히 여기는 버린 땅에서 함께하여, 바라건대 속된 무리와 서로 가까이함을 면하고, 아무것도 없는 것처럼 하여 함께 본래의 성질을 보전했으면 한다."

내가 매형의 뜻을 받들어 그렇게 하겠다고 대답한 뒤 잠을 깼다. 이를 적어둔다.[23]

세상이 등한히 여기는 버린 땅에서 속된 무리와 멀리 떨어져 지내며 본래의 성질을 지켜가자는 다짐을 매화의 입을 빌려 했다. 하지만 정작 그는 세속의 명예에 대한 집착에서 자유롭지 못했고, 알아주는 이 없이, 이룬 것 없이 꽃 속에 늙어가는 자신의 삶을 연민한 흔적도 적지 않게 산견(散見)된다.

이상 간략하게 《화암수록》의 편제와 내용을 일별해보았다. 유박의 《화암수록》은 강희안의 《양화소록》과 함께 우리나라 화훼 문화, 나아가 원예 문화사에서 특기할 만한 저작이다. 두 자료의 비교 검토를 통한 원예학 방면의 논의가 더 섬세히 이루어져야 할 것이다.

백화암의 풍경과 주변

백화암이 있던 배천 금곡은 황해도 배천군 금곡포(金谷浦)를 가리킨다. 《동국여지승람(東國輿地勝覽)》에 이곳은 배천군 동쪽 25리에 있고, 강음현(江陰縣) 조읍포(助邑浦)의 하류로 조세를 운수하던 곳이라고 적혀 있다.[24] 유박의 백화암은 과연 어떤 곳이었을까? 구체적 풍경이 궁금하다. 먼저 백화암에 대해 자신이 적은 〈화암기〉를 읽어보자.

나는 타고난 성품이 졸렬한 데다 천분(天分)이 쓸모없다. 사는 곳의 산수도 너무 탁해 유람할 만한 승경이 드물다. 궁벽한 골목에서 문을 닫아거니, 한 해를 마치도록 높은 사람의 수레가 가까이 이르는 법이 없다. 네 계절의 화훼를 모두 백 가지 구했다. 큰 것은 재배하고, 작은 것은 화분에 담아 둑을 쌓아 백화

암 가운데 두었다. 몸을 그 사이에 두고 소견하면서 세상을 잊
고 기쁘게 자득하였다. 분매와 금취는 찬찬히 정신을 살피고,
왜철쭉과 영산홍은 멀리서 형세를 보며 웅위함을 취한다. 단약
과 계도는 마치 새 여인을 얻은 것 같다. 치자와 동백은 큰 손
님을 마주한 듯 아리따운 모습이 손에 잡힐 듯하다. 석류는 생
각이 시원스럽다. 파초와 괴석은 마당가에 두어 명산으로 삼는
다. 유송에서 태고의 모습을 얻고, 풍죽은 전국(戰國)의 기상
을 띠고 있다. 섞어 심어 시자(侍者)로 삼는다. 연꽃은 마치 주
무숙을 마주한 듯 공경스럽다. 기이한 것, 예스런 것을 취해 스
승으로 삼고, 맑고 깨끗한 것은 벗으로 삼는다. 번화한 것은 손
님으로 삼는다. 다른 사람에게 주려 해도 거들떠보지 않는다.
그래서 다행히 혼자 즐겨도 뭐랄 사람이 없다. 기쁨과 성냄, 근
심과 즐거움을, 앉든지 눕든지 온통 이 병군(瓶君)에 부쳐, 형
상을 잊고서 장차 늙음이 이르는 줄도 알지 못할 뿐이다.[25]

큰 것은 꽃밭에 심고, 작은 것은 화분에 담아 구획을 지어 꽃밭을
일구었다. 꽃에 따라, 가까이서 향기를 맡으며 어루만지는 것, 멀리
서 형세만 바라보는 것, 어여쁜 것, 시원스러운 것으로 나누어 계절
에 따라 즐겼다. 마당가에는 파초를 심고 괴석을 두어 명산의 분위
기를 연출했고, 소나무와 대나무를 섞어 심어 시자로 삼았다. 연못
에는 연꽃이 〈애련설〉을 지은 주무숙처럼 떠 있다. 사람들은 꽃을 주
려 해도 거들떠보지 않는다. 그래서 나 혼자 이 꽃 속에서 세월 가는
줄 모르고 즐거워한다고 했다.
　유득공은 〈금곡백화암상량문〉에서 이렇게 적었다.

다른 사람의 집에 기이한 꽃이 있다는 말을 들으면 천금을 주고라도 반드시 구했다. 외국 배가 정박함을 살펴 만 리 밖에 있는 것도 또한 가져왔다. 여름엔 석류꽃, 겨울엔 매화, 봄에는 복사꽃, 가을엔 국화, 네 계절 어느 때고 꽃이 끊어지는 날이 없었다. 치자꽃은 희고 난초꽃은 푸르며, 아욱꽃은 붉고 원추리는 노랗다. 오색에서 검은색이 빠진 것을 애석해 했다. 태곳적의 집을 얽어 그 열매를 씹어먹거나, 무하향(無何鄕)을 세워 그 그늘에서 잠들 수는 없었으되, 여기에 보잘것없는 거처가 있으니, 바로 낡은 집일 뿐이었다. (……) 시문과 서화가 전하는 것이 한 시대의 모모한 사람들이다. 비록 초옥에 지나지 않으나 백화암이라 이르기에는 충분하다. 마치 제자의 항렬과 같아, 혹 당에 오르고 혹 방에 들어, 절로 서로 손님과 주인의 자리를 차지하여, 너는 동쪽 계단에 나는 서쪽 섬돌에 있다. 나무 심는 곽탁타(郭橐駝)를 만나면 이끌어 상객(上客)으로 삼아 도화의 역마(驛馬)를 뽐내니 고인과 어떠한가? 과연 금곡의 번화함이 홀연 향국세계(香國世界)를 이루었도다. 어떤 사람이 왜 이렇게 힘들게 하느냐고 그만두라고 해도, 웃고 대답 않으면서 유유히 다시 되풀이할 뿐이다.[26]

남의 집에 기이한 화초가 있단 말을 들으면 무슨 수를 써서라도 들여놓았고, 심지어는 외국 가는 배가 정박했단 말을 들으면 그 편에 부탁해서라도 꼭 구했다. 계절에 따라 온갖 빛깔의 화초를 길렀다. 태고소(太古巢) 무하향을 이룰 수는 없었지만 낡은 옛집을 그러려니 하며 살았다. 또 한때의 한다하는 인사들에게 시문과 서화를 받아 방과 마루에 두루 붙여놓았다. 그는 아마 백 가지 꽃에 백 사람의 시문을 채워 집 안팎으로 꾸미려는 뜻을 가졌던 듯하다. 왜 이렇게 힘들게 정열을 낭비하느냐고 해도 씩 웃고 대답하지 않는다.

〈답안사형서〉에서도 해당화를 포함시켜야 한다는 안사형의 말에 대답하면서, 자신은 조선의 해당이 중국의 해당과 같은 품종인지 의심되므로, 이후 중국에 가는 사람 가운데 혹 화벽(花癖)이 있는 이가 있으면 사 가지고 오게 하겠다는 언급도 보인다.[27] 그는 이런 노력을 들여 백화암의 화훼 숫자를 하나하나 늘려나갔다.

연작 시조 〈화암구곡〉에도 백화암의 모습이 그려져 있다. 첫 수는 이렇다.

　　꼬아 자란 층석류(層石榴)요 틀어 지은 고사매(古楂梅)라
　　삼봉괴석(三峰怪石)에 달린 솔이 늙었으니
　　아마도 화암풍경이 너뿐인가 하노라.

철사로 얽어 꼬아 기른 층석류와 고사매가 마당에서 자라고, 연못 가운데에는 석가산을 세워 소나무를 심었다. 한시에 〈분매〉를 노래한 6수 연작 외에 매화를 노래한 시가 10여 수에 이르는 것으로 보아, 그가 특히 매화를 사랑했고, 분매도 애호하여 길렀음을 알 수 있다.

　　풍청월백야(風淸月白夜)에 삼척금(三尺琴)을 곁에 놓고
　　사시가흥(四時佳興)을 백화중(百花中)에 부쳤으니
　　이 몸도 승평성택(昇平聖澤)에 젖었는가 하노라.

그러고는 달 밝은 밤이면 거문고를 뜯으며 온갖 꽃이 흐뭇이 핀 광경을 바라보곤 했다.

오동(梧桐)에 우적(雨滴)하고 죽림(竹林)에 연롱(煙籠)이라
소정(小艇)에 사립(簑笠) 두고 등상(藤床)에 누웠더니
어디서 닻 드는 소리는 잠든 나를 깨우나니.

오동나무에 빗방울이 뚝뚝 들으면 집 뒤란의 대숲은 안개에 잠긴다. 작은 배에 사립을 놓아두고, 등상에 누워 깜빡 잠이 들면 닻 드는 소리가 잠을 깨운다고 했다. 백화암이 금곡 물가에 자리 잡고 있었음을 알 수 있다.

《화암수록》에는 〈당성(堂成)〉이란 제목의 시가 두 수 실려 있다. 백화암에서 생활한 지 10년 만에 우화재(寓花齋) 공사를 마무리하고 그 감회를 적은 것이다.

흰 띠 그늘진 작은 집
물 구름 고장을 차지하였네.
외져서 새 소리도 들리지 않아
텅 빈 산 잠자는 맛이 좋다네.
고기 잡고 나무하려 삼경(三逕)을 열고
매화와 대나무 십 년 가꿨지.
갠 달 호수 빛과 어우러져서
금서(琴書)로 긴 밤이 서늘도 해라.

白茅蔭小堂　因占水雲鄕　地僻禽聲靜　山空睡味長

漁樵三逕闢　梅竹十年粧　霽月兼湖色　琴書永夜凉²⁸⁾

　　꽃밭 사이로 세 갈래 길을 열고 매화와 대나무를 가꾼 십 년 세월
을 말했다. '수운향(水雲鄕)'과 '호색(湖色)'을 말한 것으로 보아 집
은 물가에 있었던 듯하다. 낮에는 적막한 집에서 낮잠을 즐기고, 달
밤엔 달빛을 벗삼아 거문고와 책으로 긴긴 밤을 지새웠다. 같은 운
자를 쓴〈당성〉한 수가 더 있다.

　　십 년을 경영하여 초가 한 칸 지어내니
　　늙마에 병주(幷州) 생각 도리어 웃는도다.
　　처마 밑에 비가 긋자 강물 소리 급해지고
　　울타리 밖 가을 되어 들빛이 아득하다.
　　갈매기 기심(機心) 잊고 물 위에서 잠이 들고
　　청산은 약속 있어 거울 속 단장한다.
　　옛 역사 읽다 지쳐 기대어 누웠자니
　　대 그림자 솔 바람에 낮잠이 시원쿠나.

　　十載經營一草堂　老來還笑戀幷鄕
　　簷前雨歇江聲急　籬外秋成野色長
　　白鳥忘機湖上宿　靑山有約鏡中粧
　　倦看古史因欹臥　竹影松風午夢凉²⁹⁾

　　병주 생각은, 당나라 가도(賈島)가 병주에 살며 오래도록 고향인

함양을 그리워하다. 병주를 떠나게 되자 도리어 병주가 고향처럼 그리워지더란 이야기에서 나온 말이다. 십 년 객지 생활 끝에 이곳에 살 만한 집 한 채 짓고 나니, 예전 살던 곳이 문득 그립더란 뜻이다. 근심 없이 강물 위에 떠 있는 갈매기, 고운 단장이라도 하려는 듯 강물 위에 그림자를 드리운 청산. 비온 뒤 빨라진 물살을 보다가, 울타리 저편 가을 들판을 보다가, 시름없이 옛 역사책을 읽다가, 대숲 그림자 솔 바람 소리에 낮잠 드는 것이 그의 일상이었다.

다음은 〈만음(謾吟)〉이다.

> 물가에서 미친 노래 이십 년 동안
> 백화를 앞에 두고 어느새 늙었구나.
> 푸른 솔과 대나무를 벗으로 삼고
> 이슬 국화 찬 매화를 마주하여 잠들었지.
> 둥실둥실 강호를 갈매기와 함께하고
> 유유한 세월을 바람 안개 취했다네.
> 사나이 뜻 잃음이 아직도 이 같건만
> 도리어 인간에선 지선(地仙)이라 부르누나.

> 澤藪狂歌二十年　居然老大百花前
> 蒼松翠竹堪爲友　露菊寒梅合對眠
> 泛泛江湖同白鳥　悠悠歲月醉風煙
> 男兒落魄還如此　猶得人間號地仙[30]

꽃과 더불어 늙은 세월이 어찌 내 품은 본뜻이었으랴. 갈매기와 바람 안개, 푸른 솔과 대나무, 국화와 매화가 언제나 내 곁을 지켜주었지만, 지난 이십 년 세월을 돌이켜보면 낙백(落魄)한 남아의 쓸쓸한 심회만 남았다. 아무것도 이룬 것 없이 꽃 앞에 선 모습이 부끄럽기 그지없다. 그런데도 사람들은 꽃 속에 묻혀 사는 나를 보며 신선이 따로 없다고 부러워 죽겠다고 한다.

〈촌구〉는 말 그대로 마을 사람들의 노래를 적은 것이다.

뜬다 뜬다 달이 뜬다 핀다 핀다 꽃이 핀다
꽃 위에 달이 뜨니 백화암 홍(興)이로다.

백화암을 바라보는 이웃 사람들의 눈길은 늘 마치 무슨 별세계를 바라보는 듯했고, 그 속에서 주인은 세상을 향한 못 이룬 꿈을 되씹고 있었던 것이다.

ㅁ ㅁ ㅁ ㅁ ㅁ

조선 후기의 원예 문화는 좀더 깊이 있게 천착해볼 필요가 있다. 이 시기에 쏟아져나오는 각종 원기(園記)들은 당시 문인들의 원림 경영이 무슨 유행처럼 번져간 사정을 잘 보여준다. 원림을 경영하자면 화훼를 가꾸는 일이 따라오게 마련이다. 이 시기 화훼를 가꾸고 동산을 꾸미는 것은 문인 지식인층의 아취였다. 물론 여기에는 경제적 여유가 필요하다. 하지만 경제적 여유만으로도 될 수 없는 것이 바로 이 원예 취미다.

《화암수록》은 당시 문인들의 원예 취미를 가장 적극적으로 보여주는 저작이다. 하지만 이 책은 그 중요성에도 불구하고 일반에 공개되지 않아 연구에 어려움이 있었다. 자료의 공개와 함께 저자를 유박으로 확정한 것은 큰 의미가 있다. 강희안 또는 송타로 비정되어 있는 현재의 오류를 바로잡게 된 것이 특히 그렇다.

조선 전기 강희안의 《양화소록》이나 중국 명청대의 화훼 관련 서적과의 면밀한 비교를 통해, 《화암수록》의 화훼 문화사적 의미를 검토하는 일은 계속되어야 할 과제다. 이와 함께 이 시기 성행한 원림 경영과 화훼 취미에 대해서도 계속 시야를 확대할 필요가 있다. 시조 연구자들의 보다 깊이 있는 검토도 요청된다. ▨

이덕리(李德履)가 지은 《동다기》의
차 문화사적 자료 가치

《동다기》의 발견 경위

지난 2006년 9월 15, 16일 양일간 그동안 진행해온 다산 관련 작업을 마무리할 겸해서 강진 답사를 다녀왔다. 다산초당과 자료전시관에 들러 다산 유묵과 관련 자료를 살펴보고, 다산의 제자 황상의 일속산방 터와, 다산이 아들 학연과 함께 겨울을 나며 《주역》을 읽었던 보은산 고성암, 그리고 첫 거처였던 주막거리 사의재 터 등을 둘러보았다. 마지막으로, 다산의 강진 시절 막내 제자인 자이당(自怡堂) 이시헌(李時憲, 1803~1860)의 거처가 있던 백운동 원림을 찾았다.

필자가 백운동 원림을 찾은 건 지난해 전시된 다산 친필 유물전에서 본 다산의 편지에 백운동을 수신자로 한 것이 여러 통 있었기 때문이다. 이 전시에는 그간 잘 알려지지 않았던 다산의 강진 생활을 엿볼 수 있게 하는 생생한 자료들이 많이 나와 세간의 이목을 집중시킨 바 있다. 다산은 유배 당시나 이후까지 백운동의 주인이었던

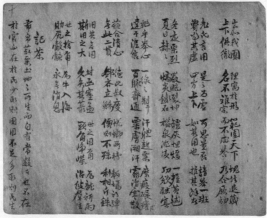

〈동다기〉가 수록된 《강심(江心)》 표지와 〈기다〉의 첫 면

이시헌의 부친 이덕휘(李德輝)의 도움을 적지 않게 받았던 듯, 편지에는 이런저런 고마움의 표시와 차떡 제조 방법에 관한 조언도 실려 있어서 이번 길에 그 원본을 확인하고 싶었다. 백운동의 풍광은 초의(草衣)가 그린 〈백운동도〉가 〈다산초당도〉와 함께 합첩된 것이 세상에 전한다. 백운동은 원형이 온전히 보존된, 우리나라의 몇 되지 않는 전통 원림 가운데 하나다.

이시헌의 5대손인 이효천(李孝天) 선생의 후의로 다산 관련 자료를 열람하던 중, 《강심(江心)》이란 낯선 제목의 필사본 한 권에 눈이 멎었다. 이시헌의 친필로 씌어진 이 책은 서문이나 저자 표시도 없이 사부(辭賦)와 고체시 들이 실려 있었다. 그러다 중간 부분에서 〈기다(記茶)〉와 〈기연다(記烟茶)〉라고 적혀 있는 잡록이 나왔다. 분량이 적지 않은 데다, 언뜻 보기에도 18세기 지식인들의 지식 경영 방식에 따라 차와 담배에 대해 기록한 비망록 형식의 흥미로운 내용이었다. 마지막 장에는 이 글을 지은 사람이 이덕리(李德履)라고 밝혀져 있었다. 주인의 양해를 구해 복사된 자료를 빌려 서울로 올라왔다.

저자인 이덕리라는 이름을 들어본 적이 없었고, 차에 관해서는 문외한인지라 먼저 초의의 《동다송(東茶頌)》을 펼쳐보았다. 읽다 보니 시의 하단 각주에 《동다기(東茶記)》를 인용한 대목이 있었다. 놀랍게도 좀 전에 본 〈기다〉의 한 단락이 그대로 나오는 게 아닌가. 기존의 해설서를 보니 《동다기》는 실물이 전하지 않는다 하고, 대부분 다산 정약용 선생이 지은 저술로 논의되고 있었다. 다산의 막내 제자였던 이시헌이 자필로 필사한 이 〈기다〉가, 그간 많은 사람들이 그토록 찾고 있던 《동다기》였던 것이다.

흥미는 곧바로 흥분으로 바뀌었다. 이에 《동다기》와 관련된 정보를 검색하기 시작했다. 하지만 실망스럽게도 며칠 뒤에 《동다기》가 이미 1992년 용운 스님에 의해 차 전문지 《다담》에 10개월간 연재 형식으로 소개되었음을 인터넷에서 확인할 수 있었다. 잡지에 게재된 상태의 원고를 급히 구해보았다. 〈기다〉의 내용과 동일하였다. 용운 스님이 소개한 《동다기》는 대흥사 승려 법진(法眞)이 1891년에 필사한 것으로, 필사자의 이름이 '전의리(全義李) 저(著)'로 표기되어 있었다. 이름을 알 수 없는 전의 이씨가 지은 것으로 정리되었으나 현재까지 오리무중의 상태로 남아 있었다.

　백운동본 《동다기》와 원문을 꼼꼼히 대조해보니 법진본 《동다기》는 필사 상태에 문제가 많았다. 서설 부분 중간에 중요한 내용이 398자 누락되고, 본문의 한 단락이 통째로 빠졌으며, 뒷부분이 전부 탈락된 반쪽짜리였다. 특히 차 무역을 통해 국부를 창출해야 한다는 이 글의 핵심 주장은 서설에서 간략히 언급되고 후반부에 가서야 비로소 구체적 내용이 나온다. 법진본은 전반부의 차 무역 부분이 탈락되고, 그 구체적인 내용에 해당하는 후반부가 없어져서 알맹이가 다 빠져버린 어정쩡한 글이 되고 말았다.

　한편으로 법진본 《동다기》는 원본이 세상에 공개된 적이 없어, 원문의 미심쩍은 오류를 확인할 수가 없었다. 예를 들어 '비국가유생민(裨國家裕生民)'을 탈초(脫草) 과정에서 잘못 읽어 '선국가유생민(禪國家裕生民)'으로 해놓는 바람에 '선(禪)'자의 풀이를 두고 억지 해설을 하게 된다든가, 출전이 있는 고사를 그저 글자 따라 해석하여 읽어도 무슨 말인지 알 수 없는 대목이 적지 않았다. 후술하겠지만 어쩐 일인지 이능화(李能和)와 최남선(崔南善), 문일평(文一平)

같은 학자들은 일관되게 《동다기》를 다산의 저술로 못 박았다. 그 까닭에 많은 다인(茶人)들은 지금까지도 다산이 지은 《동다기》의 존재를 기정사실화하고 이 책의 등장을 고대해온 것이 사실이다.

따라서 이번 《동다기》의 출현은 이 글의 저자 문제와 구체적 내용 연구에 확실한 매듭을 짓는 중요한 계기가 될 것이다. 이 글에서는 이 책의 저자와 이 책을 둘러싼 저간의 논란, 주요 내용과 자료 가치 등을 거칠게나마 소개하기로 한다. 이 책이 갖는 차 문화사적 의미를 복권하고, 나아가 실학 저술로서의 위상을 복원하여 전문 연구자들의 연구를 촉구하자는 뜻에서다.

《동다송》과 《동다기》

《동다기》가 세상에 처음 알려진 건 초의 스님이 지은 《동다송》의 주석에 《동다기》의 한 대목이 인용되면서부터다. 《동다송》은 초의 스님이 정조의 부마였던 해거재(海居齋) 홍현주(洪顯周)의 부탁으로, 그에게 중국 차의 역사와 우리나라 차의 특성을 설명해주기 위해 지은 장편의 고체시다. 초의는 각종 차 관련 전적에서 뽑아낸 내용을 압축하여 한 편의 시로 녹여냈다. 그러면서 각 구절의 의미를 보충 설명하기 위해, 구절과 관련된 원전의 내용을 주석에 달아놓았다.

이후 이 책은 우리나라 차 문화사에서 없어서는 안 될 유일무이의 저작으로, 중국 육우의 《다경》에 준하는 '조선 다경'의 대접을 받아 이미 수종의 주석서가 간행된 바 있다. 한편 홍현주 같은 귀족조차 차에 대해 전혀 몰라 초의에게 문의한 것을 보면, 당시 우리나라에서 차 문화가 얼마나 열악한 처지에 놓여 있었는지 단적으로 알 수 있다.

그러나 《동다송》의 실제 내용을 보면 대부분이 중국의 차 고사이고, 우리 차에 관한 내용은 끝의 네 구절과 몇 곳 주석에서 잠깐 언급된 데 불과하다. 말하자면 중국 차의 역사와 차 일반론을 노래한 '다송' 끝에 우리 차의 내용이 살짝 보태진 것이지, 《동다송》으로 명명하기엔 '동다' 부분이 지나치게 소략하다.

《동다송》에서 《동다기》와 관련이 있는 대목의 원문과 각주 내용은 다음과 같다.

동국에서 나는 것도 원래 서로 같나니
색과 향, 기운과 맛 중국과 한가질세.
육안차의 맛에다 몽산차의 약효 지녀
옛사람은 두 가지를 아울렀다 평가했지.

東國所產元相同　色香氣味論一功
陸安之味蒙山藥　古人高判兼兩宗

《동다기》에서 말하였다. "어떤 사람은 우리나라 차의 효과가 중국 남쪽 지방에서 나는 것만 못하다고 의심한다. 내가 보건대 색과 향기, 기운과 맛이 조금도 다를 바 없다. 다서(茶書)에서는 육안차(陸安茶)는 맛이 낫고, 몽산차(蒙山茶)는 약효가 좋다고 했다. 우리나라 차는 대개 이 둘을 겸하였다. 만약 이찬황(李贊皇)이나 육자우(陸子羽)가 있다 해도, 그들은 반드시 내 말이 옳다고 할 것이다."[1]

《동다송》에서 언급한 우리나라 차에 관한 부분은 《동다기》의 원문을 압축해놓은 것이다. 그 밖에 《동다송》의 주석 부분에 지리산 화개동의 차나무 이야기와 다산의 〈걸명소(乞茗疏)〉의 구절 인용 등 우리나라 차와 연관된 언급이 일부 있다. 이렇게 본다면 《동다송》은 명실상부하게 '동차(東茶)'의 내력을 찬송한 글은 못 된다. 오히려 차를 전혀 모르는 귀족 홍현주에게 차의 효능과 맛, 차에 얽힌 중국의 역대 고사, 우리나라 차의 품질 등을 설명하는 입문적 성격의 시에 가깝다.

이제 이 《동다기》의 출현으로 조선 후기 차 문화의 맥락이 비로소 소연(昭然)해지게 되었다. 새롭게 발굴된 자료로 미루어볼 때, 《동다기》는 1837년에 지어진 초의 《동다송》보다 적어도 50년가량 앞선 것으로 보인다. 《동다송》에서 초의가 《동다기》의 저자를 '고인(古人)'으로 일컬은 것은 이 때문이다. 또 그 내용이 비교적 풍부해서 학술적 가치가 높다.

《동다기》와 관련하여 가장 보편화된 오해는 이 책이 다산의 저작으로 잘못 알려져 있다는 것이다. 지금도 대부분의 차 관련 연구서나 인터넷상의 글에서 '동다기'를 검색어로 치면 이 책은 한결같이 다산 정약용의 전해지지 않는 저술로 기술되고 있다. 용운 스님이 발굴 소개한 법진본에서 이름을 알 수 없는 전의 이씨가 지었다고 밝혔음에도 불구하고, 다인들은 여전히 다산의 《동다기》가 따로 존재하고 언젠가는 세상에 나올 것이란 기대를 버리지 않는 듯하다.

도대체 무슨 근거에서 《동다기》를 다산의 저술로 생각하게 되었을까? 그 출발점은 이능화와 최남선, 문일평 등의 초기 저술로 소급된다. 이능화가 1918년 간행한《조선불교통사》에서 처음으로《동다기》가 다산의 저술임을 언급한 이래, 다산 창작설은 육당 최남선과 호암 문일평에 의해 반복되었다. 문일평은 〈다고사(茶故事)〉에서 "근세 열수 정약용같이 다도에 조예가 깊던 이도 없는 바 아니다. 그는 전남 강진에 적거(謫居)하였을 때 산다(동백)를 배양하며 또《동다기》를 저술하여 스스로 다산이라 호(號) 하였다"고 적었고, 이어지는 글에서 초의의《동다송》을 거론하며 "그는 역주에 다시 정다산의《동다기》중의 일부를 인용하여 가로되" 운운하여《동다기》의 다산 창작설을 기정사실화했다.[2] 하지만 기술 내용을 보면 그 또한《동다기》의 실물을 전혀 보지 못한 것이 분명하고, 이는 이능화의 잘못된 기술을 그대로 답습한 데서 비롯된 오류였다. 육당도《조선상식문답속편》중 〈농학은 어떻게 발달하여 나왔습니까?〉란 항목에서 "정다산의《동다기》와 초의의《동다송》은 조선에 있는 다도 부흥상 흥미 있는 문헌입니다"라고 언급한 바 있다.[3] 이후 여기에 근거해서《동다기》의 다산 창작설이 기정사실화되어 지금까지 이어졌다.

《동다기》의 저자 이덕리에 대하여

법진본《동다기》에서는 저자를 '전의리(全義李)'라고만 했지 이름을 밝히지 않았다. 왜 그랬을까? 법진이 필사 당시 저자의 이름을 몰랐거나, 아니면 밝히기 어려운 사정이 있었으리라 짐작된다. 반면 이번에 발견된 백운동본에는 필사자 이시헌의 다음과 같은 기록이 있다.

'강심(江心)'의 의미는 자세하지 않다. 이 한 책에 적힌 사(辭)
와 문 그리고 시는 바로 이덕리가 옥주에서 귀양 살 때 지은 것
이다.[4]

《동다기》가 수록된 《강심》의 저자가 이덕리이고, '옥주적중(沃州
謫中)'에서 이 책을 저술했다고 한다. 옥주(沃州)는 충북 옥천(沃川)
또는 진도(珍島)의 별호다. 귀양지였다면 옥천이 아닌 진도를 가리
키는 것이 분명하다. 결국 이 책은 이덕리가 죄를 지어 진도에 유배
와 있으면서 지은 것이다. 이덕리는 당시 죄인의 신분이었기에 자신
의 저서에 이름을 밝히지 않고 본관만 밝혔던 듯하고, 이것이 필사
되어 유통되면서 법진본의 '전의리(全義李) 저(著)'로 세상에 알려진
것이다. 이시헌은 이 책의 저자가 이덕리임을 알고 있었고, 그래서
한 벌을 필사한 뒤 끝에다 위의 언급을 남겨두었다.

그렇다면 《동다기》의 저자 이덕리는 어떤 인물인가? 족보 등 문헌
기록에서 이덕리를 추적하는 일은 쉽지 않았다. 먼저 역사정보시스템
과 민족문화추진회의 검색 엔진으로 검색하여 몇 가지 단서를 얻었
다. 먼저 이덕리는 《해사일기(海槎日記)》에 처음 그 이름이 나온다.
이는 1763년 계미년 일본에 통신사로 갔던 조엄(趙曮, 1719~1777)의
일기다. 일기 가운데 〈장계(狀啓) 연화(筵話)〉 7월 8일조 기사 중 왕
이 통신사 일행과 문답을 하는 대목에 이덕리 관련 언급이 있다.

이덕리의 차례가 되자 상께서 말씀하셨다. "어느 집안이냐?"
조엄이 말했다. "부사 이인배(李仁培)의 가까운 일가요, 장한
상(張漢相)의 외손입니다." 상께서 말씀하셨다. "그렇다면 이

今年毛盡於明年繼祈文勢而種材方之
士取以扑屯城々皆时雍一屯城盈奶奶
人射砲中梅在俗散優養使可以為寄子
列身常啃有數第军陵立無些不足以警
暑宏而威濟風教
一咎铯使人少睡故夜不做宴腥風
夜右公界昏起庵去威其心窗西雞嗚入
棧之少星帳動當之士供不可少逆若夫
一厨之言帰欲之因夜之居子列有不睡奉中
事
　江心之義幸详比一册以徧
　解文及詩乃李德揆沃北滿
　中令作

지은이가 이덕리임을 밝힌 《강심》의 마지막 면 필사 후기

삼(李森)의 처조카로구나." 명하여 전교(傳敎)를 쓰게 했다.[5]

또 《해사일기》에 실린 〈삼사일행록(三使一行錄)〉 가운데 〈사행명단(使行名單)〉에는 이렇게 적혀 있다.

자제군관(子弟軍官) 이덕리(李德履) 자 수지(綏之), 무신생
(戊申生), 전의인(全義人). 이방예방(二房禮房).

이 기록을 토대로 볼 때, 이덕리의 본관은 전의이고, 자는 수지, 그리고 1728년 무신생임을 알 수 있다. 그는 또 부사 이인배의 가까운 일족이고, 숙종조 조선 최고의 무인이었던 장한상의 외손이며, 어영대장과 훈련대장을 거쳐 영조 때 병조판서에 올랐던 무신 이삼의 처조카였다. 임금이 이름만 듣고도 이삼의 처조카임을 알았던 것으로 보아, 당시 무인 계통의 명망 있는 집안의 후손이었음을 알 수 있다.

다시 《승정원일기》를 찾아보니, 1749년에는 성균관 생원(生員), 1759년에는 진사(進士)로 나오고, 1772년 영조 48년 기사에는 한량(閑良) 이덕리를 이제 절충(折衝)으로 가좌하고 상을 더해주었다는 언급이 보인다. 다시 두 해 뒤인 1774년 9월 2일 기사에는 이덕리를 창경위장(昌慶衛將)으로 삼는다는 내용이 실려 있다. 그러나 같은 해 9월 21일 기사에 창경궁위장 이덕리가 병으로 직무를 수행하기 어려워 글을 올려 체직(遞職)을 청하므로, 회복되기를 기다릴 수 없어 잠시 교체하는 것이 어떻겠느냐고 하자 이를 윤허한 내용이 나온다.

이런 기록을 종합해볼 때, 이덕리는 생원 진사를 거쳐 1763년 조선통신사의 자제군관으로 일본을 다녀왔고, 그 이후 1772년 정삼품 당상관인 절충장군에 가좌되었음이 확인된다. 또 1774년에는 도성 경비의 책임을 맡은 종이품 오위장(五衛將)으로 창경궁 수비의 책임을 맡았으나, 한 달도 못 되어 병으로 체직되었다.

조사 과정에서 필자는 이덕리란 이름을 윤광심의 《병세집》에서 다시 만났다. 《병세집》은 윤광심이 1775년을 전후하여, 당대 주목할 만한 작가의 시문을 모아 엮은 선집이다. 이덕리의 글은 여기서 당대 쟁쟁한 문장가들과 어깨를 나란히 하며 시권과 문권 모두에 실려 있다.[6]

이 책 문권에는 이덕리의 자를 이중(而重)이라 하였고, 〈제고이헌납중해시(祭告李獻納重海詩)〉 9수가 수록되어 있다. 시의 서문에는 1775년 3월 4일 벗 이중해(李重海)의 장례에 우인(友人) 전성(全城) 이덕리가 양산(楊山)으로부터 술 한 병을 들고 와서 널 앞에 곡을 하고, 지극한 슬픔에 차마 글을 지을 수가 없어, 지난해 겨울 함께 술 마시며 지은 시 9편을 읽는 것으로 대신한다는 내용이 적혀 있다. 1775년은 이덕리가 48세 나던 해다. 전성은 전의의 다른 표기이다. 이 글은 당시 그가 경기도 양주에 살았고, 헌납 벼슬을 지낸 이중해와 몹시 절친한 사이였다는 또 다른 정보를 말해준다. 또 《병세집》 시권에는 신의보(申儀父)를 위해 지어준 장편의 〈용안헌시(容安軒詩)〉와 〈이성하애사(李盛夏哀辭)〉가 수록되어 있다.

《병세집》은 당대 활동하던 문인들의 시문을 가려뽑은 것이다. 박지원과 이덕무 등의 문집에도 실리지 않은 글이 수록되어 있을 만큼 현장성이 강한 앤솔러지인데, 이 책의 시권과 문권에 이덕리의 이름이 올라 있는 것을 보면, 이덕리는 당대 문명(文名)이 상당했던 문인이었음이 분명하다.

이에 전의 이씨 대동보에서 이덕리의 이름을 확인해보았다. 하지만 족보 어디에도 그의 이름은 없었다. 이인배를 찾아 그 근족을 훑어보니 '덕(德)' 자는 '배(培)'보다 한 항렬이 높았다. 이덕리가 장한상의 외손이라 하였으므로, 이에 다시 덕 자 항렬 윗대에서 장한상의 딸과 혼인한 사람을 찾아보았다. 확인 결과, 장한상의 전의 이씨 사위는 이전룡(李田龍)이었다. 그 또한 무과에 급제한 인물이었다. 그렇다면 이덕리는 이전룡의 아들임이 분명하다. 이인배와는 칠촌간이 된다. 하지만 어찌 된 셈인지 족보에는 이전룡의 아들에 이덕필(李德弼)의 이름만 올라 있을 뿐 이덕리가 없다. 덕필은 첨지를 지냈다 했으니, 이덕리와는 다른 인물이다. 그런데 1754년, 영조 갑술년에 간행된 전의 이씨 구족보에는 이전룡의 부친인 이만동(李萬東)의 이름 아래 이전룡의 이름마저 올라 있지 않다. 즉 이전룡은 고종이후에 나온 신보부터 그 이름이 올라 있다. 후대에 첨가해서 올린 것인데, 전후 정황은 알 수 없다. 짐작컨대 전룡이 서계(庶系)였을 가능성이 있고, 그렇다면 이덕리 또한 서얼이 된다. 그런데 이덕리의 이름은 전룡의 아래에도 또 빠져 있었다. 이는 아마도 그가 진도에 장기간 유배된 일과 관련이 있지 않을까 짐작되나, 그에 관한 자료가 더 나오기를 기다려야 확실히 말할 수 있다.

흥미롭게도 이덕리의 저술은 여기에 그치지 않는다. 그의 이름은 다산의 《경세유표》와 《대동수경》에 두 차례 더 등장한다. 인용해본다.

이덕리의 《상두지(桑土志)》에 "서울 서쪽 교외에서 용만(龍灣)

까지 이르는 중간 연로(沿路)의 전지(田地)에 모두 구혁(溝洫)
을 설치하여 지망(地網)의 제도를 본뜨고자 했다"고 했는데,
그 말은 반드시 채택하는 것이 마땅하다.

—《경세유표》 지관수제(地官修制), 전제(田制) 2

이덕리의 《상두지》에 말하였다. "세상에서는 대청황제가 동선
령(洞仙嶺) 청석동(靑石洞)에 이르러 용골대(龍骨大)를 목 베
려 한 것이 두 번이었다고들 한다. 이것은 모두 야인의 말이
다."

—《대동수경》 4, 〈패수(浿水)〉 3

· 다산의 두 차례 인용으로, 이덕리가 《동다기》 외에 《상두지》란 저
술을 남겼다는 사실이 새롭게 밝혀졌다. 첫 번째 인용문의 내용은
백운동본 《동다기》의 뒤쪽에도 그대로 실려 있다. 《상두지》는 국가
경제와 지리 등에 관한 내용을 담은 실학 계통의 서적이다. 이 책 또
한 《동다기》와 마찬가지로 현재 다산의 저술로 오인되어, 1973~74
년 다산학회가 편찬하여 간행한 《여유당전서보유(與猶堂全書補遺)》
(경인문화사) 제3권에 버젓이 다산의 저작으로 실려 있다.

《상두지》의 서문에 '계축정월상간서(癸丑正月上澣序)'라고 되어
있으니 이 책이 저술된 것은 1793년(정조 17)이다. 서문 끝에 이 자
료를 옮겨 필사한 이가 "공은 야인으로 이름을 칭탁코자 했으므로
권도로 이 서문을 써서 스스로를 감추었다(公欲托名野人, 權爲此序以
自晦)"고 적었는데, 이때 다산은 한창 중앙 정계에서 바쁘게 활동하
고 있었다. 귀양지에 있던 이덕리가 자신의 이름을 감추고 지은 저

술임을 언급한 것이다. 무엇보다《동다기》에서 제안한, 차 무역의 구체적 방안이나 서변(西邊)의 둔전 설치, 지망법(地網法) 시행 건의 등 핵심 내용이《상두지》에서도 정확하게 재천명되고 있어,《상두지》는 이덕리의 저술임이 확실하다. 결정적인 단서가 되는 한 단락만을 읽어본다.

차는 천하가 똑같이 즐기는 것이다. 우리나라만 유독 잘 몰라, 비록 죄다 취하여도 이익을 독점한다는 혐의가 없다. 국가로부터 채취를 시작하기에 꼭 알맞다. 영남과 호남에는 곳곳에 차가 있다. 만약 한 말의 쌀을 한 근의 차로 대납하고, 10근의 차로 군포를 대납하게 허락한다면, 수십만 근을 힘들이지 않고 모을 수 있다. 배로 서북관의 개시(開市)에 운반해서 인쇄해 붙인 월차(越茶)의 가격에 따라 한 냥의 차에 2전 은을 받으면, 10만 근의 차로 2만 근의 은을 얻을 수 있고, 돈으로는 60만 전이 된다. 이 돈이면 한두 해가 못 되어 45개 둔전(屯田)을 설치할 수 있다. 따로 〈다설(茶說)〉이 있는데, 아래에 첨부해 보인다.[7]

표현과 논리가《동다기》의 내용과 일치할 뿐 아니라, 끝에서 말한 별도의 〈다설〉은 다름 아닌《동다기》를 지칭한 것이다. 이것만 보아도《상두지》가 이덕리의 저술임은 의심의 여지가 없다.《경세유표》등에서 다산이 분명히 이덕리의 저술로 밝히고 인용한 글이 어떻게 다산의 저술로 바뀌었을까? 향후《강심》에 실린 작품과《병세집》에 실린 시문, 그리고《상두지》를 한데 묶어, 이덕리의 학문과 문학에 대해서 본격적인 연구를 시작해야 할 것이다.

상두(桑土)란 무엇인가? '상두'란 《시경》〈빈풍(豳風)〉의 〈치효(鴟鴞)〉 중 "장맛비가 오기 전에 저 뽕나무 뿌리를 가져다가 둥지를 얽었거늘(迨天之未陰雨, 徹彼桑土, 綢繆牖戶)"에서 끌어쓴 말이다. 상두는 뽕나무 뿌리다. 새가 비 오기 전에 미리 뽕나무 뿌리를 물어다가 둥지의 새는 곳을 막는다는 뜻으로, 일반적으로 환난을 미연에 방지한다는 유비무환의 의미로 쓴다. 이덕리의 《상두지》는 글자 자체의 의미로 보나 다산의 인용으로 보나 또 실제 내용으로 보나, 국방과 경제에 관한 내용을 담고 있는 실학적 성격의 저술이다. 그 자료적 가치와 의의는 실로 대단한데, 이 글에서는 따로 논하지 않겠다.

한편 《강심》에 수록된 〈실솔부(蟋蟀賦)〉에는 이덕리 자신의 신상과 관련된 한 가지 단서가 더 있다.

> 나는 병신년(1776년, 영조 52) 4월, 은혜를 입어 옥주로 유배
> 왔다. 성 밖 통정리에 있는 윤가에서 살았다. (……)3년 만에
> 통정리 서쪽 이가로 옮겼다.[8]

이로 보아 이덕리는 49세 때인 1776년 3월, 영조가 승하하고 정조가 즉위하자마자, 4월 초에 사도세자 복권 움직임과 관련해서 일어난 상소 사건에 연루되었던 듯하다. 이때 선대왕을 모함하는 대역죄를 물어 이덕사(李德師)와 박상로(朴相老) 등이 복주(伏誅)되었다. 이덕사는 이덕리와 함께 《병세집》에 작품이 수록되었던 인물이다. 하지만 어쩐 일인지 족보뿐 아니라 실록에도 이덕리의 이름은 전혀 나오지 않는다. 《승정원일기》에도 정조대 기록에서는 이덕리의 이름

을 찾아볼 수 없다. 그가 종이품 창경궁위장까지 지냈던 인물인데도 말이다.

다만 그는 1776년에 귀양 와서 1779년에도 계속 진도 유배지에 있었다. 또 〈기다〉의 본문 제7항목에서 계해년(1743년, 영조 19) 봄, 상고당(尙古堂) 김광수(金光遂)의 집에서 차를 마신 뒤로 40여 년이 흘렀다고 적고 있다. 이렇게 본다면 그는 1780년대 중반까지도 여전히 귀양지에 있었고, 여기에 《상두지》의 서문이 1793년에 씌어졌으니, 결국 이덕리는 18년이 넘도록 진도의 유배지에 계속 머물러 있었던 것이다. 이는 다산의 강진 유배 기간과 같다. 그는 아마도 유배지를 벗어나지 못한 채 세상을 마쳤던 듯하다. 〈기다〉, 즉 《동다기》는 이덕리가 58세 나던 1785년을 전후해서 지은 것이다. 또 《상두지》는 그로부터 8년 뒤인 66세 때 완성되었다. 이상이 각종 문헌 근거를 바탕으로 재구성해본 이덕리 생애의 전체 내용이다.

《동다기》의 체재와 내용

이제 《동다기》의 체재와 내용에 대해 살펴보겠다. 이덕리의 《강심》이란 책에 실린 이 글의 원제목은 '기다'이다. 《강심》은 가로 19.6cm 세로 15.3cm의 크기에 반행반초의 세련된 서체로 씌어진 필사본으로 모두 55장이다. 표제 바로 아래 '자이서고(自怡書庫)'라 했고, 집안에 전해오는 필체와 대조해보니 자이당 이시헌이 직접 필사한 것이었다. 앞쪽에는 〈석령사(席嶺辭)〉·〈여불우부(女不遇賦)〉·〈백장죽부(百丈竹賦)〉·〈실솔부(蟋蟀賦)〉·〈토환게(土丸偈)〉가 실려 있고, 이어 〈기다(記茶)〉와 〈기연다(記烟茶)〉가 실려 있다. 다음에 중국 역사상의 인물에 자신의 심회를 가탁한 영고시(詠古詩) 연작 15수가 나오고, 뒷부분에 앞의 〈기다〉에 이어지는 〈다조(茶條)〉가 실려 있다.

이시헌이 필사할 당시 원본은 서문도 없고 체재도 갖추어지지 않은 난고(亂藁) 상태였던 듯하다. 〈기다〉에는 10쪽에 걸쳐 차에 관한 내용이 실려 있는데, 다섯 단락으로 된 서설 부분과 14개 항목으로 이루어진 본문이 이어진다. 본문 끝에 다음과 같은 이덕리의 메모가 있다.

> 앞의 십여 조목은 모두 차에 관한 일을 떠오르는 대로 적은 것이다. 하지만 국가에 보탬이 되고 민생을 넉넉하게 하는 큰 이로움에는 미치지 못하였다. 이제 바야흐로 본론으로 들어가려 한다.[9)]

그리고 이 메모 아래 이시헌이 작은 글씨로 "이하 10조목은 지금 책이 흩어져서 적을 겨를이 없다(以下十條, 今散帙, 不暇錄)"고 부기하였다. 이덕리가 《동다기》를 한 번에 저술한 것이 아니라 두 차례에 나눠 썼고, 앞쪽은 차에 관한 이런저런 이야기를, 뒤쪽은 차가 국가 경제와 민생에 어떤 도움을 줄 수 있는지에 대해 쓴 것임을 알 수 있다. 법진본 《동다기》가 앞쪽만 싣고 뒤쪽은 싣지 않았던 건 원본의 어지러운 상태와도 무관하지 않았을 것이다.

이어 《강심》의 맨 뒤쪽에 〈다조〉란 제목 아래 다시 4쪽 7항목의 글이 이어진다. 제목 아래 '마땅히 앞의 〈다설〉 아래 놓여야 한다(當在上茶說下)'고 적혀 있다. 이 〈다조〉가 앞서 말한 〈기다〉의 속편임을 밝힌 것이다. 이 7항목이 법진본에는 모두 빠져 있다. 또 앞부분에도 법진본은 백운동본의 서설 3단락 일부와 4단락 전체가 탈락되어 있고, 본문의 11단락도 누락되어 있다. 그러니까 현재 남은 분량으로 보면 법진본은 백운동본의 절반가량만 있는 셈이다.

그 내용을 항목별로 간추리면 다음과 같다.

〈서설〉

1. 차는 국가에 보탬이 되고 민생을 넉넉하게 할 수 있는 금은주옥(金銀珠玉)보다 소중한 자원이다.

2. 차는 그 연원이 오래고, 위진부터 시작해서 당송 때 성행했다. 북로(北虜)는 차가 생산되지 않는 곳이지만 육식으로 인해 배열병(背熱病)을 앓기 때문에 차를 몹시 즐긴다. 중국 역대 왕조도 차를 미끼로 북방 민족을 제어했다.

3. 우리나라 차의 산지는 영남과 호남 지방에 산재해 있다. 하지만 우리는 작설차로 약용에 쓸 뿐 마실 줄 모른다. 경진년 (1760년, 영조 36), 차 파는 중국 배가 표류해와서 온 나라가 비로소 차에 대해 알게 되었고, 그 후 10년간 그 차를 마셨다. 하지만 차는 우리에게 그다지 긴요한 물건이 아니어서 이후로도 차를 만들어 마실 줄 몰랐다. 차를 만들어 중국의 은이나 말, 또는 비단과 교역을 하면 국용(國用)이 넉넉해지고 민력(民力)이 펴지니, 국가에 보탬이 되고 민생을 넉넉하게 해줄 수 있다.

4. 예전 중국의 여러 나라에서는 모두 그 타고난 환경을 이용하여 부국의 기틀을 다졌다.

5. 중국 차는 아득히 만 리 밖에서 생산되는 데도 이것을 취해 부국의 바탕으로 삼아왔다. 하지만 우리나라 차는 바로 울타리 가나 섬돌 옆에서 나는 데도 아무도 거들떠보지 않는다. 그래서 이 글을 지어 당국자들이 베풀어 시행해볼 것을 건의한다.

〈본문〉

1. 차는 따는 시기에 따라 우전차(雨前茶)와 우후차(雨後茶)가 있다. 차 따는 시기는 동지에서 곡우 전까지와 곡우 후에서 망종까지로 구분된다. 잎의 크기로 진짜 가짜를 구별하는 것은, 말 관상 잘 보는 구방고(九方皐)가 말을 살피는 것처럼 어렵다.

2. 차에는 일창(一槍)과 일기(一旗)의 구별이 있다. 잎의 크기만 가지고 따질 수는 없다. 일창은 처음 싹터 나온 한 가지이고, 일기는 한 가지에 달린 잎을 말한다. 그 후 가지 위에 다시 가지가 나면 그 잎은 못 쓴다.

3. 차는 고구사(苦口師)니 만감후(晚甘侯)니 하는 명칭이 있다. 차는 맛이 달아 감초(甘草)라고도 하는데 혀로 핥으면 단맛이 난다. 달여서 고약처럼 만드는 것은 겨울 잎을 따서 하더라도 괜찮을 듯하다. 우리나라 사람이 만든 차의 진액은 멋대로여서, 맛이 쓰고 약용으로밖에 못 쓴다. 일본 사람이 만든 향다고(香茶膏)만 못하다.

4. 흰 차는 떡차에 향약(香藥)을 넣어 만든 것이다. 송나라 때 문인들이 노래한 것은 모두 떡차다. 옥천자(玉川子) 노동

(盧仝)의 〈칠완다가(七椀茶歌)〉는 엽차를 노래한 것이다. 떡차는 맛과 향이 좋을 뿐이니 중국의 방법을 본떠 만들 필요가 없다.

5. 떡차는 향약을 넣어 절구에 빻아 물에 넣고 끓인 것이다. 중국 차는 다른 것을 가미하지 않았다. 차에 꿀을 타서 마시는 경우도 있는데 촌티를 못 면한 것이다.

6. 우리나라 차는 색과 향, 기운과 맛에서 중국 것과 조금도 차이가 없다. 중국의 육우나 이찬황 같은 사람도 내 말을 인정할 것이다.

7. 계해년(1743년, 영조 19) 봄, 상고당 김광수의 집에 들러 중국 차를 맛보았다. 이때 주인이 감기 든 늙은 하인에게 차가 특효약이라며 몇 잔 마시게 하는 것을 보았다. 차 파는 배가 들어왔을 때 우리나라 사람은 설사약으로 차를 먹었다. 내가 직접 딴 차로 시험해보니, 감기와 식체(食滯), 주육독(酒肉毒), 흉복통(胸腹痛)에 모두 효과가 있었다. 이질 설사와 학질, 염병에도 모두 효험이 있었다.

8. 냉차를 마시면 가래가 끓는다. 하지만 표류해온 사람들과 역관 서종망(徐宗望)의 경우를 보면, 뜨거운 음식을 먹은 뒤에는 냉차를 마셔도 문제가 없는 듯하다.

9. 차는 잠을 적게 하므로 공부하는 사람이나 길쌈하는 아낙, 또 선정(禪定)에 든 스님네들에게 꼭 필요하다.

10. 차는 산속 바위 많은 곳에서 난다. 대숲 사이에서 나는 차가 특히 좋다. 해가 들지 않아 대숲의 차는 늦게까지 딸 수 있다.

11. 동복(同福)은 작은 고을인데, 한 원님이 여덟 말의 작설을 따서 이를 달여 고약으로 만들려 한 일이 있다. 이 엄청난 양을 따서 차로 만들면 수천 근은 될 테고, 이것을 따는 노력으로 수천 근의 차를 찌고 덖을 수 있는데, 나라에 보탬이 되도록 쓸 줄 모르니 안타깝기 짝이 없다.

12. 차는 비온 뒤에 따는 것이 가장 좋다. 깨끗하기 때문이다. 소동파의 시에도 그런 말이 있다.

13. 《문헌통고》를 보면 차를 딸 때 고을 관리가 몸소 산에 들어가 백성들을 독려한다고 했다. 좋은 것은 공차(貢茶)로 하고, 그 다음은 관차(官茶)로 하며, 나머지는 백성들이 쓰게 허용한다. 차가 나라에 막대한 이익을 가져다줌이 이와 같다.

14. 차에 편갑(片甲)이란 것이 있는데, 이른 봄의 황차(黃茶)를 가리킨다. 차 실은 배가 들어왔을 때 온 나라 사람들이 그 차를 황차라고 불렀다. 하지만 살펴보니 이른 봄에 딴 것이 아니었다. 정유년(1777년, 정조 1) 겨울, 흑산도에서 온 사람에게 물어보니 표류해온 중국인이 아차(兒茶), 즉 황매(黃梅)를 보고 황차라고 했다고 한다. 황매는 생강 맛을 띠고 있는데, 이것을 달여 고약으로 만들어 차에 섞어 마시면 감기와 여러 질병에 신효(神效)가 있다. 일종의 별차다.

〈다조〉

1. 주사(籌司), 즉 비변사(備邊司)에서는 전기(前期)에 호남 영남의 여러 고을에 관문(關文)을 보내, 차의 유무를 보고

하게 하고, 차가 나는 고을은 수령으로 하여금 가난해서 집
이 없는 사람과, 집이 있어도 십원(十員)이 못 되는 사람,
그리고 군역세를 중복해서 내는 사람을 가려 뽑아 대기하게
한다.

2. 비변사는 전기에 낭청첩(郎廳帖) 100여 장을 내서 서울 약
국 사람 중에 일 처리 잘하는 사람을 가려 뽑아, 곡우가 지나
기를 기다려 해당 고을에서 뽑아 대기시킨 사람들을 이끌고
산에 들어가 차를 딴 뒤 찌고 덖는 법을 가르치게 한다. 차
한 근에 50문씩 쳐주어, 첫해는 5천 냥으로 제한해서 1만 근
의 차를 취한다. 일본 종이를 사서 봉지에 담아 서울로 나눠
보내고, 관가의 배로 서북 개시(開市)로 보낸다. 낭청 가운
데 한 사람을 압해관(押解官)으로 임명해 납고(納庫)케 하
고 수고비를 준다.

3. 중국 차 배에 붙은 차의 가격은 은 2전이었고, 봉지에 담은
차는 1냥이었다. 압록강에서 북경까지 수천 리이고, 두만강
에서 심양까지도 또 수천 리이니, 한 봉지에 2전이라면 값이
너무 싸다. 한 봉지에 2전으로 값을 치면 1만 근의 찻값은
은으로는 32,000냥이고, 돈으로 환산하면 96,000냥이다. 해
마다 생산량을 늘려 1백만 근을 생산하면 비용이 50만이 될
것이니, 국가의 경비로 써서 백성의 힘을 덜어준다면 큰 이
익이 아닐 수 없다.

4. 어떤 이는 우리나라에 차가 나는 것을 중국에서 알면 반드
시 차를 공물로 바치라 할 것이니, 새로운 폐단을 만드는 것
이라 한다. 하지만 만약 수백 근의 차를 중국에 보내 천하로

하여금 우리나라에서 차가 생산되는 것을 알게 하면, 연나라 남쪽, 조나라 북쪽의 상인들이 수레를 몰고 책문을 넘어 우리나라로 몰려올 것이다. 처음에 1만 근으로 제한하자고 한 건 시일과 거리 때문에 재화가 정체될까 봐 염려되어서이다. 만약 유통만 잘된다면 1백만 근이라도 판매에는 문제가 없으니, 이는 얻기 힘든 기회다. 제한을 두면 안 된다.

5. 차 시장을 열면 감시어사(監市御史)와 경역관(京譯官) 및 압해관(押解官)을 선발하여 이 일을 맡긴다. 수행 인원은 일 맡은 자의 재량으로 정한다. 다만 만인(灣人)만 시장에 올 수 있게 한다. 차 시장이 파하면 상급(賞給)을 좋게 주어 장려한다.

6. 경제 규모가 적은 우리나라가 갑작스레 수백만 냥의 세수(稅收)가 생기면 무슨 일이든 할 수 있다. 하지만 여러 가지 비용 외에는 조금도 손대지 못하게 한다. 다만 서쪽 변방의 성 쌓고 연못 파며 둔전을 운영하는 데 쓴다. 길가 양옆으로 5리에 전조(田租)의 절반을 감면해주고, 힘껏 성관(城館)을 쌓고 구혁(溝洫)을 파서 천 리 길에 그물망처럼 이어지게 한다. 올해 못 하면 내년에 계속하게 한다. 또 서쪽 변방의 재력 있는 인사를 모집해서 활쏘기를 익히게 하고, 수백 명을 두어 대포 쏘는 연습을 시키며, 성적이 우수한 자에게 상을 준다면, 외적의 침입을 막고 이웃 나라에 위엄을 떨칠 수 있다.

7. 차는 잠을 적게 하므로 숙직 서는 사람이나 혼정신성(昏定晨省)하며 어버이를 모시는 사람, 새벽부터 베틀에 앉는 여자,

과거 공부하는 선비 등에게 모두 없어서는 안 될 물건이다.

이제 내용을 간략히 정리해보자. 서설을 간추리면 이렇다. 백성은
포백숙속(布帛菽粟)을 중시하고, 나라에서는 금은주옥을 귀하게 친
다. 차는 황량한 들판 구석진 땅에서 절로 피고 지는 평범한 초목이
라 아무도 거들떠보지 않지만, 이것으로 국가 경제를 돕고 민생을
넉넉하게 할 수 있다. 중국 북방은 차가 생산되지 않는데, 북방 오랑
캐는 늘 육식을 하므로 배열병을 앓는다. 차가 이 병에 특효가 있으
므로 이들은 늘 엄청난 비용을 들여서 차를 수입해 마신다. 역대 중
국이 북쪽 오랑캐를 견제할 때 흔히 차를 미끼로 썼던 건 그런 까닭
이다.

우리나라에도 호남과 영남 어디서나 차가 난다. 하지만 우리나라
사람들은 차를 약용으로만 쓸 뿐 따서 마시는 자가 없다. 오히려 중
국에서 사가지고 와서 마시기는 해도, 나라 안 도처에 널려 있는 차
를 취할 줄은 모른다. 1760년에 중국 차를 가득 실은 배가 표류해와
비로소 우리나라 사람들이 차가 어떻게 생긴 것인지 알게 되었다.
그 차를 10년간 실컷 먹고 다 떨어졌는데도 차를 따서 마실 생각은
않는다. 우리나라 사람들에게 차는 애초에 긴요한 물건이 아니었다.
그러니 이것을 모두 취해 전매해도 문제될 게 전혀 없다. 차를 만들
어 서북 개시에 내다 팔아 은이나 말 또는 비단과 교역하면 국가 재
정이 충실해지고 백성들의 생활이 나아질 것이다. 즉 아무도 거들떠
보지 않는 물건을 팔아 국가 경제를 살릴 수 있다.

국가가 안목을 가지고 근원을 틔워 흐름을 끌어주면 천하의 재물
은 물이 아래로 흘러내리듯 한곳으로 몰리게 된다. 중국은 남쪽 땅

만 리 밖에서 나는 차를 가져다 북쪽에 팔아 오랑캐를 방어하는 재화로 삼는데, 우리나라는 왜 도처에 자생하는 이 귀한 차나무를 마치 토탄(土炭)처럼 하찮게 여겨 이용할 줄 모르는가? 그래서 내가 이 글을 지어 당국자가 차 무역으로 국가 경제에 도움되는 길을 찾아보라고 건의하는 것이다.

이어지는 본문 14조목은 차 무역에 관한 내용은 없고, 차의 종류와 명칭, 차의 효능과 음다(飮茶) 방법, 우리나라 차가 중국 차에 절대 뒤지지 않는다는 것, 차가 식체나 주육독, 흉복통 및 이질과 학질 그리고 염병에도 특효가 있다는 것을 적었다. 또 동복의 어떤 수령이 백성을 시켜 여덟 말의 작설을 따게 해서 고약으로 만들게 한 이야기를 적고, 여덟 말이면 수천 근의 차를 만들 수 있는데 이것으로 국가 경제에 도움되게 할 생각은 하지 못하는 게 참 애석하다고 했다.

뒤쪽의 〈다조〉 7조목에서는 구체적인 차 무역 방법과 절차를 소개했다. 간략하게 소개하면 다음과 같다. 비변사에서 이른 봄 호남과 영남에 공문을 보내 차의 유무를 보고하게 하고, 가난한 백성을 조사해서 차 따는 인원으로 차출할 수 있도록 준비시킨다. 그러면 낭청은 백여 장의 첩을 발부해 서울의 약국에서 일 처리 잘하는 사람을 선발해 곡우가 지난 후 차가 나는 고을로 보낸다. 이들은 미리 차출해둔 백성들을 이끌고 산에 들어가 차를 따고, 이들에게 덖는 방법을 가르쳐 차로 만든다. 차 한 근에 50문씩 쳐서 가난한 백성들에게 수고비로 준다. 첫해는 5천 냥을 한정하여 1만 근의 차를 만든다. 이것을 서북 시장에 내다 판다. 낭청 한 사람이 책임을 맡아 진행한다. 한 봉지에 2전의 값을 매겨 팔면 1만 근을 팔아 은 32,000냥, 돈으로 환산하면 96,000냥을 벌어들일 수 있다. 해마다 생산량을 늘려

1백만 근에 이른다면 그 이익은 어마어마해서 국가 재정에 주름살이 펴지고, 백성들의 힘을 덜어줄 수 있다. 가난한 백성은 차를 따서 돈을 벌어 좋고, 국가는 차를 팔아 막대한 이익을 남길 수 있어 좋다.

혹 어떤 이들은 우리나라에서 차가 생산되는 것을 중국이 알면 해마다 공물로 바치라는 요구가 끊이지 않아 새로운 폐단을 야기하리라 우려하지만, 이는 구더기 무서워 장 못 담근다는 식의 생각과 다를 바 없다. 먼저 수백 근의 차를 중국에 주어 우리나라에서도 차가 생산된다는 것을 알게 하면, 중국 북방의 장사꾼들이 저 먼 남쪽으로 가는 대신 우리나라로 몰려들 것이다. 첫해에 1만 근으로 제한한 건 유통 시장이 형성되지 않아 재화가 정체될까 봐 염려해서 그런 것이고, 유통 경로만 형성되면 한 해에 1백만 근을 파는 것도 문제될 게 없다. 이야말로 놓칠 수 없는 기회 아닌가?

다시(茶市)를 열 때는 국가에서 감시어사와 경역관 및 압해관을 선발하여 체계적으로 관리해야 한다. 만인에게만 시장을 개방해 이곳의 실정을 모르게 하고, 다시가 파하면 이들 관계자에게 넉넉한 상급을 주어 자기 일 하듯이 열심히 하도록 뒷받침해주어야 한다. 이렇게 해서 국가가 갑자기 세금 외에 수백만 냥의 수입이 생기면 그 돈으로 무엇을 할까? 생산과 유통에 드는 경비를 제외하고는 이 수익을 모두 서변(西邊)의 성을 쌓고 못을 파며 건물과 도랑을 수축하고 둔전을 경영하는 데 써, 변경에서 서울까지 이르는 천 리 길이 마치 그물망처럼 물길로 이어지도록 해야 한다. 그리하여 국방을 강화하고 도적을 막아 이웃 나라에 위엄을 떨쳐야 한다. 차 무역은 실로 적은 비용으로 국가 경제에 큰 활력을 불어넣고 가난한 백성들의 생활에 보탬이 되는 획기적인 방안이 아닐 수 없다.

《동다기》의 자료 가치

이상에서 《동다기》의 저자 이덕리와 책의 내용에 대해 일별해보았다. 이제 이 자료의 차 문화사적 가치를 간략히 정리하면서 이 글을 맺는다.

첫째, 우리나라 최초의 차 문화 관련 전문서다. 당시 조선 사람들은 차를 전혀 마실 줄 몰랐다. 상고당 김광수 같은 일부 호사가가 중국에서 들여온 차를 마시긴 했지만, 일반 백성들은 생활 공간 근처에 지천으로 널려 있는 차나무를 보고도 그것이 어디에 쓰이는 것인지조차 몰랐다. 고작 약용으로 쓸 줄만 알았다. 《동다기》는 차의 각종 명칭과 마시는 법, 그리고 효능 등을 우리나라에서 최초로 체계적으로 정리했다.

둘째, 차의 국가 전매와 국제무역을 통한 국부 창출을 주장했다. 기호품인 차가 국제교역 시장에서 갖는 상품가치를 꿰뚫어보고, 국가적 차원에서 차를 관리하고 전매하여 그 이익으로 국방을 강화할 것을 주장하며, 그 실행 방법과 단계까지 구체적으로 제시했다. 그 방법이 대단히 현실적이고 실현 가능한 것이었다.

셋째, 당대 차에 얽힌 사건과 주변 정황을 알 수 있게 하는 생생한 정보를 담고 있다. 예를 들어 1760년 차 무역선이 남해에 표류해서 온 조선이 10년간 차를 마셨다는 이야기를 비롯해, 당시 지식인들이 중국 차를 가져다가 마시던 정황 등이 흥미롭게 묘사되어 있다. 박제가의 《북학의》 가운데 〈강남 절강 상선과 통상하는 문제에 대한 논의〉를 보면, "나는 황차를 실은 배 한 척이 표류하여 남해에 정박한 것을 본 적이 있다. 온 나라가 그 황차를 10여 년 동안 사용하였는데, 지금도 여전히 남아 있다"[10]고 적은 대목이 있다. 이 책의 기록과 그대로 일치한다. 이를 통해 당시 차 문화의 실상과 주변 정황을 좀더 생생하게 알 수 있다.

넷째, 우리나라식으로 차를 만드는 법과 마시는 법을 제시했다. 떡차와 향차의 차이, 우리나라 차의 우수성과 약효, 차에 얽힌 이런저런 일화들을 소개해 객관적 실상 파악이 가능하게 했다.

또한 이덕리가 《동다기》의 저자로 자리매김됨과 동시에 《상두지》의 저자까지 명확하게 밝혀짐으로써 우리는 완전히 잊혀진 실학자를 복권할 수 있게 되었다. 향후 국방 분야와 차 문화 관련 연구자들의 활발한 연구가 이어질 것으로 기대한다.

한편 이 글에서 미처 소개하지 못한 이덕리의 저술에 〈기연다〉가 있다. 이는 담배에 관한 최초의 저술로, 1810년에 지어진 이옥의 《연경》보다 20여 년 앞선다. 이것 또한 당시 조선의 담배 흡연과 관련된 중요한 내용을 담고 있다.

3 부

18세기 조선 지식인의
자의식과 내면 행간

《동사여담》에 실린 이언진의
필담 자료와 그 의미

2003년 8월 3일부터 10일까지 LA 소재 UCLA에서 제11차 국제18세기학회 세계대회가 개최되었다. 4년마다 개최되는 이번 대회에서는 최초로 한국18세기학회와 일본18세기학회의 공동 주관으로 'The Enlightment and East Asia'를 주제로 별도의 세션을 가졌다.

필자는 〈The New Intellectuals of Eighteenth-Century Korea〉를 발표했다. 이 자리에서 일본의 금성학원대학(金城學院大學) 문학부의 다카하시 히로미(高橋博巳) 교수는 〈Korean Envoys and Japanese Confucians〉란 주제로 발표를 했다. 그런데 발표 내용 가운데 1764년 2월 계미사행(癸未使行)에서 이루어진 이언진(李彥瑱)과 일본인 유유한(劉維翰)의 필담에 관한 간략한 언급이 있었다. 명나라 왕세정과 고문사학(古文辭學)에 관한 토론이 두 사람 사이에 이루어졌고, 더욱이 이들의 필담이 수록되어 있는《동사여담(東槎餘談)》에 유유한이 그린 이언진과 남옥(南玉) 등 조선통신사 일행 15인의 초상화가 실려 있다는 흥미로운 사실도 확인했다.

이에 다카하시 교수에게 이 자료의 복사를 부탁했고, 아울러 그에게 성대중과 이언진의 문집 자료를 복사해 보내줄 것을 약속했다. 이번에 소개하는 《동사여담》은 다카하시 교수가 보내준 자료로, 일본 국회도서관 소장의 귀중본이다. 검토 결과 필담은 이언진 및 그의 스승 이용휴 문학의 정체성과 관련된 매우 흥미로운 내용을 담고 있었다. 이 자료는 18세기 문단의 기본 구도 설정을 뒤흔들 수도 있는 내용이 일부 포함되어 있다.

귀국 후 확인한 것이지만, 이 자료는 국내에서도 이미 강동엽 교수가 간략하게 소개한 바 있다. 책 속에 실린 이언진 등의 초상화도 같은 논문에 수록되었다.[1] 다만 이 논문은 필담의 자세한 내용은 소개하지 않고, 주변 사실만 확인하는 데 그쳤다. 과문의 탓이 아니라면 그 후 이 자료가 다시 논의된 적은 따로 없는 듯하다.

계미사행 당시의 기록은 특히 일본 쪽에 비교적 풍부하게 남아 있다.[2] 그러나 이상하게도 그 많은 자료 가운데 이언진과 관련된 기록은 거의 찾아볼 수 없다.[3] 당시 이언진은 성대중, 원중거 등과 사행에 참여했는데, 원중거의 배속 역관 자격이었다. 연암의 〈우상전(虞裳傳)〉 등 전 자료에서 단편적으로 언급된 것을 제외하면, 사행 도중 이언진의 언행이 실려 있는 자료는 《동사여담》이 유일한 셈이다. 따라서 이번 기회에 필담 전문을 소개하고, 그 의미를 살펴보기로 하겠다. 이를 통해, 이언진과 이용휴로 이어지는 남인계 문인들의 문학 인식의 근저를 이해하고, 당대 문단의 전반적 흐름을 파악하는 데 도움이 되기를 희망한다.

《동사여담》과 필담 내용

먼저《동사여담》의 체재와 내용을 보면, 권두에 일본의 정효덕(井孝德)과 궁전명(宮田明)의 서문 두 편이 실려 있고, 상권 첫머리에는 유유한이 조선통신사와 만나게 된 경위와 조선통신사를 대하는 일본인들의 관습, 그리고 그가 직접 만나 본 조선통신사들의 외모와 특징에 대한 글이 실려 있다.[4] 이어 15인의 초상화가 간략한 인물 소개와 함께 수록되어 있다. 그리고 하권 끝까지는 모두 필담이다. 부록으로 통신사 일행과 창수(唱酬)한 시를 실었다.

여기서는 필담 가운데 이언진과 관련된 대목만 추려 소개한다. 유유한 본인이 필담 도중에 이야기하고 있듯이, 다른 사람과의 대화는 대부분 시답잖은 한담뿐이어서 따로 특별히 주목할 만한 내용이 없다.

먼저 서문에서 그는 이언진의 인상을 이렇게 적었다.

이언진은 용모가 준수한 젊은이로 수염이 없었다. 말씨와 웃음 소리가 사랑스러웠다. 명민함이 눈썹 사이로 드러나니, 그가 토해내는 말은 다른 이들의 자질구레함에 견줄 바가 아니었다. 고문사에 뜻을 두어 왕세정과 이반룡을 숭상하였다. 하지만 학사(學士)와 서기(書記)는 (왕세정과 이반룡이) 속인이라 족히 취하지 않는다고 했다.[5]

당시 유유한은 46세였고, 이언진은 25세였다. 필담은 먼저 남옥·성대중·원중거·조동관(趙東觀)·김인겸(金仁謙) 등과 이루어졌다. 특별히 주목할 만한 내용은 없고, 수인사를 주고받은 후 이런저런 한 담으로 진행되었다. 다만 중간에 유유한이 조동관에게 이등인재(伊藤仁齋, 1627~1705)와 적생조래(荻生徂徠, 1666~1728)의 문집이 조선에 전해졌다고 들었다 하자 조동관은 그런 일이 없다고 하면서, 적생조래의 학술이 정격(正格)이 아닌 데다 정주(程朱)를 배척하고 왕양명(王陽明)과 육상산(陸象山)의 논의에 좌단(左袒)함을 지적하는 내용이 잠깐 나온다. 이에 유유한은 그들이 왕양명과 육상산을 좌단한 것이 아니라 제각기 소견이 있어 별도로 문호를 세운 것임을 강조하는 답변을 했다.[6)]

권하에는 김응석(金應錫)과 홍선보(洪善輔)의 필담이 실려 있고, 뒤이어 남옥·성대중과의 필담이 나온다. 그러고 나서 그가 이언진의 방을 찾아가며 둘 사이의 첫 대면이 이루어진다. 두 사람 사이에 이루어진 필담 전문을 자료 제시를 겸하여 아래에 싣는다.

이우상의 방을 찾아갔다.

용문 그대가 운아자입니까? 저는 유용문입니다.

운아 어두운 밤에 서로 만난지라 기억하지 못하겠습니다.

금봉 용문과 송암은 모두 저와 친하지요. 용문은 저술도 많습니다.

운아 시선이 허리띠보다 낮고, 숨이 뒤꿈치에서 나오는 것(視下於帶, 息出於踵)을 보니 군자이십니다.

용문 귀하의 훌륭한 작품은 용강이 가져다주었습니다. 고맙습니다.

운아 부족한 글이라 부끄럽습니다.

《동사여담》에 실려 있는 이언진(오른쪽)과 성대중의 초상화
일본 동경대학교 도서관 소장.

용문 금봉이 《조래학칙(徂徠學則)》을 가지고 왔는데, 그대에게 주려 한답니다. 알고 계신지요.

운아 알고 있습니다.

용문 금봉에게 들으니, 그대는 다만 명나라 가륭(嘉隆) 연간의 왕세정과 이반룡의 문장만을 취한다고 하더군요. 특히 추중(推重)하는 바는 왕세정으로, 세상에 으뜸으로 여긴다 들었습니다. 이는 귀국 문사들의 선택과는 다릅니다. 그러한 학술 견해는 또한 소견이 있겠지요. 어찌하여 귀국에서 염락(濂洛)의 학문을 중히 여기는지는 말하고 싶지 않습니다. 저 또한 왕세정과 이반룡의 취향을 좋아합니다. 나이 17, 18세 때 이 책을 구입하고 싶었으나, 집안이 가난하여 능히 얻지 못하였습니다. 밤낮으로 애를 써서 《사부고(四部稿)》와 《창명집(滄溟集)》을 베꼈습니다. 아아! 지금은 시들해졌지요. 우연히 들으니 그대가 좋아하는 바가 내 마음과 부합되기에, 찾아와 뵙는 것입니다. 어찌 다른 뜻이 있겠습니까?

운아 훌륭한 분의 고심입니다. 저 또한 손수 쓴 것이 몇 상자나 되는데, 왕세정과 이반룡의 것이 대부분입니다. 아는 이는 적고, 모르는 이가 많습니다. 나를 기리는 자는 적고 나를 비방하는 자가 많더라도 군자는 뒤돌아보지 않고, 홀로 서서 근심하지 않습니다.

용문 한유는 "일을 잘 처리해도 비방이 일어나고, 덕이 높아도 헐뜯음이 따라온다(事修而謗興, 德高而毀來)"고 했습니다. 이치에 맞는 말이라고 생각합니다. 왕세정·이반룡 두

분은 가륭의 즈음에 고문사를 창도하였습니다. 당시 사람들은 무슨 말인지도 몰랐고, 심지어 미쳤다고 생각하기까지 했지요. 하지만 두 분은 아무렇지도 않은 듯하였습니다. 어찌 왕세정과 이반룡 두 분만 그랬겠습니까? 한유와 유종원(柳宗元) 두 사람도 똑같이 남들이 헐뜯어 나무라는 것을 돌아보지 않았습니다. 그 뜻은 대개 이로 인해 화를 부를망정, 천추에 있어서는 어찌 걱정할 게 있겠느냐는 것이었지요. 어찌 한유와 유종원뿐이겠습니까? 태사공(太史公)도 이미 논한 바 있습니다. 대장부의 본뜻은 마땅히 이와 같아야지요. 제 생각에 귀국은 반드시 과거 시험을 위한 문장에 안주할 듯하군요. 그렇지 않다면 마침내 송나라 문장의 힘없는 것에 뜻을 둘 듯합니다. 따라서 공께서 고문사를 주장하는 것은 헐뜯음을 당하는 해로움이 있을까 염려됩니다. 공은 마땅히 근심을 막아 감히 속마음을 털어놓지 마시기 바랍니다. 저는 글로 꾸며 나아가 취하려는 뜻이 없는지라, 죽은 뒤의 종자기(鍾子期)를 기다릴 뿐입니다.

운아 왕세정은 재주가 매우 높고 배움이 몹시 넓어, 하경명(何景明)이나 이몽양에 견주어도 서로 능히 맞겨루지 못하고, 성대히 받들어 인정할 것입니다. 세상 사람들이 마침내 왕세정과 이반룡을 나란히 일컫는데, 운돈희(雲淳熙)가 "왕세정과 이반룡은 문단의 남면왕(南面王)이다. 하지만 문장에는 두 사람의 왕은 없는 법이니, 왕세정이 홀로 왕이 될 만하다"[7)고 했으니, 이 말은 가벼히 볼 수 없습니다.

용문	공께서는 바로 왕세정의 후세의 종자기라 하겠습니다.
운아	공무가 날마다 번잡하여 낮에는 짬을 낼 수 없으니, 그대는 밤중에 올 수 있습니까?
용문	장맛비에 길이 멀어 저녁밥을 먹지 못했습니다. 밤을 기다려 다시 오지요. 제 배에서 꼬르륵 소리가 납니다. 하지만 하루 저녁이 천 년의 맞잡이이니, 감히 가르침을 받들겠습니다.
운아	밤에 한 그릇 밥을 갖춰놓고 기다릴 테니 올 수 있겠습니까?
운아	공께서는 저서가 많은 줄로 아는데, 아직 훌륭한 작품을 살펴보지 못한지라, 이처럼 아쉬워하는 것입니다.
운아	공께서 책 상자를 지니고 오신다면 더욱 좋겠습니다. 하지만 밤중에 통행금지가 필히 엄할 터이니 어찌한다지요?
운아	공이 평생 지은 것을 말하는 겁니다.
운아	밤에 다시 만날 수 있다면, 각자 저서를 꺼내놓고 그 득실을 평해보는 게 어떻겠습니까?
용문	제가 지은 것을 가져오지 못했습니다. 돌아가 가져올 인편도 없습니다. 어제 출판된 졸고 몇 권과 부족한 글 몇 편을 여러 학사께 드렸습니다. 뒷날 빌려서 보신다면 제가 뜻 두고 있는 바를 아실 수 있을 겁니다.
운아	안목도 없는 자들에겐 반드시 장독대의 덮개가 될 뿐 어찌 살펴나 보겠습니까?
용문	제가 여러 학사의 글을 보지는 못했으나, 체재가 반드시 송나라 사람의 것이어서 크게 벗어날 수는 없다고 알고

있습니다. 그래서 여러 사람들과는 글에 대해 논하지 않았습니다.

용문 제가 공과 만난 것이 가장 늦어, 졸고를 여러 학사들께 마구 주어 알아주기를 구했으니, 또한 너무 어리석었습니다. 유감스럽게도 졸고를 공에게 드리지 못하니, 후회스럽기 짝이 없습니다.

운아 속인과 마주해서는 세속을 벗어난 말을 하기 어렵고, 장님에게는 보불(黼黻)의 아름다움을 말하기 어려운 법이지요.

용문 맞는 말씀, 아름다운 이야기입니다.

내가 인사하고 나오자, 운아가 우리 말로 장난삼아 말했다. "밤을 맞아 올 수 있다면 쌀밥을 차려 드리지요." 이에 서로 읍하고 헤어져 화산의 방에 이르렀다.[8]

이것이 두 사람 사이에 이루어진 첫 번째 필담의 전문이다. 이언진은 이에 앞서 일본인 금봉(金峰)에게 명나라 왕세정과 이반룡을 추중하며, 그 중에서도 왕세정을 으뜸으로 여긴다는 언급을 했던 모양이다. 유유한이 어려서부터 왕세정과 이반룡의 문집을 베껴 쓸 만큼 좋아했다고 하자, 이언진은 자신도 두 사람의 글을 몇 상자나 베껴 썼다고 실토했다. 나아가 설사 비방하는 자가 많아도 자신은 개의치 않고 그를 높이겠다고 했다.

이에 유유한은 이반룡과 왕세정의 고심을 사람들이 잘 이해하지 못하지만, 이들의 공은 한유와 유종원, 나아가 사마천의 공과 나란한 것이라고 치켜세웠다. 이에 이언진은 왕세정의 재주와 학문이 다른 제가를 압도하여 문단의 남면왕이 될 만하다고 호응했다. 대부분의 조선통신사들은 왕세정과 이반룡 등에 대해 아주 좋지 않은 평가를 하였던 터라, 유유한은 이언진의 이런 태도에 큰 관심을 나타냈다. 두 사람은 의기 투합하여 저녁에 다시 만나기로 약속한다.

중간에 유유한은 성대중과 잠깐 필담을 나누는데, 이때도 이언진과 관련된 내용이 일부 나온다.

용문 낮에 운아(雲我) 이군(李君)과 잠깐 동안 환담하였습니다. 그 재주가 대단하여 아낄 만하였습니다. 공무에 바쁜지라 품은 생각을 다 펴보진 못했으나, 이 사람은 왕세정을 준적(準的)으로 삼고 있더군요. 이것은 귀국에선 드문 일입니다.

용연 운아의 이름이 무엇인가요?

용문 이군(李君) 우상(虞裳)입니다.

용연 이군은 문장이 기특한 선비입니다. 제가 잠깐 그 호를 잊었군요. 오문(吳門), 즉 왕세정은 명나라의 대가이기는 해도 마침내 시가의 정맥은 아닙니다. 우리나라 사람들은 취하지 않습니다.

용문 뭇 사람이 취하지 않는 바를 이공은 취한다니 참으로 기이한 선비로군요. 왕세정은 학식이 넓고 크기로 고금에 으뜸입니다. 그 시로 말하면 저도 취하는 것이 있고 취하지 않는 것이 있습니다만, 문장만은 취하지 않을 도리가 없겠지요.[9]

성대중은 이언진이 왕세정을 준적으로 삼더라는 유유한의 말을 들고, 시가의 정맥이 아니므로 취하지 않는다 했고, 유유한은 왕세정의 시는 좋고 나쁜 것이 섞여 가릴 것이 있지만 문장만은 취하지 않을 수 없다면서 추숭의 뜻을 나타냈다. 그러자 성대중은 화제를 바꿔버린다.[10]

다시 그날 저녁에 이루어진 유유한과 이언진 사이의 두 번째 필담 내용은 다음과 같다.

하인이 밥과 찬을 내왔다. (조선 사람들은 우리나라 음식에 비해 기름기 있는 것을 좋아하는데, 맛을 보니 몹시 담박했다.)

밤 이경쯤에 운아가 사관에서 왔다.

운아 제가 몹시 피곤하여 누워서 말하고 싶은데 허락해주시겠습니까?

용문 뜻대로 하십시오.

운아 제 주머니 속에는 초고가 많습니다. 귀국 후 한 부의 책을 저술코자 하는데, 이름을 《산호철망(珊瑚鐵網)》이라 하겠습니다. 일본의 기인재사(奇人才士)와 신령스런 산과 좋은 물, 진귀한 보배, 풀과 꽃, 돌과 새짐승 하나하나의 기이함을 또한 빠뜨리지 않고 다 포함하렵니다. 마땅히 작은 전기를 실어, 천하만세로 하여금 용문 선생이 있으나 묻히어 세상과 만나지 못했음을 알게 하겠습니다.

용문 감당치 못하겠습니다. 부족한 이름이 공으로 인해 큰 나라에 전해진다면 더할 나위없이 다행이겠습니다. 하물며

덕분에 천추에 전해진다면 저같이 부족한 사람은 죽어도 썩지 않을 것입니다. 다만 각기 다른 나라에 사는지라 책이 나오는 날에도 능히 볼 수 없어서 유감입니다.

용문 우리나라의 문장은 근대에 크게 변하여 왕세정과 이반룡을 배우는 사람이 열에 일고여덟은 됩니다. 귀국은 어떻습니까?

운아 중국은 이를 배우는 풍조가 시들해졌고, 우리나라 또한 배우는 사람이 없습니다. 모두 과거 시험에만 골몰하여 고문을 익히는 자가 뜻을 두어 받들어 행하지 않습니다.

용문 우리나라 사대부들은 대대로 녹을 받고 대대로 업을 이어 가므로 과거 제도가 없습니다. 그래서 나아가 취하려는 마음이 없지요. 세상 사람들이 문장을 아주 훌륭한 것으로 보기 때문에, 고문을 향해 나아가 글을 배우는 자는 실로 천추의 후세를 생각하는 뜻이 있습니다. 또 팔고문(八股文)의 비루함을 배우지 않아, 고문사를 익히는 자가 스스로 뒤에서 눈이 휘둥그레짐이 없습니다. 큰 학업의 나아가는 바가 대개 여기에 있지요.

운아 아주 훌륭하군요.

용문 제가 객관에 있은 지 여러 날입니다. 학사와 더불어 세 차례나 방에서의 만남을 기록하였지만, 공처럼 재지가 탁월한 분을 아직 만나보지 못했습니다. 하늘이 아름다운 인연을 빌려주지 않아 서로 만나봄이 늦었으니, 한탄할 만합니다. 제가 조금만 일찍 공이 있음을 알았더라면, 어찌 공을 여러 학사와 바꾸겠습니까? 여러 날 헛되이 많은 붓으로 나눈 이야기가 실은 쓸데없는 이야기로 허비한 셈입니다.

운아 다른 나라의 문사와 대할 때는 진실한 학문으로 대화하여 서로 절차탁마함이 옳습니다. 어찌 붓과 혀를 쓸데없이 낭비하며 한가한 잡담이나 한단 말입니까?

용문 무진년에도 제가 박과 이씨 성의 여러 학사와 만난 적이 있습니다. 문장과 학술에 관한 의론이 떠들썩 일어났지요. 화제가 왕세정과 이반룡에 미치자, 여러 학사들이 기뻐하지 않았습니다. 낯빛만 살펴보고도 알 수 있었습니다. 이 같은 경험이 있어서, 여러 학사에게 한갓 쓸데없는 이야기로 낭비한 것일 따름입니다.

운아 사람의 마음은 얼굴에 나타납니다. 말씀하신 학사라는 분들에 대해서는 제가 잘 모르겠군요.

용문 제가 여러 선비를 만난 것이 여러 날이지만 더불어 고문사를 말한 적이 없었습니다. 많은 사람 가운데 공이 있음을 알게 된 건 실로 금봉 때문입니다. 공에 대해 손바닥을 치며, 동쪽에서 온 단 한 사람이라고 했습니다. 이 사람이야말로 공에게는 해외의 한 사람 지기라 할 것입니다.

용문 제가 어려서 스승을 따라 염락의 학술을 배웠는데, 나중에 선학의 글을 읽고는 예전에 익힌 것을 모두 폐하고 고문사를 통해 경전의 뜻을 풀이하니, 송유(宋儒)의 잘못을 덮어 가릴 수가 없었습니다. 슬프도다. 선왕의 시서예악의 도가 변하여 마음을 닦고 기운을 단련하는 법이 되고말았으니, 이것이 불교에 빠져드는 것인 줄 알지 못하는 겁니다. 이제 여러 학사가 격물궁리(格物窮理)로 격동시켜 저를 경계하였습니다. 제가 이미 진부한 말에 싫증이 났는데 공을 만나, 비로소 흙 언덕에서 떨쳐 일어나 태산에 오르게 되었습니다. 이제는 여러 학사가 작게만 보입니다. 공은 경전 공부에서 반드시 수사(洙泗)의 연원을 거슬러갔을 터이니, 파도를 살펴보는 높은 식견을 갖추어 반드시 강물에 견줄 수 없을 것입니다. 공은 학술에 있어 따로 견해가 있으십니까?

운아 나라의 법이 송유를 벗어나 경전을 말하는 자를 중하게 얽어매는지라, 감히 이 같은 일에 대해서는 말하지 않겠습니다. 청컨대 문장이나 논하십시다.

용문 문장은 큰 사업입니다. 공의 아름다운 이름은 반드시 해동에 떨칠 것입니다. 하지만 힘 쏟는 바가 지금 세상에서 좋아하는 바와 맞지 않으니 헐뜯어 비방하는 바를 면치 못할까 염려됩니다. 공께서는 능히 막아 지켜서 아름다운 덕을 마치도록 하십시오.

용문 공은 왕세정을 숭상하시니, 실로 귀국 가운데 단 한 사람일 것입니다. 이는 문왕(文王)을 기다리지 않는 것이니, 아름답다 하겠습니다.

운아 저야 특별한 식견이 없습니다. 제 스승에 탄만 이용휴란 분이 계신데, 문장이 해동 천고에 으뜸입니다. 저는 스승의 말씀을 받은 것이 이 같을 뿐입니다.

용문 과연 연원이 있을 줄 알았습니다. 처음엔 귀국에서 숭상하는 바가 송나라 문장의 밋밋함에 지나지 않을 것이라 생각했는데, 이제 공의 나머지 이야기를 듣고 보니, 나라에 사람이 있음을 알겠습니다. 이를 칭찬하는 자가 많지 않을까 염려되는군요.

운아   전겸익(錢謙益)은, "하늘과 땅의 거대함과 옛날과 지금의 아득함 속에서 글하는 마음은 지극히 깊고 문장의 바다는 지극히 넓다. 적이 한두 사람을 지목하여 대가로 삼고 수레에 올라타 쥐구멍으로 들어가는 것은 가소롭다"고 했습니다. 제가 어려서는 왕세정과 이반룡의 말을 익혀 모의하여 그 깊은 경지에 빠져 들었다가, 스승의 가르침을 받들고는 별도의 안목과 솜씨를 내어 왕세정과 이반룡에게서 벗어날 것을 생각하여 별도로 한 경지를 열었습니다. 하지만 그 사모하고 숭상하는 뜻은 사위어지지 않았을 뿐입니다. 이것이 평생에 깨달아 이해한 것인지라 감히 바치는 바입니다.

용문   대저 환골탈태는 옛사람이 일컬은 바입니다. 한 글자 한 구절도 옛 자취를 따라 간다면 마침내 한단(邯鄲)의 소년이 엎드려 기어가는 격이 될 것입니다. 또 장차 완연히 왕세정과 이반룡의 모습과 같다고 해도, 어찌 우맹이 손숙오를 흉내내는 것과 다르다 하겠습니까? 어찌 글씨를 배우는 자가 옛 법첩을 임서하여 흉내 내는 것과 다르겠습니까? 공의 말에 깊이 공감하는 바가 있습니다. 우리나라에서 고문사를 창도한 사람의 효시는 조래(徂徠)입니다. 이반룡와 왕세정을 모의하여 별도의 기축(基軸)을 열었으니, 의론에 우뚝한 견해가 많아 숭상할 만합니다. 이것은 잘 배운 것입니다. 제가 비록 때를 같이하지는 못했지만,

이 일에서는 적이 본받지 않을 수 없습니다. 제가 처음에 왕세정과 이반룡을 영수로 삼았으나, 재주가 성글고 배움이 얕아 애써 볼수록 더욱 굳세고 높은 것만 깨달았을 뿐입니다. 조금 이해하게 되자, 왕세정은 이르기가 쉽고 이반룡은 미치기가 어려웠습니다. 왕세정이 박대(博大)로써 이반룡과 맞겨루었으나, 그 재주는 실로 한 등급 부족했지요. 저는 한유를 이끌고 유종원을 당겨, 왕세정을 하인 삼고 이반룡을 종으로 삼아, 솟구쳐 선진(先秦)을 올라타 능히 좌씨(左氏)와 사마천이 될 수 있기를 원합니다. 그렇지 않고 왕세정·이반룡을 북면(北面)하여 신하가 된다면 덕이 반으로 줄어들까 염려됩니다. 공의 생각은 어떠십니까?

운아 문 닫아 걸고 수레를 만들었는데, 천 리에 바퀴 자국이 합치되니, 훗날 일본에서 글할 사람은 반드시 유왕손(劉王孫)일 것입니다.

용문 넓고 크고 웅장한 재주로 저술이 풍부한 건 우주에 왕세정 한 사람뿐이라는 공의 말은 거짓이 아닙니다. 하지만 제가 취하는 바는 정편(正編)에 있습니다. 속편(續編) 같은 건 뜻이 붓보다 앞서 있어 반드시 배울 것이 못 됩니다. 이를 배운다면 글쓰기에 해로울 것입니다.

운아 제가 보기에도 왕세정의 박식함은 옛날에도 보지 못한 것입니다. 이상하다 할 만하지요.

어떤 사람이 운아를 부르러 왔다.

운아   제가 또 부르는 명이 있으므로 다시 사관으로 들어가야겠
           습니다. 청컨대 공께서는 진중하십시오. 한 번 헤어지면
           천 리입니다.

용문   보통의 살아 이별도 슬퍼할 만한데, 하물며 공이겠습니
           까? 헤어진 뒤 소식은 영영 끊어질 터이니, 제가 왕유(王
           維)의 시에 느끼는 바가 있습니다.

운아   가고 머무는 정이야 한가지이겠지요.

    서로 절하고 헤어졌다. 밤은 벌써 삼경이 지나 있었다.
    벽하(碧霞)가 와서 나와 용강(龍岡)과 더불어 이야기했는데
통역을 쓰지 않았다. 용강이 그에게 글을 짓고 글씨를 써줄 것
을 청해, 내가 두 장을 얻었다. 벽하가 말했다. "제가 내일이면
길을 떠날텐데, 그대들은 평안하십시오."
    나와 함께 운아의 방을 찾은 사람은 정자신(井子愼)이다. 붓
으로 나눈 이야기 수십 장을 얻었는데, 또한 괄목할 만한 것이
있었다.[11]

    두 번째 필담에서 이언진은 자신이 일본에서 지은 시문을 귀국 후
정리해 《산호철망》이란 책으로 엮을 작정이라고 말했다. 이어 화제
는 왕세정·이반룡으로 다시 옮아간다. 먼저 유유한이 근대 일본에서
는 열에 일고여덟은 왕세정과 이반룡을 배운다고 하자, 이언진은 조
선의 문사들은 과거 시험에만 골몰해 고문을 배워 익히려는 자가 없
다고 했다. 이에 유유한이 예전 무진년 통신사행 때 박경행(朴敬
行)·이봉환(李鳳煥) 등과 만나서도 왕세정과 이반룡이 화제에 오르

자 낯빛에 불쾌한 기색이 떠오르는 것을 보고, 그 후로는 조선 사람과 만나면 의식적으로 쓸데없는 한담이나 하게 되었다고 거들었다.

유유한은 자신도 어려서는 염락의 학문에 종사했는데, 뒤늦게 고문사로 경전의 뜻을 풀이한 선학의 글을 읽고 나서야, 송유의 학설이 불교에 빠진 대단히 잘못된 것임을 깨닫게 되었다고 했다. 그런데 조선의 인사들은 번번이 격물궁리의 진부한 논설만 앵무새처럼 되뇌어 싫증이 나던 참에 그대를 만나 기쁘기 짝이 없다고 했다. 이어 그가 이언진에게 송유의 학술에 대한 생각을 묻자, 이언진은 나라 법에 저촉된다며 문장 이야기나 하자고 회피해버렸다.

다시 유유한이 이언진을 조선에서 왕세정을 숭상하는 단 한 사람일 것이라고 치켜세우자, 이언진은 스승인 이용휴의 가르침을 받은 것일 뿐이라고 겸양하였다. 어려서 왕세정과 이반룡의 말을 익혀 모의한 결과 상당한 수준에 도달할 수 있었고, 이어 스승의 가르침을 받은 후 안목이 열려 왕세정·이반룡을 통해 마침내 나름의 세계를 열게 되었지만, 사모하고 숭상하는 뜻만은 줄어들지 않았다고도 했다.

유유한이 다시 왕세정·이반룡을 그대로 본떠 그의 신하가 되어서는 안 되고, 한유를 이끌고 유종원을 끌어당겨, 왕세정을 하인 삼고 이반룡을 종으로 삼아, 선진으로 올라가 좌씨와 사마천의 경지에 오를 것을 말하자, 이언진은 크게 공감하였다. 하지만 유유한은 이언진과 달리 왕세정보다 이반룡을 더 높이는 뜻을 피력하였다. 유유한은 또 박대웅재(博大雄才)와 저술의 풍부함에서는 왕세정 한 사람뿐이라는 이언진의 말을 거듭 긍정하면서, 다만 정편을 취할 뿐 속편은 배울 게 못 된다고 토를 달았다. 이에 대해 이언진은 가부 응답 없이 왕세정의 박식함을 다시 한번 강조하는 것으로 대답하였다.[12]

필담의 끝에는 자신 외에도 정자신이란 이가 이언진과 수십 장의 필담을 나누었는데, 그 내용 중에도 괄목할 만한 것이 있다고 했다. 끝에서 유유한은 이언진이 참으로 재주 있는 선비였으며, 붓이 특히 나 민첩하여 말로 하는 것보다 빨랐다고 감탄했다.

이상 이언진과 유유한 사이의 필담 자료를 전문 소개하였다. 이 글이 의미 있는 자료라는 건 이언진 스스로 명나라 왕세정을 가장 으뜸으로 친다는 언급과, 이것이 스승인 이용휴에게서 배웠다고 되풀이해 언급한 대목 때문이다. 과연 이를 어떻게 해석할 것인가?

이언진의 문학 인식과 왕세정

지금까지 이언진의 문학에 대해 논의한 몇 편의 논문에서는 왕세정의 영향 문제가 한번도 정식으로 논의된 바 없다. 일반적인 기대 수준과 동떨어진 문제인 데다, 개성적 표현을 중시한 그의 문학 논리 안에서 수용하기에 왕세정은 만만찮은 대상이었기 때문이다. 무엇보다 이번 필담에서처럼 왕세정 수용의 뚜렷한 증거가 없었던 것이 가장 큰 이유다. 하지만 이언진은 이미 그의 문집에 왕세정과 관련된 언급을 분명히 남기고 있다. 〈엄원(弇園)〉이란 시가 그것이다.

왕세정의 기세는 참으로 문종(文宗)이니
풍수가에 비유하면 대간룡(大幹龍)과 비슷하다.
눈 아래 석공(石公) 같은 천백 명의 무리야
그에 대면 모두 다 자손봉(子孫峯)쯤 될 걸세.

弇園氣勢儘文宗　譬似形家大幹龍
眼底石公千百輩　與他都做子孫峯

석공은 원굉도의 호다. 왕세정이 풍수지리에서 큰 등줄기에 해당
하는 대간룡이라면, 원굉도나 경릉파(竟陵派)의 종성(鐘惺) 따위는
거기서 갈려나온 새끼 봉우리에 불과하다고 했다. 요컨대 그는 공안
파니 경릉파니 하는 명청의 문인들 대다수가 왕세정의 자장 안에 놓
여 있다고 본 것이다. 앞서 왕세정을 으뜸으로 높여 세운 필담 내용
이 그의 평소 소신이었음이 분명히 드러난다. 또 〈일본도중소견(日
本途中所見)〉 가운데도 이런 시가 있다.

시골 선생 시와 문을 논하는 건
진흙으로 빚은 배에 숯으로 그린 눈.
한구(韓歐)만 높이고 왕이(王李)는 후려치니
꿈에 진작 그네들의 발바닥을 본 거지.

村夫子論詩文　腹團泥眼鏤炭
崇韓歐駁王李　夢曾見他脚板

당송고문만 높이고 왕세정·이반룡을 헐뜯는 건 촌부자(村夫子)의
논시문(論詩文)이라고 잘라 말했다. 진흙으로 몸뚱이를 빚은 뒤 숯
검정으로 눈을 그려넣더라도 종내 살아 있는 사람은 아니듯이, 그네
들의 이런 생각은 도무지 현실과 맞지 않는 터무니없는 주장이라는
것이다. 꿈에서나 언뜻 본 발바닥만 가지고 마치 눈앞에서 본 것처

럼 허상을 꾸며보지만, 가짜일 뿐이라고 했다. 진짜는 오히려 왕세정과 이반룡 속에 있다고 본 것이다.

이렇게 보면 왕세정에 대한 이언진의 경도는 뿌리 깊은 것이었음이 문집을 통해서도 분명하게 확인된다. 다만 이언진은 〈동호거실(衕衚居室)〉 54에서 "시는 투식(套式)에 젖지 않고, 그림은 격식에 매이지 않으며, 정한 틀을 벗어나고 가던 길을 벗어나네(詩不套畵不格, 鼬窠曰脫蹊徑)"라고 말했고, 22에서는 "문사 집안의 썩은 구기(口氣)가, 한당 이래로 어이 썩지 않았으랴(文士家爛口氣, 漢唐來那不腐)"라 하여, '불구격투(不拘格套), 독서성령(獨抒性靈)'을 외친 공안파의 주장에 공감한 바 있다. 이런 그의 모습과 문필진한(文必秦漢), 시필성당(詩必盛唐)을 외쳐 공안파의 주공격 대상이 되었던 왕세정을 으뜸으로 높이는 그의 지론 사이에는 몇 가지 해결해야 할 논점이 존재한다. 이와 관련해 박지원의 〈우상전(虞裳傳)〉에 흥미로운 대목이 있다.

나는 우상과 살아서는 서로 알지 못했다. 하지만 우상은 여러 번 인편에 자기의 시를 내게 보여주면서 "이 사람만은 능히 나를 알아줄 거야"라고 했다. 내가 장난으로 그 사람에게 말했다. "이것은 오농(吳儂)의 세타(細唾)로군. 자질구레해서 귀하달 것이 없네 그려." 우상은 성을 내며, "창부(傖夫)가 사람 기를 돋우는군"이라고 했다가 한참 있다 탄식하며, "내가 세상에 어이 오래 있으랴!" 하더니, 인하여 몇 줄기 눈물을 떨어뜨리더라는 것이다. 나 또한 이 말을 듣고 슬퍼하였다. 얼마 후 우상이 죽었는데 나이가 27세였다. (……)아아! 내가 일찍이 가만히 그 재주를 아꼈으나, 홀로 이를 꺾었던 건 우상이 젊으므로 도에 나아감에 힘쓴다면 저서로 후세에 이름을 남길 수 있으리라 여겨서였다. 이제와 생각해보니, 우상은 반드시 내가 자신을 싫어하는 줄 여겼을 것이다.[13)

연암은 이언진의 시를 보고 일부러 "이건 오농의 잗다란 침이야. 자질구레해서 귀하달 것이 없어!"라고 어깃장을 놓았다. 그러자 이언진은 성을 내며 "창부가 사람 기를 돋우네!"라고 했다는 것이다. 연암은 예기(銳氣)를 잠시 꺾어 더 큰 공부에 뜻을 두라고 한 것이, 결과적으로 그에게 극심한 좌절감을 주어 마침내 자포자기에 이르게 했음을 후회했다.

그런데 연암이 한 말 가운데 '오농세타(吳儂細唾)'나 이언진의 '창부기인(傖夫氣人)'은 그 말이 생소하다. 오농은 오나라 사람, 즉 남방 사람을 말하고, 창부는 남방 사람이 북방 사람을 업신여겨 하는 말이다. 그러니까 연암의 말은 문면(文面)대로 풀면, "이건 남방의 자질구레한 글이라 볼 것도 없다"고 한 것이고, 이언진은 "북방 녀석이 사람 약 올리네"라고 맞받아친 것이다. 지금까지는 이 대목을 그저 이언진이 남인인 이용휴의 제자였기에 연암이 그렇게 말한 것으로 단순하게 풀이했다. 이를 단순히, 연암이 이언진의 기교주의적인 작시 경향에 대해 나무라자 이언진이 이를 '창부', 즉 웬 촌스런 놈의 소리냐고 되받은 문맥으로 읽을 수 있다.

하지만 이 말은 사실 연암의 말이 아니라 경릉파의 문인 종성의 시에서 따온 것이다. 종성의 〈강행배체(江行俳體)〉 12수 중 제9수가 그것이다.

풍토가 경릉성(竟陵城)과 어찌 이리 다른가

강물로 밭을 삼고 그물로 밭을 가네.

놓아 기른 오리는 주인을 알아보고

길들인 수달은 제 이름을 알아듣네.

지나는 새가 쓴 글씨로 모래밭엔 글이 남고

자던 새 잠꼬대로 밤중에 소리난다.

하인 녀석 오 땅 와서 가는 침을 배웠지만

농음(儂音)에 창설(傖舌)이라 글자 온통 생소하다.

土風何異竟陵城　水代平田網代耕

放去峠鳧偏認主　教成馴獺聽呼名

狂書鳥過沙留譜　囈語鳥眠夜作聲

奴子入吳學細唾　儂音傖舌字全生

　세타, 즉 가는 침이란 말은 오군(吳郡) 지역의 방언이 가녀리고 쨍알쨍알해서 잘 알아들을 수 없음을 두고 중국인들이 항용 쓰는 표현이다.[14) 이 작품은 종성이 옛 초(楚) 지역인 호북성(湖北省) 경릉성에서 과거 시험을 보려고 강소성(江蘇省) 오군(吳郡)으로 배 타고 오는 길에 본 풍정을 기록한 것이다. 밭농사를 위주로 하던 곳에서 온 그는 온통 물 위에서 생활이 이루어지는 오군 지역의 풍물을 신기한 표정으로 바라보았다. 하인 녀석이 오 땅에 들어오면서 이 지역 사투리를 흉내 내는 걸 보고 입과 혀가 따로 놀아 생소하기 그지없다고 했다.

　이 시의 7·8구에서 앞선 연암의 비꼼과 이언진의 대꾸가 나왔다.

정작 중요한 건 행간의 문맥이다. 오군 지역은 바로 왕세정의 근거지였다. 앞서 필담에서도 왕세정에 대해 오문(吳門)이라 한 것을 볼 수 있다. 왕세정 자신도 시 속에도 스스로 '오농(吳儂)'이라 지칭한 예가 여럿 보인다.[15] 그렇다면 연암이 이언진의 시에 대해 '오농의 가는 침'이라고 낮춰 말한 건 그가 왕세정의 충실한 추종자임을 비꼰 것이 된다. 그나마 제대로 배운 것도 아니어서 도무지 무슨 말인지 알아들을 수 없다는 뜻이다.[16]

특히 연암이 잗다라서 보배롭게 여길 것이 없다고 한 건, 그의 시가 기교에 힘�쓴 나머지 지나치게 험벽한 고사와 생소한 표현을 즐겨써, 얼핏 읽어선 무슨 말인지 잘 알기 힘든 상황과 관련된다. 실제로 그의 장시 〈해람(海覽)〉 같은 작품은, 구절마다 전거가 있고 고사가 있어 그냥 읽어선 도무지 의미조차 짐작하기 어렵다. 실제 이언진의 작품 도처에는 왕세정에서 끌어온 전거들이 감춰져 있다. 결국 연암은 이언진의 시가 왕세정의 풍격을 따라 쇄말의 표현에 집착한다고 나무랐던 셈이다. 칭찬을 잔뜩 기대했던 이언진은 이런 연암의 반응에 실망을 넘어 격분해, 그의 말을 바로 '창부'로 맞받아쳤다. 이언진의 이 말은 그렇다면 너는 공안파나 경릉파에서 배우지 않았느냐는 뜻도 담겨 있었던 듯하다.

그런데 연암의 척독 중에 이 대목과 연관되는 언급이 또 나온다.

평소 문학에서는 비평 소품을 즐겨 본다니, 찾는 건 다만 묘혜(妙慧)의 깨달음이요, 깊이 음미하는 건 첨산어(尖酸語)인 것이로군. 이런 것은 젊은 날 한때의 기호여서 점차 나이 들어가면 절로 없어질 터이니 굳이 심각하게 말할 건 아닐세. 하지만 대저 이러한 문체는 정해진 법식이 전혀 없어 그리 우아하지는 않네. 명말, 꾸밈이 승하고 바탕이 피폐한 때에, 재주가 적고 덕이 부족한 오초 지역의 인사들이 꾸며 속이기에 힘쓴 것이지. 일단의 풍치나 한두 글자의 새로운 말이 없는 건 아니지만, 비쩍 마르고 바스러져서 원기는 스러져 깎이고 말았네. 예로부터 오창초농(吳傖楚儂)의 구석진 자취와 궁상스런 행적, 그리고 거친 침〔序唾〕과 음란한 말이야 어찌 족히 본받겠는가?[17]

비평 소품을 즐겨 보는 젊은이를 경계하는 내용이다. 여기서도 연암은 '오창초농(吳傖楚儂)'의 '추타음해(序唾淫咳)'를 말했고, 그들의 문학이 '무위조궤(務爲弔詭)'하여 '수빈파쇄(瘦貧破碎)'하고 '원기소삭(元氣消削)'하다고 비판했다. 결국 연암의 이런 비판은 앞서 이언진에게 던진 비웃음과 맥을 같이한다. 하지만 바로 윗글에서 연암이 비난한 대상은 왕세정보다 오히려 공안파와 경릉파라고 보인다.[18]

주지하는 대로 당대 문단은 박지원과 이용휴에 의해 주도되고 있었다. 연암의 문학 주장이 공안파의 문학 주장에 뿌리를 두고 있음은 이미 확인된 사실이다. 하지만 그 반대 지점에 있는 이용휴 문학관의 근저에 왕세정이 자리 잡고 있음은 이번 필담 자료를 통해 처음 확인되었다. 지금까지는 이용휴나 이언진의 문학도 막연히 공안파의 영향을 짙게 받았으리라고만 생각해왔다. 그 결과, 이용휴 계열과 박지원 계열의 차별성은 구체화되지 못했다.

왜 이용휴와 이언진은 당시 문인들이 이름만 들먹여도 인상을 쓰던 왕세정·이반룡의 문학에 경도되었을까? 일반적으로 왕세정과 이반룡의 문학은 진정이 담기지 않은 모의로 비판의 대상이 되기 일쑤였고, 거의 용도 폐기된 문학 주장으로 인식되어온 것이 보통이다.

하지만 필담이나 그가 남긴 시를 통해 볼 때, 이언진은 어려서부터 왕세정과 이반룡의 문집을 여러 상자에 가득 차도록 베껴 써서 외웠고, 이를 통해 일정한 경지에 올랐다고 한다. 특히 왕세정의 경우, 이전에 그 같은 박식함은 찾아보려야 찾아볼 수 없다고까지 극찬했다. 이언진은 또 필담에서, 처음에 모방으로 시작한 공부가 스승인 이용휴의 가르침을 받으면서부터 자기만의 작품 세계를 여는 데로까지 나아가게 되었다고 술회하면서, 이것이야말로 자신의 '평생오해(平生悟解)'라고 했다. 자기 문학관의 핵심이 바로 여기에 있음을 강조한 것이다.

그렇다면 그가 스승의 품에서 깨달았다는 '평생오해'의 구체적인 내용은 무엇인가? 이에 대해서는 이용휴의 말이 있다.

> 시문에는 남을 좇아 의견을 일으키는 자가 있고, 자기를 좇아 견해를 일으키는 자가 있다. 남을 좇아 의견을 일으키는 자는 비루하여 말할 필요조차 없다. 자기를 좇아 견해를 일으키는 자도 혹 고루하거나 편벽된 것을 뒤섞지 말아야만 진견(眞見)이 된다. 또 반드시 진재(眞才)로 이를 보탠 뒤라야 성취가 있게 된다. 내가 여러 해 이를 구하다가 송목관 주인 이우상 군을 얻었다.[19]

여기서 이용휴는 '종인기견(從人起見)'과 '종기기견(從己起見)'의 두 가지 태도를 갈라 말했다. 앞서 이언진이 왕세정과 이반룡을 혼자서 모의하던 단계는 '종인기견'에 해당한다. 그런데 그는 여기서 벗어나 진재와 진견으로 '종기기견'하여 마침내 일가를 이루었다.

이로 보면 이용휴는 왕세정의 문학에 경도되었으되, 단순히 옛것을 모의하거나 그 주장을 그대로 답습하는 방식은 철저히 거부했음을 알 수 있다. 이렇게 되면 왕세정의 세계 이해와 표현 방식을 참고하되, 이를 자기의 목소리로 녹여 형상화하는 것이 문학행위의 최종 목표가 된다. 결과적으로 공안파나 경릉파의 문학과 만나는 지점이 이 언저리에서 확보되는 셈인데, 그렇다 해도 구체적 표현이나 형상화 방식에서는 분명한 차이가 존재했다. 요컨대 이언진 문학의 핵심처는 왕세정에서 공안파와 경릉파로 미끌어지는 경로에 놓여 있다고 해도 과언이 아니다.

이용휴도 〈기전목재사육칙(記錢牧齋事六則)〉에서 왕세정에 대해, "태산이 누르는 것 같고 큰 바다가 삼키는 것 같아 대적할 방법이 없다"[20]고 높인 바 있다. 다만 배우는 태도에서만은 "예전에는 옛것과 합치되는 걸 취해 묘하게 여겼는데, 지금은 옛것에서 벗어나는 걸 취해 뛰어나다고 생각한다. 이는 가장 으뜸가는 비결이니 이것으로 적임의 사람을 기다린다"[21]고 한 데서 보듯, 합고(合古) 아닌 이고(離古)를 태상지결(太上之訣)로 삼았다. 처음 법고(法古) 모의의 단계에서 창신(創新)의 경지로 옮겨갔음을 말한 것이다. 이언진이 앞서 말한 '평생오해'도 같은 맥락에서 나온 말이다.

이언진의 문학에 대해 말한 김숙(金潚)의 발문은 이 점을 가장 명료하게 밝혀준다. 참고로 그는 이용휴가 〈평와집서(萍窩集序)〉를 써주었을 정도로, 이용휴와 이언진을 가까이에서 지켜보았던 사람이다.

세상에서 입만 열면 한당송명(漢唐宋明)을 말하며 구절을 비슷하게 하고 글자를 닮게 하려 하는 자는 비루하지 않은가? 시문이 앞사람을 답습치 않고 오로지 자기에게서 나온 것은 내가 이군 우상에게서 보았다. 말은 간결하나 뜻이 깊었고, 식견이 넓으면서 가락은 기이하였다. 비록 세상의 노사숙유(老士宿儒)조차도 그 글에 쉬 구절을 떼지 못했고, 그 시를 쉬 이해하지 못했다. 이를 읽는 자가 그래서 '이건 누구를 배운 것'이라고 말하는데, 만약 누구를 배웠다고 말할 수 있을 것 같으면 그건 우상의 뜻이 아닐 것이다. 그를 기려도 기뻐하지 않았고, 헐뜯어도 성내지 않았다. 그 뜻은 반드시 둔 곳이 있을 터이다. 혜환 이용휴는 말했다. "세상이 알아주기를 구하지 않음은 세상에 능히 알 만한 자가 없기 때문이요, 남보다 낫기를 구하지 않음은 족히 이길 만한 자가 없기 때문이다." 이 말이 우상의 뜻을 알았다 하기에 족할 것이다.[22]

그가 글을 지으면 노사숙유도 구절을 잘 떼지 못했고, 시를 지으면 무슨 말인지 이해하지 못했다. 이 말은 후대의 문인들이 의고문가들의 작품 경향을 말할 때 항용 쓰던 표현이다. '시학수(是學誰)', 즉 이것은 누구를 배운 것이라고 사람들이 수군대던 그 '누구'는 다름 아닌 왕세정이었다. 하지만 그가 왕세정에게 배우고자 했던 건 문필진한, 시필성당의 고식적 주장이 아니라, 언간지심(言簡旨深)하고 식박조기(識博調奇)하여 전인을 답습하기를 거부하고 오로지 제목소리를 내는 것이었다. 뒷부분에 나오는 이용휴의 인용은 그가 〈송목관집서(松穆舘集序)〉에서 이언진을 두고 한 말이다.

또 《청비록(淸脾錄)》에 실린 성대중과의 일화도 흥미롭다.

우상이 위독하자, 성대중이 물었다. "그대의 병은 산괴어(酸怪語)를 지은 데서 연유한 걸세. 왜 부귀어(富貴語)를 짓지 않는가?" 우상이 웃으며 말했다. "나 또한 부귀어가 있습니다. '낯선 땅 산천은 누린 잎 밖이요, 제천(諸天)의 누각은 흰 구름 속 일세(初地山川黃葉外, 諸天樓閣白雲中)'라고 한 게 그것입니다." 성대중이 말했다. "이 또한 산괴어일 뿐일세. 내가 일본에 들어갔을 때 지은 시에 '의관은 물에 비쳐 문장이 화려하고, 고각은 바람 맞아 율려(律呂)가 드날리네(衣冠照水文章爛, 鼓角臨風律呂飛)'라고 했는데, 이것이 참으로 부귀어라 할 수 있지. 자네는 재주가 많은데, 재주란 안으로 온축해야지 밖으로 드날려선 안 되는 걸세. '재(才)'란 글자는 삐침이 안으로 향해 있지 밖으로 향해 있지 않다네." 우상이 말했다. "나무가 쓰임이 있으면 사람들은 베어갈 생각을 하고, 조개가 구슬을 품으면 뺏어갈 생각을 하게 마련이지요. 어찌 겁내겠습니까?" 성대중이 말했다. "이제 자네 눈동자가 빛이 나니 이는 진실로 불사법(不死法)일세 그려." 우상이 웃으며 말했다. "이반룡이 죽은 지 백여 년 뒤에 도둑이 그 무덤을 파헤쳤더니, 눈동자가 빛을 내며 썩지 않았더랍니다. 이 또한 불사법이랍니까?" 그리고 나서는 자신의 〈신년(新年)〉 시를 외웠다. 성대중이 말했다. "어린 아이가 다시 티를 내는구먼." 그리고 나서 몇 달이 못 되어 죽었다.[23]

성대중은 이언진의 병이 산괴어를 짓느라 고심참담해서 생긴 것이니, 부귀어를 지어 병을 낫게 할 것을 주문했다. 여기서 말하고 있는 산괴어는 연암이 앞서 〈여인(與人)〉에서 말한 첨산어와 같은 말이다. 산괴어는 읽는 이의 폐부를 찌르고 사람 눈을 놀래는 기괴한 표현을 가리킨다. 이에 반해 부귀어는 시사(詩思)가 돈후해서 관후장자(寬厚長者)의 넉넉한 기풍이 드러난 시를 말한다. 이언진의 시를 두고 조선의 이장길(李長吉)이란 평가가 있은 데서도 볼 수 있듯이, 이언진의 시는 표현이 기괴하고 용사(用事)가 험벽해 그저 보아선 무슨 말인지 알 수 없는 것도 많았다. 성대중의 비판은 대개 이런 점을 두고 한 말이었다. 장지완(張之琬)도 이 일화를 〈제송목관고후(題松穆舘稿後)〉의 끝에서 조금 다른 맥락으로 인용했다.

세상에 전하기를, 청성 성대중이 의관과 고각으로 시작되는 한 연의 부귀어를 외우자, 이언진이 한참을 가만히 바라보더니 이렇게 말했다고 한다. "이 같은 시를 지어 벼슬이 일품에 오르고, 80세를 살며, 집 안에 만금을 모은다면 좋기도 하겠습니다." 성대중은 크게 웃었다. 본전에 실려 있지 않은지라 참고로 적는다.[24]

그러니까 성대중의 충고에 대해 이언진은 너나 그런 시 지으며 잘 먹고 잘 살아라 하고 맞받아친 것이다. 동량의 나무가 베임을 당하고, 진주 품은 조개가 죽음을 당하는 건 어쩔 수 없다고도 했다. 성대중과 이언진의 문학관은 이렇듯 늘 정면으로 부딪치고 있다.

실제 이언진의 작품을 살펴보면, 왕세정에게서 끌어쓴 전거가 곳

곳에서 발견된다. 〈동호거실〉 21에 보이는, "오계 외에 찬제가 있나니, 풀이하는 자는 인욕이라 한다네(五戒外羼提. 解之者曰忍辱)"는 왕세정의《완위여편(宛委餘編)》18에 "우단정찬제인욕야(又端正羼提忍辱也)"라 한 데서 따왔고, 26의 "시는 맹교(孟郊)와 가도(賈島)에게서 배웠고, 부처는 주처와 하육에게서 배웠다네(學詩郊寒島瘦, 學佛周妻何肉)" 또한 왕세정의 〈병자운대우제십절(丙子鄖臺偶題十絶)〉 제8에 "주처와 하육은 의심할 것 없나니, 한 권《유마경》으로 고요히 스스로 지켰다네(周妻何肉不須疑, 一卷維摩靜自持)"라 한 데서 나왔다. 또 〈수향(睡鄉)〉 제2수의 "꿈나라라 완선을 만나보기 딱 좋으니, 내게 신통함 있어도 비밀히 전하지 않네(睡鄉端合看頑仙, 我有神通秘不傳)"는 왕세정의 〈곡왕군재사절(哭王君載四絶)〉 제1수의 "일곱 자 몸 천 권 책과 함께 묻혀 떠났으니, 하늘 위에서 완선을 이길 것이 분명하다(七尺倂埋千卷去, 的應天上勝頑仙)" 외에 여러 곳에서 용례가 보이는, 그가 즐겨 쓰던 비유이다.

　　그렇다면 이언진이 식견의 박대함과 표현상의 매력 때문에 왕세정을 배우려 했던 것일까? 이언진이 일찍이 자기 자신에 대해 노래한 〈오신(吾身)〉이란 작품에는 "천인의 안목을 내 몸에 부쳐두고, 비책과 영문의 진안을 변별하네. 하나로 셋 포괄함 통쾌한 일일레라. 홀로 문호 활짝 열어 새로 일가 이루었네(天人眼目寄吾身, 秘冊靈文辨眞贗. 超一函三眞快事, 自開門戶作家新)"라고 한 것이 있다. 이 가운데 3구의 '초일함삼(超一函三)' 또한 왕세정의 〈담양대사전(曇陽大師傳)〉에 나오는 말로, 그가 삼교를 아울러 하나로 회통했음을 기려 한 말이다. 실제 이언진의 시문을 보면 유불도를 넘나드는 자재(自在)한 정신을 추구하고 있고, 양명좌파의 핵심인물인 이탁오(李

卓吾)를 높이는 등 거침없는 필봉을 휘두르고 있다. 그의 이런 점 또한 연암 등은 몹시 못마땅했을 것이다. 그러니까 이언진에 대한 왕세정의 영향은 단지 문체나 수사학의 측면만이 아니라, 그 사유방식의 근저에까지 미치고 있어 복합적인 고려가 필요하다.

이상 필담 이외의 자료를 통해 왕세정에 대한 이언진과 이용휴의 인식과 그들의 문학 주장을 살펴보았다. 다소 거칠게 논의했지만, 필담에 근거하여 실제 그의 작품을 검토한 결과로 보더라도, 그의 문학의 근저에는 다른 어떤 문인보다도 왕세정의 영향이 짙게 배어 있음을 확인할 수 있었다. 이는 당시 문인들이 대부분 명확히 인지하고 있었던 사실이다. 다만 그가 왕세정을 그대로 본뜨지 않고, 공안파와 경릉파까지도 넘나들며 어느 한 이념에 얽매이지 않는 활달한 시 정신을 지녔기에, 이 부분에 대한 평가에서 연암 등에게 비판과 인정을 동시에 받았다.

ㅁ ㅁ ㅁ ㅁ ㅁ

새로 공개된 이언진의 필담 자료는 여러 가지로 중요한 의미를 지닌다. 우선 이 자료의 소개로, 그간 혼란스럽던 이언진과 이용휴 문학의 정체성에 한 걸음 더 다가서게 된 건 큰 소득이 아닐 수 없다. 정체성에 접근하는 코드는 다름 아닌 '왕세정'이었다. 하지만 이들은 왕세정의 문학 주장을 덮어놓고 맹종하여 모의의고풍의 복제문학에 몰두하지 않았다. 오히려 반대로, '전출어기(專出於己)' 또는 '종기기견(從己起見)'하는 문학을 추구하되, 그 표현방식에서 왕세정의 박학을 본받고 유불도 삼교를 넘나드는 사상적 회통성을 추구하였다. 다만 이언진 문학의 정체성은 왕세정과의 영향 관계만으로는 실체를 파악하기 힘들다. 오히려 겉으로 드러나는 건 공안파나 경릉파의 영향이다. 이러한 혼재 속에 이언진 문학의 정체성이 놓여 있다 하겠다.

이언진의 문학은, 스승인 이용휴가 '이언진은 벽과 같다'고 할 만큼 깊이 인정했고, 박지원 또한 경이로운 눈으로 지켜보며 그 재주를 아꼈을 정도로 우뚝한 성취를 나타냈다. 그럼에도 그는 신분의 제약과, 자신의 역량을 인정해주지 않는 세상에 대한 절망을 견디지 못하고, 일본에서 자신의 문학에 대해 더욱 확신을 갖고 귀국한 지 2년 만에 자기 원고를 불지르고 세상을 뜨고 만다.

왕세정의 문학 주장이 이용휴나 이언진 등에 의해 새롭게 부각되고 있었던 점은 매우 흥미롭다. 이 문제가 중요한 건 박지원 계열과 이용휴 계열로 양분되어 있던 18세기 문단의 지향이 이런 논의를 통해 보다 가시적으로 전경화될 수 있기 때문이다. 이 점은 연암 계열이면서도 이언진의 문학 성취에 열광했던 이덕무 같은 이의 작품 성과나, 또 대척점에 있었던 성대중 같은 이와의 비교를 통해서 더 구체화될 수 있을 것이다. 왕세정의 어떤 측면이 이들에게 매력적으로 받아들여졌는지, 그리고 이 두 사람의 작품에 왕세정의 영향이 구체적으로 어떻게 녹아들어 있는지를 계속해서 살펴볼 필요가 있다.

18세기 시단과 일상성의 시세계

18세기 시단과 이용휴

혜환 이용휴는 18세기 한문학사에서 특이한 위치를 차지하고 있는 이름이다. 이전에 보지 못한 새롭고도 독특한 작품 세계로 한 시대 문단을 이끌었다. 몰락한 기호남인(畿湖南人) 문학을 대표하면서 연암 박지원과 함께 당대 문단의 두 축을 이루었다.

조선의 18세기는 우리 문학사상 참으로 난만한 꽃을 피웠다. 고려 이래 3백 년간은 송시(宋詩)만 따라 배웠다. 과거 급제의 방이 붙으면 으레 "금년에도 또 소동파 33명이 나왔구먼" 하는 말이 뒤따랐다. 송시에는 격률의 삼엄함과 용사(用事)의 꼼꼼함이 요구되었다. 선조 때부터는 당시(唐詩)를 배운다고 난리를 떨었다. 하루아침에 소동파·황산곡의 강서시풍은 씻은 듯이 사라졌다. 입만 열면 사랑을 말하고, 낭만을 말하고, 눈앞에 없는 아득한 옛날을 노래했다. 가보지도 못한 강남 땅을 동경하여 '연밥 따는 아가씨'를 그리고, 그곳 술집에

농탕하게 흘러넘치던 노랫가락을 환청으로 들었다.

오래 계속하다 보니 그것도 싫증이 났다. 누가 해도 한소리고, 입만 열면 같은 곡조였다. 도무지 눈앞의 삶과는 따로 놀았다. 게다가 세상도 많이 달라졌다. 강고하던 의식의 각질도 깨어져나갔다. 예전 같으면 도무지 있을 수 없던 일도 으레 그러려니 하게 되었다. 전 같으면 해괴망측하다고 야단날 일이 참신하게 받아들여졌다. 도시 문화의 생동하는 분위기는 문학에 새로운 활력을 불어넣었다.

18세기 시단은 이러한 환경 아래 삶의 다양한 국면들을 정겹게 포착했다. 시 속에 인간의 체취가 스며들고 그 시대의 풍경이 떠올랐다. 일그러지면 일그러진 대로 진술했고, 눈물겨우면 눈물겨운 대로 고마웠다. 분노를 굳이 감정의 체로 거르지도 않았다. 변치 않을 도(道)는 눈앞의 진(眞)으로 바뀌었다. 어린아이의 마음으로 돌아가자는 것이 무슨 구호처럼 유행했다. 비슷한 것은 가짜니, 남을 흉내 내서는 안 된다고 했다. 두보나 소동파에 가까이 가지 못하는 것보다, 제 목소리를 내지 못하는 것이 부끄러웠다.

생각이 새롭고 보니, 실험도 자유로웠다. 듣도 보도 못한 육언시를 다투어 지었다. 칠언율시의 삼엄한 형식미에 대한 집착도 사라졌다. 그 자리를 산문투에 가까운 오언절구가 차지했다. 시는 관념적 풍경을 복제하지 않았다. 눈앞의 광경, 살아 숨쉬는 인간들을 관찰했다. 사진사처럼 그 시대의 장면들을 찍어내고, 역사가처럼 꼼꼼한 필치로 재현했다. 추한 것 속에도 아름다움이 있음을 알았다. 겉꾸민 아름다움은 더럽다고 외면했다. 전통적인 형식에는 미련이 없었다. 꼭 해야 할 말이라면 틀을 깨고라도 했다. 주체할 수 없는 광기와 열정이 문단을 떠돌았다. 그리고 그 중심에 이용휴가 있었다.

다산 정약용은 〈정헌묘지명(貞軒墓誌銘)〉에서 "영조 말년에는 이름이 한 시대에 으뜸이 되었다. 무릇 탁마하여 스스로 새로워지려 하는 자는 모두 그에게 나아가 잘못을 바로잡았다. 몸은 포의의 반열에 있었으되, 손으로 문원(文苑)의 저울대를 잡은 것이 30여 년이었으니 지금껏 없었던 일이다"고 이용휴의 문학을 높이 기렸다. 재야에서 30년간 문형을 잡았다 하여, 당대 문학이 온통 그의 자장 안에 있었음을 특기(特記)하였다.

흔히 이용휴의 문학을 두고 기굴첨신(奇崛尖新)을 말하곤 한다. 유만주는 《흠영(欽英)》에서 "혜환의 시 백여 편은 살펴볼 만하다. 이 사람의 문장은 지극히 괴이한데, 산문에서는 지(之)나 이(而) 같은 어조사를 전혀 쓰지 않다가, 시에서는 지나 이 자를 거리낌 없이 쓴다. 절대로 다른 사람과 아주 다르게 하려 했으니, 이것은 진실로 하나의 병통이면서 또한 한가지 기이함이라 하겠다. 혜환은 장서가 아주 많은데, 지닌 것마다 기이한 글과 특이한 책이었다. 평범한 것은 한 질도 없었다. 대개 그 기이함은 실로 천성이었다"고 적고 있다.

과연 그의 시문을 살펴보면, 담긴 생각이 비범하여 어느 한 편도 의표를 찌르지 않는 것이 없다. 산문을 시처럼 썼고 시를 산문처럼 썼다. 일상의 일을 말하면서도 그것을 뛰어넘었다. 이덕무가 《청비록》에서 "혜환의 시는 힘써 중국을 따랐다. 압록강 동쪽의 말로 짓기를 부끄러워했다. 격률이 엄격하고 수사가 화려하여 별도의 세계를 열었다. 빼어나 곁할 사람이 없었고, 경전을 널리 보아 자구에 근거가 있었다. 한갓되이 달빛·이슬·바람·꽃 따위 쓸모없는 말은 짓지도 않았다"고 한 것은, 그의 기이함이 단순히 사람의 이목을 놀래는 호기(好奇) 취미가 아니라, 학문의 깊은 온축에 바탕을 두고 나왔음을 주목한 것이다. 또 이덕무는 〈우상전〉에서 "혜환은 평범하고 누추함을 깨끗이 씻어내고 별도로 신령스러움을 갖추었다. 고금을 꿰뚫었고, 안목은 달빛과 같았다"고 기렸다.

박제가는 〈회인시(懷人詩)〉에서 "혜환은 오묘하여 청신함을 보여주니, 연꽃이 진흙에 물들지 않음 흡사해라. 사가(詞家)에 법안(法眼)이 한번 열리고부터 동방에 책 읽는 이 아예 없어졌다네(惠寰超妙出淸新, 譬似蓮花不染塵. 一自詞家開法眼, 東方無箇讀書人)"라고 했다. 진흙탕 속에서 고결하게 솟은 연꽃의 봉오리처럼 맑고 새로운 풍격을 열어보인 걸 찬탄한 것이다. 그가 법안을 열어보이자, 동방에 독서인이 자취도 찾을 수 없이 되었다고 했다.

18세기 문단에서 그가 끼친 자취는 참으로 혁혁한 것이었다. 당대 여러 문인의 한결같은 기림만으로도 헤아림에 부족함이 없다. 하지만 정작 그의 문학은 이후 까맣게 잊혀졌다. 구슬 같은 작품들은 출판의 기회조차 갖지 못하고 산산이 흩어졌다. 풍문만 있고 실체는 없었다. 근근이 문중에 필사본으로 전해왔으나 그나마 온전하지도 않았다. 여기에 조금 저기에 조금 남아 그 전모를 알 수 없었다.

아들 이가환(李家煥, 1742~1801)은 정조가 '진학사(眞學士)'라 부르며 특별한 총애를 내렸던 인물이다. 아버지의 뒤를 이어 '문장이 온 나라에서 으뜸(文章冠一國)'이란 기림을 입었던 그가, 당쟁의 와중에 천주교의 와주(窩主)로 지목 받아 기시(棄市)된 후, 가뜩이나 기울었던 집안은 아예 풍비박산이 되었다. 필사본 《혜환집초(惠寰集抄)》에는 이가환이 지은 〈노한원묘지명(盧漢原墓誌銘)〉 같은 글이 엉뚱하게 이용휴의 글로 들어가 있다. 이러한 착간(錯簡) 현상은, 이들 부자의 글이 제대로 정리되지 못하고 뒤죽박죽 섞인 채 은밀히 회자되던 전후의 정황을 짐작하게 해준다.

이 글은 이렇듯 여기저기 흩어져 있던 혜환 이용휴의 시를 서 말 구슬을 꿰듯 하나하나 주워 한자리에 모은 것이다. 이렇게 모아놓고 보니 과연 그 기이하고 정채로운 광채가 눈을 찌르고 정신을 화들짝 깨어나게 한다.

증송시의 파격성

이용휴의 시에는 송시(送詩)와 만시(輓詩)가 유난히 많다. 보통 7~8수에 달하는 연작으로 된 이들 작품은 모두 벼슬을 받아 임지로 떠나는 벗에게 준 증송(贈送)이거나, 세상을 떠난 지인을 추모하여 지은 것이다. 읽다 보면 처음엔 이런 유의 시가 많은 것에 놀라고, 그 다음엔 그 많은 시가 어느 하나도 비슷한 데가 없음에 놀란다. 송시는 대부분 목민관으로서 백성을 사랑하는 선정(善政)을 베풀라는 당부이고, 만시는 죽은 이를 애도하는 판에 박은 내용임에도 불구하고 어느 한 편도 같은 것이 없다.

그의 시 가운데 절반 이상을 차지하는 이러한 작품들은 그의 시가 인간과의 관계 속에서 배태된 것임을 말해준다. 한편 그의 시는 앞서 유만주가 지적한 대로, 통상적인 한시의 문법에 전혀 얽매이지 않는 활달함을 보여준다. 때로 시인지 산문인지조차 분간 못 할 정도로 분방하다.

〈주부 벼슬을 한 김명장(金命章)에 대한 만사〉의 첫 수는 이렇다.

음덕은 귀울음에 비할 수 있어

자기는 알아도 남은 모르네.
글에서 일찍이 이 말 듣다가
지금에 그대게서 이를 보았지.

陰德譬耳鳴　己知人不知
於傳曾聞此　於君今見之

거의 산문에 가깝다. '지(知)'가 두 번 나오고, '어(於)'가 같은 자리에 나란히 서는 건 시에서는 쓸 수 없는 구법(句法)이다. '증(曾)' 같은 부사어나 '지(之)' 따위의 어조사를 아무렇지도 않게 썼다. 하지만 자기는 들어도 남은 들을 수 없는 이명(耳鳴)처럼, 오른손이 한 일을 왼손이 모르게 했던 망자의 심덕을 지극히 일상적인 언어 표현 속에 곡진하게 풀어냈다. 그런가 하면, 〈이우상에 대한 만사(李虞裳 挽)〉 제8수에서는

그 사람 간담은 박과 같았고
그 사람 눈빛은 달빛 같았지.
그 사람 팔뚝엔 신령이 있고
그 사람 붓끝엔 혀가 달렸네.

其人如瓠膽　其人如眼月
其人腕有靈　其人筆有舌

라고 하여, 아예 4구 모두 '기인(其人)'을 나란히 놓는 파격도 서슴

지 않았다. 정을 펴는 데 필요하다면 격률을 허무는 것도 주저하지 않았다. 그러면서 망설임 없이 담대한 행동, 쏘는 듯 반짝이던 눈빛을 지녔던, 팔뚝에 신령이 붙고 붓에 혀가 달린 것처럼 붓을 잡기만 하면 거침없는 생각을 쏟아내던 우상 이언진에 대한 기억을 눈앞에서 보는 듯 되살려냈다.

〈직산현감 이만굉에 대한 만사(李稷山萬宏挽)〉의 첫 수는 또 이렇다.

발로는 고인의 자취를 좇고
마음엔 고인의 가슴 붙였네.
몸뚱인 고인의 가운데 두어
자연히 고인과 하나 되었지.

足追古人跡　心寄古人胸
身置古人中　自然古人同

매 구절 같은 위치에 '고인(古人)'을 놓고, 그 앞에 '족(足)', '심(心)', '신(身)'을 두었다. 또 '족'은 '적(跡)'과 '심'은 '흉(胸)'과 호응을 이루면서, 행동뿐 아니라 마음 씀씀이까지 옛사람의 표양(表樣)을 본받아 옛사람처럼 살다 간 고인을 떠올리고 있다.

이렇듯 이용휴의 시는 표현이 매우 일상적이고 또 파격적이다. 너무도 쉬운 일상어로 되어 있고, 산문에 가까운 구법을 보여준다. 하지만 표현은 산문처럼 설명적이지도 늘어지지도 않고, 시적으로 단단히 응결되어 깊은 울림을 남긴다. 〈강악흠에 대한 만사(挽姜君嶽

欽)〉의 제4수는 이렇다.

상자 속에 남겨진 유고가 있어
손님이 찾아와서 보여달랬지.
그 아비 손 흔들며 거절하기를,
"이것이 내 자식을 일찍 죽게 했다오."

篋中有遺草　客來求見之
其父搖手止　曰是夭吾兒

시만 생각하고 정을 소중히 하던 스물세 살의 아까운 젊은이가 세
상을 버렸다. 남긴 글이나 보자고 청했더니, 아버지는 보여주지 않
겠단다. 시 쓰느라 심혈을 다 쏟아 결국 일찍 죽고 말았으니, 아들이
남긴 시고(詩稿)는 아버지에겐 가슴에 박힌 못과 한가지인 셈이다.
또 〈진사 신사권에 대한 만사(申進士史權挽)〉의 제5수에서는 똑같은
상황을 이렇게 노래한다.

그 아비 자식이 놀랄까 보아
자식 시신 만지면서 곡을 못 하고,
소리 삼켜 벽 향해 드러누우니
뱃속으로 눈물이 뚝뚝 흐른다.

其父恐兒驚　不撫兒屍哭
吞聲臥向壁　肚裡淚蔌蔌

아들이 죽어 꼼짝도 않고 누운 것이 아버지는 차마 믿기지 않는
다. 자식의 시신을 붙들고 곡을 하면, 죽은 자식이 놀라 눈을 감지
못할까 봐 벽을 향해 드러누워 울음을 삼키는 애끊는 부정을 눈물겹
게 그려냈다.

일상성의 절묘한 포착

이용휴의 한시는 의표를 찌르는 표현과, 인정의 미묘한 곳을 꼬집
어내는 절묘한 포착으로 독자의 정서에 깊은 울림을 남긴다. 이는
일상의 묘사에서 특히 돋보인다.

> 며느린 앉아서 아이 머리 땋는데
> 등 굽은 늙은인 외양간을 쓰누나.
> 마당엔 우렁이 껍질 잔뜩 쌓였고
> 부엌엔 마늘 접이 걸리어 있네.

> 婦坐招兒頭　翁傴掃牛圈
> 庭堆田螺殼　廚有野蒜本

〈농가(田家)〉란 작품이다. 햇살이 비낀 마루에선 며느리가 딸의
머리를 땋고 있다. 등이 굽은 시아버지는 외양간을 청소한다. 마당
에는 알맹이를 다 까먹고 버린 우렁이 껍질이 소복이 쌓여 있다. 햇
마늘을 말리려고 부엌 한쪽에는 마늘 접이 주렁주렁 매달렸다. 한
폭의 나른한 풍경화다. 작품의 주제는 뭘까? 우렁이 껍질이 어쨌다

는 거며, 마을 접은 어떻다는 건가? 엄마가 아이의 머리를 땋아주며 도란도란 주고받는 대화며, 그 곁에서 묵묵히 집안일을 감당하는 할아버지, 넉넉하고 푸짐한 먹거리, 더 이상 부러울 것이 없는 삶. 시인은 길가다 흘깃 들여다본 시골 농가의 행복한 풍경을 부러워했다.

옥 같은 손끝으로 들어 보이니
동전 두 닢 푸른 실에 꿰어 있구나.
"엿 사먹든 떡 사먹든 맘대로 해라
자꾸 울어 네 어미 속 썩이지 말고."

玉指尖頭擧示之　銅錢兩个貫靑絲
買飴買餠隨兒願　更勿啼呼惱阿孃

〈미인이 아이를 어루는 그림에 제하여(題美人戱嬰圖)〉의 첫 수다. 그림 속 장면을 말로 펼쳐냈다. 눈물이 마르지 않은 꼬맹이는 아예 퍼질러 앉아 발을 동동거리며 악을 쓰고 운다. 엄마는 아이를 달래느라 푸른 실에 꿴 동전 두 닢을 그 앞에 들어 보인다. "뚝 그치면 이걸 주지. 엿 사먹든 떡 사먹든 네 맘대로 하렴. 뚝 그치면 이걸 주지." 신기하게 울음을 뚝 그치는 꼬맹이의 모습이 선하게 보이는 것만 같다. 또 이런 것은 어떤가?

시골 아낙 두 마리 개를 데리고
광주리에 점심밥을 담아 내간다.
벌레가 국그릇에 뛰어들까 봐

호박잎 따다가 그 위를 덮네.

村婦從兩犬　栲栳盛午饁

或恐筐投羹　覆之以瓠葉

〈신광수가 연천에 부임하는 것을 전송하며(送申使君光洙之任漣川)〉의 제5수다. 농번기에 온 식구는 일손이 바쁘다. 아낙은 점심밥을 한 광주리 머리에 이고, 시장할 식구들 생각에 걸음이 바쁘다. 영문 모르는 강아지들은 그저 나들이가 즐겁다. 시인의 시선이 엉뚱하게 국그릇 위에 덮인 커다란 호박잎에 가서 딱 멎었다. 물론 상상 속의 그림이다. 멀리 연천 땅으로 고을살이를 떠나는 벗에게, 이렇듯이 아름다운 풍경을 연출하는 선정을 베풀어달라는 당부를 둔 것이다. 그 성동격서(聲東擊西)의 수법이 참으로 유연하다.

동전 쥔 계집종이 어부에게 묻는다
"생선 값 흥정하여 파는 게 어떠하오?"
늙은 어부 삿갓 쓴 채 뱃머리에 앉아서
다래끼에 펄펄 뛰는 잉어가 들었다네.

婢把銅錢問老漁　鮮魚論直賣何如

老漁欹笠船頭坐　云有籃中活鯉魚

〈서호 소은의 집 벽상에 기제하다(寄題西湖小隱壁上)〉의 제4수다. 마포 서강의 떠들썩한 물가 풍경이 눈에 선하다. 계집종은 동전을

들어 보이며 늙수그레한 어부를 충동질한다. 늙은 어부는 삿갓을 삐
뚜름하게 쓴 채, 뱃머리에 오도카니 앉아 있다. "생선 좋은 거 있나
요?" 어부는 시큰둥하게 "산 잉어 살 테여?" 한다. 계집종은 해산한
주인 마님을 위해 잉어를 사러 나왔던 걸까?

한 시대의 표정이 이런 시 속에서 되살아난다. 음화(陰畵)가 인화지
위에서 서서히 제 모습을 드러내듯이, 2백 년도 더 된 옛 풍경이 그의
붓끝에서 이미 흙으로 돌아간 그때 사람들의 삶의 풍경을 끄집어낸다.

현상 속의 진실, 나를 찾자

눈에는 두 가지가 있다. 외안(外眼), 즉 육체의 눈과 내안(內
眼), 곧 마음의 눈이 그것이다. 육체의 눈으로는 사물을 보고,
마음의 눈으로는 이치를 본다. 사물치고 이치 없는 것은 없다.
장차 육체의 눈 때문에 현혹되는 것은 반드시 마음의 눈으로
바로잡아야 한다. 그렇다면 그 쓰임새가 온전한 것은 마음의
눈에 있다 하겠다. 또 육체의 눈과 마음의 눈이 교차되는 지점
을 가리워 옮기면, 육체의 눈은 도리어 마음의 눈에 해가 된다.
그런 까닭에 옛사람이 처음 장님이었던 상태로 나를 돌려달라
고 원했던 것이다.

정재중은 올해로 40살이다. 40년 동안 본 것이 적지 않을 터
이다. 비록 지금부터 80살이 될 때까지 본다 하더라도 지금까
지보다 많이 보진 못할 것이니, 훗날의 재중이 지금의 재중과
같을 것임을 알 수 있겠다. 다행이 재중은 육체의 눈에 장애가
있어 사물 보는 것을 방해하므로, 오로지 마음의 눈으로만 보

게 되었다. 이치를 살핌이 더욱 밝아질 터이니, 훗날의 재중은 반드시 지금의 재중과 다를 것이다. 사정이 이러할진대, 눈동 자를 찔러 흐릿함을 물리치는 처방은 말할 것도 없고, 비록 작은 쇠칼로 각막을 도려내 광명을 되찾아준다고 해도 또한 원하 지 않게 되리라.

이용휴의 〈정재중에게(贈鄭在中)〉란 글이다. 의표를 찌르는 글쓰 기는 시나 산문 할 것 없이 그의 장기다. 나이 40에 갑자기 실명한 정재중을 위로차 한 말이다. 눈앞의 모든 것은 마음을 어지럽게 한 다. 육체의 눈은 실수 투성이다. 사고만 친다. 마음의 눈이 있어 육 체의 눈이 흔히 빠지는 잘못을 바로잡을 수 있다. 사고만 치는 육체 의 눈이야 있어도 그만 없어도 그만이다. 하지만 마음의 눈이 어둡 게 되면, 보는 것이 많을수록 현혹됨도 커질 터이니 큰일이라 했다. 눈이 멀어 마음의 눈을 뜨게 되었으니 오히려 눈먼 것을 축하하고픈 심정이라는 것이다.

문제는 현상의 어지러움 속에서 진실을 파악하는 능력이다. 그럴 수 있으려면 내가 내가 되어야만 한다. 내가 나의 주인이 될 때, 사물 의 주인도 될 수 있다. 그렇지 않으면 늘 현혹되고, 끌려다니고, 사고 만 치게 된다. 〈환아잠(還我箴)〉은 바로 이 '나를 찾자!'는 주제를 선 언처럼 밝힌 글이다. 그의 문학정신이 이 한 편에 다 녹아 있다.

옛날 내 어렸을 땐
천리(天理)가 순수했지.
지각(知覺)이 생기면서

해치는 것 일어났다.
식견이 해가 되고
재능도 해가 됐네.
마음 닦고 일 익히자
얼키설키 풀 길 없네.
다른 사람 떠받드는
아무 씨, 아무개 공
무겁게 치켜세워
멍청이들 놀래줬지.
옛 나를 잃고 나자
참 나도 숨었구나.
일 꾸미기 즐기는 자
나를 잃은 틈을 탔네.
오래 떠나 가고픈 맘
꿈 깨보니 해가 떴다.
번드쳐 몸 돌리자
이미 집에 돌아왔네.
광경은 전과 같고
몸 기운도 편안하다.
잠금 풀고 굴레 벗자
오늘에 새로 난 듯.
눈도 밝기 전과 같고
귀도 밝기 전과 같아,
하늘이 준 총명함이

다만 전과 같아졌다.
많은 성인 그림자니
나는 내게 돌아가리.
어린아이 다 큰 어른
그 마음은 같은 것을.
신기한 것 없고 보면
딴생각이 치달리리.
만약 다시 떠난다면
올 기약 다시 없네.
향 살라 머리 숙여
신명께 맹세한다.
이 몸이 마치도록
나와 함께 주선하리.

昔我之初　純然天理　逮其有知　害者紛起
見識爲害　才能爲害　習心習事　輾轉難解
復奉別人　某氏某公　援引藉重　以驚群蒙
故我旣失　眞我又隱　有用事者　乘我未返
久離思歸　夢覺日出　飜然轉身　已還于室
光景依舊　體氣淸平　發錮脫機　今日如生
目不加明　耳不加聰　天明天聰　只與故同
千聖過影　我求還我　赤子大人　其心一也
還無新奇　別念易馳　若復離次　永無還期
焚香稽首　盟神誓天　庶幾終身　與我周旋

태어나 순연(純然)하던 하늘 이치가 앎이 생겨나면서부터 흩어져 버렸다. 아는 것이 많아질수록 나는 나의 주인이 되지 못하고, 모모한 사람들이 치켜세우는 명성에 현혹되고, 달콤한 칭찬에 안주하여 참 나를 잃고 헤매게 되었다. 어느 날 문득 정신을 돌이켜 본래 자리로 돌아왔다. 세상은 그대로인데, 내 몸을 옥죄던 굴레를 벗어던지자 문득 다 달라졌다. 이제 나는 나를 떠나지 않겠다. 내가 주인 되는 삶을 포기하지 않겠다. 한눈팔거나 기웃거리지 않겠다.

그의 '나를 찾자'는 주장은 오늘에도 여전히 새롭게 읽힌다. 눈을 잃고 나서 마음의 눈이 떠진 정재중처럼, 지금의 나를 버림으로써 참 나를 되찾자는 그의 주장은 여전히 힘이 있다.

이 집은 이 사람이 사는 이곳이다. 이곳은 바로 이 나라 이 고을 이 마을이다. 이 사람은 나이는 젊고 식견은 높은, 고문을 좋아하는 기이한 선비다. 만나보고 싶거든 이 기문에서 찾으라. 그렇지 않으면 비록 쇠신이 다 닳도록 대지를 쏘다녀봐도 마침내 얻지 못하리라(此居, 此人居此所也. 此所卽此國此州此里. 此人年少識高, 耆古文奇士也. 如欲求之, 當於此記. 不然, 雖穿盡鐵鞋, 踏遍大地, 終亦不得也).

〈차거기(此居記)〉란 글이다. 불과 53자뿐인 글에서 '차(此)' 자가 무려 아홉 번이나 되풀이된다. 그는 어디 있는가? 그의 글 속에 숨어 있다. 쇠신이 다 닳도록 돌아다닐 것 없이, 이 시집을 읽고 또 읽어 그와 만날 수 있다. 다른 곳에는 없고, 이 집 속에 숨어 있다.

18세기 우정론의 맥락에서 본
이용휴의 생지명고

18세기로 접어들면서 당대 지식인들의 글 속에 우정에 관한 담론이 자못 활발해진다. 그 바탕에는 우정의 의미가 퇴색하거나 변질되어 가는 데 대한 개탄이 깔려 있다. 연암은 여러 글에서 벗을 두고 '제2의 나(第二吾)'니 '주선인(周旋人)'이라 말하고, '불실이처(不室而妻)', '비기지제(匪氣之弟)'라 하며, 우도(友道)의 소중함을 거듭해서 강조하고 있다. 이는 군자의 교유가 진정한 의미에서 도의(道義)의 사귐이 되지 못하고, 말거간꾼이나 집주름들이 손뼉치고 손가락질하며 흥정질하는 것과 같은 세명리(勢名利)의 획득 수단으로 전락해버린 현실에 대한 탄식에서 나온 것이다. 이러한 우도의 타락상은 연암의 〈마장전〉과 〈예덕선생전〉에서 이미 신랄한 풍자의 양태로 개진된 바 있다.[1]

이 글은 혜환(惠寰) 이용휴(李用休)가 그의 벗을 위해 써준 3편의 생지명(生誌銘)과 1편의 생전(生傳), 그리고 그 주변 인물들의 자명(自銘)과 자지(自誌) 등을 검토하고자 한다.[2] 이를 통해, 타락한 세태 속에서 인간적인 만남과 지기지음(知己知音)을 찾아 헤매던 근대 지식인들의 내적 번민과, 때로 안쓰럽기까지 한 자기 존재의 확인을 위한 노력을 짚어보아, 당대 권력의 중심에서 소외된 지식인 집단의 내면의식을 아울러 살펴보고자 한다.

생지명 제작의 배경

묘지명이란 장례를 치를 때 능곡(陵谷)의 변천으로 인해 실묘(失墓)할 것을 우려하여, 그 일생의 대략을 돌에 새겨 광중(壙中)에 넣어둠으로써 후인이 망인을 상고할 수 있도록 쓴 글이다. 후대에 와서는 문집에만 싣는 경우도 적지 않았다. 묘지명은 묘지와 묘명 두 부분으로 나눈다. 묘지는 망인의 평생을 간략히 기술하고, 묘명은 보통 제언체(齊言體)의 운문으로 망인의 덕을 기린다. 그 내용은 망인의 세계(世系)·명자(名字)·작위(爵位)·행적(行蹟)을 적고, 수년(壽年)과 졸장월일(卒葬月日), 그리고 자손의 대략과 장지와 관련된 사실을 간추려 기록하는 것이 보통으로, 장지(葬誌)·매명(埋銘)·광지(壙誌)·광명(壙銘)이라고도 한다.[3]

그런데 이 글에서 살피고자 하는 생지명(生誌銘)이란 생묘지명(生墓誌銘)의 줄인 말로, 살아 있는 사람을 위해 써준 묘지명을 이른다. 묘지명은 죽은 이의 일생을 간략히 서술하여 광중에 함께 묻는 것인 데 반해, 생지명은 아직 살아 있는 이의 삶을 평가하고 기술한 것이니, 실제로 무덤 속까지 지니고 갈 문자는 아니다. 산 사람을 축수(祝壽)하는 의미로 살아 생전에 비문을 지어두는 것을 흔히 수장비문(壽藏碑文)이라 하거니와, 이는 관곽(棺槨)과 수의를 미리 마련해

두면 장수한다고 믿어 옛 어른들이 살아 생전에 이를 미리 준비해두는 심리와도 비슷하다 할 것이다.

비록 그렇다 해도, 산 사람을 위해 그 삶을 지켜본 소감을 묘지명의 형식을 빌려 기술하는 일은 부탁하는 쪽이나 쓰는 편이나 피차에 여간 어려운 일이 아니다. 덮어놓고 높여 기리기만 하자니 민망함이 없지 않고, 아직 그 삶이 종결되지 않았기에 무어라 단정적인 평가의 말을 얹기에도 망설여지는 글이 생지명일 터이다. 그 세계나 명자·작위·행적이야 대강 적는다 해도, 수년이나 졸장월일 그리고 자손의 대략과 장지와 관련된 사실은 공란으로 비워둘 수밖에 없는 어중간한 글이기도 하다.

실제 역대로 자신의 삶을 엄정하게 기록하겠다는 의식 아래 자찬의 묘지명을 지어 문집에 올린 경우는 적지 않게 발견된다. 혹 탁전(托傳)의 형식으로 자신의 삶을 기록하는 경우도 많다. 그러나 과문의 탓이겠지만, 한 작가가 생지명의 형식을 몇 편씩 지어 문집에 남긴 경우는 따로 본 일이 없다.

대개 생지명이 지어지는 과정은 먼저 당사자의 부탁을 받고, 이에 응해 글을 짓는다. 그렇다면 멀쩡하게 살아서 자신의 지명 지어주기를 청하는 심리가 자못 궁금해진다. 우선은 앞서 수장비문이란 말이 있는 데서 알 수 있듯이, 스스로 미리 묏자리를 준비한 뒤 아예 묘지명까지 준비해둠으로써 장수를 희구하는 심리와 무관치 않을 것이다. 두 번째는 살아생전에 자신의 삶에 대한 평가를 받아 그 글이 글쓴이의 문집에 실림으로써, 이 세상을 살다간 자취가 헛되지 않았음을 증명 받고 싶어하는 자기 확인 심리와 관련된다. 세 번째는 혹여 자신의 사후 묘지명을 마땅히 받지 못해 자신의 자취가 그대로 흔적

없이 스러질 것을 염려하는 노파심도 없지 않다고 본다. 다만 이런 글은 아무에게나 부탁할 수 없고, 부탁한다고 선뜻 써줄 수 있는 글도 아니다. 부탁하는 사람과 쓰는 사람 사이에 당연히 막역한 교유가 전제되어야 하고, 평소 쌍방 간에 깊은 이해와 애정이 없이는 결코 쓸 수 없는 글이다.

기록을 통해 볼 때, 이용휴는 적어도 세 편의 생지명과 한 편의 생전을 남겼다. 먼저 허만(許晩)을 위해 써준 〈승암허군생지명(勝庵許君生誌銘)〉이 《혜환잡저(惠寰雜著)》 권8에 수록되어 있다. 연객(烟客) 허필(許佖, 1709~1768)을 위해 써준 〈허연객생지명(許烟客生誌銘)〉은 문집에는 실려 있지 않고 윤광심이 엮어 펴낸 《병세집》 문권기1에 실려 전한다. 그 밖에 그는 조중보(趙重普, 1708~1781)의 생지명을 지어주었는데, 《혜환잡저》 권7에 수록된 〈제의암조우문(祭蟻庵趙友文)〉에서 "시문의 뛰어남은 이미 앞서 지은 생지 가운데 자세하다(詩文之工, 已具於前所撰生誌中)"고 한 것으로 보아 지은 것을 확인할 수 있을 뿐, 문집에는 전하지 않는다. 또 조학량(趙學良)을 위해 〈조이수생전(趙頤叟生傳)〉을 지은 것이 《혜환잡저》 권6에 수록되어 있다. 생전은 양식상 생지명과 다르지만 살아 있는 사람의 전기라는 점에서 창작에 임하는 자세에는 별반 차이가 없다.

그런데 흥미로운 것은 앞선 연구에서 이용휴만이 아니라, 이용휴 주변의 인물들 또한 여러 편의 생지명을 지은 것으로 언급하고 있어, 만약 이것이 사실이라면 생지명의 제작이 이들 안산 15학사를 중심으로 한 일군의 지식인 그룹에서 유행처럼 번져나간 조짐마저 보이고 있다는 사실이다. 이에 대해 맨 처음으로 언급한 이는 강경훈인데, 그는 이용휴 외에도 임희성(任希聖)이 허필의 생지를 썼고,

허필은 엄경응(嚴慶膺)의 생지를 썼으며, 이용휴의 생지는 강세황이 썼다고 언급하였다. 그리고 생지가 없는 강세황은 자지(自誌)를 남겼고, 임희성은 자명(自銘)을 남겨, "자기 삶에 대한 자각과 확인을 위한 조선조 후기 사대부들의 새로운 경향으로 파악"하였다.[4] 이러한 언급은 박용만과 박준호의 연구에서 반복 인용되어 기정사실화되었다.[5]

그러나 임희성은 허필의 생지를 써주지 않았고 다만 그 시집의 서문만을 써주었을 뿐이며, 허필이 써주었다는 엄경응의 생지는 허필의 문집이 전하지 않아 확인이 불가능하다. 또 강세황이 써주었다는 이용휴의 생지 또한《표암유고(豹菴遺稿)》를 비롯하여 기타 관련 자료에 전혀 등재되어 있지 않아, 자료의 실재 여부가 분명히 확인되지 않는다.[6] 만일 이 자료가 남아 있다면, 아직까지 묘지나 행장이 전하지 않는 이용휴의 생애를 보다 분명하게 정리할 수 있을 것이다. 다만 강세황의 자지와 임희성의 자명은 문집과 별도의 기록으로 전하고 있어, 우선은 이들 자료를 포함하여 이 글을 정리하기로 한다.

이용휴는 왜 생지명을 세 편이나 남겼을까? 쉽게 생각하면 처음에 어느 한 사람의 부탁을 받고 생지명을 써주자, 그 사실을 안 주변 친구들이 계속 부탁해 이를 거절하지 못하고 써준 것으로 볼 수 있다. 문제는 아예 표제에 '생지명'을 내걸고서 거듭 지은 사실인데, 어쨌든 멀쩡히 산 사람을 두고 지명을 짓는 것이 그리 점잖거나 고상한 일로 보이진 않는다. 이는 후술하겠지만, 허필이 처음 임희성에게 생지명을 부탁했다가, 멀쩡히 살아 있는 사람이 무슨 묘지명이냐며 타박만 받고 종내 글을 받지 못한 것으로도 알 수 있다.

그렇다면 뭔가 짓지 않으면 안 되겠다는 절박한 모종의 심리가 작용했다는 결론인데, 그것이 무엇일까?

천하에는 크게 억울한 것이 있으나, 하늘과 땅의 억울함은 이에
해당하지 않는다. 재주가 있으면서 요절하여 이루지 못한 자와,
이미 이루었으나 인몰되어 세상에 알려지지 않는 자가 그것일
뿐이다. 요절하여 이루지 못한 것은 하늘이요, 인몰되어 전하지
않는 것은 땅이니, 하늘이란 운명이므로 말할 것 없겠으나, 땅
은 그 처하는 바에 따라서 치켜세우기도 하고 누르기도 한다.
지위가 높은 사람은 겨우 시를 읊조리고 짓는 걸 알 정도만 되
어도 경솔하게 문집을 간행하기도 하지만, 한미한 사람은 비록
재주가 풍소(風騷)를 다하고 문명한 때를 만나더라도 홀로 굽
히어 펴지 못하니, 땅의 다스림이 공정하지 않음이 심하다 하
겠다. 그러나 진실로 이를 펴고자 한다면 세력과 지위를 기다
릴 것 없이 다만 하나 문장가의 필력을 얻으면 될 것이다.[7]

여항시인인 김숙의 문집에 써준 서문의 앞 대목이다. 그 재주가
일가를 이루었으되 이름이 알려지지 않아 세상에 전하지 않는 경우
라도 문장가의 필력만 얻는다면 세상에 길이 이름이 남게 되니, 이
것은 억울하다 할 게 못 된다고 했다. 은근히 자신의 문필에 대한 자
부와 득의를 내비쳤다. 서문의 끝에 "이제 내가 사징(士澄)의 문집에
서문을 쓰는 것은 다만 사징 한 사람을 펴기 위함이 아니라, 장차 이
로써 여러 사징과 같은 자를 나란히 펴려는 것"[8]이라 하여, 자신의
붓으로 자칫 흔적조차 남기지 못하고 사라져버릴 아까운 인재들의
이름을 길이 뒷세상에 남기겠노라고 했다.

이는 〈장와집서(壯窩集序)〉에서 말한 바, "장차 남의 시문에 서문을 써주면서 먼저 그 벼슬과 문벌을 묻고, 좋은 집안이면 양한(兩漢)과 삼당(三唐)으로 받들어 바치고, 그렇지 않으면 매미나 벌레의 울음과 같이 여긴다"[9]고 한 세태와 결코 무관하지 않다. 지위만 높으면 되지도 않은 글을 모아 문집을 간행하고 그럴듯한 서문을 얹어 이름이 기려지지만, 한미한 사람은 제아무리 뛰어난 문필의 재능을 지녔어도 마침내 풀벌레 소리만도 못하게 여겨져 서문도 얻지 못하고 세상에서 잊혀진 이름이 되고 만다는 것이다.

이용휴가 생지명의 특이한 형식을 빌려 평소 가까이 지내던 벗들의 삶을 기술하고 있는 것은, 자칫 그들의 자취가 흔적도 없이 허망하게 스러질 것을 염려하여, 자신의 생동하는 글솜씨로 벗들의 삶을 보다 입체적으로 형상화해 보람을 얹어주려 한 의도로 보인다.

생지명·생전에 나타난 인물상

이제 이용휴가 남긴 생지명과 생전을 차례로 살펴보기로 하자. 작품별로 그 저변과 관련 인물과의 교유까지를 아울러 검토하기로 한다.

〈허연객생지명(許烟客生誌銘)〉

허연객은 이름이 필(佖)이고, 여정(汝正)은 그의 자다. 공암(孔巖)의 세가이다. 연객은 청연(淸妍)함은 적었으나 거지(擧止)가 넉넉하였다. 성품은 온화하면서도 분명하였고, 편안하면서도 꼿꼿하였다. 남과 더불어 웃는 말을 하면 소리의 기운이 즐거워할 만하여 좋아하지 않는 이가 없었다. 그 형 일(佾), 자상(子象)과는 기미를 같이하여 마치 한 몸 같았다. 그러나 자상은 《주역》 읽기를 좋아했고, 연객은 시 읊기를 즐겼으니, 이것이 다른 점이다. 또 재주가 많아 전서와 예서를 잘 썼고, 사황육법(史皇六法), 즉 소학(小學)에 능통하였으나 마침내 그 배움을 마치지 않고 이렇게 말하였다. "이것은 사람을 골몰하게 하니, 나를 한갓 힘들게 할 뿐이다."

집이 가난하여 뒤주가 자주 비었으나 태연했다. 간혹 옛 기물이나 좋은 칼 같은 것을 보면 그 자리에서 옷을 벗어 그것과 바꾸었다. 남들이 오활(迂闊)함을 비웃자 이렇게 말했다. "나라도 오활치 않으면 누가 오활하랴!" 뜰에 해묵은 굴거리나무가 있었고, 섬돌에는 줄지어 예쁜 국화를 심어두고 그 사이를 소요하며 세상일을 묻지 않았다. 항상 말하였다. "내가 밖에서 안을 돌보지 않는 건 아내 김씨가 있기 때문이고, 안에서 밖을 돌보지 않는 건 아들 점(霑)이 있기 때문이다." 아내가 죽자 다시 결혼하지 않고, 집안일은 다 점에게 맡겼다.

연객은 명릉(明陵) 기축년(1709년, 숙종 35)에 태어나 27세 때 진사가 되었는데, 올해 53세이다. 문득 내게 말하였다. "내가 다행히 그대와 더불어 한 세상에서 살고 또 그대와 친하니, 내가 죽으면 점은 반드시 내 죽음을 가지고 그대를 번거롭게 할 터인데, 죽어서 그대를 번거롭게 함이 어찌 살아서 그대를 번거롭게 함과 같겠는가?" 내가 그 뜻에 느낌이 일어나 마침내 적어 이를 고한다.

강세황의 낙관이 찍혀 있는 〈연객 허필상〉

개인 소장.

명에 이른다.

"여름 이후는 점차 음(陰)에 속하고, 오시(午時) 이후는 점차 저묾에 속한다. 중년 이후는 점차 죽음에 속하나니, 연객이 이를 알아 미리 준비해두려 한다. 내가 연객에게 고하기를, 통달한 것 같지만 통달하진 않았으니 오히려 아는 것이 누가 되었도다. 옛날은 가고 지금이 돌아오는 것이 그대의 나이이고, 아름다운 산, 좋은 물은 그대의 거처로다. 이 나고 머리털 난 것은 그대의 권속이요, 비환비태(悲歡否泰)는 그대의 이력일세. 이씨가 그대를 위해 명을 짓고, 강씨가 이를 쓰니 이로 인해 그대는 죽지 않을 것이다."[10]

글을 보면 허필은 이용휴에게 자신이 죽으면 반드시 자기 자식이 그대를 번거롭게 할 터이니, 그럴 바에야 살아서 번거롭게 함이 더 나을 것이라며 생지명을 부탁했음을 알 수 있다. 어차피 자신의 묘지명을 지어줄 사람은 그대뿐이기에 아예 살았을 때 지어달라 부탁한 것이다. 이때 허필의 나이가 53세라고 했으니, 이용휴가 이 글을 지은 건 그의 나이 54세 때인 1761년이다.

허필과 이용휴는 과갈(瓜葛)로 맺어진 가까운 사이로, 허필의 누이동생이 이용휴의 친아우인 정산(貞山) 이병휴(李秉休)에게로 시집갔다. 명문을 보면 '사달미달(似達未達)', 즉 통달한 듯하지만 통달하지는 못했다고 톡 쏜 부분이 있다. 그가 중년 이후는 점차 죽음에 속함을 알아 죽음을 미리 준비하려 함은 통달했다 할 만하지만, 이름에 연연하여 생지명을 짓겠다는 건 통달한 것이 아니라는 뜻이다. 그러나 자신이 이 글을 짓고 강세황이 글씨를 써서 주니, 그대가 이

허필의 〈국화도〉
개인 소장.

글로 인하여 죽지 않고 그 이름이 길이 전해질 것이라 하였다. 축수의 뜻도 얼마간 내포되어 있다.

이용휴의 눈에 비친 허필의 삶은 어떠했는가? 성품은 온화하고 분명하였고, 편안하면서도 꼿꼿함이 있다고 했다. 시 읊기를 좋아했고, 글씨에 능했으며, 소학 즉 문자학에도 능통했으나 몰두하지는 않았다. 이렇듯 사람 좋고 다방면에 뛰어난 재능을 지녔던 그는, 뒤주가 자주 빌 만큼 가난했고, 그러면서도 고기양검(古器良劍)을 만나면 앞뒤 가리지 않고 입은 옷을 벗어 바꾸는 골동벽도 있었던 인물이다. 오활함으로 자처하면서, 국화를 열지어 심어 도연명의 은거를 사모하는 뜻을 비추는 그런 맑은 삶을 살았다.

세계(世系)와 명자(名字)를 소개하고 행적을 적었으되, 그 인간됨의 면모를 드러내는 몇 가지만을 간추리는 데 그친 것은 자못 소략한 감이 없지 않다. 특별히 그를 칭찬한 대목도 없고, 오히려 마지막 단락과 명문(銘文)에는 마지못해 쓰는 뜻도 행간에 슬쩍 내비쳤다. 그러면서도 글은 밋밋한 평포적(平鋪的) 기술로 흐르지 않고 자못 파격적인 안배를 보여, 인물의 기이한 개성을 효과적으로 입체화하는 데 성공하고 있다.

그러나 정작 생지명을 쓴 후 7년 뒤 허필이 세상을 뜨자 이용휴는 다시 〈허연객만(許烟客輓)〉 8수를 남겼다. 제3수에서는 "공암촌 주인의 손자 / 그 견식 홀로 우뚝했지. / 한 편의 생광지(生壙誌)는 / 능히 천겁의 장벽을 깨리(孔巖村主孫 見識獨超曠 一篇生壙誌 能破千劫障)"라 하여, 이제 그가 다시 못 올 곳으로 갔지만 그 옛날 그를 위해 지어준 한 편의 생광지가 있으니, 천겁의 세월 속에서도 그 이름이 없어지지 않을 것이라고, 자신의 앞선 생지명에 대한 자부를 드러내 보였다. 제4수에서는 "그 시는 그 사람과 흡사했으니 / 참됨이 지극하여 기이함이 드러났지. / 그 글씨와 그 그림도 / 또한 모두 그 시와 비슷했네(其詩似其人, 眞極時露奇. 其書與其畵, 又皆似其詩)"라 하여, 참됨을 추구하다 보니 간혹 지나쳐 '기(奇)'가 노출되기도 했고, 그의 글씨와 그림 또한 그 사람이나 그 시와 꼭 같았다고 하였다. 또 제5수 "연약해 옷조차 못 이길 듯했어도 / 용맹은 만 사내를 대적할 만했네. / 뜻 맺어 앉은 곳서 벌떡 일어나 / 금강산 산비탈을 곧장 올랐지(弱如不勝衣, 勇乃萬夫敵. 意決從坐起, 直上金剛脊)"라고 한 데서, 병약했지만 대단한 용기와 결단력을 지녔던 인물임을 짐작할 수 있다.

이규상의 《병세재언록》에도 허필의 기록이 나오는데, 강세황과 함께 〈화주록(畵廚錄)〉에 수록되어 있다. 이 책에 따르면 그는 그림에 능하여, 노년에 성균관 진사가 되었을 때 성균관 유생들은 그가 그린 부채가 아니면 손에 잡지를 않았다고 했다. 호가 연객인 건 담배 피우기를 몹시 좋아했던 골초였기 때문이다. 실제 위 만시 제6수를 보면, "숙동(熟銅)으로 담뱃대를 만들고 / 기이한 나무로 지팡이를 만들었네. / 효성스런 자식은 어버이 죽지 않았다고 / 생시의 모습처럼 진설해놓았구나(熟銅爲烟具, 奇木爲拄杖. 孝子不死親, 陳設生時象)"라 하여, 그가 생전에 담배를 얼마나 애호했는지 짐작할 수 있게 한다. 그러나 정작 이용휴는 생지명에서 그의 그림이나 담배에 관한 이야기는 비치지도 않았다.

그런데 임희성의 《재간집(在澗集)》에 〈허여정필연객시권서(許汝正佖烟客詩卷序)〉란 글이 실려 있는데, 여기에는 생지명에 얽힌 재미있는 이야기가 들어 있다.

일찍이 연객 허여정이 내게 그 생지를 부탁하였다. 내가 말하기를, "묘에 지(誌)가 있는 건 그 무덤을 기록하자는 것일세. 이제 산 사람을 가지고 지를 지으란 건가? 이것으로 어찌 무덤을 말할 수 있겠는가?"라고 하였다. 그런데도 여정이 굳이 청하므로 내가 이름을 가지고 스스로 기뻐함을 나무라며 오래되어도 응하지 않았다. 대저 여정은 천하의 궁한 사람이다. 그러나 그 이름은 진실로 나의 지를 기다리지 않더라도 전할 만한 점이 있는 사람이다. (……) 금년 여름에 여정의 병이 심한지라 내가 한번 그 사는 집을 찾아가 책상에 기대 편히 앉아 고금의 시인에 대해 이야기하며 하루해를 보낸 일이 있었다. 여정이 갑자기 탄식하며 말하기를, "그대가 나를 알지 못한다 할 수 없을 터이니 오히려 나의 생지를 새겨야 하겠으되, 그렇지 않다면 차라리 내가 지은 작품에 서문이라도 써서 나의 길이 남을 생각을 이야기해주시게"라고 하였다. 내가 여정의 병이 심한데도 기운이 오히려 시들지 않음을 슬퍼하여, 마침내 받아서 여정에 대해 평소에 알던 바를 두루 논하였다. 만약 뒤의 사람이 여정을 알고자 하여 이 시집을 본다면 여정이 여정 되는 까닭을 잃지 않을 것이다.[11]

이 글은 1767년에 씌어졌다. 이용휴가 1761년에 생지명을 지은 후 6년 뒤의 일이다. 글을 보면, 허필은 처음에 임희성에게 자신의 생지명을 지어줄 것을 수차례 청하였고, 임희성은 지명이란 죽은 이를 위해 쓰는 글이니 산 사람에게 써줄 수 없다고 완강하게 거절하고, 그래도 계속 부탁하자 왜 그렇게 이름에 연연하느냐고 나무라기까지 했음을 알 수 있다. 이용휴에게 생지명을 부탁한 것은 임희성의 거절 이후의 일이었던 것이다. 그런데 그로부터 6, 7년 후 병문안을 온 임희성에게 허필은 다시금 그의 생지명을 받지 못한 것에 집착하며, 생지명을 못 써주겠다면 서문이라도 써달라고 요구하기에 이른다. 허필의 말을 빌리면 자신의 '미사지견(未死之見)', 즉 내가 아직 죽지 않고 살아 있다는 것을 이야기해달라고 했다. 임희성은 그가 중병을 앓고 있음에도 기상이 시들지 않은 것을 슬프게 여겨 서문을 짓노라고 하였다.

이 서문에는 허필이 육십 평생 배를 곯고 몸이 얼며 집안 살림은 빈 궤를 씻은 듯이 텅 빈 빈한한 삶을 살았고, 흰머리의 포의로 반생을 성균관의 상사(上舍)에서 노닐었으되, 굶주려 안색이 초췌하고 기운은 반쯤 꺾여 사람들이 보고 모두 업신여겼다고 적고 있다. 그런데도 자신의 문학에 대한 자부는 남다른 바가 있어, 때로 목청을 높여 자신의 문학 견해를 피력하기도 했던 일을 적었다. 글을 보면 앞서 자신이 생지명 짓기를 거절했던 것이 마음에 걸렸던 듯, 거의 생지명에 가까울 정도로 그 삶의 역정을 짙은 애정으로 자세히 기술하고 있다.

1768년 여름 허필이 세상을 뜨자 임희성은 제문과 만시 15수를 각각 남겨 그 죽음을 애도했다.[12] 만시 가운데 "종남산 아래 낡은 대문집, 금석 같은 노랫소리 열흘 굶었네(終南山下獘門扉, 金石歌聲十日饑)"의 구절이 있는 것으로 보아, 그는 남산 아래 다 쓰러져가는 초가집에서 굶기를 다반사로 하며 살았던 모양이다.

이로 보아 허필은 진작부터 자신의 생지명에 대해 유달리 집착했고, 임희성이 거절하자 이용휴에게 다시 부탁하여 생지명을 받아냈던 사정을 짐작할 수 있다. 또 그것으로도 부족하여 병문안 온 임희성에게 시집의 서문을 다시 부탁하기까지 했다. 말하자면 허필은 자신이 높은 뜻과 능력을 지녔으면서도 남들의 업신여김이나 받으며 평생 가난과 실의를 벗어나지 못하고 살다 가는 데 대한 울분이 쌓여 있었고, 그것을 누군가로부터 인정 받아 가슴속에 쌓인 불평지심을 털어보려 했던 것이다. 그리고 벗들은 여기에 연민의 공감을 담아 글을 지어 그 문집에 남겼던 것이다.

〈승암허군생지명(勝庵許君生誌銘)〉

허승암(許勝庵)은 이름이 만(晚)이고 자가 성보(成甫)이니, 승암은 그 호이다. 사람됨이 키가 작은 데다 등은 마치 깎은 산과 같았고, 눈은 맑은 물과 같았다. 얼굴에 마마 자국이 있어, 겉모습은 질박하고 어눌한 듯하였으나 속마음은 해맑았다. 남의 허물 말하기를 싫어하여, 비록 이따금 마음에 맞지 않는 바가 있어도 그 마음에 맞지 않는 바를 드러내지 않고 마치 알지 못하는 것처럼 하였다.

집안이 본시 도탑고 화목하여, 아이들은 함께 키웠고 옷도 서로 돌려가며 입었다. 또 효성과 우애의 성품을 타고난지라 어버이 섬기기에 힘을 다하였으나 스스로는 부족하게 여겼다. 그 아우가 기이한 병을 10여 년이나 앓았는데 그가 몸소 환약을 만들었고 항상 끙끙 앓으면서 마치 병이 있는 사람같이 하였다. 성품은 검소하여 해진 옷 입고 절룩거리는 노새를 타고도 화려한 옷 입고 좋은 말 탄 것보다 편안하게 여겼다.

물건에 대해서는 좋아하는 바가 적었고 다만 홀로 이름난 산수를 좋아하였다. 일찍이 금강산에 들어가 옛 성인과 진인의 유적을 찾아보고는 마치 그들을 만나보기라도 한 듯 여겼다. 비로봉 정상에 올라가니 북풍이 겨드랑이를 추켜들고 해와 달이 눈썹가로 지나가는 것만 같았다. 길이 삼부연(三釜淵)과 백로주(白鷺洲), 금수정(金水亭)을 거쳤는데, 모두 우리나라에서 아름답다고 기림을 받는 곳이었다. 돌아와 몇 달 동안은 보고 듣고 잠자리에 들거나 일어나거나, 구름 기운과 물 소리 아닌 것이 없었다.

거처하는 곳에는 연못을 파서 고기를 길렀다. 기이한 나무와 좋은 화초를 열지어 심어놓고 날마다 그 사이에서 소요하였다. 집안사람이 혹 아침 땔거리가 떨어졌다고 말하면 씩 웃을 뿐이었다. 매양 우러러 해와 달을 보고, 굽어 칠 척의 몸을 돌아보고는 탄식하며 말했다.

"사람이 비록 그때그때 먹거리를 배불리 먹고 세상의 물건을 얻는다 해도 세월을 따라 변해버려 백 년 안에 죽을 물건에 지나지 않는다. 다하지 않고 언제나 남을 방법은 없다."

마침내 미리 그 죽을 땅을 정해두고 내게 묘지명을 청하였다. 그가 아직 살아 있어 그 생애의 시말은 비워두고, 이를 위해 명하였다.

명에 말한다.

"사람은 나면서 오행과 팔괘를 갖추었으니, 이치가 하늘과 더불어 통한다. 하늘이 무궁할진대 사람 또한 무궁하다. 그런데도 그 이치를 막아 그 몸을 일찍 죽게 하니 또 어찌 이다지도 어리석은가? 다만 그대의 어짊은 살아 있는 기틀의 입구로다. 말에 이르기를, '물건을 오래 가게 하는 자는 스스로도 오래 산다'고 하였으니, 내 이로써 그의 나이가 한량할 수 없을 줄 알겠다. 내 말을 못 믿겠거든 그가 터나는 싹을 꺾지 아니하고 알을 먹지 않아, 이 한가지로 말미암아 미치는 바가 이미 원대함을 보기를 청한다."[13]

이용휴는 허만이 미리 묏자리를 정해두고 자신을 찾아와 묘지명을 요청했다고 하며 이 글을 짓게 된 동기를 밝혔다. 또 그가 아직 살아 있어 생애의 시말은 비워둔다고 하였다. 명에서 "다만 군의 나이는 한정 지을 수 없다(惟君之年未可限也)"고 한 것으로 보아, 축수의 뜻에 주안을 두었다. 끝에서 터나는 싹을 꺾지 않고 알을 먹지 않는 걸로 그 생각의 원대함을 말한 것은, 살아서 이미 죽을 자리를 마련하는 원모(遠謀)를 은연중에 높인 것이다.

허군이라 한 데서 그가 이용휴보다 손아랫사람이었음을 짐작할 수 있는데, 그는 다름 아닌 이용휴의 맏사위로 사헌부 지평을 지냈던 인물이다. 결국 사위가 장인에게 자신의 생지명을 써달라고 한 셈인데, 이는 달리 유례를 찾기 힘든 파격적인 일이다.

허만은 작은 키에 다부진 체격을 지녔던 강단 있는 인물이었고, 살짝 곰보였다고 했다. 남의 허물을 입에 올리는 법이 없었고, 집안이 화목하여 형제간의 우의가 남달랐음을 동생의 오랜 병을 수발하는 모습으로 보였다. 산수벽이 있어 금강산 유람한 일을 특기하였고, 연못을 파 고기를 기르고 기이한 화초를 기르며 소요하던 거처의 모습을 묘사하였다. 끝에서 땔거리가 자주 떨어졌음을 말하여,

그 살림이 끼니 걱정을 할 만큼 곤궁했음을 슬쩍 비추었다. 지명을 쓰면서 그 벼슬의 이력이나 그 밖에 세계 등에 대해서는 전혀 무심하였다. 벼슬에는 아예 발을 들이지 못해서일 터이나, 그 집안이나 가족에 대해서도 관심을 할애하지 않고, 철저히 허만 개인의 사람됨을 설명하는 데만 관심을 두었다.

허만이 "사람이 비록 그때그때 먹거리를 배불리 먹고 세상의 물건을 얻는다 해도 세월을 따라 변해버려 백 년 안에 죽을 물건에 지나지 않는다. 다하지 않고 언제나 남을 방법은 없다"고 한 데서, 우리는 그가 생지명을 이용휴에게 청한 것이 '상존이불폐자(常存而不廢者)', 즉 세월이 가도 변치 않고 살아남을 방법에 대한 모색이었음을 짐작할 수 있다. 말하자면 이용휴의 생지명은 부탁하는 쪽이나 짓는 쪽이나 모두 '명불후(名不朽)'에 그 무게중심이 실려 있었던 셈이다.

허만에 대해서는 달리 알려진 자료가 별로 없어, 이 글이 지어진 시기나 생몰연대, 주변 상황을 가늠하기 어렵다. 다만《혜환잡저》권6에〈송허성보서(送許成甫序)〉와〈제허성보동유록발(題許成甫東遊錄跋)〉이 실려 있어 왕래의 자취를 살필 수 있다. 다만 생지명 가운데 금강산 유람 사실이 적혀 있는 것으로 보아,〈제허성보동유록발〉보다 훨씬 뒤에 지어졌음을 알 수 있다.〈송허성보서〉는 좋은 터를 잡아 이사하는 허만에게 축하와 함께 당부의 뜻을 담은 글이다. 여기에는 허만의 사람됨을 묘사한 다음과 같은 대목이 있다.

성보는 사람됨이 넉넉하고 시원스러워 눈썹 끝에다 번뇌를 달고 다니지 않았고, 냉염(冷炎)의 감정이 가슴에 깃들지 않았다. 또한 세상에 기지(機智)를 써서 할 수 있는 일이 있음을 알지 못하였다. 간혹 일이 뜻 같지 않음이 있어도 다만 스스로에게 줌을 두터이 하거나, 남에게 줌을 박하지 않게 하니, 사람들이 또한 이를 편안히 여겨 어른으로 대접하였다. 성보는 빈약한 서생이로되 나는 그를 부유하고 용감한 사람이라고 말하련다. 대개 그 한 몸에 입고 먹는 것 외에는 모두 다른 사람과 함께하였으니, 능히 재물을 쓸 줄 아는 자에 성보만 한 이가 있겠는가. 세상에서 존귀하다고 말하는 자들은 흔히 기욕(嗜慾)에 부르는 바가 되지만, 성보는 참아내어 이를 이기니 어찌 이와 같이 용감하단 말인가? 성보는 또 말을 받아들이기를 잘하여 옛 군자의 도량이 있었다. 그러나 받아들이고 나서는 다시 궁구(窮究)하기를 구하였는데, 궁구하면 이치가 분명해져서 일을 해결할 수 있었다.[14]

앞서 본 생지명의 내용을 좀더 자세하게 부연한 느낌이다. '빈약한 서생'이란 허만의 드러난 겉모습이다. 그는 고지식하여 융통성이 없었으나 누구도 범접할 수 없는 기상이 있어 그야말로 진정으로 부자요 용감한 사람이라고 기렸다. 허만처럼 올바른 정신을 가진 사람이 오히려 업신여김을 당하고, 그 지닌 재능을 온전히 펼 수 없는 세상이라고 이용휴는 보았던 듯하다.

〈조이수생전(趙頤叟生傳)〉

조이수는 이름이 학량(學良)이요, 자는 계능(季能)이고 별도로 태화료(太和寮)라고 자호하였다. 가림(嘉林) 사람이다. 기이한 꿈에 감응하여 태어났다. 태어나 오른 팔뚝에 무늬가 있었다. 성품은 도타우면서도 재빨랐다. 어려서 소학을 배우고는 이미 이 일이 중요한 줄을 알았다. 조금 자라서는 스승을 좇아 도를 배우니, 혹 비바람이 길에 가득하고 서리 달이 나무에 걸렸어도 왕래하며 강론하기를 그치지 않았으므로 스승이 몹시 중히 여겼다. 힘써 최상 제1등으로 급제하니 재상이 이를 불러 경사(經史)의 뜻을 풀이하게 하자, 당시에 학문하는 선비가 대부분 그를 추천했다.

사이사이에 박사가언(博士家言)을 닦아 여러 번 좋은 글로 올라 거의 뽑혔다가 합격되지 않자, 탄식하여 말하였다. "설령 일등이야 남에게 양보하더라도, 역사에 남는 것이야 어찌 남에게 양보하리오?" 또 말하였다. "지극히 크고 지극히 공변된 것은 이(理)다. 이가 사람의 몸에 떨어지면 성(性)이 된다. 만약 작아서 치우치면 이는 사람됨을 저버리는 것이다. 처음에 내가 보니 성인은 너무 높아서 좇고자 해도 길이 끊겨 불가능하다고 여겼는데, 이제야 성인도 배울 수 있음을 깨달았다. 어이 일곱 자의 몸뚱이를 가지고 첩괄(帖括), 즉 과거 시험에 얽매여서 풀 더미나 개미로 썩겠는가?" 일찍이 보니 그 선함을 좋아하고 이룸을 기뻐하며 사사로움 없이 욕심내지 않으니 대개 한갓되이 말만 하지 않았다. 스승께서 돌아가시자 대공복(大功服)을 입었고, 벗이 죽자 마최(麻縗)를 더하였으니 사람들이 그 의를 높였다. 내행(內行)은 더욱 독실하여 어버이 섬기기를 사랑과 공경으로 하여 두루 지극하였다. 집안을 다스림에 절제가 있고, 의복과 음식은 검약하기에 힘썼다. 저서에《독

역차의(讀易箚疑)》와 《동사회강보(東史會綱補)》 및 시문 몇
권이 있다. 그 학업은 뒤에 헤아릴 수 없을 것이다. 그를 이수
(頤叟)라고 일컬음은 또한 스승이 지어준 것이라 한다.

야사씨(野史氏)는 말한다.

"사람이 되어 사람을 알지 못하면 사람이 아니다. 사람을 알
지 못하면 자기와 길 가는 사람 보기를 같이하는 것이니, 이것
이 바로 경양(涇陽) 고헌성(顧憲成) 선생이 〈지인설(識人說)〉
을 지어서 깨우치신 까닭이다. 조이수 같은 이는 사람을 알려
고 하는 자이다. 공자께서 '인(仁)이란 인(人)'이라고 하셨으
니, 인을 안다 함은 곧 사람을 아는 것과 같으니, 일찍이 손가
락 하나만큼의 간격도 없다."[15]

생전임을 명기한 것은 그가 아직 살아 있을 때 쓴 글임을 밝히기
위해서이다. 글을 쓰게 된 경위는 따로 쓰지 않았다. 다만 "그 학업
은 이후 헤아릴 수가 없다(其業後未可量)"고 하여, 양양한 전도를
축원하는 뜻을 담았다. 이수(頤叟)란 호는 스승이 지어준 것이라 했
는데, 그가 어버이를 지성으로 봉양하는 걸 기린 것이다. 앞서 생지
명의 주인공과 달리 그는 과거에도 높은 등수로 합격하였고, 당대에
상당한 인정을 받았다. 다만 결정적인 시험에는 늘 애석하게 떨어지
곤 해 바라던 벼슬을 얻지는 못하였다.

전은 그가 단정한 몸가짐과 바른 행실로 얼마나 욕심 없이 학문에
만 정진한 사람이었는가에 관심을 두어 기술하였다. 그러나 그 스스
로에 대한 자부는 적지 않았고, 몇 권의 시문 외에 《독역차의》와 《동
사회강보》 같은 저술을 남겨, 《주역》과 우리나라 역사에 남다른 관

심과 조예가 있었음을 밝혔다. 끝에서 인(仁)은 곧 인(人)이니, 사람을 아는 것이야말로 가장 근본이 되는 공부이며, 조학량이 바로 그런 사람이라고 높였다.

《혜환잡저》에는 이 글의 앞뒤로 〈조성능개자계능설(趙聖能改字季能說)〉과 〈조이수상찬(趙頤叟像贊)〉이 실려 있다. 앞의 글은 조학량이 처음에 그 자를 성능이라 했다가 뒤에 계능이라 고친 일을 두고 그 앞뒤 의미를 헤아려 쓴 글이다. 성인에 능히 도달할 수 있다는 뜻으로 지은 '성능(聖能)'을 두고, 공자께서도 머물지 않은 이름을 감히 쓸 수 없다 하여 '계능(季能)'으로 고친 것을 '양지양능(良知良能)'의 결과로 치켜세웠다. 굳이 이를 말한 건 그 이름이 학량인 것과 호응하기 위해서다. 〈조이수상찬〉은 다음과 같다.

> 내가 날마다 그대를 대했어도
> 그대 모습은 살피지 않고
> 단지 마음으로 비추어보았을 뿐이니
> 또 어찌 이 초상화가 그대 모습과
> 서로 닮은 줄 알겠는가.
> 호생(好生)을 일러 인(仁)이라 하고
> 미요(未澆)를 두고 박(朴)이라 하니
> 이것이 그대의 본래 면목이로다.[16]

날마다 마주했던 친밀한 사이라 하였고, 다만 마음으로 비추어 마음으로 만났기에 이 초상화가 주인과 닮았는지 여부는 별 관심이 없노라고 했다. 그러면서 조학량의 본래 면목을 '인(仁)'과 '박(朴)'

두 글자로 압축하여 설명했다.

〈조중보생지명(趙重普生誌銘)〉

이용휴가 조중보에게 써준 생지명은 현재 문집에 전하지 않는다. 다만 〈제의암조우문(祭蟻菴趙友文)〉 가운데 "그 평생 품행의 높음과 시문의 뛰어남은 이미 앞서 지은 생지 가운데 자세하다(其平生品行之高, 詩文之工, 已具於前所撰生誌中)"고 한 대목이 있는 것으로 보아, 이용휴가 분명히 이 글을 지었음을 알 수 있다. 위 제문에는 당시 이들의 우정을 가늠하게 해주는 우정론이 일부 피력되어 있으므로, 여기서는 그것을 살펴보기로 하겠다.

> 아아! 사람의 몸을 받아 한세상을 함께 사는 사람이 어찌 헤아릴 수 있겠는가? 서로 만났어도 단지 그 모습만 기억나는 사람도 있고, 모습은 기억해도 그 이름조차 모르는 사람도 있다. 모습을 기억하고 이름을 알지만 말을 주고받지 않은 사람도 있고, 또 모습도 기억하고 이름도 알고 말도 주고받아 여러 차례 서로 만난 사람도 있다. 그러나 한 번 만나보고는 오랜 벗처럼 친해진 사람은 오직 나와 형이 있을 뿐이다. 중간에는 자취가 모였다간 흩어지고, 경계는 슬프고 기쁜 것이 일정치 않았다. 기혈(氣血)과 안발(顔髮)도 수없이 변하였으되 마음만은 한결같았던 사람 또한 나와 형이 있었을 뿐이다. 더욱이 형은 형제가 없었고, 나는 형과 아우가 있었지만 먼저 죽었고, 종제(從弟)가 있어 형과 더불어 의형제를 맺었지만 또한 먼저 죽고 말

았으니, 이제 다만 나와 형 두 사람이 있을 뿐으로, 마치도 태백성(太白星)이 잔월(殘月)을 짝하여 있는 듯하더니, 이제 형이 또 세상을 뜨니 나는 더욱 외롭구나. 그러나 어찌 다만 나 한 사람이 벗을 잃은 것이겠는가? 형이 세상을 뜨매 천하의 사람이 모두 벗을 잃고 말았으니, 그것은 왜 그런가? 우도(友道)가 끊어져버렸기 때문이다.[17]

조중보와는 일면여구(一面如舊)로 만나자마자 마음을 허락하는 친구가 되었다고 했다. 조중보는 1781년 73세를 일기로 세상을 뜨는데, 이용휴도 두 해 뒤 75세를 일기로 세상을 뜨고 만다. 만년에 가까이 지내던 벗이 차례로 세상을 뜨는 가운데, 유일하게 심교(心交)를 허락했던 그가 먼저 세상을 뜬 데 대한 허망함이 잘 묻어나는 글이다. 그가 죽자 천하 사람들이 모두 벗을 잃고 말았다고 했다. 그 까닭이 그가 죽음으로써 이 세상에는 진정한 의미의 우도를 아는 이가 없게 되었기 때문이라고 했다. 진정한 우도를 찾아볼 수 없게 된 세상에서 벗을 그리는 곡진한 정을 이렇게 피력한 것이다.

한편 조중보는 강세황과 특히 막역한 사이어서 거의 날마다 서로의 집을 왕래하며 교유하였다. 강세황의 《표암유고》에는 그러한 교유의 자취를 담은 시가 수십 수 수록되어 있다. 시 가운데 "내 언제나 옛 종이에 묻혀 지냄 안쓰러워, 그대 연일 내 사립을 찾아주니 고맙구려(憐我終年埋古紙, 感君連日款柴扉)"(〈又簡蟻菴〉3·4구)라 하여 동심의 교정(交情)을 고마워했고, "세월이 물처럼 흘러감 한탄하니, 명리는 이미 뜬구름과 같은 것을(堪歎光陰同逝水, 已將名利等浮雲)"(〈次蟻菴〉5·6구)이나, "좋은 시구(詩句) 서로 장차 더디 저묾 위로 하며, 이 내 몸 다시는 영락함 탄식 않으리(佳句相將慰遲暮, 此身不復歎飄零)"(〈又次前韻呈蟻翁〉 기1 3·4구), 그리고 "살아 이름 못 이룸 탄식할 따름이니, 몇 년을 임하(林下)에서 궁경(窮經)이나 했던고(生不成名嗟已矣, 幾年林下讀窮經)"(〈又次前韻呈蟻翁〉 기3 7·8구)라고 하여, 이룬 것 없이 늙어가는 삶을 연민하며 자조하기도 했다. 또 "평생토록 도를 배워 얻은 바 없더니, 힘든 인생 오늘 비로소 쉬는도다(學道平生無所得, 勞生此日始能休)"(〈次蟻老〉 5·6구)나, "책 보아 유익하단 말 징험함이 없고, 술 빌려 근심 잊음 도리어 보람 없네(看書有益今無驗, 借酒忘憂却不功)"(〈又次蟻老〉 5·6구)와 같은 구절에도, 조중보와 함께 만년의 위로를 얻으며 지내던 날들이 눈에 보일 듯 떠오른다. 강세황은 또 조중보를 위해 〈의암소진찬(蟻菴小眞讚)〉을 써주었다. 아마 자신이 그의 얼굴을 그려주고 거기에 찬을 얹었던 것으로 보인다.

> 저 사람 어떤 늙은이기에 머리는 이미 대머리 됐고, 수염은 온
> 통 희게 세었네. 늘상 스스로 궁한 늙은이라 오활타고 하지만,
> 내 홀로 단아하고 근칙(謹飭)타 허가했지. 비록 스스로 앎이
> 밝다고 하지만, 그 벗이 알아줌만 같지 못하리라.[18]

스스로는 자꾸만 우소(迂疎)한 궁로(窮老)일 뿐이라고 하지만, 내 보기에는 단아하고 몸가짐이 신중한 사람이라고 그 벗을 두둔했다. 마음이 서로 오가는 우정의 만남을 헤아리기 어렵지 않다.

임희성과 강세황의 자명(自銘)과 자지(自誌)

여기서는 임희성의 〈재간노인자명(在澗老人自銘)〉과 강세황의 〈표옹자지(豹翁自誌)〉를 검토하기로 하겠다. 자지와 자명은 스스로 자신의 삶에 대해 기술한다는 점에서 생지명과 다르지만, 그 의미나 의식에서는 다를 바가 없다. 다른 사람이 쓴 생지명 자료를 확인할 수 없는 현 상황에서, 당시 생지명 창작이 이용휴 한 사람으로 그치지 않고 그 그룹으로 유행처럼 확산되어간 것으로 확대해석할 수는 없다. 그러나 두 사람이 남긴 자명과 자지는 이런 비슷한 종류의 글이 실제로 훨씬 더 많이 창작되었으리란 추정을 가능케 한다. 더욱이 이용휴의 경우도 조중보의 생지명은 이미 전하지 않고, 또 허필의 생지명도 문집에는 누락된 채 《병세집》을 통해 근근이 전하는 사정은, 이들 몇 편 이외에도 더 많은 창작이 활발하게 이루어졌으리란 짐작을 부추긴다. 다만 두 편의 글은 분량이 적지 않고, 이 글이 이용휴에 중점을 두었으므로 앞서처럼 전문을 소개하지는 않겠다.

임희성의 〈재간노인자명〉은 《재간집》 권3에 수록되어 있다. 1774년 그의 나이 63세에 쓴 글이다. 그가 허필을 위해 〈허여정필연객시권서〉를 써주며 생지명 쓰기를 나무랐던 일을 적은 것이 1767년이었으니, 그로부터 7년 후에 그는 스스로 자신의 생지명(生誌銘)을 적고 있는 셈이다. 그 글 가운데 "옹이 평소에 마음을 알아주는 벗이 없는지라, 스스로 그 평생을 이와 같이 써서 광중에 넣게 한다(翁素無識心朋友, 自述其平生若此, 殺納諸壙)"고 하였다. 이 말은 실제로 마음을 알아주는 벗이 없어서라기보다, 앞서 허필이 생지명 써주기를 청했을 때, 왜 이름에 그리 연연하느냐고 나무랐던 일 때문이었을 것이다.

　서두에서 그는 자신의 세계를 적은 뒤, 사한(詞翰)의 가문에서 생장하였고 어려서부터 독서에 몰두하여 자못 그 대의를 깨쳤음에도 과거 시험에 뜻이 없어 몇 번 응시했어도 거푸 떨어지고, 만년에야 음사(蔭仕)로 벼슬길에 올라 7품관을 지낸 이력을 남의 이야기하듯 간단히 적었다. 그것도 부친의 명으로 벼슬한 것이지 자신은 전혀 생각이 없었노라고 했다. 부인 남씨는 자신과 50년을 해로하다가 대부인이 세상을 뜨자 잇달아 세상을 떴고, 남은 아들 다섯 가운데 큰아들이 자신보다 먼저 죽고, 그나마 셋은 어려서 잃고 하나 남은 둘째 아들도 출계(出系)하여, 결국 자식 하나 남지 않고 혈혈단신의 고단한 신세가 된 일을 스스로 비관하였다. "죽을 때까지 원통함을 머금어 살아 취미가 없었다. 금년에 명부(命符)가 이르러 마땅히 떠나게 되었어도 결코 얽매여 연연하는 기색을 짓지 않았다(含痛終天, 生世無趣, 今年符到當行, 絶不作係戀色)"고 한 대목으로 보아, 스스로는 이 해에 자신이 죽을 것이라 짐작하고 자식도 없이 세상을 뜨는 터에 스스로 그 일생의 대략을 적어두고자 했던 비통한 심정을 읽을 수 있다.

　자명의 뒤에는 출계한 둘째 아들 지상(趾常)이 쓴 부기(附記)가 있다. 그의 증언에 따르면, 세상을 뜨기 전 임희성은 임종을 지키는 아들에게 서가 위를 가리키며 자신의 평생 용공(用工)이 저기에 다 있으나 전할 만한 것이 적다 하면서, 약간의 시문을 제외한 경서차록(經書箚錄)과 국조상신열전(國朝相臣列傳) 및 잡지(雜識)는 모두 불태우게 했다. 그러고는 자신이 써둔 자명(自銘)을 묻으라 명하며, "세상에는 본디 그 무덤에 자명(自銘)함이 있느니라. 훗날 보태어 기록하는 자가 혹 실지보다 지나친 말이 많으니 이것이 어찌 자지(自誌)의 뜻이겠는가?"라고 하여 자명하는 뜻을 부연한 대목이 있다. 요컨대 임희성이 스스로 자명을 남긴 건 과실어(過實語), 즉 실지보다 지나친 칭찬을 원하지 않고, 조금의 보탬 없이 있는 그대로 자신의 삶을 남기겠다는 의지를 표명한 것이다. 실제 그의 자명에는 스스로에 대한 자부보다 이룬 것 없어 회한에 찬 일생을 돌아보는 담담한 술회가 눈물겹게 그려져 있다. 그 명사(銘辭)에서 그는 "세상 사람 혹 나를 멍청이라 의심하고 또 나를 두고 바보라고 놀려댔지. 바보는 감히 아니라고 하겠으나 진실로 멍청하긴 했네. 노씨(老氏)는 '나를 알아주는 자가 없어야 내가 귀하다'고 했으니 이것이 바로 내가 이렇게 된 까닭이로다(世或疑我以癡子, 亦多嘲我以打乖. 乖所不敢癡固然哉. 老氏云, '知我者希, 我斯貴矣', 斯其所以乃矣)"라고 적었다.

그의 자명은 말 그대로 자신을 치켜세우거나 은근한 자랑 없이, 뜻대로 이룬 것 하나 없는 평생과, 죽고 싶도록 불행했던 만년을 돌아보며 회한에 찬 일생을 매몰차도록 단호하게 적은 글이다. 장례 때 자신이 입고 갈 옷과 장지까지 모두 언급하여 마치 유언과도 같은 느낌을 준다. 어쨌든 이 글 또한 자신이 이 세상에 살다 간 증명을 위한 글이란 점에서는 동궤이나, 앞서 생지명과는 사뭇 다른 톤으로 씌어져 있다. 몰락에 몰락을 거듭해 재기의 희망마저 차갑게 접지 않을 수 없었던 몰락 남인들의 침통한 내면이 이들 글에 어려 있다.

이에 비해 강세황의 〈표옹자지〉는 분량도 적지 않을 뿐 아니라, 《표암유고》에는 실려 있지 않고 《정춘루첩(靜春樓帖)》에 강세황 자신의 단정한 해행체(楷行體) 친필로 전한다. 54세 나던 1766년 쓴 것이니, 강세황은 그 후로도 25년을 더 살았다. 비장한 어조로 일관한 임희성의 자명과 달리 강세황의 자지는 비교적 젊은 시절에 씌어져서인지 자신의 예술과 학문에 대한 남다른 자부와 긍지를 오롯이 드러냈다. 세계와 어린 시절부터 장년에 이르기까지의 삶을 다소 장황한 느낌이 들 만큼 상세히 적었다.

그는 자지를 쓴 1766년에 자신의 자화상을 그렸다. 자지의 말미에, 그림을 그리고 나서 자신이 죽은 뒤에 남에게 지장(誌狀)을 구하는 것보다 스스로 일생의 대략을 적어 실지와 방불함을 얻음이 더 낫겠다고 여겨 이 글을 짓게 되었다고 적었다. 이어서 그는 "훗날 이 글을 보는 자 중 반드시 그 세상을 논하고 그 사람을 생각하면서 그 불우했음을 슬퍼하여 옹을 위해 한숨 쉬며 감개하는 자가 있을 것이다. 그러나 이 어찌 옹을 알기에 족하다 하겠는가?"라고 하였다.

전체 글은 자신의 예술에 대한 자부가 특히 두드러진다. 13, 14세 때 이미 행서를 잘 써서 글씨를 받아 병풍을 만들겠다는 자가 있었다 했고, 고문사에 잠심(潛心)하여 당송 제가의 작품을 암송한 것이 많았다 했다. 마침내 심조독득(深造獨得)의 견해를 깨달아, 작자의 이름을 가리고도 그 시대의 고하를 능히 변별할 수준이 되었다고 적었다. 또 그림을 좋아하여, 붓을 휘두르면 탈속한 아취가 물씬 풍겼고, 산수화는 왕황학(王黃鶴)과 황대치(黃大癡)의 법이 있었으며, 묵란(墨蘭)과 묵죽(墨竹)은 더욱 청경(淸勁)하여 티끌의 기운이 조금도 없었다고 자랑하였다. 서법은 이왕(二王)을 본받은 위에 미남궁(米南宮)과 조송설(趙松雪)을 익혔고, 전서와 예서에도 일가견이 있었다고 하였다. 자부 임정(任珽)이 그 글씨에 탄복하고, 그가 지은

〈두공부검무가(杜工部劍舞歌)〉를 읊조리고는 "우리 동방 백 년 이래 이런 시는 없었다"며 칭찬한 이야기, 최성대(崔成大)가 그 글씨와 시를 보고 "중국 사람도 도저히 미칠 수 없다"고 한 이야기를 자못 득의롭게 적었다. 강세황의 자지가 임희성과는 반대로 얼마간 자기 과시의 기미를 띤 건 글이 지어진 시점과 무관하지 않을 것이다.

이상 살펴본 대로, 이용휴의 생지명 외에 그와 가까이 지냈던 두 사람의 자명과 자지는 당시 이들이 처해 있던 척박하고 황량한 현실과 결코 무관할 수 없다. 다른 사람이 생지명 쓰는 것을 나무랐던 임희성이 만년에 마치 유서를 쓰듯이 그 자신의 일생을 표백하지 않을 수 없었던 데서 알 수 있듯이, 마음 나눌 벗도 없고 자식도 다 떠나 보낸 후 절망적 현실 앞에 암담해하던 당대 몰락 지식인들의 내면 풍경이 고스란히 떠오른다.

□ □ □ □ □

이상 이용휴가 쓴 네 사람의 생지명과 생전(生傳), 제문 그리고 주변 인물들의 시문을 통해, 18세기 후반 안산 지역에 우거하던 남인·소북 계열 문인들과 그 교유의 일단을 살펴보았다.

대개 이들이 이런 글을 쓴 건 50대 중반 이후로 보인다. 젊어서부터 시문을 나누며 마음을 주고받던 벗들이, 평생 품은 포부를 이룬 것 없이 간난과 차타(蹉跎) 속에 늙어가는 것을 보는 안타까움이 이러한 창작을 부추겼던 듯하다. 통상적으로 치소 거리가 되기 십상인 생지명 양식에 애착을 가졌던 건 그들 내부의 짙은 동류의식 외에는 달리 설명하기 어렵다. 나라도 기록하지 않으면 그들의 삶을 과연 누가 증언할 것인가 하는 절박한 사명감도 없지 않았을 것이다.

이용휴가 조중보를 위해 지은 제문의 끝에 "형이 세상을 뜨매 천하의 사람이 모두 벗을 잃고 말았으니, 왜 그런가? 우도가 끊어져버렸기 때문이다"라고 하며 탄식을 삼킨 것에서, 그들의 우정이 지녔던 당대적 질량을 가늠해볼 수 있다. 하나둘 곁을 떠나가는 벗들, 조금도 개선의 기미가 보이지 않는 막막한 시계, 애써 외면하려 들어도 다시금 고개를 쳐드는 자의식과 같은 복잡미묘한 감정들이 그 속에 담겨 있다.

이 글에서 이용휴의 생지명을 통해 제기한 우정론과 관련된 문제의식은 단지 몰락한 남인 그룹에 국한되지 않고, 연암 계열과 그 밖의 여러 지식인 집단의 동향과 맞물려 18세기 지성사의 구도를 읽는 데 하나의 전망을 줄 수 있을 것으로 본다.

미 주

서설 18세기의 미친 바보들(각주 없음)

1부 18세기 조선 지식인의 자의식과 세계 인식

1. 18세기 문화 개방과 조선 지식인의 세계화 대응(각주 없음)

2. 18세기 조선 지식인의 '벽'과 '치' 추구 경향(85~109쪽)

1) 이 시기 우정론에 얽힌 담론은 임형택의 〈박연암의 윤리의식과 우정론의 성격〉, 《한국한문
   학연구》 1집(한국한문학회, 1976)에서 先鞭을 잡은 이래, 최근 박성순의 〈우정의 윤리학과
   진정성의 구조〉, 《18세기 조선 지식인의 문화의식》(한양대출판부, 2001)을 참조할 만하다.
2) 朴趾源, 〈念齋記〉, 《燕巖集》 권7(총간 252-112): "宋旭醉宿, 朝日乃醒. 臥而聽之, 鳶嘶鵲
   吠, 車馬喧囂. 杵鳴籬下, 滌器廚中. 老幼叫笑, 婢僕叱咳. 凡戶外之事, 莫不辨之, 獨無其聲.
   乃語曚曨曰: '家人俱在, 我何獨無?' 周目而視, 上衣在楎, 下衣在椸, 笠掛其壁, 帶懸椸頭.
   書帙在案, 琴橫瑟立, 蛛絲縈樑, 蒼蠅附牖. 凡室中之物, 莫不俱在, 獨不自見. 急起而立, 視其
   寢處, 南枕而席, 衾見其裡. 於是謂旭發狂, 裸體而去, 甚悲憐之, 且罵且笑, 遂抱其衣冠, 欲往
   衣之, 遍求諸道, 不見宋旭."
3) 이 글의 전후 문맥에 대해서는 정민, 《비슷한 것은 가짜다》(태학사, 2000) 중 203~212쪽에
   실린 〈생각의 집, 나를 어디서 찾을까?〉 참조.
4) 李德懋, 〈蟬橘堂濃笑〉, 《靑莊館全書》: "若得一知己, 我當十年種桑, 一年飼蠶, 手染五絲, 十
   日成一色, 五十日成五色. 曬之以陽春之煦, 使弱妻, 持百鍊金針, 繡我知己面, 裝以異錦, 軸
   以古玉, 高山峨峨, 流水洋洋, 張于其間, 相對無言, 薄暮懷而歸也."
5) 朴趾源, 〈與人〉, 《燕巖集》: "嗚呼痛哉! 吾嘗論, 絶絃之悲, 甚於叩盆. 叩盆者, 猶得再娶三娶,
   卜姓數四, 無所不可, 如衣裳之綻裂而補綴, 如器什之破缺而更換. 或後妻勝於前配, 或吾雖
   鰥, 而彼則艾, 其宴爾之樂, 無間於新舊. 至若絶絃之痛, 我幸而有目焉, 誰與同吾視也; 我幸
   而有耳焉, 誰與同吾聽也; 我幸而有口焉, 誰與同吾味也; 我幸而有鼻焉, 誰與同吾嗅也; 我幸
   而有心焉, 將誰與同吾智慧靈覺哉."
6) 朴趾源, 〈繪聲園集跋〉, 《燕巖集》: "古之言朋友者, 或稱第二吾, 或稱周旋人. 是故造字者, 羽
   借爲朋, 手又爲友. 言若鳥之兩翼, 而人之有兩手也. 然而說者曰: '尙友千古', 鬱陶哉是言

也! 千古之人, 已化爲飄塵冷風, 則其將誰爲吾第二, 誰爲吾周旋耶?"

7) 이에 대해서는 〈18세기 우정론의 맥락에서 본 이용휴의 생지명고〉 참조.

8) 沈魯崇, 〈山海筆戲〉(김영진, 《눈물이란 무엇인가》, 태학사, 2001, 130쪽): "余嘗聞李匡師在島種匏, 及熟, 鑿其腹, 手書所爲文, 納其中, 以蠟緘口, 放流潮頭曰: '同文之地, 有獲而見者, 知海東有李匡師, 足矣.' 其心可謂良苦. 而一切名念, 猶不能自忘."

9) 金逈洙는 《嘯堂遺稿》에 수록된 〈癖病論〉에서 "癖者偏僻在右脇下, 卽脾積也"라고 한 바 있다. 원문은 임종욱 편, 《한국문집소재 '論' 작품집》(역락, 2000, 3권, 1,298쪽 참조).

10) 尹行儼, 〈癖說〉, 《守默堂遺稿》 권5: "人之生也, 各禀所賦. 其性也, 萬不同也. 而亦各有癖好焉, 有詩酒癖焉, 有禽獸癖焉, 有玩好癖焉. 癖固不一, 而其爲喪志害己則同也, 皆可戒也."

11) 朴齊家, 〈百花譜序〉, 《楚亭全書》: "人無癖焉, 棄人也已. 夫癖之爲字, 從疾從癖, 病之偏也. 雖然, 具獨往之神, 習專門之藝者, 往往惟癖者能之."

12) 洪顯周, 〈癖說贈方君孝良〉, 《海居詩文集》: "癖者病也. 凡物有好之者, 好之甚則曰樂; 有樂之者, 樂之甚則曰癖. 仲舒杜預癖於學者也; 王狇李賀癖於詩者也; 靈運癖於遊者也; 米芾癖於石者也; 王徽之癖於竹者也. 外是以往有百工技藝之癖焉, 宮室珍寶器用之癖焉, 甚至有嗜痂逐臭之類. 又癖之入于怪者也."

13) 朴齊家, 〈百花譜序〉, 《楚亭全書》: "方金君之徑造花園也, 目注於花, 終日不瞬, 兀兀乎寢臥其下, 客主不交一語. 觀之者, 必以爲非狂則癡. 嘲點笑罵之不休矣. 然而笑之者笑聲未絶, 而生意已盡, 金君則心師萬物, 技足千古, 所畫百花譜, 足以冊勸甁史, 配食香國. 癖之功, 信不誣矣. 嗚呼! 彼仉伈泄泄誤天下大事, 自以爲無病之偏者, 觀此帖, 可以警矣."

14) 柳得恭, 〈題三十二花帖〉, 《冷齋集》 권8(총간 260, 118쪽): "艸木之花也, 孔翠之羽也, 夕天之霞也, 美人也, 此四者, 天下之至色也. 而花爲多色. 今夫畫美人者, 朱其唇, 漆其瞳, 微紅其頰而止. 畫霞者, 匪紅匪碧, 黯淡然而止. 畫羽者, 暈金點綠而止. 畫花者, 吾未知其用幾色也. 金君所畫三十二本, 總計艸木之花. 不過千百之一. 而五色不能盡. 非羽也霞也美人也之所可. 嗟乎! 搆一名亭, 貯美人, 甁揷孔翠, 庭植花, 倚欄而眺夕天霞, 天下有幾人哉? 然而美人易衰, 古羽易凋, 生花易零, 殘霞易銷, 吾從金君借此帖而忘憂."

15) 洪顯周, 〈癖說贈方君孝良〉, 《海居詩文集》: "余素無他嗜好, 唯癖於畫. 見一古畫可意者, 雖殘幅敗卷, 必重價而購之. 愛護之如性命. 聞某所有善本, 則輒殫心竭力, 必致之. 方其寓諸目而融諸神也, 終朝而不知倦, 達宵而不知疲, 忘食而不知飢. 甚矣吾之癖也! 其殆近於向所謂嗜痂逐臭者類歟? (中略) 於是乎, 余所蓄古畫之腐傷者, 皆得以新其舊, 而延其壽, 甚矣方君之癖於裝. 旣盡完其古畫之壞者, 每閒暇之日, 與之對几共玩, 陶然心醉, 不知天之爲蓋, 地之爲輿, 兀兀乎窮歲月於斯而不厭, 甚矣余與君之癖也. 因書爲癖說以贈之."

16) 南景羲, 〈癡庵說〉, 《癡庵集》 권7(《한국문집소재 '論' 작품집》 5권, 2,517쪽 참조): "癡者愚之甚者也. 愚有可化之道. 故傳曰雖愚必明, 甯武子之愚, 聖人以爲不可及. 若癡者, 於人爲疾沈痼, 而不醫. 故其字從疾. 愚不至於甚, 人不敢妄加以癡名. 而盖爲世俗相詬罵之辭."

17) 李德懋, 〈看書癡傳〉, 《靑莊舘全書》: "木覓山下, 有痴人, 口訥不善言, 性懶拙, 不識時務, 奕棋尤不知也. 人辱之不辨, 譽之不矜, 惟看書爲樂, 寒暑飢病, 殊不知. 自塗鴉之年, 至二十一歲, 手未嘗一日釋古書. 其室甚小. 然有東牖有南牖有西牖焉, 隨其日之東西, 受明看書. 見未見書, 輒喜而笑. 家人見其笑, 知其得奇書也. 尤喜子美五言律, 沉吟如痛痾, 得其深奧, 喜甚, 起而周旋, 其音如鴉叫. 或寂然無響, 瞠然熟視, 或自語如夢寐. 人目之爲看書痴, 亦喜而受之. 無人作其傳, 仍奮筆書其事, 爲看書痴傳. 不記其名姓焉."

18) 李德懋, 《蟬橘堂濃笑》(정민, 《한서 이불과 논어 병풍》, 열림원, 2000, 57쪽 참조): "貧不貯半緡錢, 欲施天下窮寒疾厄; 鹵不透一部書, 欲覽萬古經史叢裨, 匪迂卽痴. 嗟李生! 嗟李生!"

19) 李德懋, 《蟬橘堂濃笑》(정민, 《한서 이불과 논어 병풍》, 열림원, 2000, 86쪽 참조): "春山鮮鮮, 而夏山滴滴, 秋山癯癯, 而冬山栗栗. 而不知天鼓槖何山何水之氣, 孕出彭淵村米元章, 來爲迂之宗, 顚之魁. 當世之人, 一接其眉鬚, 承其聲音, 無不噴飯如飛蜂, 絶纓如拉朽, 笑聲啞啞, 數千年不絶. 不知今幾靑燈, 幾明窓, 胡盧絶倒者幾輩也. 然寧笑而不敢罵, 可愛而不忍害, 顧其人, 則力不能縛一雞, 是無用之物, 猶如此何也? 以其無機心也."

20) 李奎象, 《幷世才彦錄》: "鄭正言喆祚, 號石癡. 善畫竹石山水, 癖痼刻硯石. 刻硯人例俱刀錐, 名曰刻刀. 喆祚只以佩刀刻硯, 如以蠟. 勿論石品, 見石輒刻. 頃刻而成, 貯硯滿案. 有求輒與."

21) 朴趾源의 《燕巖集》 권5에 수록된 〈與石癡〉 네 수 참조.

22) 김석손의 이야기는 劉在建의 《里鄕見聞錄》 권6에 "金祏孫字伯升, 癖於梅, 種梅數十樹, 嘯咏其間. 徵梅詩於一世之能詩者, 應之者數千人. 凡以詩名者, 不問尊卑貴賤, 無門不到, 遑遑如也, 錄以橫卷, 大於牛腰. 錦贉而玉踐之, 藏于家, 人稱梅花詩顚"이라 하였고, 또 악사 김억의 이야기는 趙熙龍의 《壺山外記》에 "癖於刀, 皆饡以珠貝, 列掛房櫳, 日佩一刀. 周一歲不盡"이라 하였다.

23) 李奎象, 《幷世才彦錄》: "坯窩有書癖. 癖出時, 罔晝夜搦筆者一二朔. 及癖之止, 不近筆硯, 亦一二朔."

24) 朴趾源, 〈炯言挑筆帖序〉, 《燕巖集》: "雖小技, 有所忘然後能成, 而況大道乎? 崔興孝通國之善書者也. 嘗赴擧書卷, 得一字類王義之. 坐視終日. 忍不能捨, 懷卷而歸. 是可謂得失不存於心耳. 李澄幼登樓而習畫, 家失其所在, 三日乃得. 父怒而笞之, 泣引淚而成鳥. 此可謂忘榮辱於畫者也. 鶴山守通國之善歌者也. 入山肆, 每一闋拾沙投履, 滿履乃歸. 嘗遇盜, 將殺之, 倚風而歌, 群盜莫不感激泣下者. 此所謂死生不入於心. 吾始聞之, 歎曰: '夫大道散久矣. 吾未甞好賢如好色者也. 彼以爲技, 足以易其生. 噫! 朝聞道夕死可也.' (下略)"

3. 18세기 조선 지식인의 자의식 변모와 그 방향성(111~132쪽)

1) 〈念齋記〉 전문에 대한 분석은 정민, 〈생각의 집, 나를 어디서 찾을까?〉, 《비슷한 것은 가짜다》(태학사, 2000) 참조.

2) 朴趾源, 〈答蒼厓〉 2, 《燕巖集》 권5(총간 252~96): "還他本分, 豈惟文章? 一切種種萬事, 摠然. 花潭出, 遇失家而泣於塗者. 曰: '爾奚泣?' 對曰: '我五歲而瞽, 今二十年矣. 朝日出往,

忽見天地萬物淸明, 喜而欲歸, 阡陌多岐, 門戶相同, 不辨我家. 是以泣耳.' 先生曰: '我誨若

歸. 還閉汝眼. 卽便爾家.' 於是閉眼, 扣相信步, 卽到. 此無他. 色相顚倒, 悲喜爲用, 是爲妄

想. 扣相信步, 乃爲吾輩守分之詮諦, 歸家之證印.'"

3) 朴趾源, 〈蟬丸集序〉, 《燕巖集》 권7(총간 252~107): "林白湖將乘馬, 僕夫進曰: '夫子醉矣.

隻履鞾鞋.' 白湖叱曰: '由道而右者, 謂我履鞾, 由道而左者, 謂我履鞋, 我何病哉!'"

4) 李用休, 〈還我箴〉, 《惠寰雜著》(《近畿實學淵源諸賢集》), 성균관대 대동문화연구원, 2002, 2

책, 175쪽).

5) 朴趾源, 〈綠天館集序〉, 《燕巖集》 권7(총간 252~111): "李氏子洛瑞, 年十六, 從不侫學, 有

年矣. 心靈夙開, 慧識如珠, 嘗携其綠天之稿, 質于不侫曰: '嗟乎! 余之爲文, 纔數歲矣, 其犯

人之怒多矣. 片言稍新, 隻字涉奇, 則輒問古有是否, 否則怫然于色曰: 安敢乃爾? 噫! 於古有

之, 我何更爲? 顧大夫有以定之也.' 不侫攢手加額, 三拜以跪曰: '此言甚正. 可興絶學, 蒼頡

造字, 倣於何古, 顏淵好學, 獨無著書, 苟使好古者, 思蒼頡造字之時, 著顏子未發之旨, 文始

正矣. 吾子年少, 耳逢人之怒, 敬而謝之曰: 不能博學, 未效於古矣. 問猶不止, 怒猶未解, 曉

曉然答曰: 殷誥周雅, 三代之時文, 丞相右軍, 秦晋之俗筆.'"

6) 이덕무, 《국역 청장관전서》 3책, 23쪽.

7) 이덕무의 〈字懋官說〉은 《청장관전서》에는 누락되고, 윤광심이 엮은 《병세집》에만 수록되었

다. 안대회, 〈이덕무의 소품문〉(《현대시학》 2003년 1월호)에 번역과 해설이 수록되어 있다.

"德懋十六冠, 字以明叔, 以明叔行十二年. 然字固可別而不相混, 壹而不相岐, 同則混, 混則

諱, 諱則岐. 古而名賢, 尊而宰輔, 敵而朋類, 卑而吏民, 十室之邑, 一旅之聚, 以明叔字者, 盖

多矣. 嘗入試闈, 有明叔呼者, 瞥然而諾, 匪我也. 歷街市, 有明叔呼者, 幡然而顧, 匪我也. 或

屢呼而故不應, 反眞我也. 應亦錯, 不應亦錯, 烏在其別而不相混."

8) 이덕무, 〈自言〉, 《국역 청장관전서》 1책, 317쪽(안대회의 앞 글에도 소개되어 있다): "人可

變乎? 曰: 有可變者, 有不可變者. 若有人於此, 自孩提不戲遊, 不妄語, 誠信端慤. 及其壯,

人勸之曰: '爾不偕俗, 俗將不容爾.' 逡然之, 口談鄙俚之言, 身行輕浮之事, 如是者三日, 蹙

然不怡曰: '吾心不可變也. 三日之前, 吾心充然. 三日之後, 吾心枵然.' 遂復其初."

9) 南鍾鉉, 〈去號序〉, 《月巖集》(전문의 풀이는 안대회, 〈남종현의 소품문〉(《현대시학》 2003년

3월호, 186쪽 참조): "余嘗自號月巖, 有月巖自號序矣. 久思之, 不可, 乃作序而去之. 曰: 有

身, 必有名. (……) 余之號余也, 以余家月巖下, 爲月巖. 自度人生也浮萍之於水, 絮之於風

樹, 花之於墻籬簾簫, 未始有鐵門限矣. 月巖豈余之倉庫氏乎? 無其實而有其名, 亦猶減其質

而施其文, 號則不可. 余有余名, 名不出里巷, 雖有號, 有識者安識而譏余. 然學爲己, 非爲人.

知不知在人, 愧不愧在我. 我欲我之修我而無愧者也, 豈若世之作奸作僞, 內愧於心而幸人之

不知者耶?"

10) 南鍾鉉, 〈自墓誌〉, 《月巖集》(안대회, 앞의 글, 188쪽): "年月日, 宜寧南鍾玄病且死, 遺命

不棺槨衣衾, 葬不擇兆, 不成墳, 不可以志, 乃自書片紙, 納于藏屍之穴."

11) 南鍾鉉, 〈自墓誌〉: "非先古, 未嘗發言, 非先古, 未嘗下辭. 勢而不知媚, 窮而不自瀸, 天地

間豈可無我乎哉! 言必觸諱, 行必詭俗, 任情而家人不附, 獨行而朋知相棄, 不事章句而不敢辭諛佞之目, 賤不事貴而不能逃疎慢之誅, 天地間其可有我乎哉。 嘻! 有我者, 不過五十年, 而無我者, 將不至幾千萬年. (……) 銘曰: '言以人所無, 行以人所無, 葬以人所無, 人不道其賢, 吾自知其愚.'"

12) 자찬묘지명에 대한 논의는 안대회, 〈조선 후기 자찬묘지명 연구〉, 《한국한문학연구》 제31집(2003. 6), 237~266쪽에 자세하고, 생지명은 〈18세기 우정론의 맥락에서 본 이용휴의 생지명고〉 참조.

13) 이 시기 조선풍 또는 조선시 선언이 갖는 의미는 〈18, 19세기 문인 지식인층의 통변 인식과 그 경로〉 참조.

4. 18, 19세기 문인 지식인층의 통변 인식과 그 경로(133~153쪽)

1) 이 글은 18세기 문학론의 향배에 관한 필자의 다음과 같은 앞선 논의와 연관된다.

  鄭珉, 〈古典文章理論에서 '法'의 문제에 대하여〉, 《고전문학연구》 제15집(한국고전문학회, 1999. 6), 281~315쪽; 〈古文觀의 세 層位와 活物的 文章 認識〉, 《시학과 언어학》 제1호(시학과언어학회, 2001. 6), 37~61쪽; 〈黃金臺記를 통해 본 연암의 글쓰기 방법〉, 《고전문학연구》 제20집(한국고전문학회, 2001. 12), 329~357쪽; 〈東槎餘談에 실린 李彦瑱의 필담 자료와 그 의미〉, 《한국한문학연구》 제32집(한국한문학회, 2003. 12), 87~123쪽; 〈沆瀣 洪吉周의 讀書論과 文章論〉, 《대동문화연구》 제41집(성균관대학교 동아시아학술원, 2002. 12), 87~123쪽.

2) 洪良浩, 〈稽古堂記〉, 《耳溪集》 권13(총간 241~216): "古者當時之今也, 今者後世之古也. 古之爲古, 非年代之謂也, 蓋有不可以言傳者. 若夫貴古而賤今者, 非知道之言也. 世有志於古者, 慕其名而泥其跡, 譬如學音者, 執追蠡而拊土鼓, 不知韶武之變; 好味者, 把汙樽而啜大羹, 不識鹽梅之和, 號於人曰: '我能古也, 我能古也.' 其可乎哉."

3) 申琬, 〈文說〉, 《幷世集》 文卷 1: "卑今而尙古, 如北地太倉弇園者, 殆蘇子所稱秦士持大王之杖執舜所作之梡, 而行乞太公九府之錢者也. 尙何足議於文哉?"

4) 金邁淳, 〈闕餘散筆〉, 《臺山全書》 2-514쪽): "苟不察其指意所在, 而徒據字樣, 是古而非今, 執彼而難此, 則席必哀公之席, 錢必太公之錢. 而貌類陽虎, 不免爲夫子之累, 不亦拘乎?"

5) 沈魯崇, 〈與愼生千能〉, 《孝田散藁》(연세대 필사본): "僕嘗觀世之號爲文者, 輒自稱曰古文古文, 今人何以爲古文? 古人之前, 亦有古文, 古人何嘗好古而惡今? 如今人之矻矻於字句糟粕之間, 求其似而切切然自好, 愈求而愈不似乎."

6) 朴趾源, 〈綠天館集序〉, 《燕巖集》(총간 252~111쪽): "夫何求乎似也? 求似者, 非眞也. 天下之所謂相同者, 必稱酷肖, 難辨者, 亦曰逼眞. 夫語眞語肖之際, 假與異, 在其中矣."

7) 朴趾源, 〈綠天館集序〉: "故天下有難解而可學, 絶異而相似者. 鞮象寄譯, 可以通意, 篆籀隷楷, 皆能成文. 何則? 所異者形, 所同者心故耳. 繇是觀之, 心似者, 志意也, 形似者, 皮毛也."

8) 李定稷, 〈富於萬篇貧於一字論〉, 《石亭集》권5, 장26: "司馬遷作史記, 凡記尙書之事, 遇克字, 率易之以能字. 夫克之爲字, 其辭典, 能之爲字, 其辭不古. 以司馬氏之才, 非不知不古之不如典也, 猶且易之. 豈不以克字之典, 宜於古之尙書, 能字之不古, 未嘗不宜於己之所著之史也耶? 尙書有尙書之體裁, 史記有史記之體裁. 司馬氏惟知不失體裁而已, 夫焉知典與不古之異也. 不知者, 必富於克字, 而惟深造乎文字而後, 乃知其貧. 思之之精, 得一能字以易之也."

9) 沈魯崇, 〈與愼生千能〉, 《孝田散藁》(연세대 필사본): "許眉叟性癖好古, 爲文非典謨不爲, 爲詩非雅頌不爲. 見其集中, 令人多可笑. 奏箚之末, 必曰: '唯殿下懋哉懋哉.' 詩必四言, 末又分章而曰: '第幾章 章幾句.' 如是而眞可謂典謨也, 雅頌也乎? 適見其無一爻活氣, 無一端眞意, 人而無活氣曰偶人, 文而無眞意曰僞文, 求爲文而豈可爲偶人僞文乎?"

10) 朴趾源, 〈答京之三〉, 《燕巖集》(총간 252~95쪽): "足下讀太史公, 讀其書, 未嘗讀其心耳. 何也? 讀項羽, 思壁上觀戰; 讀刺客, 思漸離擊筑, 此老生陳談, 亦何異於廚下拾匙? 見小兒捕蝶, 可以得馬遷之心矣. 前股半跽, 後脚斜翹, 丫指以前, 手猶然疑, 蝶則去矣. 四顧無人, 哦然而笑, 將羞將怒, 此馬遷著書時也."

11) 洪奭周, 〈答李審夫書〉, 《淵泉全書》(2-728쪽): "自夫所謂王李氏者, 以復古之說倡之, 而牛鬼蟲蠚, 百怪交作, 猝然展紙, 如入儌徠倈離之鄕, 茫然而不可識焉何語."

12) 金邁淳, 〈答士心〉, 《臺山全書》(2-380쪽): "天下之生久矣. 三才萬象日變而不已. 今之不能爲古, 猶古之不能爲今也. 況文之爲物, 要在適用, 則今文之不能爲秦漢, 非直才之罪也, 顧勢亦有不可焉耳."

13) 朴趾源, 〈楚亭集序〉, 《燕巖集》(총간 252-14): "爲文章如之何? 論者曰: 必法古. 世遂有儗摹倣像, 而不之恥者. 是王莽之周官, 足以制禮樂; 陽貨之貌類, 可爲萬世師耳. 法古寧可爲也. 然則, 創新可乎? 世遂有怪誕淫僻, 而不知懼者, 是三丈之木, 賢於關石; 而延年之聲, 可登淸廟矣. 創新寧可爲也. 夫然則如之何, 其可也? 吾將奈何! 無其已乎! 噫! 法古者病泥跡, 創新者患不經, 苟能法古而知變, 創新而能典, 今之文猶古之文也."

14) 임형택, 〈박연암의 인식론과 미의식〉, 《한국한문학연구》제11집(한국한문학회, 1988), 36쪽.

15) 송재소, 〈맹인삽화를 통해서 본 연암 박지원의 사물인식〉, 《한시미학과 역사적 진실》(창작과비평사, 2001), 363쪽.

16) 관련 내용은 앞의 글 〈18세기 지식인의 자의식 변모와 그 방향성〉과 정민, 《비슷한 것은 가짜다》(태학사, 2000), 203~212쪽 참조.

17) 金正喜, 〈自題小照〉.

18) 〈塵公塔銘〉과 관련된 내용은 정민, 〈연암 박지원의 '塵公塔銘' 管窺〉, 《한국고문의 이론과 전개》(태학사, 1998. 6), 487~514쪽 참조. 이 논문에서 偈頌 부분을 연암이 지은 것으로 추정했으나, 최근 확인된 새 자료에 의해 이덕무의 글로 바로잡는다.

19) 朴趾源, 〈孔雀舘文稿自序〉, 《燕巖集》(총간 252-60): "文以寫意, 則止而已矣. 彼臨題操毫, 忽思古語, 强覓經旨, 假意謹嚴, 逐字矜莊者, 譬如招工寫眞, 更容貌而前也. 目視不轉, 衣紋如拭, 失其常度, 雖良畵史, 難得其眞. 爲文者, 亦何異於是哉. 語不必大, 道分毫釐, 所可道

也, 瓦礫何棄? 故檮杌惡獸, 楚史取名, 椎埋劇盜, 遷固是敍. 爲文者, 惟其眞而已矣."

20) 朴趾源, 〈答蒼厓之一〉, 《燕巖集》(총간 252-96): "爲文者, 穢不諱名, 俚不沒迹. 孟子曰: '姓所同也, 名所獨也.' 亦唯曰: '字所同而文所獨也.'"

21) 朴趾源, 〈嬰處稿序〉, 《燕巖集》(총간 252-110): "外舐水匏, 全呑胡椒者, 不可與語味也, 羨隣人之貂裘, 借衣於盛夏者, 不可與語時也. 假像衣冠, 不足以欺孺子之眞率矣."

22) 朴趾源, 〈嬰處稿序〉, 《燕巖集》(총간 252-110): "今懋官朝鮮人也. 山川風氣, 地異中華, 言語謠俗, 世非漢唐. 若乃效法於中華, 襲體於漢唐, 則吾徒見其法益高而意實卑, 體益似而言益僞耳. 左海雖僻, 國亦千乘, 羅麗雖儉, 民多美俗, 則字其方言, 韻其民謠, 自然成章, 眞機發現. 不事沿襲, 無相假貸, 從容現在, 卽事森羅. 惟此詩爲然. 嗚呼! 三百之篇, 無非鳥獸草木之名, 不過閭巷男女之語. 則邶檜之間, 地不同風, 江漢之上, 民各其俗, 故采詩者以爲列國之風, 攷其性情, 驗其謠俗也. 復何疑乎此詩之不古耶? 若使聖人者, 作於諸夏, 而觀風於列國也, 攷諸嬰處之稿, 而三韓之鳥獸草木, 多識其名矣; 貊男濟婦之性情, 可以觀矣, 雖謂朝鮮之風, 可也."

23) 朴趾源, 〈答蒼厓之一〉, 《燕巖集》(총간 252-110): "官號地名, 不可相借, 擔柴而唱鹽, 雖終日行道, 不販一薪. 苟使皇居帝都, 皆稱長安, 歷代三公, 盡號丞相, 名實混淆, 還爲俚穢. 是卽驚座之陳公, 效顰之西施."

24) 丁若鏞, 〈老人一快事六首效香山體〉, 《與猶堂全書》(총간 281~124).

25) 이장우 옮김, 《韓愈 詩 이야기》(대한교과서주식회사, 1988), 201쪽 참조.

26) 조선풍 한시에 대한 집중적인 논의는 李正善, 《朝鮮後期 朝鮮風 漢詩 硏究》(한양대 출판부, 2002) 참조.

27) 洪吉周, 〈三韓義烈女傳序〉(《標礱乙籤》 연세대 필사본): "使左邱而生楚懷之世, 離憂放逐而作賦, 則其文必如離騷; 使莊周而生漢武之時, 掌金匱石室之策而述史, 則其文必如史記, 餘數子咸然. 又使此數子, 而生齊梁隋唐之間, 作骿儷駢隅, 則必如庾信王勃; 使之生開元大曆之際, 作樂府古詩律絶, 則必如李白杜甫; 使之生興元貞元之中, 奏議論事, 則必如陸贄; 使之生唐若宋, 作制誥論策碑誌序記諸文, 則必如韓愈蘇軾; 使之生元明之交, 作小說塡詞, 則必如羅貫中王實甫; 使之生今之世, 演香娘義烈, 則必如竹溪; 使之讀香娘義烈傳而叙之, 則必如余."

2부 18세기 조선 지식인의 지적 경향

1. 18세기 산수유기의 새로운 경향(157~179쪽)

1) 강명관, 《조선시대 문학 예술의 생성 공간》(소명출판, 1999).

2) 안대회, 〈조선후기 소품문의 성행과 글쓰기의 변모〉, 《중세적 인식론의 변환과 새로운 담론의 모색》(성균관대 대동문화연구원 중점과제 학술발표회 발표문, 2001. 6)은 이 시기 소품

문의 특징을 여러 각도에서 정리하고 있다. 앞선 연구로는 김성진, 〈조선후기 소품체 산문 연구〉(부산대학교 박사논문, 1991)가 주목할 만하다.

3) 曺植, 〈遊頭流錄〉(최석기 외 옮김, 《선인들의 지리산 유람록》, 돌베개, 2000, 113쪽): "初 登上面, 一步更難一步, 及趨下面, 徒自擧足, 而身自流下. 豈非從善如登, 從惡如崩者乎?"

4) 高敬命, 〈遊瑞石錄〉: "遠而望之, 若峨冠碩人, 端笏拱揖: 迫而視之, 若重關鐵城, 萬甲中藏. 其一特立不倚, 勢益孤挺, 有若違世絶俗之士, 離群而獨往也."

5) 박제가의 〈妙香山小記〉 앞부분에 "晨起張燈, 讀袁中郎徐文長傳"이라 한 대목이 있다.

6) 이덕무는 《서해여언》의 서문에서 "知我者曰: '文心奇僻, 往往如王季重天目游喚.' 余頗頷可"라 하였다.

7) 신익철, 〈重興遊記의 글쓰기 방식과 18세기 북한산 산행의 모습〉, 《문헌과해석》 제11호(문헌과해석사, 2000년 여름호)에서 비교적 상세히 다룬 바 있다.

8) 權常愼의 《西漁遺稿》(규장각 소장사본)에 수록되어 있다. 이들 자료에 대해서는 안대회, 〈조선후기 소품문의 성행과 글쓰기의 변모〉, 《중세적 인식론의 변화와 새로운 담론의 모색》(성균관대 대동문화연구원 중점과제 학술발표회 발표문, 2001. 6)에서 처음으로 언급하였다.

9) 權常愼, 〈南皐春約〉 〈第一條 賞花〉: "一, 飯前議定某處看花. 議若有岐, 三人言從二人言. 恥議不立, 不樂携隨者, 從罰如左. 一, 薄雨厚霧獰風, 皆不擇. 盖一年春事, 除雨霧風, 可遊之日甚少. 雨中遊名曰洗花役, 霧中遊名曰潤花役, 風中遊名曰護花役. 若顧惜衣履, 推諉疴恙, 逡巡而不行者, 從罰如左. 一, 行或幷秩, 亦或連武. 有時乎二二三三, 參參差差, 必各自相顧, 同作一團. 若健步先之, 不應後者, 懶步後之, 不呼先者. 至於乖散者, 從罰如左. 一, 賞花者, 或以折花爲喜甚. 無謂束君養花, 如農夫養穀. 花花皆辛苦造化, 生意靄然者, 凡我同遊, 其忍折之. 折者從罰如左. 一, 酒行小盃, 序以年齒. 酒旣在盃, 禮不可辭. 不善酒者, 盃當巡次, 把盃灌花下, 叩頭向花謝曰: '伏惟花神, 明鑑酒戶. 酒戶實窄, 是以灌土.' 同盜憐之, 免其困頓. 若深淺其杯, 引停惟意者, 從罰如左. 一, 出韻賦詩, 或一韻同賦, 或分韻各賦. 不論工拙, 專以記遊紓情爲主. 衆皆篇成, 而獨自苦思巧索者, 從罰如左."

10) 정약용의 두 작품에 대해서는 정민, 〈세검정 구경하는 법, 茶山의 遊記 두 편〉, 《문헌과해석》(1998년 여름호), 151~155쪽 참조.

11) 실시학사 고전문학연구회 역주, 《조희룡 전집》(한길아트, 1999) 5책, 126쪽 참조.

12) 李鈺, 〈南程十篇〉 중 〈方言〉: "聞於鄕之音, 一曰莫或辨, 二曰得其半, 三曰隨而貫. 請曰都兀呀, 相助之義也. 應曰于喈羅, 尊之所以唯. 卑亦施於尊. 母曰於邁, 祖曰黔輩, 女子曰嘉散, 筇曰斫枝, 蕭曰擧致, 絢曰朔落緊, 稻曰羅樂, 馬曰沒, 鷄雛曰貧兒利, 山曰昧, 石曰突其, 廨曰求義, 廚曰精子."

13) 李鈺, 〈重興游記〉 중 〈約束〉: "出國門, 立三章法. 一曰戒詩. 作詩中人, 不可作人中詩. 爲詩中景, 不可爲景中詩. 二曰戒酒. 山坳水涯, 幸而酒家, 勿問紅鵝, 勿問波渣, 勿問當壚者之如何. 不許我衆, 不飮可過. 一杯而和, 二杯而酡, 三杯而歌. 不畖則傞, 一切勿許飮至三螺. 如

來釋迦. 證此金科. 三曰戒身. 旣杖旣屨而蔡, 旣扱衣, 仄蹬可, 峻阪可, 蹄崩橋可, 陡堅可, 白雲臺不可. 匪不能不可也. 有渝此言, 山神其原諸."

14) 權常愼, 〈貞陵遊錄〉: "盤石介于兩寺之間, 而距奉國寺差近. 水淙淙可聽, 花簀簀尤盛. 命釋幻坐上流泛花. 花片着水, 回戀不下, 忽翔然而達于下渦. 又疊聚不下, 以松枝撈水乃下. 叫奇歡甚. 忽有掬腐葉滅沙來者, 問其故, 欲塞流, 決作急流聲. 吾叱之曰: '誰敎爾作此沒韻事耶?' 命拓水底滯沙以贖辜. 於是花流甚捷."

15) 李鈺, 〈三游紅寶洞記〉: "辛亥三月, 微雨初晴, 又好風淡. 步自照厓行, 憩懿昭墓溪上. 踰數麓至紅寶洞. 以爲且紅爛燉矣. 及至無一瓣花, 非徒無花, 無樹矣. 非徒無樹, 根亦無矣. 方見村丁竄土窖灰黃爲種琥珀計. 下視水閣, 亦去矣. 惟井井白礎如華表柱, 使人索然似秋. 繼之以感. 始知麻家老婆之不臨碧海痛哭者, 亦屬頑腸也. 噫! 十三年而再游, 又十三年而後游, 則何花之不變於前, 而變于後耶? 花之變, 余知之矣. 老者悴而稚者又榮. 斬者去而萌者踵起, 則雖或有盛衰之殊, 而亦未有若是之盡者矣. 豈樵童牧豎, 一朝剪伐, 幷挖其根而然耶? 抑歲久矣, 老者益老, 稚者不復萌而然歟? 紅寶洞從此已矣."

16) 李鈺, 〈三游紅寶洞記〉: "其時間, 古有洪輔德居於此. 花皆洪之植也. 故名洪輔德洞, 而今訛爲紅寶, 又或稱紅牌後洞云. 其後歲己亥, 從二兄及諸友友, 自鞍峴飯山寺, 日映到獨松亭下. 有一生貴, 起別墅於花之西風檻水閣. 工未訖, 而已沒入官矣."

17) 李德懋, 〈西海旅言〉: "登高望遠, 益覺渺小. 荐然生愁, 不暇自悲, 而悲彼島人, 假令彈丸小地, 饑饉頻年. 風濤黏天, 不通賑貸, 當奈何? 海寇竊發, 便風擧帆, 逃遁無地, 盡被屠戮, 當奈何? 龍鯨鼂鼈, 緣陸而卵, 惡齒毒尾, 噉人如蔗, 當奈何? 海神赫怒, 波濤瀁溢, 滄覆村閭, 一滌無遺, 當奈何? 海水遠移, 一朝斷流, 孤根高峙, 祥然見底, 當奈何? 波嚙島根, 潏汨旣久, 土石難支, 隨流而圮, 當奈何? 客曰: '島人無恙, 而子先危矣.' 風之觸矣, 山將移矣, 余迺下立平地, 逍遙而歸. 余東望佛胎長山, 諸環海之山, 而歎曰: '此海中之土也.' 客曰: '奚爲也?' '子試穿渠, 其土如阜, 天開巨浸, 拓渰成山也.' 仍與二生, 入迫捕之幕, 進一大白, 澆海遊之胸."

18) 정민, 《비슷한 것은 가짜다》(태학사, 2000), 256쪽에 관련 글이 실려 있다.

19) 朴齊家, 〈妙香山小記〉: "取石片之薄者, 橫擲波心, 刮去水皮, 三躍四躍, 緩者如蟾沒, 輕者如燕蹴偶然爲竹, 節節條逐, 或疊錢相趁, 尖痕如角, 層紋如塔, 此童子戲也, 謂之重水漪."

20) 朴齊家, 〈妙香山小記〉: "泝而登之, 巖勢坦曠, 亂水流離, 步不可著, 諸人在下. 爲子懼墜, 挽之不得, 可望而不可攀. 一步回頭, 招呼之手口可數, 五步回頭, 眉睫猶向我而仰, 十步回頭, 笠豆如車, 只辨衲衲, 百步回顧, 洞口之人, 如坐瀑底, 瀑底之人, 已不見我矣."

21) 朴齊家, 〈妙香山小記〉: "鷗泛于堅, 視其背甚低也"

22) 朴齊家, 〈妙香山小記〉: "凹而瑞起, 如蕨芽叢拳, 如龍鬚, 如虎爪, 如攫而止"

23) 李德懋, 〈七十里葛雪記〉: "將往忠州, 朝踰利富之峴, 凍雲枳天, 雪始浮浮而作橫臥. 飛如機上緯, 婀娜棲鬟, 有慇勤意. 余愛之, 仰天張口而吸, 山之細逕最先白, 遠松黑色, 其靑靑欲染, 知近松也. 敗蒭槀離立田中, 雪挾風獵之, 颼颼然吶嘯, 頹皮倒拖, 爲自然草書. 叢木之翠, 乾鵲雄雌五六七八, 坐甚閑暇, 或埋味于臆, 半掩眼, 似睡未睡, 或枝之, 又礪厥味, 或匝脰仰爪, 刮其眼胞, 或矯脛刷旁鵲之肩羽, 或雪積其頂, 振動之使飛墜, 仍定睛凝看飛勢."

24) 李鈺, 〈南程十篇〉 중 〈寺觀〉: "觀羅漢, 羅漢五百數. 有目魚者, 簾睫者, 鳳眴者, 睡者, 睥者, 突睛者, 瞋者, 睨者, 盼而笑者, 鷄嚬視者, 三角者, 眉劒者, 蛾者, 彎者, 長者, 如禿帚者, 鼻獅昻者, 羊者, 鷹嘴勾者, 鯱者, 平者, 曷者, 截筒者, 口卷唇者, 櫻啅者, 馬喙者, 烏喙者, 虎吻者, 喎者, 魚呴水者, 面黃者, 微靑者, 朱者, 粉白者, 如桃花者, 酡者, 栗色者, 黔者, 痣者, 痲者, 白癩者, 瘤者, 魚目而獅鼻者, 羊鼻而睫簾者, 獅鼻而瞋而虎吻者. 目同而鼻非, 鼻同而口非, 口同而面色非, 皆同而長短胖瘦非, 長短胖瘦同而形態非. 或立, 或左, 或頫, 或偎, 或顧左, 或顧右, 或與人語, 或著書, 或作書, 或附耳, 或負劒, 或凭肩, 或垂首如愁, 或如思, 或掀鼻如喜, 或似儒, 或似宦, 或似婦人, 或似武人, 或似病人, 或似弱兒, 或似老人, 千人之社, 萬人之市."

25) 李鈺, 〈重興遊記〉 중 〈總論〉: "風枯露潔, 八月佳節也, 水動山靜, 北漢佳境也, 豈弟洵美二三子, 皆佳士也. 以玆游於玆, 如之何游之不可也. 過紫衕佳, 登洗劒亭佳, 登僧伽門樓佳, 上文殊殊門佳, 臨大成門佳, 入重興衕口佳, 登龍岩峯佳, 臨白雲下麓佳, 祥雲衕口佳, 簾瀑絶佳, 大西門亦佳, 西水口佳, 七游岩極佳, 白雲靑霞二衕門佳, 山暎樓絶佳, 孫家庄佳, 貞陵洞口佳, 東城外平沙, 見羣馳馬者佳, 三日復入城, 見翠帘坊肆紅塵車馬更佳, 朝亦佳, 暮亦佳, 晴亦佳, 陰亦佳, 山亦佳, 水亦佳, 楓亦佳, 石亦佳, 遠眺亦佳, 近逼亦佳, 佛亦佳, 僧亦佳. 雖無佳殽濁酒亦佳, 雖無佳人樵歌亦佳, 要之有幽而佳者, 有爽而佳者, 有豁而佳者, 有危而佳者, 有淡而佳者, 有縟而佳者, 有窅而佳者, 有寂而佳者, 無往不佳, 無與不佳, 佳若是其多乎哉. 李子曰, 佳故來, 無是佳, 無是來."

2. 18, 19세기 문인 지식인층의 원예 취미(181~220쪽)

1) 심경호, 〈화원에서 얻은 단상—조선후기의 화원기〉, 《한문산문의 내면풍경》(소명, 2001), 89~132쪽; 고연희, 〈정약용의 화훼에 대한 관심과 화훼시 고찰〉, 《동방학》 제7집(한서대 부설 동양고전연구소, 2001. 12), 39~57쪽; 고연희, 〈19세기에 꽃 핀 화훼의 詩·畵〉, 《한국시가연구》 제11집(한국시가학회, 2002. 2), 102~125쪽; 안대회, 〈한국 蟲魚草木花卉詩의 전개와 특징〉, 《한국문학연구》 제2호(고려대학교 한국문학연구소, 2001), 147~173쪽; 안대회, 〈18·19세기의 주거문화와 상상의 정원〉, 《진단학보》 제97호(진단학회, 2004. 6), 111~138쪽 등 참조.

2) 《화암수록》에 대한 자세한 내용은 〈18세기 원예 문화와 유박의 《화암수록》〉 참조. 안대회의 〈꽃의 달인, 유박〉, 《신동아》(2004년 11월호)에서도 유박에 관한 본격적인 소개가 이루어졌다.

3) 蔡濟恭, 〈寓花齋記〉, 《樊巖集》(총간 236-114): "柳斯文璞癖於花. 家百川之金谷. 謝遣世紛, 日以蒔花爲調度. 蓋花無不蓄, 時無不花. 五畝環堵, 馥馥然衆香國矣. 君忻然自多, 名其齋曰

寓花."

4) 柳璞, 《花菴隨錄》, 8쪽: "勢友. ○倭躑躅暎山紅枝葉花色, 大同小異. 暎山白亦貴. 唐暎山紅
唐躑躅, 不及倭産. ○我世宗大王卽祚二十有三年春, 日本國進躑躅數盆. 命置內庭取種, 花瓣
甚大, 重跗疊萼, 久而不衰. ○屈其枝宜地接. ○惡濕, 收藏勿暖, 澆水勿濕."

5) 자세한 내용은 주 2) 참조.

6) 김영진, 〈이옥 문학과 명청 소품〉, 《고전문학연구》 제23집(한국고전문학회, 2003. 6),
355~387쪽; 김영진, 〈조선후기의 명청소품 수용과 소품문의 전개 양상〉(고려대 박사논문,
2003. 12) 참조.

7) 李鈺, 《白雲筆》, 81쪽: "辛丑仲夏, 余嘗作花國三史, 上編曰花典·花謨·花命·花誥, 中編曰花
史綱目附錄), 下編曰花王本紀·梅妃竹夫人列傳·尙昭華列傳·三容華列傳·宗室列傳·蓮蘗公世
家·梅公公世家·勻陂公世家·桃林公世家·杏城公世家·梨園公世家·蕉縣公世家·芝縣公蘭亭公
世家·杞國公世家·葵邱公棠縣公桂嶺公世家·柳將軍列傳·辛夷微子叔列傳·冥夾宣嬰列傳·決
明牽牛書帶金錢列傳·菊潭公列傳·竹溪先生列傳·楮先生錄外蕃列傳. 皆依倣毛穎陸吉傳及鳳
洲后言所載花王本紀, 趙東谿花王本紀другое體而作矣. 有序文有凡例有緣起. 而其時適有以近世
人所作花史來际者. 其史用通鑑例, 而以梅牧丹蓮菊, 分爲四代. 莽懿代出於花官, 齊梁迭起於
香城. 故余竊非之. 退而凡三日成是書."

8) 해당 작품의 원문과 번역은 실시학사 고전문학연구회에서 역주한 《이옥 전집》 3책(소명출
판, 2001) 참조.

9) 유재건 엮음·이상진 옮김, 《이향견문록》(자유문고, 1996) 상권, 313쪽 참조.

10) 朴齊家, 〈百花譜序〉, 《楚亭全書》: "方金君之徑造花園也, 目注於花, 終日不瞬, 兀兀乎寢臥
其下, 客主不交一語. 觀之者, 必以爲非則癡. 嗤點笑罵之不休矣. 然而笑之者笑聲未絶,
而生意已盡, 金君則心師萬物, 技足千古, 所畫百花譜, 足以冊勳瓶史, 配食香國. 癖之功, 信
不誣矣. 嗚呼! 彼忷忷泄泄誤天下大事, 自以爲無病之偏者, 觀此帖, 可以警矣."

11) 관련 내용은 〈18세기 조선 지식인의 '벽'과 '치' 추구 경향〉 참조.

12) 柳得恭, 〈春城遊記〉, 《泠齋集》(문집총간 260-140쪽): "青莊多識榮名, 余擷而問之, 無不對
者, 錄之數十種. 有是哉青莊之博雅也."

13) 李德懋, 《國譯青莊館全書》 제10책, 214-226에 관련 내용이 모두 실려 있다.

14) 李書九, 〈素玩亭禽蟲艸木卷序〉, 《自問是何人言》: "彼禽翔而蟲蠢, 艸秀而木挺, 有萬不同,
各極其態. 凡夫人之見之者, 亦但知翔爲禽而蠢爲蟲, 秀者謂之艸, 而挺者謂之木者, 何也?
彼其胸中, 只有禽蟲艸木四字存焉而已. 若使四字者, 不製於古, 則必幷其名, 而不之知也.
夫禽蟲艸木者, 天地之文章也. 文章者, 人之飾也, 人之欲飾其文章者, 安得不假文章於天地
也哉."

15) 유재건 엮음·이상진 옮김, 《이향견문록》 상권, 304쪽 참조.

16) 신위, 〈移梅入燠閣吟成二絶〉, 《警脩堂全藁》 14책(총간 291-315): "朴蒼嚴承旨師海, 有梅
癖. 嘗內齋夜遇大風雪, 蹴夫人起, 相與攬衣, 以衾護梅曰: '得無寒乎?'"조희룡 같은 이도

스스로 梅癖이 있다고 말한 적이 있다.

17) 유재건 엮음·이상진 옮김, 《이향견문록》 하권, 433쪽 참조.

18) 吳昌烈, 《大山詩艸》 권1.

19) 제시한 정원의 명칭은 18세기 중반 이후부터 19세기 중반까지 문집 총간에 실려 있는 작가들의 문집 속에 보이는 것만 뽑은 것이다. 이 중에는 園記도 적지 않은데, 이에 대해서는 심경호, 〈화원에서 얻은 단상—조선후기의 화원기〉, 《한문산문의 내면풍경》(소명, 2001), 89~132쪽 참조.

20) 申緯의 《警脩堂全藁》 28책(총간 291-618)에는 徐稚賢이 홍씨 성을 가진 이의 정원을 새로 구입한 뒤 자신을 불러 감상회를 열었다는 내용의 시가 실려 있다. 시의 첫 구가 "둥근 창에 뵈는 풍물 사방이 꼭 같다(圓窓風物四望同)"인 것으로 볼 때, 洪園에는 중국식으로 지은 건물이 있었음을 알 수 있다.

21) 張混, 〈平生志〉, 《而已广集》 권14(문집총간 270-578쪽): "綠槐一樹植門前, 以蔭; 碧梧一樹樹外軒西, 受月影; 葡萄架架其側, 以承陽; 柏屛一曲樹外舍之右, 以塞門; 芭蕉一本種其左, 以聽雨; 桑樹籬下, 間之木槿玫瑰, 以補缺; 枸杞薔薇靠牆角, 梅花藏外舍, 芍藥月桂四季置內庭, 若榴及菊, 分畜內外舍. 石竹鷄冠散種內舍堦除. 杜鵑躑躅木筆交栽于園. 孩兒菊苦薏之屬, 紛披于岸. 慈竹占宜土, 而養含桃週內舍西南隅. 植桃杏其外, 其陽處林禽丹柰柏樹栗樹羅植之."

22) 丁若鏞, 〈竹欄花木記〉, 《與猶堂全書》 1집 권14(총간 281-299쪽): "安石榴葉肥大而實甘者曰海榴, 亦曰倭榴. 倭榴四本; 幹直上一丈許, 旁無附枝, 上作盤團然者俗名棱杖榴, 一雙; 榴有花而不實者曰花石榴, 花石榴一本; 梅二本, 而世所尙, 取古桃杏之根朽敗骨立者, 雕之爲怪石形, 而梅僅一小枝附其旁, 以爲奇. 余取根幹堅實, 枝條榮暢者爲佳, 以善花也; 梔二本. 杜工部云, 梔子比衆木, 人間誠未多. 蓋亦稀品也; 山茶一本; 金盞銀臺四本共一盆者一; 芭蕉大如席者一本; 碧梧桐生二歲者一本; 蔓香一本; 菊各種共十八盆; 芙蓉一盆."

23) 丁若鏞, 〈竹欄菊花盛開, 同數子夜吟〉, 《與猶堂全書》 1집 권3(총간 281-53쪽): "歲熟米還貴, 家貧花更多." 화훼에 대한 다산의 관심은 고연희, 〈정약용의 화훼에 대한 관심과 화훼시 고찰〉, 《동방학》 제7집(한서대 부설 동양고전연구소, 2001. 12), 39~57쪽 참조.

24) 자세한 내용은 고연희, 앞의 논문, 47~50쪽 참조.

25) 柳璞, 〈花庵記〉, 《花菴隨錄》, 41쪽: "余賦性拙, 自分無用. 所居山水, 重濁鮮遊覽之勝. 席門窮巷, 終歲絶長者車近. 求四時花卉總百本, 大者栽培, 小者瓷瓦, 塢而藏之菴之中, 而身在其間, 消遣與世相忘, 怡然自得. 粉梅禁醉, 細察精神; 倭躅映山紅, 遠觀形勢雄偉取; 丹藥桂桃, 如卜新姬; 梔栢若對大賓, 嬌容可掬; 石榴意思軒豁; 芭蕉怪石, 爲庭除名山; 瘦松得太古顔面; 風竹帶戰國氣像, 雜種爲侍者. 蓮花若敬對茂叔. 取其奇者古者爲師, 淸者潔者爲友, 繁者華者爲客."

26) 沈能淑, 〈閣梅記〉, 《後吾知可》 권4.

27) 李鈺, 《白雲筆》, 77쪽: "余在白門照厓時, 宅舊南尙書之淡容亭也. 尙書老閑, 多蒔花木, 能

四時不絶, 而宅屢易主, 其珍品稀種, 則已皆散佚無餘矣. 而所餘存者猶有丁香花山茱萸花玉梅花白躑躅花, 若梨花杏花桃花櫻花李花來禽花迎春花杜鵑花者, 已老矣. 且由蘖而花矣, 岩阿之間亦多. 艸花之奇者, 兼以黃楊丹楓雪綠霜紅, 每春晩, 花香撲人, 落紅滿地, 令人不覺在城市中矣."

28) 심노숭의 〈신산종수기〉를 비롯한 여러 글은 김영진 옮김, 《눈물이란 무엇인가》(태학사, 2001)에 실려 있다.

29) 안대회, 〈18·19세기의 주거문화와 상상의 정원〉, 《진단학보》 제97호(진단학회, 2004. 6); 박철상, 〈정조와 경화세족의 장서인〉, 《문헌과해석》 제23호(문헌과해석사, 2003년 여름호), 67~78쪽 참조.

30) 沈象奎, 《斗室存稿》 권4의 〈雜咏秋園花卉〉 30수, 권3의 〈詠大瓣和菊〉 등 참조.

31) 상상 속의 정원에 관한 논의는 안대회, 〈18·19세기의 주거문화와 상상의 정원〉, 《진단학보》 제97호, 111~138쪽에 자세하다.

32) 관련 내용은 김동준, 〈해암 유경종의 시문학 연구〉(서울대 박사논문, 2003. 2), 162~172쪽 참조.

33) 李鈺, 《白雲筆》, 75쪽: "我國無花市. 故不曾有賣花者. 而惟弼雲臺下樓閣洞及桃花洞清風溪等處, 或有吏胥之老而閑且貧者, 多從事於花. 既寓其樂, 仍作生涯, 故若梅花之托奇查者, 菊花之三色一盆者, 石榴之高而繁結者, 盆竹盆松桃之類, 往往出而貨之, 價亦不甚高. 如冬栢梔子映山紅百日紅棕櫚倭躑躅柚子之屬, 南方之民, 擔負船運, 灌輸乎權貴之門, 非市而可得者也."

34) 李鈺, 《白雲筆》, 75쪽: "有一武人新結時宰, 竭其力無以媒寵. 適宰問梅, 卽自言家有梅, 可卽致. 遂出而訪之遍城中, 無可貨者. 至夕聞西城僻巷, 有姓李者, 老而畜梅. 往叩之, 盛言有苦癖於梅, 請玩之. 既開閤, 有二盆, 皆稀品也. 請其一, 老者熟視良久曰: '善持去. 子豈觀梅花者也乎?' 使二奴輦運於街曰: '不可使我知其之. 知則有戀.' 宰相之所欲清閑者, 亦不得保其花卉矣. 亦有踰墻之偸花者矣."

35) 趙秀三, 〈賣盆松者說〉, 《秋齋集》(총간 271-532쪽): "有賣盆松者, 虯枝老幹, 磊砢擁腫. 蓋偃而承亞, 甲赤而鱗蒼. 艾納點綴, 封殖块圠. 望之可知爲百十年物也. 纍纍然列于階庭, 曰二十金, 曰三十金. 豪富之家, 競售之不惜, 而不過時月, 孼已薪之, 乃復摻金而踵其門. 盖松樹木也. 雖槁能耐久, 故非累日月而黃而赤, 人未易驗也."

36) 趙秀三, 〈愛松老人〉, 《秋齋集》(총간 271-490쪽): "趙老小字八龍, 常自號八龍. 故仍以行於世. 愛松甚, 遍求華山十餘年, 得三盤九曲松, 樹之大盆. 虯龍老幹, 苔蘚其皮. 對客自咤曰: '趙八龍不羨卿相之祿, 猗陶之富' 云."

37) 兪漢雋, 〈蒼下種菊記〉, 《自著》(총간 249-520): "菊有品, 品有高下好不好. 卿大夫公子王孫, 日役役以求所謂桃毬散輕調羅鈴姸鶴翎之屬, 輦以致之, 盆以養之, 以飾其居, 以侈其觀."

38) 申緯, 〈詠菊六絶句〉, 《警修堂全藁》 책14(총간 291-312쪽): "菊品中有名淵明菊者. 白鶴不善培灌者, 皆化紅."

39) 柳本學,〈養菊說〉,《問庵文藁》乾冊: "京師俗喜養菊. 菊之品佳者, 皆盆種. 養佳菊爲難, 而
盆菊尤難. 苟養得其方, 莖高花繁, 而不得其方, 佳菊化作艾蕭矣. 其法栽, 種時先揀肥土, 去
其麤沙, 接令柔細入於盆. 又去蚯蚓蠐蟲食菊根者. 土品以訓鍊院菘菜田色黑者爲第一. 他土
亦可篩細以用."

40) 姜彝天,〈梨花館叢話〉: "中古閭巷有金老翁者, 善種菊. 能使早開, 能使晩開. 能使短才數寸,
而花小如爪, 色鮮姿嬌. 能使長過丈餘, 而花絶大. 又能使花色有如朵者, 又於一莖花雜開衆色.
公子貴宰爭買之. 老以此資生. 方秘, 後無有傳之者." 안대회,〈강이천의 소품문〉,《현대시
학》(2004년 11월호), 215쪽에서 재인용.

41) 유황을 태운 연기를 꽃받침에 쐬면 붉은 꽃을 희게 할 수 있다. 검은 꽃을 만들려면 흰 꽃
이 막 피려 할 때 진한 먹을 기름 한두 방울에 섞어 꽃잎에 떨어뜨리거나, 먹물을 젖에 적
셔 칫솔로 몇 차례 뿌려 먹물이 꽃잎에 스며들게 한다. 이슬에 적신 뒤 밤이 지나 마르면
다시 서너 번 물들여 꽃을 먹빛으로 만든다. 이 밖에 5색으로 꽃잎을 물들이는 방법이 자
세히 소개되어 있다.

42) 李鈺,〈談花〉1,《白雲筆》: "菊之種甚多, 劉蒙譜三十五種, 石湖譜三十五種, 史正志譜又二
十八種. 或有疊出者, 而盖近百種矣. 余甚固於品花, 而曾在洛下, 通計家植與見於人者, 則
如醉楊妃·紫苑黃·三色鶴翎·通州黃·燕京白·待雪白·笑雪白·烏紅之類, 亦過十餘種. 然而名
高品稀者, 則其培養之道, 十難於凡菊. 烈日急雨, 皆費人心力, 而繁衍茂盛, 猶不若抛棄籬
間者, 則山家所種, 當以江城黃早開者, 多植閒地. 春食其苗, 以爲菜; 夏食其萊, 以芼魚; 秋
食其花, 以之泛觴而拌餻, 其用不特看花而嗅香矣."

43) 徐命膺의《保晚齋集》권1(총간 233-92)에 실린〈和家兒澄修菊花詩韻三首〉는 黃鶴翎·紅鶴
翎·醉楊妃 등 세 품종의 국화를 각각 한 수씩 노래하고 있다.

44) 金正喜,〈謝菊〉,《阮堂全集》권10(총간 301-184).

45) 南公轍,〈城東李元佐小園記〉,《金陵集》권12(총간 272-220쪽) 참조.

46) 沈能淑,〈白雲朶記〉,《後吾知可》권4: "我東尙菊. 三鶴爲之尤, 鶴中又推白鶴而宗之. 然三
菊類海棠之餘恨焉. 近世倭菊多流出, 而魭酕然無可稱. 歲甲午, 從日本始購一種而至. 莖紫
而長葉肥, 而類五臺菊. 與三鶴幷時而發, 花形大如牧丹, 圓平而厚, 百束千重, 若削貝而裹
帛然. 花色明如晶玉, 碧暈隱鮮, 不太素而生碧也."

47) 그의 국화 애호에 대해서는 강혜선,〈국화를 즐기는 법〉,《문헌과해석》제25호(문헌과해
석사, 2003년 겨울호), 35~52쪽 참조.

48) 丁若鏞,〈題黃裳幽人帖〉: "庭前起響墻一帶, 高可數尺. 墻內安百種花盆, 若石榴梔子曼陀之
等, 各具品格. 而菊最備, 須有四十八般名色, 方是僅具也."

49) 丁若鏞,〈薇源隱士歌〉,《與猶堂全書》(총서 281-77) 참조. 시 전문의 분석은 정민 외,〈한
국문학에 나타난 유토피아 의식 연구〉,《한국학논집》제28집(한양대 한국학연구소, 1996.
2), 167~170쪽 참조.

50) 앞서 본 이옥의《백운필》에 '三色共一盆'의 국화를 말한 것이 보이고, 박제가의〈院畵花

卉裸題應令〉 중 〈雙鑫蝴蝶〉조에 '一拳石三品菊'의 내용이 있고, 정범조의 《海左集》 권14
에도 〈一盆四種菊盛開〉란 작품이 보인다. 네 종류 국화가 한 화분에 동시에 피어나 마치
영롱한 비단과 같았는데, 그 향기 또한 제각기 다르다고 했다. 세 종류 국화 분재가 성행
하자 경쟁적으로 가짓수를 늘려 네 종류로 늘어난 것이다.

51) 정약용의 국화꽃 감상과 관련된 글은 〈菊影詩序〉다. 관련 내용은 정민의 〈그림자 놀이〉,
《미쳐야 미친다》(푸른역사, 2004), 263~280쪽 참조.

52) 朴趾源, 〈答蒼厓之八〉, 《燕巖集》 권5(총간 252-97): "種樹蒔花, 當如晉人之筆, 字不苟排,
而行自疎直."

53) 申緯의 《警修堂全藁》만 보더라도, 〈謝徐篠齋吏部分餉水仙花十本〉 4수(총간 291-389),
〈黃山分贈秋牧丹奇品題此爲謝〉(총간 291-513), 〈新得牧丹花栽大一本口占〉(291-421),
〈朴子山送來單葉紅梅喜用牧丹韻〉(291-422)처럼 수선화 10뿌리를 받거나, 귀한 품종의 秋
牧丹 또는 단엽홍매 등을 선물 받고 지은 시가 실려 있다.

54) 전체 시의 내용은 조창록, 〈풍석 서유구에 대한 한 연구〉(성균관대 박사논문, 2003. 4),
124~131쪽 참조.

55) 李獻慶, 《艮翁集》 권8(총간 234-159) 참조.

56) 이덕무, 《국역 청장관전서》 10(솔출판사, 1997), 219쪽.

57) 조수삼의 《秋齋集》(총간 271-410쪽)과 오창렬의 《大山集》 권5에 수록되어 있다.

58) 수선화와 관련된 내용은 고연희, 〈19세기 詩畵의 새로운 소재 수선화〉(2003년 3월 14일,
《문헌과해석》 발표문) 참조.

59) 金正喜의 《阮堂全集》 권10(총간 301-190쪽)에 〈年前禁水仙花〉란 시가 실려 있다.

3. 18세기 지식인의 완물 취미와 지적 경향(221~251쪽)

1) 丁若鏞, 〈寄游兒〉: "聞汝養鷄, 養鷄固善. 然養鷄之中, 亦有雅俚淸濁之殊. 苟能熟讀農書, 擇
其善法而試之. 或別其色類, 或異其畦苙. 使鷄之肥澤繁衍, 勝於他家. 又作詩, 寫鷄情景.
以物遺物, 此讀書者之養鷄也. 若見利不見義, 知夥不知趣, 蓁蓁滾滾, 與隣人圖老, 朝暮爭鬨
者, 此直三家村裡卒夫子之養鷄也. 未知汝何所安. 旣養鷄矣, 須將百家書, 鈔取鷄說, 彙次作
鷄經, 如陸羽茶經柳惠風之煙經, 亦一善也. 就俗務, 帶得淸致, 須每以此爲例."

2) 丁若鏞, 〈寄游兒〉: "吾自數年來, 頗知讀書. 徒讀雖日千百遍, 猶無讀也. 凡讀書, 每遇一字,
有名義不曉處, 須博考細究, 得其原根, 仍須詮之成文, 日以爲常. 如是則讀一種書, 兼得旁窺
百種書. 仍可於本書義理, 曉然貫穿, 此不可不知也. 如讀刺客傳, 遇旣祖就道一句, 問曰: '祖
字何也?' 師曰: '餞別之祭也.' 曰: '其必謂之祖者, 何義?' 師曰: '未詳.' 然後歸而至其家,
抽字書, 見祖字之本義, 又因字書, 轉及他書, 考其箋釋, 採其根本, 掇其枝葉. 又如通典通志
通考等書, 考祖祭之禮, 彙次成書, 便足不朽. 如是則汝則爲不識一物之人, 自是日儦然爲通知
祖祭來歷之人. 雖鴻工鉅儒, 於祖祭一事, 爭不得汝. 豈不大樂? 朱子格物之工也, 只如此. 今

日格一物, 明日格一物者, 亦須如是著手. 格者窮極到底之意, 不窮極到底, 亦無所爲益也."

3) 이 시기 속담 한역 자료에 대해서는 陳慶智, 〈한·중 속담 비교 연구〉(한양대 석사논문, 2002. 6) 참조.

4) 박종채 지음, 김윤조 옮김, 《역주 과정록》(태학사, 1997), 75쪽 참조.

5) 朴趾源, 〈與遠心齋〉(총간 252-100): "惠風家有續白虎通, 漢班彪撰, 晉崔豹注, 明唐寅評. 僕以爲奇書, 袖歸, 燈下細閱, 乃惠風自集虎說, 以資解頤. 僕可謂鈍根. 唐寅字伯虎故耳. 雖然可博一粲, 覽已可卽還投."

6) 조선 후기 문인들의 명청 소품 閱讀에 관한 논의는 김영진, 《《虞初新志》의 판본과 조선 후기 문인들의 明淸 小品 閱讀》; 〈李鈺의 가계와 明淸 小品 독서〉 참조. 두 글 모두 안대회 엮음, 《조선후기 小品文의 실체》(태학사, 2003)에 수록되어 있다.

7) 뿐만 아니라 衛泳의 〈閑賞十六則〉이나 陳元素의 〈作客苦樂〉, 袁中道의 〈書遊山豪爽語〉처럼 遊賞의 情趣를 논한 글도 많이 창작되었는데, 우리나라의 경우도 權常愼의 〈南皐春約〉이나 〈貞陵遊錄〉 같은 글이 남아 있다.

8) 정우봉, 《《東國金石評》의 자료적 가치》, 《민족문화연구》 제37호(고대 민족문화연구소, 2002), 75~95쪽 참조.

9) 李圭景, 〈鵓鴿辨證說〉, 《五洲衍文長箋散稿》 권47(동국문화사 영인본, 1958) 532쪽: "鵓鴿鳩也, 有數種.一有山鳩家鴿之別, 詳見禽經―今止辨家鴿. 張潮束檀几叢書, 有鵓鴿經. 我東柳泠齋得恭, 亦撰鵓鴿經, 自謂以鸎哥館撰." 《발합경》의 저자에 관한 기록이 존재한다는 사실은 박철상 선생의 제보로 확인할 수 있었다.

10) 柳得恭, 〈八目 上品〉, 《鵓鴿經》: "點烏: 白質黑尾, 頂有黑點. 全白: 純白色. 僧: 褐色. 頸毛濁紅, 而有流金彩. 翅與尾端, 有軟黑綠. 翅羽當中有軟黑色紫黑色二帶, 如僧著袈裟故云. 纏項白: 白而近褐. 翅尾端亦有軟黑綠. 頸似軟紅環之, 曰念珠. 紫段: 紫質白尾, 言其紫一段也. 黔隱層: 黑質白尾白頸. 臆有白點曰錢. 言其黔一層也. 隱者語辭, 獵人名之有孟施舍庚公之斯. 紫虛頭: 自頭至頸至臆紫. 自背至翅至尾白. 黑虛頭: 自頭至臆黑, 自背至翅至尾白." 《발합경》의 원본 전문은 정우봉 교수의 논문 뒤에 부록으로 실려 있다.

11) 柳得恭, 〈相〉, 《鵓鴿經》: "○全白紫段紫虛頭貴大, 點烏僧纏項白黔隱層貴小. 雜目不論大小. ○嘴欲白, 眼欲黃, 項欲大, 尾欲富, 翅欲多羽. 眼眶欲塡起. 眼眶塡起者, 謂之遮陽眼. ○眼睛有黑有黃, 有一眼青一眼黃者爲奇格. 有晴一半黑一半黃者所稀有. ○點烏眼旁不可有細黑痕, 謂之蛭. ○全白眼不可有軟紅暈. ○紫虛頭紫色不可犯肩. ○黑質者, 不可無行纏, 行纏者脚毛白也. ○緊高頭曳, 無隱黯, 模外曳, 摩尼黯爲佳品. 曳者方言雄也, 黯者雌也."

12) 柳得恭, 〈性〉, 《鵓鴿經》: "○有恒匹, 群處不亂. 非離亡則不改. ○喜晴. 陰曀則處閣不飛. ○不集樹林. ○食菽稻紅藍花子, ○體重脚弱, 其步也搖搖焉. 先引頸後引足. 飲啄幾仆. ○一生二卵, 爲一雌一雄, 伏十五日. ○其戲也撒尾鬋毛, 俛仰而鳴, 傍有雌, 徊徨久之. 雌雄相與吮舌致, 曰鴿性淫. ○其飛也遶屋數而而止, 日巡場戲. ○鴿性侈. 養鴿之家, 治閣極其彫飾. 鴿有覽而集者. 四月八日飛集蓮花燈上. ○鴿矢甚毒. 蛇虺臭蟲, 莫敢近之. 能腐屋瓦.

山家養鴿, 虎亦避之云."

13) 현전《열하일기》에서는 해당 구절을 못 찾았고, 李圭景의《五洲衍文長箋散稿》중〈鵓鴿辨證說〉에 관련 기록이 있다. "遼東多畜鵓鴿. 每日飽食遼野之菽, 而夕還家. 故養鴿家預置猛灰水於石槽, □鴿栖而前. 鴿群夕還, 必飲石槽灰水, 而吐菽. 取之以飼牛馬, 日以爲常."

14) 李德懋,《耳目口心書》: "愛所不當愛, 而不得其正者, 是係駼也. 余外廊所寓一少年, 性癖愛馴鴿. 造次言談無非鴿也, 殆不知衣服飮食之切已. 有大噛其一鴿, 少年逐奪之, 抱而流淚甚悲, 仍剝毛, 炙而啖之, 猶惻愴. 然味甚旨也. 此仁歟慾歟. 駼而已矣."

15) 작품은 柳本學의《問庵文藁》坤卷(개인 소장)에 수록되어 있다.

16) 李圭景,〈鵓鴿辯證說〉: "此冷齋少時京都養鴿家所尙然也. 余之髫齡時閭巷俗尙, 亦及見之. 今則絶無聞焉, 可異."

17) 朴趾源,〈綠鸚鵡經序〉,《燕巖集》권7(총간 252-107): "洛瑞得綠鸚鵡. 欲慧不慧, 將悟未悟. 臨籠涕泣曰: '爾之不言, 烏鴉何異? 爾言不曉, 我則夷矣.' 於是忽發慧悟, 乃作綠鸚鵡經, 請序於余."

18) 李圭景,〈鸚鵡辨證說〉,《五洲衍文長箋散稿》, 551쪽: "我東不離飛鳥編, 英廟庚寅, 綠鸚鵡自燕來. 綠天館綠鸚鵡第五詩, 備盡其名狀, 不待目擊, 而了然其形. 故收而辨之孔雀翡翠."

19) 李圭景,〈鸚鵡辨證說〉: "鸚鵡架方如口字柱. 內又各有鐵筒, 裝數寸深. 中盛冷水新稻, 以資飮啄. 上有方環在內, 鈎以穄繩. 其形正如冏字例. 時得上下, 帖其柱. 兩趾力弱, 口啣柱然後, 方移又字武. 鸚鵡之趾, 前二指, 後二指."

20) 李圭景,〈鸚鵡證說〉: "徐渭畵題詩, '不能持石綠, 細寫鸚哥毛.' 眉山文與可墨竹記, '如兎起鶻落, 少縱則逝矣.' 王士元香祖筆記, '鸚武之褪易其色. 雄者喙變丹, 雌者喙黑不變.' 物理書, '鸚武渡漳, 則不能言. 今渡鴨綠江, 亦不能言.'"

21) 李圭景,〈鸚鵡辨證說〉: "我王考炯菴公, 評不離飛鳥編: '鸚 鵡人語鳥也. 故鸚傅以嬬, 言其釋也. 鵡傅以母, 言其老也.' 又曰: '鸚善含櫻桃, 故省木而以嬰意兼聲也. 鵡或以武, 貴其武異鳥武也.' 柳冷齋得恭評曰: '鸚鵡者人語鳥, 而巧黠尤近女子者也. 故以嬰嬰者, 孩女之稱也. 以母者, 老婦之稱也. 言老少皆似女子.' 炯菴公又批曰: '佛語鸚武甄叔迦, 震朝國呼秦吉了, 皆人姓而名亦甚奇. 和漢三才圖會, 橫島, 日本産焉. 能大言矣.'"

22)〈鸚鵡能言章〉,《禮記》: "鸚鵡能言, 不離飛鳥; 猩猩能言, 不離禽獸. 今人而無禮, 雖能言, 不亦禽獸之心乎."

23) 李圭景,《詩家點燈》(아세아문화사 영인본, 1981), 594, 528, 133쪽에 각각 수록되어 있다.

24) 李圭景,〈鸚鵡逸事〉,《詩家點燈》, 529쪽: "妙音菩薩於耆 闍崛山, 化作八萬四千衆寶連花間浮, 檀金爲莖, 白銀爲葉, 金剛爲鬚, 甄叔迦寶以爲臺."

25) 李圭景,〈鸚鵡逸事〉,《詩家點燈》, 528쪽: "開元時, 廣南進白鸚鵡, 洞曉言辭, 呼爲雪衣娘. 一朝飛上妃鏡臺上云, '雪衣娘昨夜夢, 爲鷙鳥所搏.' 上令妃授以多心經, 記誦精熟." 이하 원문은 생략한다.

4. 18세기 원예 문화와 유박(柳璞)의 《화암수록》(253~284쪽)

1) 화원기에 관한 글은 심경호, 〈화원에서 얻은 단상─조선 후기의 화원기〉, 《한문산문의 내면 풍경》(소명출판, 2001), 89~132쪽에 있다.

2) 이 글은 이겸노, 《통문관 책방비화》(민학회, 1986), 248~251쪽에 실려 있다.

3) 이겸노, 《통문관 책방비화》, 250쪽.

4) 〈宋生名行記〉는 《石洲集》 별집 권2(문집 총간 75-124쪽)에 실려 있다.

5) 김윤수, 〈周易參同契演說과 農廬 姜獻奎〉, 《韓國 道教思想의 理解》(아세아문화사, 1990), 275쪽에 관련 내용이 실려 있다.

6) 李用休, 〈題花庵花木品第後〉, 《惠寰雜著》 5책(《近畿實學淵源諸賢集》 2, 성균관대 대동문화 연구원, 2002), 198쪽: "今觀百花庵主花木品第, 其所位置行序, 無絲毫之差, 若漢三尺周九章, 雖使花自爲品第, 亦無以過, 可謂難矣. 或云庵主有銓衡才, 而不遇於時. 故借此以寓其設施云."

7) 조남권·박동욱 옮김, 《혜환 이용휴 시전집》(소명출판, 2002), 152쪽 참조.

8) 丁範祖, 〈寄題柳斯文百花菴〉, 《海左集》(총간 239-174).

9) 柳得恭, 〈金谷百花菴上梁文〉, 《泠齋集》(총간 260-134쪽): "花而百而止耶? 蓋欲擧其成數爾. 菴之名之何也? 必須指其實事云. 花主人誰? 柳先生某. 軒轅之苗裔, 朝鮮一布衣."

10) 李獻慶, 〈百花庵記〉, 《艮翁集》(총간 234-426): "柳君璞家於白州之金谷. 丘園階庭, 皆被以花樹. 蓋百花也, 名其所居之菴曰百花, 遣人走京師, 因余所親識, 徵記於余."

11) 蔡濟恭, 〈寓花齋記〉, 《樊巖集》(총간 236-114): "柳斯文璞癖於花. 家百川之金谷, 謝遣世紛, 日以蒔花爲調度. 蓋花無不蓄, 時無不花. 五畝環堵, 馥馥然衆香國矣. 君忻然自多, 名其齋曰寓花, 遍要一代名能詩者, 歌詠其事. 謁余文爲記."

12) 睦萬中, 〈百花庵記〉, 《餘窩先生集》(규장각본) 3책, 권29: "余不識柳君和瑞, 而聞其留落西海上, 蒔花滿庭, 自號曰百花菴, 殆隱於花者也."

13) 《文化柳氏世系譜》와 《文化柳氏派譜─文原君派譜》에 나온다.

14) 柳璞, 〈附安士亨原書〉, 《花庵隨錄》, 63쪽: "弟雖不佞, 百花菴壁上, 要以一文一詩寄題."

15) 柳璞, 〈花木九等品第〉, 《花庵隨錄》, 1쪽: "近來諸公子都尉第宅, 爭尙蘇鐵華梨樓欄, 艶慕遠産, 取冠庭寶, 而肆然以梅菊, 號爲亞品. 遂令凡才與吉士並駕, 則今定華林位次者, 不得不謹嚴. 絲櫻尙不渡海, 蘭草芝草荔芰, 我國所稀者, 非眞物. 故都不錄. 花木品第云者, 古人已有論定九品者. 故今斟酌加減, 亦敍九等, 而每等各取五種爲式. 一等取高標逸韻, 二等取富貴, 三四等取韻致, 五六等取繁華, 七八九等取各有所長耳. 曾端伯取友十花, 余亦取友二十五花. 而並友松竹芭蕉, 合二十有八友. 然亦隨意, 換易其名. 稱花品評論, 則古人所不遑. 而余乎妄評二十二花, 或評八字, 或評四字. 以供後人一笑耳."

16) 柳璞, 〈花菴謾語〉, 《花庵隨錄》, 39쪽: "月隱西岑, 夜闌三更. 此身獨立, 花間滿襟. 風露天香, 睡足花菴. 白鷗飛盡, 滿庭夕陽. 江村寂寂, 時何處舟子, 一曲欸乃聲近遠. / 紅白花數株

香郁馥. 有心人携壺鳴驢來. 書一床琴一架, 何事兒童更進一局棋. / 花主人謹愼不如聖求, 有

爲不如士亨, 幹事不如季尊, 瞻敏不如士章, 恬雅不如伯休, 愿慤不如好問, 性質不如德祖,

淡泊不如仲宣, 適用不如雲約, 果敢多聞不如安公輔. 文辭且下諸君. 而唯是愛花自謂似勝十

益, 故對花偶識之."

17) 김영진 선생의 도움을 받아 이들의 이름을 확인할 수 있었다. 고마운 뜻을 적는다. 聖求는
여주 李莊翼으로 1723년생이다. 1759년에 진사를 했고, 白川에 살았다. 부친은 《擇里志》
를 쓴 李重煥이다. 이중환의 맏아들인 李莊輔는 호가 荷西이고 자는 聖儀인데, 《花庵隨
錄》에 그 이름이 여러 번 나온다. 이중환의 재취가 文化 柳義益의 딸이었으므로 유박과는
집안으로 가까운 사이였다. 士亨은 순흥 安習濟로 1733년생이다. 1774년에 진사를 했고,
배천 사람이다. 季尊은 알 수 없고, 伯休는 商山 金光烈로 1721년생이고 1744년에 진사를
한 인물이다. 好問·德祖·仲宣·雲約은 알 수 없다. 安公輔는 순흥 安狘濟로, 1720년생이고
1774년에 진사를 한 뒤 현감을 지냈다. 부친은 安錫龜인데 婁橋 安錫儆과는 육촌 간이다.
또 신돈복은 안석경의 외삼촌이다. 이 밖에 문집에 이름이 자주 보이는 光國은 여주 李是
銑으로 1743년생이다. 1774년에 진사를 했고, 李莊輔의 아들이다. 대부분 큰 벼슬을 한 것
은 없고, 진사시에 급제한 유생들이다. 이 밖에 문집에 보이는 江西寺 壓海樓나 蓮花峯 등
은 모두 배천에 있던 지명이다.

18) 전문의 번역이 이병훈 옮김, 《양화소록》(을유문화사, 1973), 164~173쪽에 수록되어 있다.

19) 柳璞, 〈附安士亨原書〉, 《花庵隨錄》, 48쪽: "假使花也能解語, 則皆曰: 吾主人, 吾主人矣.
八字襃批, 典雅淸麗, 愈出愈奇, 固不敢奉喩. 而四字評中, 石竹之不哭孩兒, 玉簪之伶俐沙
彌等襃, 實神仙中語, 非食煙火在狂塵者, 所可覽所可知也. …… 至於萱草木槿, 本産於我邦.
而兄不錄於花譜, 且不論於花評. 抑有何故而然耶. 衛詩曰: 焉得諼草, 言樹之背, 此萱草也.
鄭風曰: 有女同車, 顔如舜華, 此木槿也. 萱草有花曰宜男, 又名含笑. 宋詩曰: 草解忘憂憂
底事, 花名含笑笑何人, 此亦萱也. 我東邦檀君開國之時, 木槿花始出. 故中國稱東邦, 必曰
槿域. 然則, 唯槿花領東土昔日之春者也. 且二花俱載於葩經, 爲孔子不刪, 則無賢愚而必知
其貴也. 彼櫻櫚瑞香, 出何傳記, 而兄何如是不得此二卉, 有宵然之意乎?"

20) 柳璞, 〈附安士亨原書〉, 《花庵隨錄》, 54쪽: "木槿花有紅白兩種. 白者花瓣與色澤, 與白芍藥
同. 兄或未見白者, 故未入於花譜中耶? 詩所謂顔如舜英者, 必指其白者而比之也歟? 六七年
前, 弟見白槿花於忠州地耳."

21) 柳璞, 〈答安士亨書〉, 《花庵隨錄》, 44쪽: "萱草以弟固陋, 終難辨眞贗於我産, 未爲收錄. 槿
花則不知其白, 只知其紅. 而非紅非殷, 色類木綿花非黃非赤者. 故賤而外之. 而每惜其枝葉
稍貴, 視同鷄肋. 今承花白者, 乃是舜華, 而爲東土昔日春之敎, 令人始得出井觀天. 而從今
意思當未常不在忠州也. 何不汲汲引進於優等也?"

22) 〈화암구곡〉이 그간 송타의 작품으로 알려진 결과, 김흥규의 〈16,17세기 江湖時調의 변모
와 田家時調의 형성〉, 《욕망과 형식의 시학》(태학사, 1999) 같은 논문에서는 17세기 초반
의 전가시조로 분류되어 논의된 바 있다.

23) 柳璞, 〈梅說〉, 《花庵隨錄》, 42쪽: "余睡梅蔭, 夢一人奇形古貌, 衣白神淸, 揖余而戲曰: '子好我矣, 子能知我否? 欲知我爲誰, 索我. 子意上古朴爲友者. 某性惡朝市, 獨喜山林, 逃命物外. 雖楚之靈均, 莫得我聞知而沒世. 無名人與我秘蹤者, 亦何限, 某實不怨屈子, 而怨蘇子. 氷魂玉骨, 還漏跡, 得尤物目我也. 子如知我, 幸同始終于寂寞荒寒山水常, 世所等棄地, 庶免俗相狎, 若虛若無, 而得共全素性也' 余領梅兄意, 唯唯而覺, 識之."

24) 《국역 신증동국여지승람》 제43권(민족문화추진회, 1984), V-443쪽 참조.

25) 柳璞, 〈花庵記〉, 《花庵隨錄》, 41쪽: "余賦性拙, 自分無用. 所居山水, 重濁鮮遊覽之勝. 席門窮巷, 終歲絶長者車近. 求四時花卉總百本, 大者栽培, 小者瓮瓦, 塢而藏之菴之中, 而身在其間, 消遣與世相忘, 怡然自得. 粉梅禁醉, 細察精神; 倭躑映山紅, 遠觀形勢雄偉取; 丹藥桂桃, 如卜新姬; 梔栢若對大賓, 嬌容可掬; 石榴意思軒豁; 芭蕉怪石, 爲庭除名山; 瘦松得太古顔面; 風竹帶戰國氣像, 雜種爲侍者. 蓮花若敬對茂叔. 取其奇者古者爲師, 淸者潔者爲友, 繁者華者爲客. 欲讓人而人棄, 故幸自適無禁. 喜怒憂樂坐臥, 都付此甁君忘形, 不知老之將至耳."

26) 柳得恭, 〈金谷百花菴上梁文〉, 《泠齋集》(총간 260-134쪽): "聞人家有異蓄, 雖千金而必求. 窺海舶之閟藏, 在萬里者亦致. 夏榴冬梅, 春桃秋菊, 寧四時而絶花. 梔白蘭靑, 葵赤萱黃, 恨五色之闕黑. 不可構爲太古巢, 而暾其實, 不可樹之無何鄕, 而寢其陰, 有敝廬於斯, 仍舊館而已. …… 詩文書畵之傳, 一時人某某, 雖不過一艸屋, 足可謂百花菴. 無刀若弟子之行, 或昇堂, 或入室, 自相爲賓主之位. 爾東塔而我西塔. 遇種樹之橐駝, 引爲上客, 詫桃花之驛馬, 何如故人? 果然金谷繁華, 忽成香國世界. 或曰: 胡爲役役, 亦已焉哉, 笑而不答, 悠悠聊復爾耳."

27) 柳璞, 〈答安士亨書〉, 《花庵隨錄》, 45쪽: "海棠幸蒙兄指南, 已十信其八九. 而終難的定其十分. 且念日後入燕者, 或有花癖, 貿歸別船."

28) 柳璞, 〈堂成〉, 《花庵隨錄》, 80쪽.

29) 柳璞, 〈堂成〉, 《花庵隨錄》, 92쪽.

30) 柳璞, 〈謾吟〉, 《花庵隨錄》, 83쪽.

5. 이덕리가 지은 《동다기》의 차 문화사적 자료 가치(285~313쪽)

1) 草衣, 《東茶頌》: "東茶記云: 或疑東茶之效, 不及越産. 以余觀之, 色香氣味, 少無差異. 茶書云, 陸安茶以味勝, 蒙山茶以藥勝. 東茶盖兼之矣. 若有李贊皇陸子羽, 其人必以余言爲然也."

2) 문일평, 〈茶故事〉, 《호암전집》 제2권(민속원, 1982), 380쪽.

3) 최남선, 《조선상식문답속편》(동명사, 1947. 12; 《육당최남선전집》11, 역락, 2003), 169쪽.

4) 李時憲, "江心之義未詳. 此一冊所錄辭文及詩, 乃李德履沃州謫中所作."

5) 趙曮, 《海槎日記》: "至李德履, 上曰: '誰族?' 趙曰: '副使之近族, 張漢相之外孫也.' 上曰: '然則李森妻姪也.' 命書傳敎."

6) 김영진, 〈조선후기의 명청소품 수용과 소품문의 전개양상〉(고려대 박사논문, 2003), 76쪽

에 관련 내용이 자세하다. 김영진은 1775년을 《병세집》에 수록된 작품의 하한선으로 보았다. 하지만 1776년에 대역부도로 복주된 이덕사의 글이 실려 있고, 逆誅 사실도 밝혀져 있는 것으로 보아 하한선은 조금 더 내려올 수도 있을 듯하다.

7) 李德履, 《桑土志》: "茶者天下之所同嗜. 我東之所獨昧, 雖盡物取之, 無權利之嫌. 政宜自國家始採. 而嶺南湖南, 處處有茶. 若許一斗米代納一斤茶, 或以十斤茶代納軍布, 則數十萬斤不勞可集. 舟輸西北開市處, 依越茶印貼之價, 一兩茶取二錢銀, 則十萬斤可得二萬斤銀, 而爲錢六十萬. 不過一兩年, 而可置四十五屯之田矣. 別有茶說, 附見于下."

8) 李德履, 〈蟋蟀賦〉, 《江心》: "余以丙申四月, 恩配于沃州. 居城外桶井里尹家 …… 三年移住井西李家."

9) 李德履, 〈記茶〉, 《江心》: "右十數條, 皆漫錄茶事. 而未及其裨國家裕生民之大利. 今方挽入正事."

10) 박제가, 안대회 옮김, 《북학의》(돌베개, 2003), 176쪽.

3부 18세기 조선 지식인의 내면 행간

1. 《동사여담》에 실린 이언진의 필담 자료와 그 의미(317~349쪽)

1) 강동엽, 〈우상전에 투영된 이언진과 그의 세계인식〉, 《건국어문학》 제19·20합집(1995), 55~76쪽 참조.

2) 김성진 교수의 〈南玉의 생애와 일본에서의 筆談唱和〉, 《한국한문학연구》 제19집(한국한문학회, 1996), 285쪽에는 모두 31종에 달하는 계미사행 당시의 시문창화와 필담 기록 목록을 소개하고 있다. 이 목록에 《동사여담》은 포함되어 있지 않다.

3) 한태문, 〈이언진의 문학관과 通信使行에서의 세계인식〉, 《국어국문학》 제34집(1997), 50쪽 참조.

4) 劉維翰은 1764년 3월 7일 조선통신사와 처음 만났음을 밝히고, 자기 자신에 대해서 "僕姓劉名維翰, 字文翼, 號龍門, 와紀人. 年四十六, 僕祖爲東漢獻帝之孫. 及魏受禪曹丕廢帝孫. 於是吾祖當吾應神天皇之朝, 航海歸化. 此時桓靈二帝之孫, 相續而來. 吾邦漢室之裔, 於是居多, 僕其一也. 天皇賜僕祖, 以近江國石鹿郡(後世爲志賀郡者), 爲采地, 是爲石鹿劉氏. 子孫緜緜, 世仕天朝, 有爵祿. 暨皇綱頹弛, 兵革屢起, 逡失封爵, 於今爲庶. 僕幼志學, 壯而遊東都, 辭藩侯之聘, 棲遲衡門, 敎授爲業"이라고 소개하고 있다. 高橋博已 교수의 〈文人社會의 形成〉, 《日本文學史》 第9卷-18世紀의 文學(岩波書店, 1996), 203쪽에는 劉維翰이 荻生徂徠의 護園學派의 학맥에 닿아 있는 인물로, 文章奇才로 높은 평가를 받았으나 轗軻不遇했던 인물로 소개하고 있다.

5) 劉維翰, 〈東槎餘談序〉: "雲我儒容少年, 無鬚髯. 言笑可愛. 穎悟發眉字間. 其所吐納, 非它瑣瑣比也. 志古文辭, 崇尙王李. 則謂學士書記, 俗人不足取焉."

6) 특히 荻生徂徠는 이반룡과 왕세정에 심취하여, 復古의 학문을 크게 창도한 인물로 일본 문장가의 宗師로 기림 받았다. 그는 程朱를 공공연히 비판하였고, 후대 일본 문학에 큰 영향을 끼쳤다. 조동관의 답변을 통해 볼 때, 왕세정을 배운 荻生徂徠의 학술을 조선에서는 陸王學을 배운 이단으로 인식하고 있었음을 알 수 있다. 당시 宋學을 배제하고 漢學을 추구한 경향의 학습 경로에 왕세정이 자리하고 있음을 시사한다.

7) 虞淳熙가 〈徐文長文集序〉에서 한 말이다. 어째서 雲淳熙라 했는지는 분명치 않다.

8) 〈筆談〉,《東槎餘談》卷下: "訪李雲裳房, 龍門曰: 君雲我子耶? 僕則劉龍門也. 雲我曰: 暗夜相逢, 不能記. 金峰曰: 龍門松菴, 皆與僕善. 龍門富著述. 雲我曰: 見其視下於帶, 息出於踵, 君子人哉. 龍門曰: 華篇龍岡致之. 感荷感荷. 雲我曰: 顧書可愧. 龍門曰: 金峰持徂徠學則來, 爲贈足下也. 知否? 雲我曰: 旣知之. 龍門曰: 僕聞諸金峰, 足下於文章, 獨取嘉隆王李, 其尤所推重者吳郡, 爲宇宙第一也. 是卽有異貴邦文士之選也. 其學術蓋亦有所見, 焉爲貴邦重濂洛之學, 不欲言之. 僕亦有臭味之好. 年十七八之時, 欲購此書, 家貧不能得也. 日夜慣屬, 自寫四部稿·滄溟集. 嗟乎! 今也衰矣. 偶聞足下所好, 與余心符哀. 所以來謁者, 豈有他乎? 雲我曰: 良工苦心. 僕亦手書數篋, 王李居多. 知者少, 不知者多; 譽我者寡, 毁我者衆. 君子不顧, 獨立亡悶. 龍門曰: 昌黎曰: '事修而謗興, 德高而毁來.' 僕以爲知言也. 若王李二公, 在嘉隆之際, 唱古文辭, 時人不曉爲何等語, 甚則以爲狂矣. 二公晏之夷然, 豈獨李王二公, 猶如韓柳二公, 而不顧人譏彈也. 其意蓋謂寧籍此買禍, 要在千秋則奚所患焉. 豈獨韓柳, 太史公旣有所論矣. 乃丈夫本志, 當如此矣. 意者貴邦必安科第之文, 不然則後志宋文廓弱者然. 公唱古文辭者, 恐莫麟敼之害于. 公宜防慮, 敢布腹心, 吾無衒文進取之意, 而竢死後之鐘期而已. 雲我曰: 王才甚高, 學甚博, 而懲何大復李空同, 不相能盛相推詡. 世人逢並稱王李, 而雲淳熙曰: '王李文苑之南面王也. 然文無二王, 元美獨王矣.' 此言不可忽. 龍門曰: 公卽吳郡身後之鐘期. 雲我曰: 官事日繁, 不卜其晝, 公能秉燭來耶? 龍門曰: 霖雨經宿, 未得夕飡. 竢夜再來, 吾腹枵然. 然一夕千歲, 敢奉教. 雲我曰: 夜具一盂飯相待, 能來否? 又曰: 知公多著書, 而未叩洪鐘故, 如是繾綣. 又曰: 公携具笈益好. 然關禁必嚴, 奈何. 又曰: 謂公之平生所著也. 又曰: 夜可復會, 各出著書, 評其得失如何? 龍門曰: 僕不齎所業, 無便歸取, 昨以拙稿刻本數卷, 陋文若干, 贈之諸學士. 他日借覽之, 則庶幾知吾所志也. 雲我曰: 無具眼者, 必覆醬瓿, 安得見乎. 龍門曰: 僕未見諸學士之文, 體裁必宋人, 知不能超乘也. 故於諸公, 則不爲論文矣. 龍門曰: 僕會於公最晩, 拙稿呈諸學士, 則竟知焉, 亦已愚矣. 恨拙稿不委益於公, 可悔可悔. 雲我曰: 對俗人難說出世語. 對瞽者難言鱠炙之美. 龍門曰: 實論佳語. 余辭去, 雲我戲以吾語曰: "迎夜可來, 米食可羞." 於是相揖而別. 到華山房."

9) 〈筆談〉,《東槎餘談》卷下: "龍門曰: 晝間與雲我李君, 罄頃刻之歡. 其才翩翩可愛. 公幹鞅掌, 不能悉所懷矣. 此人準的王弇州, 是貴邦所少也. 龍淵曰: 雲我名顧聞. 龍門曰: 李君裳也. 龍淵曰: 李君文章奇士也. 僕偶忘其號也. 吳門雖是有明大家, 終非詩家正宗, 我邦人不取. 龍門曰: 衆之所不取, 而李公取之, 眞奇士也. 弇州博大, 古今一人. 其詩則僕有取焉, 有不取焉.

若文章則不可不取也.”

10) 당시 일본에서는 荻生徂徠의 영향으로 왕세정을 추중하는 문인들이 많았으므로, 자연 통신사들과의 대화에서 이 문제가 자주 화제로 올랐던 듯하다. 오수경의 〈18세기 서울 문인 지식층의 성향〉(성균관대 박사논문, 1990)의 120쪽에도 원중거와 상장개 사이에 徂徠의 학문을 이단이라고 논하는 필담 대목이 실려 있다.

11) 〈筆談〉,《東槎餘談》卷下:“夜旣二更, 雲我從使館來. 雲我曰: 僕甚疲矣. 臥欲語, 公等許耶否, 龍門曰: 如意. 奴隸供飯殽,〔韓人嗜油膩比本邦食, 監味甚薄.〕雲我曰: 吾橐中多草稿, 歸國後, 欲著書一部, 名以珊瑚鐵綱. 盡指日東奇人才士, 靈山佳水珍寶, 一草一花, 一石一鳥獸之奇, 亦不漏失. 當載小傳, 使天下萬世, 知有龍門先生, 而沈沒不遇. 龍門曰: 不敢當. 不敢當. 微名因公傳大邦, 旣已幸甚. 況依庶傳諸千秋, 則翰也不佞, 死且不朽矣. 唯恨各天殊域, 及書就之日, 不能見之. 龍門曰: 弊邦文章, 近代大變, 學王李者十七八, 貴邦如何? 雲我曰: 中土衰矣. 雖吾邦亦無人也. 皆汨沒科擧, 無習古文者託意奉行. 龍門曰: 吾邦士大夫, 世祿世業, 無科擧之制. 因無進取之心. 世人視文章爲長物也, 就中學文者, 實有千秋之意, 又無學八股之陋, 步驟古文辭者, 自無瞠若乎後矣. 大業所就, 蓋在於此乎. 雲我曰: 此事甚好. 龍門曰: 吾攀館有日也, 與學士三記室會, 未見若公才識卓越者也. 天不佞良緣, 相見之晚, 可恨可歎. 余早知有公, 豈以公易諸學士, 多日虛多筆話, 實費浪說! 雲我曰: 對他邦文士, 談眞實學問, 以相切磋, 可也. 何須浪費筆舌, 爲閑說話? 龍門曰: 戊辰之年, 余與朴李諸學士會. 文章學術, 議論蜂起. 談及王李, 諸學士不悅, 觀色可知也. 吾懲如此, 於諸學士, 徒費浪說耳. 雲我曰: 人心如面, 所謂學士者, 吾不知. 龍門曰: 余會搢紳者數十矣. 亡與語古文辭者, 稠人中知有公者, 實從金峰, 抵掌於公爲東來一人, 此人於公, 海外一知己. 又曰: 余幼從師受濂洛之學也. 後讀先達書, 盡廢舊習, 階古文辭, 解釋經義, 宋儒疵瑕, 不能掩矣. 悲哉! 先王詩書禮樂之道, 變爲修心煉氣之法, 是不知浸淫浮屠者也. 今諸學士, 動以格物窮理戒余, 余旣厭腐語. 及會於於公, 始起培塿而上泰山. 於是乎小諸學士. 公於經義, 必遡洙泗之源, 觀瀾之識, 必有難爲水者. 公於學術, 有別所見乎? 雲我曰: 國法外宋儒, 而說經者重繩之. 不敢言說此等事, 請論文章. 龍門曰: 文章大業, 公美名必振海東也. 然其所業, 牴捂時好, 恐不免譏彈. 公能防護, 克終令德. 又曰: 公崇尙弇州, 實貴邦中一人. 是不竢文王者佳佳. 雲我曰: 吾無奇識. 吾師有歎數 先生者, 文章海東千古一人. 吾受師說者如是. 龍門曰: 果知有淵源也. 初以爲貴國所尙則不過宋文平平者, 今聞公餘論也, 乃知國有人矣. 恐稱之者不多. 雲我曰: 錢虞山曰: ‘天地之大, 古今之遠, 文心至深, 文海至廣. 窃窃裁一二人爲巨子, 乘車入鼠穴者可笑.’ 吾幼習王李家言, 擬摸入微中. 承吾師之敎, 思別出手眼, 就王李, 別開一洞天. 然其慕尙之意, 不佀已. 此平生悟解者, 故敢奉獻. 龍門曰: 夫換骨奪胎, 古人所稱, 一字一句, 步驟舊轍, 遂爲邯鄲蒲伏耶. 又將宛若王李容貌, 則何以異優孟學孫叔敖耶? 奚與學書者, 臨摹古法帖, 殊哉. 余深有取公言也. 吾邦唱古文辭者, 徂來實爲嚆矢. 擬議李王, 別出杼柚, 議論卓見, 則有尙焉. 是爲善學也. 吾雖不同時, 於此事則竊不能不淑艾也. 吾初以王李爲領袖, 才疏學淺, 鑽仰彌覺堅高矣. 至窺一班, 乃謂王則易至, 李則難及. 王以博大敵

李, 其才實減一等. 吾願提韓挈柳, 奴王隷李, 超乘先秦, 能爲左氏司馬矣. 不然北面王李, 則
恐減半德矣. 公爲如何? 雲我曰: 閉門造車, 千里合轍, 異日文日東者, 必是劉王孫. 龍門曰:
博大雄才, 著述之富, 宇宙 州一人, 公言不誣焉. 然吾所取在正編, 如續編則意在筆善, 不必
學. 學之則害修辭. 雲我曰: 以余觀之: 元美博識, 古亦無之, 可異. 有人來召雲我. 雲我曰:
僕又有召命, 復入使館. 請公珍重. 一別千里. 龍門曰: 尋常生別, 可悲矣. 況於公乎! 別後音
信永絶, 余有感王摩詰之詩也. 雲我曰: 去留同情. 相揖而別, 夜旣過三更. 碧霞至, 與余龍岡
言談. 不假舌人. 龍岡請令作和書, 余得二紙. 碧霞曰: '余明且發行, 公幸平安.' 與余訪雲我
房者, 井子愼. 得筆話數十紙, 亦有刮目者."

12) 실제로 왕세정의 견해는 초년 정편의 주장과 만년 속편의 주장이 크게 다르다. 속편에서
는 초기 의고의 주장이 잘못된 점을 인정하고, 매우 전향적인 자세를 취하고 있다. 문집
속에 나타난 작품 인용으로 볼 때, 이언진은 속편을 즐겨 본 듯하고, 그의 문학 주장에서
도 그런 측면이 확인된다. 이 점은 별도로 섬세한 논의가 필요하다. 劉維翰이 정편과 속편
의 차이까지 언급하고 있는 것을 보면, 왕세정에 대한 이해가 자못 상당한 수준임을 감지
할 수 있다. 실제 당시 일본 문단에서는 왕세정에 대한 이해를 둘러싸고 찬반의 견해가 자
못 활발하게 개진되던 상황이었다. 이와 관련된 논의는 이노구치 아쓰시, 심경호·한예원
옮김, 《일본한문학사》(소명출판, 2000), 326~347쪽 참조.

13) 朴趾源, 〈虞裳傳〉, 《松穆舘爐餘稿》(총간 252, 488쪽): "余與虞裳, 生不相識. 然虞裳數使示
其詩曰: '獨此子庶能知吾.' 余戲謂其人曰: '此吳儂細唾, 瑣瑣不足珍也.' 虞裳怒曰: '傖夫
氣人.' 久之歎曰: '吾其久於世哉!' 因泣數行下. 余亦聞而悲之. 旣而虞裳死, 年二十七.
……嗟乎! 余瞢內獨愛其才. 然獨挫之, 以爲虞裳年少傘就道, 可著書垂世也. 乃今思之, 虞
裳必以余爲不足喜也."

14) 《尙書古文疏證》 권8에는 "초나라 사람이 吳의 말을 배워도 종내 혀뿌리가 뻣뻣함을 면치
못한다(楚人學吳語, 終不免舌本間强耳)"라는 대목이 있다.

15) 왕세정의 《弇州四部稿》 권43, 〈題洞湖卷贈凌玄旻〉의 7·8구에 "倘讀吳儂舊游記, 令君風骨
坐來輕"의 구절이 있고, 권50의 〈贈淮陽中丞王公子虞入戶部六絶〉 其三의 1·2구에도 "吳
賽社乞豊年, 更有豊年喜報儂"이라 한 것이 있다.

16) 《明文海》 권223에 수록된 臧懋循의 〈元曲選後集序〉에는 "況以吳儂强效倣父喉吻, 焉得不
至河漢"이라는 대목이 있다. 남쪽 지방 사람이 북방 사람의 말씨를 억지로 흉내 내도 따라
하지 못한다는 맥락으로 한 말이다.

17) 朴趾源, 〈與人〉, 《燕巖集》 권3(총간 252-75): "平日於文學, 好看批評小品. 探索者, 惟是妙
慧之解, 深味者, 無非尖酸之語. 此等雖年少一時之嗜好, 漸到老境, 則自然刊落, 不必深言.
而大抵此等文體, 全無典刑, 不甚爾雅. 明末文勝質斃之時, 吳楚間小才薄德之士, 務爲弔詭,
非無一段風致, 隻字新語, 而瘦貧破碎, 元氣消削, 則古來吳儈楚儂之畸蹶窮跡, 序唾泹咳,
何足步武哉."이에 대해서는 정민, 〈연암 척독소품의 문예미〉, 《한국한문학연구》 제31집
(한국한문학회, 2003) 참조.

18) 남공철은 〈從氏象靈居士墓誌銘〉에서 "당시에 서울 지역의 시가 점차 땅에 떨어졌다. 등단하여 문호를 세운 자들이 원중랑과 경릉파의 문학을 앞장서 하면서 시대의 풍조라고 일컬었다. 비유컨대 吳越少年의 輕衫細唾요, 優人才子의 僞笑假泣 같은 것인데도, 여러 貴游子弟이 쏠리듯 붙좇아 詩道가 거의 폐하여졌다"고 했는데, 이 말 속에도 吳越細唾란 표현이 등장한다. 이로 보면 연암이 이언진의 문학을 두고 吳儂細唾라 한 것은 그가 공안파와 경릉파의 문학을 추구한 것을 나무란 말로 읽을 수 있다.

19) 李用休, 〈松穆舘集序〉, 《松穆舘燼餘稿》(총간 252, 487쪽): "詩文有從人起見者, 有從己起見者. 從人起見者, 鄙無論. 卽從己起見者, 毋或雜之固與偏, 乃爲眞見. 又必須眞才而輔之然後, 乃有成焉. 予求之有年, 得松穆 主人李君虞裳."

20) 李用休, 〈記錢牧齋事六則〉, 《惠寰雜著》(《近畿實學淵源諸賢集》 2, 성균관대 대동문화연구원, 167쪽): "前有弇州, 是泰山之壓, 溟渤之吞, 計無以敵之." 이 밖에 제3칙, 제4칙에도 왕세정과 관련된 내용이 있다.

21) 李用休, 〈題族孫光國詩卷〉, 《惠寰雜著》(《近畿實學淵源諸賢集》 2, 181쪽): "第昔取合古爲妙, 今取離古爲神者, 此太上之訣, 以待其人者."

22) 金㵛, 〈跋〉, 《松穆舘燼餘稿》(총간 252, 513쪽): "世之必曰漢唐宋明, 而欲句類而字肖之者, 不其陋乎? 詩文之不蹈襲前人, 而專出於己者, 吾見李君虞裳. 言簡而旨深, 識博而調奇, 雖世之老宿, 文未易句, 詩未易解. 讀之者乃曰: '是學誰也.' 如可謂之學誰, 則非虞裳之志也. 譽之而不喜, 毁之而不怒. 其志必有在矣. 惠寰子曰: '不求知於世, 而世無能知者, 不求勝於人, 以人無足勝' 者, 此足以知虞裳之志也."

23) 李德懋, 〈淸脾錄一則〉, 《松穆舘燼餘稿》(총간 252, 490쪽): "虞裳疾劇, 成士執大中間曰: '子病坐作酸怪語耳. 何不作富貴語?' 虞裳笑曰: '吾亦有富貴語.〈初地山川黃葉外, 諸天樓閣白雲中〉詩也.' 士執曰: '此亦酸怪語耳. 如吾入日本時, 有曰:〈衣冠照水文章爛, 鼓角臨風律呂飛.〉此眞富貴語耳. 子多才, 才可內蘊, 而不可外揚. 才之爲字, 撇內而不撇外也.' 虞裳曰: '木有才, 人思伐之; 貝有才, 人思奪之. 豈不可畏?' 士執曰: '今子眸子烱然, 此固不死法也.' 虞裳笑曰: '李空同死後百餘年, 盜發其塚, 瞳子烱然不朽. 此亦不死法耶?' 仍送其新年詩. 士執曰: '小兒復作態矣.' 不數月死."

24) 張之琬, 〈題松穆舘稿後〉, 《松穆舘燼餘稿》(총간 252, 514쪽): "世傳, 成靑城大中, 誦衣冠鼓角一聯富貴語, 松穆子視良久曰: '作如此詩, 官一品, 壽八十, 家萬金, 幸歟?' 靑城大笑. 本傳不載, 故附見."

2. 18세기 시단과 일상성의 시세계(각주 없음)

3. 18세기 우정론의 맥락에서 본 이용휴의 생지명고(367~398쪽)

1) 임형택, 〈朴燕巖의 友情論과 倫理意識의 方向〉, 《韓國漢文學硏究》 제1집(한국한문학연구

회, 1976); 박수밀, 〈馬駠傳 硏究〉(한양대 석사논문, 1994) 참조.

2) 최근 이른바 '安山 15學士'로 일컬어지는 남인·소북 계열 문인들의 문학활동에 대한 학계
의 관심이 활발해지고 있다. 한국한문학회에서는 1999년 추계학술대회의 주제를 '朝鮮後
期 漢文學과 安山'으로 잡아, 강경훈의 〈18세기 安山의 風光과 題詠〉을 비롯하여 박용만의
〈18세기 安山과 驪州李氏家의 문학활동〉, 정우봉의 〈조선후기 안산과 晉州柳氏 家門의 문
학활동〉, 정은진의 〈姜世晃의 안산시절과 문예활동〉, 그리고 김동준의 〈海巖 柳慶種의 시
문학 연구〉 등등의 논문이 발표되었다. 최근 朴浚鎬의 〈惠寰 李用休 文學 硏究〉(성균관대
박사논문, 1999)를 비롯한 일련의 이용휴 문학에 대한 연구 성과가 집적되고 있는 것도 고
무적인 현상으로 보인다.

3) 楮斌杰, 《中國古代文體槪論》(北京大學 出版社, 1990), 432쪽.

4) 姜景勳, 〈重菴 姜彝天 文學 硏究〉, 《古書硏究》 제15호(보경문화사, 1997), 각주 31 참조.

5) 박용만, 〈惠寰 李用休論〉, 《조선후기 한시작가론 1》(이회문화사, 1998), 580쪽; 박준호,
〈惠寰 李用休 文學 硏究〉(성균관대 박사논문, 1999), 29쪽. 다만 이들 앞선 연구에서는 《병
세집》에 수록된 〈허연객생지명〉에 대해서 일절 언급이 없다.

6) 강경훈 선생은 2000년 5월 26일에 열린 한양대학교 한국학연구소 제31차 정기학술세미나
에서 필자의 문제제기에 대해, 任希聖이 쓴 許佖의 生誌와 許佖이 쓴 嚴慶膺의 生誌, 그리
고 豹菴이 쓴 李用休의 生誌가 豹菴家에 전해지는 〈連城詩卷跋〉에 그 대략이 기록되어 있
고, 1778년 豹菴 66세 때부터 본격적으로 시작된 그의 서울 생활 초기에 이루어진 《山映樓
文存》 속에 이 글들이 실려 있음을 확인해주었으나, 이들 글이 정리의 미비로 공개되지 않
고 있어 직접 볼 수는 없었다.

7) 李用休, 〈萍窩集序〉, 《惠寰雜著》 권7: "天下有大寃, 而兩造之枉不與焉. 有才而夭不成者, 旣
成而湮無聞者, 是已. 天不成者天, 湮無聞者地, 天者命也, 無論, 地則隨其所處而扶抑之. 崇
顯者, 裁解呻佔, 率有集行; 寒微者, 雖藝窮風騷, 時遇文明, 獨屈而不伸, 甚矣地之爲政不公
也. 雖然, 苟欲伸之, 不須勢位, 直文章家一筆力耳." 전체 글과 번역과 해설은 안대회, 《閭巷
詩人의 존재와 발굴, 李用休의 서문 세 편〉, 《문헌과해석》 1999년 여름호(문헌과 해석사)
참조.

8) 李用休, 〈萍窩集序〉, 《惠寰雜著》 권7: "今余之序士澄者, 非惟伸士澄一人, 將以倂伸諸如士
澄者."

9) 李用休, 〈壯窩集序〉, 《惠寰雜著》 권9: "將序人詩文, 而先問其官位世閥, 華顯則奉兩漢三唐
以獻之, 否則等之于蟬鳴蟲吟."

10) 李用休, 〈許煙客生誌銘〉, 《并世集》 문집 권1: "許烟客名佖, 汝正其字. 孔巖世家也. 烟客少
清姸, 饒姿止, 性和而辨, 易而立. 與人談諧, 聲氣可樂, 人無勿善之也. 與其兄份子象, 同氣
味, 若一身也. 然子象好讀易, 烟客喜吟詩, 此其異也. 又多藝, 善篆隸, 兼通史皇六法, 然不
竟其學, 曰: '是人役, 徒勞我耳.' 家貧屢空, 而有泰色. 或遇古器若良劍, 卽解衣易之. 人笑
其迂, 曰: '我不迂, 誰當迂者?' 庭有古楠, 階列佳菊, 逍遙其間, 不問世事. 常曰: '吾外不

內顧者, 爲有妻金也; 內不外顧者, 爲有子霱也.' 妻亡不再耦, 盡以家屬霱. 烟客以明陵己丑
生, 二十七成進士, 今年五十三. 忽謂余曰: '吾幸與子幷世, 而又善子, 我死, 霱必以幽累子,
如其死而幽累子, 曷若生而明累子?' 余感其意, 遂誌之詔之. 銘曰: '自夏而后, 漸屬之陰;
自午而后, 漸屬之暮. 自中身而后, 漸屬之幽, 烟客知之, 豫爲之謀. 余告烟客, 似達未達, 猶
爲識累. 往古來今, 子之年也; 佳山好水, 子之居也; 含齒戴髮, 子之眷也; 悲懽否泰, 子之歷
履也. 李氏爲之銘, 而姜氏書之, 是子之不死也.'"

11) 任希聖, 〈許汝正烟客詩卷序〉, 《在澗集》 권2, 장17: "烟客許汝正, 嘗從余乞其生誌. 余謂墓
之有誌, 誌其藏也. 今以生者而爲誌乎? 是藏之可言哉? 汝正請之彊, 余誚以名自喜, 久
之不應. 夫汝正天下之窮者也. 然其名固有不待余誌, 而可傳焉者……今年夏, 汝正病甚, 余
爲一訪其所居, 倚几磅礴, 譚古今詩人, 竟晷. 汝正忽 爾曰: '子不可謂不知我. 猶勒我生誌,
毋寧序我所述作, 迨及我未死之見也.' 余悲汝正病甚, 而氣尙不衰, 遂受而歷論其平素之知
汝正者, 若此後之人, 欲求識汝正, 觀乎此集, 庶不失汝正之所以爲汝正者矣."

12) 〈祭許汝正文〉은 《在澗集》 권3에 실려 있고, 〈烟客許汝正挽十五首〉는 6수만 가려 뽑아 권
1에 수록하였다.

13) 李用休, 〈勝庵許君生誌銘〉, 《惠寰雜著》 권8: "勝庵名晩, 字成甫, 勝庵其號也. 爲人短小,
而背如斷山, 目如湛水. 面有痘痕, 外似樸訥, 而中洞朗第. 恥言人過, 故雖時有負心者, 不暴
其負心, 若不知者. 家本敦睦, 兄無常父, 衣無常主. 而君又孝友天植, 事親竭力, 而自知不
足. 其弟奇疾十餘年, 君躬自丸藥, 常呻痛, 若有病者. 性儉, 敝袍跛驢, 以爲安於華衣怒馬
也. 於物少所好, 顧獨好名山水. 嘗入楓嶽, 訪古聖眞遺跡, 若有遇焉. 登毗盧絶頂, 覺罡風擧
腋, 日月從眉際過也. 路歷三釜淵白鷺洲金水亭, 皆國內之譽也. 歸而數月, 視聽寢興, 無非
雲氣水聲也. 於所居, 鑿池養魚, 列植異木善草, 日逍遙其間. 家人或告以晨炊闕, 則笑之而
已. 每仰觀俯曜, 俯顧七尺而歎曰: '人雖飽豢時物, 戈獲世資, 逐流光變遷, 不過百年內物,
常存而不敝者, 無其道矣.' 雖豫謀樂丘, 而謁銘於余. 余以君是見在, 故虛其始末歲月, 而爲
之銘. 銘曰: '人生而具五行八卦, 理與天通, 天無窮則人亦無窮. 乃多閼其理, 而夭其躬, 又
何其懵? 惟君之仁, 生機之腔. 語曰: '壽物者自壽', 吾以是知君之年之未可限也. 謂余不信,
請看君之不折萠而不食卵, 一念之所及者, 已遠矣.'"

14) 李用休, 〈送許成甫序〉, 《惠寰雜著》 권6: "成甫爲人坦蕩, 煩惱不掛於眉端, 冷炎不棲於胸
次, 亦不識世間有機智事. 事或有不如意者, 卽不以厚自予, 以薄予人, 人亦安之, 歸以長者.
成甫貧弱書生, 而余謂之富且勇. 蓋其一身衣食外, 皆與人共之, 能用財者, 孰如成甫? 世之
號尊貴者, 多爲嗜欲所役, 成甫則忍而勝之, 何勇如之? 成甫又善受言, 有古君子之度焉. 然
旣受復要繹, 繹則理明而事濟."

15) 李用休, 〈趙頤叟遺傳〉, 《惠寰雜著》 권6: "趙頤叟名學良, 字季能, 別自號太和寮. 嘉林人.
感異夢而生, 生而右臂有文. 性惇敏, 幼受小學, 已知有此事. 稍長, 從師學道, 或風雨載塗,
霜月在樹, 往來講論不輟, 師甚重之. 勉以最上第一等, 大相有邀之, 辨析經史旨義, 一時學
問之士, 多推焉. 間治博士家言, 累登賢書, 幾鳥復格, 歎曰: '縱一第讓人, 豈千秋讓人?'

又曰: '至大而至公者, 理也, 理落人身爲性, 若小而偏之, 是負爲人也. 始吾觀聖人太高, 以爲欲從路絶, 今覺其可學也. 奈何以七尺, 帖括鐗而卉蟻朽哉?' 賞見其好善而樂成, 無私而不欲, 蓋不徒言也. 師喪大功, 友歿加麻, 人高其義. 內行尤篤, 事親愛敬俱至. 理家有制, 衣服飮食, 務從儉約. 所著有讀易 疑, 東史會綱補 及他詩文若干卷. 其業後未可量也. 其稱頤叟, 亦師之所命云. 野史氏曰: '爲人而不識人, 非人也. 不識人, 視己與路人同, 此顧涇陽先生所以作識人說以曉之者也. 若趙頤叟, 是求識人者, 孔子曰仁者人也, 識仁卽識人. 曾無一指隔也.'"

16) 李用休,〈趙頤叟像贊〉,《惠寰雜著》권6: "吾日對君, 不省君貌, 只以心照, 又何知此像之與君相肖. 好生曰仁, 未澆曰朴, 是乃君之本來面目."

17) 李用休,〈祭蟻庵趙友文〉,《惠寰雜著》권6: "嗚呼! 受人身而與之並生于世者, 何限? 有相遇而但記其貌者; 有記貌而不知其名者; 有記貌知名, 而不通言語者; 亦有記貌知名通言語, 而數相過從者. 然其一邂逅而如舊者, 惟我與兄也. 中間跡之聚散, 境之悲驩不常, 而氣血顏髮, 屢改屢變, 而心如一者, 亦惟我與兄也. 且兄無兄弟, 我有兄若弟, 而先亡. 有從弟與兄爲義兄弟, 而亦先亡, 但我與兄兩人在, 如太白之配殘月. 今兄又沒, 我益孤矣. 雖然豈但我一人之失友哉. 兄沒而天下之人皆失友矣. 何者? 友道絶也."

18) 姜世晃,〈蟻菴小眞讚〉,《豹菴遺稿》(정문연 영인본, 1995), 373쪽: "彼何翁兮髮已禿鬚塵白. 每自稱窮老迂疎, 吾獨許端雅謹飭. 雖云自知之明, 不如其友之識."

참 고 문 헌

姜希顔,《養花小錄》.

權韠,《石洲集》.

柳璞,《花庵隨錄》필사본, 개인 소장.

睦萬中,《餘窩集》.

柳得恭,《泠齋集》.

柳得恭,《鵂鴿經》, 버클리 대 아사미 문고.

柳本學,《問庵文藁》필사본, 개인 소장.

劉維翰,《東槎餘談》필사본, 일본국회도서관 소장.

李圭景,《詩家點燈》영인본, 아세아문화사, 1981.

李圭景,《五洲衍文長箋散稿》영인본, 동국문화사, 1958.

이덕무,《청장관전서》, 민족문화추진회 국역본, 솔출판사, 1997.

李用休,《惠寰雜著》.

李獻慶,《艮翁集》.

丁範祖,《海左集》.

蔡濟恭,《樊巖集》.

강동엽,〈虞裳傳에 투영된 李彦瑱과 그의 세계인식〉,《건국어문학》제19·20합집, 건국어문학
　　　회, 1995.

강명관,〈문체와 국가장치─정조의 문체반정을 둘러싼 사건들〉,《문학과경계》통권 2호, 2001년
　　　가을호, 문학과경계사.

강혜선,〈국화를 즐기는 법〉,《문헌과해석》제25호, 2003년 겨울호, 문헌과해석사.

高橋博巳,〈文人社會의 形成〉,《日本文學史-18世紀의 文學》第9卷, 岩波書店, 1996.

高橋博巳,〈Korean Envoys and Japanese Confucians〉(국제18세기학회 발표 요지), 2003년 8월
　　　6일, 미국 UCLA.

고연희,〈19세기에 꽃 핀 화훼의 詩·畵〉,《한국시가연구》제11집, 한국시가학회, 2002.

고연희,〈정약용의 화훼에 대한 관심과 화훼시 고찰〉,《동방학》제7집, 한서대 부설 동양고전연구
　　　소, 2001.

김동준,〈해암 유경종의 시문학 연구〉, 서울대 박사논문, 2003.

김성진,〈남옥의 생애와 일본에서의 筆談唱和〉,《한국한문학연구》제19집, 한국한문학회, 1996.

김성진,〈조선후기 소품체 산문 연구〉, 부산대 박사논문, 1991.

김성진, 〈稗史·小品의 성격과 실체〉, 《한국한문학연구》 특집호, 한국한문학회, 1996.

심노숭, 김영진 옮김, 《눈물이란 무엇인가》, 태학사, 2001.

김영진, 《虞初新志》의 판본과 조선 후기 문인들의 明淸小品 閱讀, 《조선후기 소품문의 실체》, 태학사, 2003.

김영진, 〈이옥 문학과 명청 소품〉, 《고전문학연구》 제23집, 한국고전문학회, 2003.

김영진, 〈李鈺의 가계와 明淸小品 독서〉, 《조선후기 소품문의 실체》, 태학사, 2003.

김영진, 〈조선후기 실학파의 총서편찬과 그 의미〉, 《한국한문학연구의 새 지평》, 소명출판 2005.

김영진, 〈조선후기의 명청소품 수용과 소품문의 전개 양상〉, 고려대 박사논문, 2003.

김윤수, 〈周易參同契演說과 農廬 姜獻奎〉, 《韓國 道敎思想의 理解》, 아세아문화사, 1990.

김흥규, 〈16, 17세기 江湖時調의 변모와 田家時調의 형성〉, 《욕망과 형식의 시학》, 태학사, 1999.

박성순, 〈우정의 윤리학과 진정성의 구조〉, 《18세기 조선 지식인의 문화의식》, 한양대 출판부, 2001.

박종채, 김윤조 옮김, 《역주 과정록》, 태학사, 1997.

박철상, 〈장황의 대가 방효량 이야기〉, 《문헌과해석》 발표 요지, 2001년 10월 5일.

박철상, 〈정조와 경화세족의 장서인〉, 《문헌과해석》 제23호, 2003년 여름호, 문헌과해석사.

심경호, 〈화원에서 얻은 단상—조선후기의 화원기〉, 《한문산문의 내면 풍경》, 소명출판, 2001.

안대회 엮음, 《조선후기 소품문의 실체》, 태학사, 2003.

안대회, 〈18·19세기의 주거문화와 상상의 정원〉, 《진단학보》 제97호, 진단학회, 2004.

안대회, 〈18세기 마니아의 세계와 그 현대적 의미〉, 《디지털과 실학의 만남》, 이지엔, 2005.

안대회, 〈꽃의 달인, 유박〉, 《신동아》, 2004년 11월호.

안대회, 〈다산 제자 이강회의 이용후생학〉, 《한국실학연구》 제10호, 한국실학회, 2005.

안대회, 〈조선후기 소품문의 성행과 글쓰기의 변모〉, 《한국한문학연구》 제28집, 한국한문학회, 2001.

안대회, 《《패림》과 조선후기 야사총서의 발달〉, 《남명학연구》 제20집, 경상대 남명학연구소, 2005.

안대회, 〈평양기생의 인생을 묘사한 소품체 《녹파잡기》 연구〉, 《한문학보》 제14집, 우리한문학회, 2006.

안대회, 〈한국 蟲魚草木花卉詩의 전개와 특징〉, 《한국문학연구》 제2호, 고려대 한국문학연구소, 2001.

안대회, 《18세기 한국한시사 연구》, 소명출판, 1999.

유재건 엮음, 이상진 옮김, 《이향견문록》, 자유문고, 1996.

이겸노, 《통문관 책방비화》, 민학회, 1986.

이상진, 〈이언진의 衕衚居室考〉, 《한국한문학연구》 제12집, 1989.

이옥, 실시학사 고전문학연구회 역주, 《이옥전집》 3책, 소명출판, 2001.

李用休, 조남권·박동욱 옮김, 《혜환 이용휴 시전집》, 소명출판, 2002.

이혜순, 《조선통신사의 문학》, 이화여대 출판부, 1996.

임종욱 편, 《한국문집소재 '論' 작품집》, 도서출판 역락, 2000.

임형택, 〈박연암의 윤리의식과 우정론의 성격〉, 《한국한문학연구》 제1집, 한국한문학회, 1976.

정민 외, 〈한국문학에 나타난 유토피아 의식 연구〉, 《한국학논집》 제28집, 한양대 한국학연구소, 1996.

정민, 《다산선생 지식경영법》, 김영사, 2006.

정민, 《미쳐야 미친다》, 푸른역사, 2004.

정민, 〈연암 척독소품의 문예미〉, 《한국한문학연구》 제31집, 한국한문학회, 2003.

정민, 《비슷한 것은 가짜다―연암 박지원의 예술론과 산문미학》, 태학사, 2000.

정민, 《한서 이불과 논어 병풍―이덕무의 청언소품》, 열림원, 2000.

정우봉, 〈'東國金石評'의 자료적 가치〉, 《민족문화연구》 제37호, 고려대 민족문화연구소, 2002.

조창록, 〈풍석 서유구에 대한 한 연구〉, 성균관대 박사논문, 2003. 4.

陳慶智, 〈한·중 속담 비교 연구―변용과 와전을 중심으로〉, 한양대 석사논문, 2002.

피정희, 〈李彦瑱論〉, 《조선후기 한문학작가론》, 집문당, 1994.

한태문, 〈위항문인의 壬戌使行記 연구〉, 《국어국문학》 제30집, 부산대 국어국문학회, 1993.

한태문, 〈이언진의 문학관과 通信使行에서의 세계인식〉, 《국어국문학》 제34집, 부산대 국어국문학회, 1997.

찾아보기(인명)

문일평 288, 292
미불 95, 103, 396

찾아보기(작품명 및 주제어)

70, 81

HUMAN LIBRARY

18세기 조선 지식인의 발견

지은이 | 정 민

1판 1쇄 발행일 2007년 2월 20일
1판 4쇄 발행일 2011년 6월 27일

발행인 | 김학원
편집인 | 선완규
경영인 | 이상용
편집장 | 위원석 정미영 최세정 황서현
기획 | 나희영 임은선 최윤영 김은영 박정선 조은화 김희은 김서연 정다이
디자인 | 김태형 유주현
마케팅 | 이한주 하석진 김창규 이선희
저자 · 독자 서비스 | 조다영 함주미(humanist@humanistbooks.com)
스캔 · 표지 출력 | 이희수 com.
조판 | 홍영사
용지 | 화인페이퍼
인쇄 | 청아문화사
제본 | 경일 제책

발행처 | (주)휴머니스트 출판그룹
출판등록 제313-2007-000007호(2007년 1월 5일)
주소 | (121-869) 서울시 마포구 연남동 564-40
전화 | 02-335-4422 팩스 | 02-334-3427
홈페이지 | www.humanistbooks.com

만든 사람들

편집 주간 | 선완규(swk2001@humanistbooks.com)
책임 편집 | 박지홍
표지 • 본문디자인 | AGI 황일선